Peking und Shanghai

Unterwegs in Chinas Metropolen
Von Volker Häring und Françoise Hauser

Trescher Verlag

1. Auflage 2008

Trescher Verlag
Reinhardtstraße 9
10117 Berlin
www.trescherverlag.de

ISBN 978-3-89794-106-9

Autor Peking-Kapitel: Volker Häring
Autorin Shanghai-Kapitel: Françoise Hauser
Herausgegeben von Bernd Schwenkros und Detlev von Oppeln
Reihenentwurf: Robert Schumann
Umschlaggestaltung: Bernd Chill
Gestaltung: Tom Schülke
Lektorat: Sabine Fach
Stadtpläne und Karten: Martin Kapp, Johann Maria Just

Das Werk einschließlich seiner Teile ist urheberrechtlich geschützt. Jede Verwertung ist ohne Zustimmung des Verlages unzulässig. Dies gilt insbesondere für den Aushang, Vervielfältigungen, Übersetzungen, Nachahmungen, Mikroverfilmung und die Einspeicherung und Verarbeitung in elektronischen Systemen.
Alle Angaben in diesem Buch wurden sorgfältig recherchiert und überprüft, trotzdem kann für die Richtigkeit keine Gewähr übernommen werden. Hinweise und Informationen unserer Leserinnen und Leser nimmt der Verlag gerne entgegen. Bitte schreiben oder mailen Sie unter obiger Adresse.

Gedruckt auf chlorfrei gebleichtem Papier

Printed in Germany

Wissenswertes über Peking

Spaziergänge in Peking

Peking-Informationen

Wissenswertes über Shanghai

Spaziergänge in Shanghai

Shanghai-Informationen

China-Reisetips von A bis Z

Inhalt

Vorwort 8
Hinweise zur Benutzung 9

Wissenswertes über Peking

Grüne Olympiade – grünes
    Peking 14
Geographie 15
Die Geschichte Pekings 18
Peking auf dem Weg ins
    21. Jahrhundert 38
Das politische Peking 39

Unterwegs in Peking 46
Kulinarische Spezialitäten 55
Einkaufen in Peking 61
Nachtleben in Peking 66
Hotels in Peking 79
Die wichtigsten Sehenswürdig-
    keiten 80

Spaziergänge in Peking

Die kaiserliche Zentralachse 86
Durch die Südstadt 86
Platz des Himmlischen Friedens 91
Die Verbotene Stadt 98
Kohlehügel 109
Di'anmen Dajie 110
Trommel- und Glockenturm 111
Das Olympiagelände 112

Dongcheng-Bezirk 115
Östliche Chang'an Jie 115
Wangfujing 117
Nan Luogu Xiang 122
Kaiserliche Akademie 125
Lamatempel 126
Park des Erdaltars 129
Altes Observatorium 129

Inhalt

Xicheng-Bezirk	133
Houhai und Qianhai	134
Beihai-Park	144
Tempel der Weißen Pagode	146
Zoo und Messehalle	148
Tempel der Weißen Wolke	149
Xuanwu-Bezirk	152
Entlang der Niujie	153
Souvenirs und Antiquitäten	154
Dazhalan	155
Chongwen-Bezirk	160
Himmelstempel	160
Ming-Stadtmauer-Park	164
Underground City	166
Haidian-Bezirk	168
Sommerpalast	171
Alter Sommerpalast	178
Die Westberge	180
Tempel der Großen Glocke	182
Chaoyang-Bezirk	185
Jingguang Center und SOHO-Areal	185
Ostberg-Tempel	187
Minoritätenpark	188
Dàshānzì	188
Ausflüge rund um Peking	194
Die Chinesische Mauer	194
Die Ming-Gräber	202
Die Qing-Gräber	204
Ausflüge in den Südwesten der Stadt	205
Chengde	207
Peking-Informationen von A bis Z	215

Inhalt

Wissenswertes über Shanghai

Chinesische Zukunftsvisionen	226
Geographie	227
Die Geschichte Shanghais	232
Der politische Neubeginn	249
Religion in Shanghai	250
Unterwegs in Shanghai	252
Shanghaier Delikatessen	255
Einkaufen in Shanghai	259
Nachtleben in Shanghai	264
Chinesische Wellness	266
Hotels in Shanghai	269
Die wichtigsten Sehenswürdigkeiten	270

Spaziergänge in Shanghai

Huangpu-Bezirk	274
Der Bund	274
Nanjing Donglu	288
Volksplatz und Volkspark	289
Die Altstadt	295
Shanghai Old Street	296
Konfuzius-Tempel	299
Dongjiadu-Kathedrale und Dongjiadu-Stoffmarkt	300
Yu-Garten	300
Luwan-Bezirk	304
Ein Spaziergang durch Luwan	307
Xintiandi	316
Xuhui-Bezirk	324
Ein Spaziergang durch Xuhui	326
Jing'an-Bezirk	334
Business und Tempelpracht	335

Inhalt

Hongkou-Bezirk	346
Spaziergang nach Norden	352
Vom Broadway zum ehemaligen Ghetto	357
Pudong – das neue Shanghai	360
Ausflüge ins Shanghaier Umland	370
Mit dem Touristenbus zu den Wasserdörfern	371
Suzhou	376

Shanghai-Informationen von A bis Z 382

Sprachführer 390

China-Reisetips von A bis Z 402

China im Internet	412
Literaturtips	413
Glossar	415
Über die Autoren	417
Register	418
Bildnachweis	424

Essays

Geister, Buddhas und Beamte	44
Karaoke	78
Sex am Kaiserhof	101
Dachreiter	104
Balladenerzähler	132
Avantgarde im heutigen China	192
Shanghai – Stadt am Meer	231
Nur nicht ins falsche Etablissement	268
Reihenhaus Fernost	338
Fluchtort Shanghai	351

Vorwort

Eines ist sicher: Langweilig werden Beijing und Shanghai nie! Beide Städte sind einem ständigen Wandel unterworfen, wahre Chamäleons unter den Metropolen. Peking, die konservative, klassische Hauptstadt und Shanghai, die Weltmetropole. Shanghai, das Handels- und Modezentrum, und Peking, die Kulturhauptstadt. Zwei ungleiche Schwestern, die beide das moderne China samt Wirtschaftserfolg symbolisieren und die trotzdem unterschiedlicher nicht sein könnten.

Riesige, spiegelverglaste Hochhäuser tragen chinesische Hütchendächer, als schämten sie sich ihrer Modernität. Daneben wächst dann ungeniert ein 150-Meter-Klotz ohne großes Federlesen in den chinesischen Himmel, und zwischen den beiden duckt sich ein altes Holzhaus oder eine Hofanlage. Alles ganz normal im China des Wandels. Altstadtviertel werden restauriert und wiederaufgebaut, während daneben eine achtspurige Autobahn eine breite Schneise durch die historische Bausubstanz zieht. Wer Peking wie Shanghai ein paar Jahre den Rücken kehrt, wird sich bei der Rückkehr neu orientieren müssen.

Machte Peking eben noch Schlagzeilen als umweltpolitisches Sorgenkind des Reichs der Mitte, schickte es sich im Vorfeld der Olympischen Spiele 2008 an, sich ein grünes Gewand anzuziehen. Und das ehemals sich selbst überlassene Shanghai mauserte sich in den letzten Jahren zur Vorzeigemetropole, die als eine der wenigen chinesischen Städte eine sinnvolle, abgestimmte Stadtplanung aufweist. Beiden gemein ist dennoch: Sie faszinieren. Weil bei allem Chrom und Stahl, bei allen Glasfassaden und modernen Gebäuden nie wirklich ein Zweifel aufkommt: Das ist China, mit seinen kulinarischen Verlockungen, lebendigen Märkten, kitschiger Nachtbeleuchtung jenseits europäischer Vorstellungskraft und bunten Tempeln, die immer dann auftauchen, wenn man das Alte China fast vergessen hatte. Wer beide Städte besucht, erlebt die chinesische Moderne in sehr unterschiedlichen Ausprägungen und wird mit dem guten Gefühl nach Hause fahren, mehr als nur ein Schlaglicht erlebt zu haben.

Kurz vor Drucklegung waren wir noch einmal in den beiden Städten, um ein letztes Mal Adressen und Fakten zu überprüfen. Trotzdem wird das eine oder andere Restaurant abgerissen, und sicher auch manche Sehenswürdigkeit, die in vorliegendem Reiseführer als authentisch und untouristisch beschrieben wird, nun im grellen Disneyland-Glanz strahlen. Verläßlich ist im Reich der Mitte nur der Wandel. Was für das ganze Land gilt, potenziert sich in den Metropolen Peking und Shanghai. Dennoch ist sicher: Wo die eine Bar die Türen schließen mußte, sind garantiert an anderer Stelle zwei neue In-Lokale aus dem Boden geschossen. Und so mancher vergessene Tempel erwacht aus jahrzehntelangem Schlaf und öffnet seine Tore.

Vorwort [9]

Sie blicken hoffnungsvoll in die Zukunft

Es lohnt sich folglich, in Chinas Metropolen auf Entdeckungsreise zu gehen. Hierbei soll der vorliegende Reiseführer ein Leitfaden sein, Inspiration und erste Tips geben. Auch wenn die eine oder andere Empfehlung der chinesischen Modernisierung zum Opfer gefallen sein sollte, eins können wir auf jeden Fall garantieren: Langweilig wird eine Reise nach Peking und Shanghai nie. Chinas Weltmetropolen sind die einzigen Städte der Welt, die man im Fünf-Jahres-Abstand immer wieder besuchen kann und eine komplett neue Reise erlebt. Zuweilen auch eine nagelneue Stadt.

Hinweise zur Benutzung dieses Reiseführers

Dieses Buch besteht aus zwei Teilen, die unabhängig voneinander benutzt werden können. Zu jeder der beiden Städte gibt es ausführliche Kapitel über Stadtentwicklung, Geschichte und Kultur, aber auch zu Nachtleben, Esssen und Infrastruktur. In den sich anschließenden Stadtspaziergängen werden die Sehenswürdigkeiten vorgestellt, am Ende jedes Spaziergangs finden sich praktische Informationen zu Hotels, Restaurants, Museen und Einkaufsmöglichkeiten. Im Anschluß folgen

In Shanghai

jeweils konkrete Reisetips zu den beiden Städten. Am Ende des Buches gibt es einen Sprachführer, allgemeine China-Reisetips von A bis Z, ein Glossar sowie ein Register.

Zur besseren Orientierung vor Ort sind bei allen wichtigen Ausflugszielen sowie Hotels, Straßen und Adressen die chinesischen Schriftzeichen sowie die lateinische Umschrift beigefügt. Generell wird in diesem Buch die seit 1958 in der VR China übliche Umschrift Hanyu Pinyin verwendet, Ausnahmen bilden geographische Bezeichnungen, die sich in den deutschen Sprachgebrauch eingebürgert haben, wie Peking (Beijing) und Kanton (Guangdong).

Chinesische Eigennamen bestehen oft aus simplen Ortsangaben, zum Beispiel einer Himmelsrichtung in Kombination mit einem markanten Gebäude oder Landschaftsmerkmal. Mit der kleinen Liste häufig vorkommender Namensbestandteile kann man schon eine Reihe von Straßennamen entziffern, eine Beilu ist einfach eine Nordstraße, eine Nanlu entsprechend eine Südstraße. Der auf den ersten Blick furchterregende Name der Qianmen Dongdajie bedeutet übersetzt etwa ›Große Qian-Tor-Oststraße‹. Ein Tip: Lassen Sie sich die Adresse Ihres Hotels an der Rezeption in chinesischen Zeichen aufschreiben, so finden Sie per Taxi garantiert immer zurück. Der Sprachführer ab Seite 390 enthält die wichtigsten Begriffe und Zahlen auch in chinesischen Zeichen.

Hinweise zur Benutzung [11]

Die Autoren sind jedes Jahr mehrmals in China, der vorliegende Reiseführer wurde aktuell recherchiert. Dennoch kann es vorkommen, daß sich vor allem Adressen und Telefonnummern schon wieder geändert haben. In einem Land, in dem selbst die Bewohner oft nicht wissen, in welcher Straße sie morgens aufwachen, kann auch das eine oder andere Hotel und Restaurant zwischenzeitlich der Abrißbirne zum Opfer gefallen sein. Die Autoren und der Verlag sind deshalb für aktuelle Informationen, Hinweise und Anregungen dankbar.

Zeichenlegende

 Hotels und Pensionen

 Theater, Konzertsäle

 Restaurants und Cafés

 Einkaufsmöglichkeit

 Bars und Diskotheken

 Massagen, chinesische Medizin

 Museen, Museumsgärten

 Zoo

Häufige Bestandtteile chinesischer Eigennamen

jing	京	Hauptstadt	jiang	江	Fluß
hutong	胡同	Altstadtbezirk	yuan	园	Garten
qu	区	Bezirk	fandian	饭店	Hotel
renmin	人民	Volk	binguan	宾馆	Hotel
zhongguo	国	China	canting	餐厅	Restaurant
men	门	Tor	bei	北	Norden
si	寺	Tempel	nan	南	Süden
lu	路	Straße	dong	东	Osten
jie	街	kleinere Straße	xi	西	Westen
dajie	大街	Hauptstraße	zhong	中	Mitte
tian	天	Himmel	wai	外	außen
shan	山	Berg	nei	内	innen
hai	海	Meer, See	an	安	Frieden

Wissenswertes über Peking

Grüne Olympiade – grünes Peking

Peking macht sich schick. Besser gesagt grün. So stand es zumindest auf den Plakaten, die für die Olympischen Spiele warben: ›Green Beijing–Green Olympics‹. Manchmal auch ›Neues Peking – Neue Olympiade‹, allerdings nur auf Chinesisch, in der englischen Übersetzung stand da ›New Beijing, Better Olympics‹. Größer, schneller, weiter eben, das ist das ehrgeizige Ziel der Pekinger Stadtväter noch weit über die 29. Olympischen Sommerspiele hinaus. Das macht sich in der Stadt seit einigen Jahren bemerkbar. Angeblich stehen 30 Prozent aller Baustellen weltweit in China und davon die Hälfte in Peking. Viel Bewegung also, und vor allem viel Staub, der durchaus nicht ohne Grund aufgewirbelt wird. China, und allen voran die chinesische Hauptstadt, will der Welt zeigen, daß es eine führende Rolle im 21. Jahrhundert einnimmt, koste es was es wolle. Und die Pekinger sind stolz auf ihre Stadt. Vergessen sind die bitteren Tränen anläßlich der gescheiterten ersten Olympiabewerbung 1993. Die Pekinger fühlen sich als erster chinesischer Ausrichter eines internationalen Großereignisses von Weltrang als Avantgarde, als Pulsgeber der weiteren Entwicklung. Wobei es den Pekinger an sich definitiv nicht gibt. Fragt

Schulkinder vor dem Himmelsaltar

man einen beliebigen Bewohner der Hauptstadt, ob er ›Lǎo Běijīng Rén‹ 老北京人, wörtlich also ein ›Alter Pekinger‹ sei, so wird so mancher nicken und dann auf Nachfrage doch zugeben, daß spätestens der Großvater aus den Provinzen Sichuan, Anhui oder dem chinesischen Nordosten nach Peking gekommen ist.

Peking ist eine Stadt, die es verdient hat, für einige Wochen im Zentrum der Weltöffentlichkeit zu stehen. Und auch jenseits des Olympiabooms hat sich Peking gemausert. Die Stadt ist heute Weltmetropole, Verwaltungszentrum, Architektur-Freiluft-Museum. Partyhauptstadt, Wirtschaftsmotor und Kunstmetropole, Smogschwerpunkt und Riesenbaustelle.

Und, mit all ihren oder gerade aufgrund ihrer Widersprüche, definitiv eine Reise wert.

Geographie

Der Urkeim der chinesischen Zivilisation mißt durchschnittlich 0,22 Millimeter, ist gelb-braun und äußerst nährstoffreich: der Löß. Auf dem fruchtbaren, aber schwer zu bearbeitenden Lößböden entlang des Gelben Flusses, etwa 1000 Kilometer Luftlinie von Peking entfernt, hat die chinesische Kultur ihre Wiege. Jeden Frühling wird diese Wiege tonnenweise in die chinesische Hauptstadt getragen. Die gelbe Heimsuchung heißt auf Chinesisch Huángshā Fēng, was schlichtweg ›Wind mit gelbem Sand‹ heißt und den Nagel auf den Kopf trifft. Wer schon immer mal wissen wollte, wie Löß schmeckt, sollte während einem dieser Stürme, wenn die Sichtweite innerhalb einiger Minuten auf unter zehn Meter sinkt, nur einmal staunend den Mund öffnen und hat danach mehr chinesischen Urboden zwischen den Zähnen, als ihm lieb sein kann. Während dieser kurzen, aber heftigen Stürme, meist im April, kommt die Stadt für einige Minuten völlig zum Erliegen, und die Hauptstädter ergeben sich stoisch ihrem Schicksal. Nach spätestens einer Stunde ist der Spuk dann vorbei. Die historischen Stadtplaner hatten sich und die Bewohner der Stadt ohnehin hinter fast fensterlosen Mauern verschanzt, die bis heute das Bild der Pekinger Altstadt prägen, wo sie denn noch erhalten ist. Ihre modernen Kollegen waren in dieser Hinsicht weniger raffiniert und verlegten sich auf breite Prachtstraßen, die dem Sandsturm eine perfekte Einflugschneise bieten.

Dennoch liebt der Hauptstädter sein Peking. Zwar neigt er, wie die Kollegen in Berlin, Paris oder London auch, zur mauligen Kritik an den hiesigen Zuständen, im Vergleich zum Rest des Landes läßt er auf die eigene Stadt aber nichts kommen. Sie hat das beste Essen, die modernsten Gebäude, das beste Verkehrssystem und das Privileg, die Jugend der Welt zum olympischen Wettkampf zu begrüßen.

Beim Wetter, das geben selbst die stolzesten Hauptstädter zu, hat Peking im Landesvergleich jedoch eindeutig das Nachsehen. Zwar ist die Stadt nur 100 Kilometer

[16] Grüne Olympiade – grünes Peking

Smog ist eines der größten Probleme Pekings

Luftlinie vom Meer entfernt, ihr sitzt jedoch der gesamte euroasiatische Kontinent im Nacken, so daß sie unter einem extremen, nicht sehr vorteilhaften kontinentalen Klima leidet. Zu trockenen, kalten Wintern gesellen sich Sommer mit hoher Luftfeuchtigkeit und reichlich Niederschlägen. Der Frühling dauert gefühlte drei Tage, an denen die Vegetation förmlich explodiert, und einzig der Herbst läßt Besucher wie Bewohner schwärmerisch mit der Zunge schnalzen. Nicht umsonst wird das Pekinger Herbstwetter als ›Goldener September‹ betitelt. Temperaturen um knapp über 20 Grad, milde Nächte und kaum erwähnenswerte Niederschläge machen den Herbst zur beliebtesten Reisezeit. Warum das Internationale Olympische Komitee darauf bestand, die Olympischen Spiele 2008 entgegen der ursprünglichen Planung im schwül-heißen August auszutragen, ist so auch nicht gerade nachvollziehbar. Im Juli und August fallen die meisten Niederschläge, zwischen 125 und 160 Milliliter pro Quadratmeter, und das Quecksilber steigt nicht selten über 40 Grad im Schatten. Die Durchschnittstemperaturen liegen immer noch bei stolzen 27,3 (Juli) bzw. 25,8 Grad (August). Wenn hingegen im Winter der Wetterbericht ›kalte Luft aus Sibirien‹ ansagt, krempeln sich die Hauptstädter ihre Krägen hoch und versuchen bei Temperaturen unter minus 20 Grad dem orkanartigen Wind zu trotzen, der ungebremst durch die Prachtstraßen fegt. Für Besucher hat der Winter jedoch seinen eigenen Reiz. Es ist an den meisten Tagen so sonnig, daß man beim Blick aus dem Hotelfenster versucht ist, im T-Shirt auf die Straße zu gehen. Zudem verirren sich im Januar und Februar kaum Touristen in die Hauptstadt, und die menschenleeren Sehenswürdigkeiten erstrahlen im fotogenen Wintersonnenlicht.

Dem mäßigen Wetter zum Trotz hat Peking immerhin ein gutes Fengshui. Die ungünstigen Himmelsrichtungen Nord und West sind von über 2000 Meter hohen Bergen beschirmt, Osten und Süden als günstige Richtungen sind ohne größere natürliche Hindernisse. Spötter behaupten, die Fengshui-Theorie müsse ihren Ursprung in Peking haben. Von Norden kamen die kriegerischen Nomaden und von Westen die Sandstürme, der Süden brachte den Sommer und der Osten frische Meeresluft; da war es leicht, den Himmelsrichtungen gute oder schlechte Attribute zuzuordnen. Ohne die schützenden Berge gliche Peking sicherlich eher einer Sandburg als einer Hauptstadt, und der offene Süden und Osten bewahrt die Hauptstadt vor dem Umweltschicksal vieler andere chinesischer Städte, die in Talkesseln errichtet sind. Sicherlich ist Peking nicht die sauberste Stadt Chinas, und die Smogwerte nehmen an windstillen Tagen beängstigende Höhen an. Sobald jedoch eine Brise aufkommt, wird der Smog nach Süden oder Osten geweht. So folgt auf mehrere dunstige Tage oft über Nacht ein Sonnentag mit, zumindest für Pekinger Verhältnisse, glasklarer Luft, die sich wieder ein paar Tage hält, bis nach einigen Stunden Windstille wieder der Smog die Oberhand gewinnt.

Im Norden der Hauptstadt zieht sich die nordchinesische Tiefebene noch etwa 60 Kilometer, bis sie die ersten Bergausläufer erreicht, im Westen reichen die West-

Historische Gebäude vor moderner Kulisse: der Ostberg-Tempel

berge direkt bis an die Stadttore. Auch die Chinesische Mauer verläuft entlang der Bergkette im Norden und markiert die historische Grenze zwischen chinesischer Zivilisation und ›Barbarenland‹. Hinter den Westbergen liegt das historische chinesische Kernland mit den Provinzen Shanxi und Shaanxi, den Städten Datong, Taiyuan und Pingyao und dem Wutaishan, dem nördlichsten von vier heiligen buddhistischen Bergen im Reich der Mitte.

Die Geschichte Pekings

Peking ist heute der Mittelpunkt der chinesischen Welt und ihr administratives und kulturelles Zentrum. Im Laufe ihrer Geschichte war die Stadt immer von wichtiger lokaler Bedeutung, aber erst vor knapp 1000 Jahren rückte sie in den Fokus der chinesischen Wahrnehmung.

Die Frühgeschichte Pekings liegt weitgehend im Dunkeln. Funde erster menschlicher Siedlungen datieren etwa 500 000 Jahre vor unserer Zeitrechnung, und 1996 wurden die Reste einer steinzeitlichen Siedlung auf dem Stadtgebiet gefunden. Die Funde des sogenannten Peking-Menschen bei Zhoukoudian sowie weitere Ausgrabungen im Südwesten des heutigen Stadtgebietes weisen auf verstreute Ansiedlungen in der Gegend um Peking hin.

Das alte Ji

Erste gesicherte Aufzeichnungen sprechen von einer Stadt namens ›Ji‹ 薊 (Schilf), die ihren Namen einem gleichnamigen Hügel auf Höhe des heutigen Tempels der Weißen Wolke verdankte, und die vor etwa 3000 Jahren im Südwesten des heutigen Stadtgebietes ihr Zentrum hatte. Einige Quellen weisen darauf hin, daß Ji eine Art chinesische Kolonie am Rande des damaligen Staatsgebietes war, weit weg vom Zentrum der Macht, das sich im Einzugsbereich des Gelben Flusses befand. Archäologische Spuren der alten Stadt Ji gibt es kaum, auch der namensgebende Hügel ist seit einigen Jahren verschwunden. Er fiel einem Stadtbauprojekt zum Opfer. Einzig die Reste einer 829 mal 600 Meter langen Stadtmauer sind bis heute in dem Dorf Dongjialin 董家林 im Bezirk Fangshan 房山 im Südwesten der Stadt zu finden. Hier entdeckte man in den 1960er Jahren auch einige Artefakte, die auf die Zeit der späten Zhou-Dynastie datieren und somit die Besiedlung der Region vor knapp 3000 Jahren belegen.

Im 8. Jahrhundert vor Christus bröckelte die Zentralgewalt der herrschenden Zhou-Dynastie, und das Staatsgebiet, das immerhin große Teile des heutigen Nord-

Die Geschichte Pekings

Fahrradrikscha in der Pekinger Altstadt

und Mittelchina umfaßte, zerfiel in viele lokale Fürstentümer. Einer dieser Staaten, Yan 燕 (Schwalbe), wählte die Stadt Ji als Fürstensitz. Während einige Quellen weiterhin die Bezeichnung Ji für die Stadt pflegen, tauchte damals zuweilen schon der Name Yanjing 燕京 auf, Hauptstadt von Yan, oder, etwas blumiger übersetzt, Hauptstadt der Schwalben. Noch heute wird dieser Name gerne benutzt, um die Hauptstadt poetisch zu beschreiben, oder, profaner, Bier zu verkaufen. Einige Spuren dieser wohl schon recht stattlichen, 1100 mal 800 Meter großen ummauerten Siedlung finden sich bis heute im Südwesten des Stadt, genauer gesagt in dem Dorf Doudian 窦店, ebenfalls im Bezirk Fangshan.

Das von hier aus regierte Fürstentum weitete seinen Einfluß bis an den Gelben Fluß aus und zählte zur Zeit des Qinshi Huangdi im 3. Jahrhundert vor Christus zu den einflußreichsten Mächten der Region. Qinshi Huangdi, Herrscher der Qin, vereinigte 221 vor Christus die sieben verbliebenen Teilstaaten Chinas und schweißte sie mit harter Hand zusammen. Maße, Spurbreite und Gewichte wurden vereinheitlicht und tausende als staatsfeindlich empfundene Bücher verbrannt. Zeugnis seiner kurzen, aber prägenden Herrschaft, die nach Jahren der Ausbeutung und Überstrapazierung des Staatsbudgets schon 206 vor Christus ihr Ende fand, ist bis heute die Terrakottaarmee im Osten der historischen Hauptstadt Xi'an 西安, damals Chang'an 长安, ewiger Friede, genannt.

Youzhou, die Stadt der Ruhe

Nach der Einverleibung durch die Qin-Dynastie und während der folgenden Han-Dynastie (206 v. Chr.-221 n. Chr.) wurde die Stadt in den Annalen weiterhin als Yan bezeichnet, bekam aber mit dem Zerfall der Han-Dynastie im Jahre 220 nach Christus den Namen ›Stadt der Ruhe‹ (Youzhou 幽州), eventuell ein Hinweis auf den beginnenden Einfluß des Buddhismus in der Region, der sich als befriedendes Element erwies. Unter der Sui-Dynastie (581-618) erlebte die Stadt eine kurze Blüte und wurde nördlicher Endpunkt des Kaiserkanals, der die Kaufmannstädte des Südens mit dem Norden des Reiches verband. Gegen Ende der Dynastie hatte die Stadt jedoch unter den Verheerungen des Feldzuges der Sui gegen die Goryeo, die das Gebiet des heutigen Nordkorea beherrschten, zu leiden.

In der Folgezeit, in der das etwa 800 Kilometer südwestlich gelegene Chang'an unter der Tang-Dynastie (618-907) zur kosmopolitischen Millionenstadt wurde, hatte das heutige Peking als östlicher Außenposten des nach Westen ausgerichteten Weltreiches der Tang vor allem militärische Bedeutung, entwickelte sich während der langen Zeit der Prosperität jedoch auch zu einem wichtigen Handelszentrum. Über die Seidenstraße kamen Handelsgüter und neue kulturelle Einflüsse nach Chang'an; und auch Youzhou profitierte vom boomenden Handel in der damaligen

Buddhafigur im Tempel der Weißen Pagode

Hauptstadt. Als letzte Ruhestädte der Gefallenen des desaströsen Feldzuges gegen die Goryeo wurde mit dem Fayuan-Tempel (Fǎyúan Sì 法源寺) einer der ältesten bis heute noch erhaltenen buddhistischen Tempel der Stadt gegründet, ihm folgten weitere buddhistische Anlagen, von denen der Tempel des Schlafenden Buddhas (Wòfó Sì 卧佛寺) und der Yūnjū Sì (frei übersetzt: Tempel des Wolkenheimes 云居寺) bis in die Gegenwart überdauert haben.

Doch die von vielen Chinesen bis heute gepriesene Herrlichkeit der Tang-Dynastie währte nicht ewig. Machtkämpfe, Überstrapazierung der Ressourcen, Rebellionen im Inneren und Überfälle von außen brachten die Tang-Dynastie im Jahre 907 zu Fall und führten zu nahezu fünf Jahrhunderten Fremdherrschaft in Nordchina.

Von den Kitai zu den Mongolen

Als erstes Steppenvolk aus dem Norden besetzten die Kitai große Teile des heutigen Nordchina, begründeten die Liao-Dynastie (907-1125) und machten Youzhou zu ihrer zweiten Hauptstadt, die sie Nanjing, südliche Hauptstadt, nannten – nicht zu verwechseln mit der Stadt gleichen Namens am Yangzi, die während der Ming-Dynastie (1368-1644) Hauptstadt werden sollte. Gleichzeitig war jedoch weiterhin der Name Yanjing gebräuchlich und ab 1013 auch wieder die offizielle Bezeichnung.

Die Liao-Dynastie, als deren Zeugnisse heute noch der Tiānníng Sì 天宁寺 im heutigen Stadtteil Xūanwǔ und der Xīdān 西单 als westliche Nord-Süd-Achse erhalten sind, wurde im Jahre 1125 von einem anderen Nomadenvolk, den Dschurdschen, gestürzt, die in der Folgezeit die immerhin 120 Jahre währende Jin-Dynastie (1115-1234) etablierten. Während sich im chinesischen Kernland und im Süden bereits im Jahre 960 die Song-Dynastie (960-1279) etablieren konnte, blieb Peking also weiterhin in der Hand nicht-chinesischer Herrscher.

In einer vierjährigen Übergangsperiode zwischen 1153 und 1157 kam die Stadt ein zweites Mal zu Hauptstadtwürden, als die Jin ihr südliches Machtzentrum nach Peking verlegten und ihm den Namen Zhongdu 中都, die Mittlere Hauptstadt, gaben. 1157 gelang es den Jin, die Truppen der Song zu schlagen und ihr Territorium bis nach Mittelchina auszuweiten. Kaifang wurde die neue Hauptstadt der Jin, und Peking verlor an Bedeutung und Unterhalt.

Die Jin-Dynastie wurde schließlich im Jahre 1215 von den Mongolen unter Dschingis Khan überrannt. Da Peking erbitterten Widerstand gegen die einfallenden Mongolen leistete, wurde die Stadt fast vollständig zerstört und ein Großteil seiner Bewohner getötet. Erst Jahrzehnte später, im Jahre 1261, wurde Peking wieder aufgebaut und bekam unter der mongolischen Herrschaft den Namen Khanbalik, die ›Große Residenz des Khan‹. Der chinesische Name lautete schlicht

Dadu – Große Hauptstadt. Beim Wiederaufbau der Stadt orientierte sich der an chinesischer Kultur äußerst interessierte Kublai Khan an der chinesischen Stadtplanung und ließ eine streng symmetrische Metropole mit dem bis heute so charakteristischen Schachbrettmuster errichten, das ein Jahrhundert später auch die Ming-Kaiser inspirierte.

Einige der historischen Bauten Pekings stammen aus der Mongolenzeit, unter anderem der Tempel der Weißen Pagode (Báitǎ Sì 白塔寺) und der Ostberg-Tempel (Dōngyuè Miào 东岳庙). Kublai Khan ließ die kaiserlichen Gärten erweitern, die die Dschurdschen über das Stadtgebiet verstreut angelegt hatten, unter anderem den Vorläufer des heutigen Sommerpalastes. Die Bezeichnung ›Hutong‹ für die kleinen Altstadtgassen wurde geprägt, vermutlich eine Sinisierung der mongolischen Bezeichnung für eine Wasserstelle. 1271 besiegten die Mongolen die letzten versprengten Truppen der Song, begründeten die Yuan-Dynastie (1271–1368) und riefen Khanbalik ein Jahr später zu ihrer Hauptstadt aus. Der zentrale Kaiserpalast lag etwas weiter nördlich als die heutige Verbotene Stadt, etwa auf Höhe des jetzigen Kohlehügels östlich des Beihai-Parks. Marco Polo, der angeblich 17 Jahre in den Diensten Kublai Khans verbrachte, nannte die Stadt ›die erstaunlichste Stadt des Universums‹.

Die Ming-Dynastie

Als die Yuan-Dynastie im Jahre 1368 durch einen Bauernaufstand im Süden Chinas gestürzt wurde, übernahm der Anführer des Bauernheeres, Zhu Yuanzhang, die Herrschaft und begründete die Ming-Dynastie, die zuerst ihren Sitz in Nanjing 南京 am Südufer des Yangzi hatte. Peking, das mit der Niederlage der Mongolen ein weiteres Mal große Zerstörungen erleiden mußte, wurde wie so oft in seiner Geschichte eine Militärgarnison im Nordosten des Landes.

Doch der Stadthalter, Zhu Di, einer der Söhne Zhu Yuanzhangs, hatte große Pläne. Als der eigentliche Thronfolger, Zhu Biao, 1392 starb, bestimmte Zhu Yuanzhang dessen Sohn Zhu Yunwen zu seinem Nachfolger. Als Kaiser Jianwen bestieg er im Jahre 1398 den Thron. Zhu Di, der sich in der Erbfolge übergangen fühlte, führte seine Truppen daraufhin nach Süden, überrannte Nanjing und stürzte den legitimen Kaiser. Als Kaiser Yongle bestieg er den Thron und machte sich daran, die Hauptstadt nach Peking zu verlegen, das seine eigentliche Machtbasis darstellte. Offiziell begründete er diesen Umzug mit der immer noch bestehenden Bedrohung durch die Mongolen und dem Bedürfnis nach kurzen Nachschublinien im Falle eines Krieges, inoffiziell ging es ihm wohl eher darum, eine möglichst große Entfernung zur Beamtenschaft der südlichen Hauptstadt zu schaffen, die ihm aufgrund seines Hochverrates nicht gerade wohlgesonnen war.

Zwischen 1402 und 1421 entstand so, nur wenige Jahre nachdem Nanjing als Hauptstadt mit großem Aufwand aus dem Boden gestampft worden war, im Norden eine weitere prunkvolle Kaiserstadt, die schließlich den Namen bekam, unter dem wir sie bis heute kennen: Beijing 北京, nördliche Hauptstadt, in alter Umschrift

Verzierung eines Löschkessels in der Verbotenen Stadt

[24] Die Geschichte Pekings

Hutongviertel am Glockenturm

Peking. Von den Mongolen übernahmen die Ming das schachbrettartige Grundmuster der Stadt und bauten eine Hauptstadt, die dem legendären Dadu in nichts nachstand. Die Reste des mongolischen Kaiserpalastes wurden eingeebnet und aus ihrem Schutt sowie den Aushebungen für die Palastgräben der Kohlehügel aufgeschüttet, der gleichzeitig als nördlicher Schutzhügel des neuen Palastes diente.

Neben der Verbotenen Stadt, die nach 14 Jahren Bauzeit im Jahre 1420 fertiggestellt wurde, verdankt das heutige Peking dem dritten Ming-Kaiser nicht nur seinen symmetrischen Stadtplan, sondern ebenso den Himmelstempel (Tiāntán 天坛, eigentlich Himmelsaltar) und die Ming-Gräber. Bereits bestehende Stadtmauerteile der Mongolenstadt wurden ausgebaut und erweitert. Bei seinem Tod im Jahre 1424 hinterließ Yongle eine Stadt, die mit wenigen Änderungen bis ins 20. Jahrhundert überdauerte.

Die fast drei Jahrhunderte der Ming-Herrschaft waren eine Zeit der Konsolidierung und Ritualisierung. Während der Ming-Zeit wurde nicht nur die Chinesische Mauer restauriert, erweitert und zu einer zusammenhängenden Festungs- und Kommunikationslinie ausgebaut, in Peking entstanden nach dem Himmels- auch der Erd-, Sonnen- und Mondaltar sowie unzählige Ehrenbögen (Pailou), Tempel und die Stadttore, die allesamt den Straßen der Stadt die noch heute gebräuchlichen Namen gaben. Die Hutongs wiederum bekamen ihren Namen oft aufgrund der Profession ihrer Bewohner, ähnlich wie die Kaufmannstraßen im mittelalterlichen Europa.

Während die Ming-Dynastie weitgehend mit sich selbst beschäftigt war, erstarkte im Norden mit den Mandschus ein weiteres ›Barbarenvolk‹, das sich bereits im 16. Jahrhundert unter dem Herrscher Nurhaci chinesische Sitten und Gebräuche und vor allem die chinesische Staatsphilosophie und Verwaltungslehre zu Nutzen gemacht hatte. 1644 ließ der Ming-General Wang Sangui die mandschurischen Truppen ins Land, in der Hoffnung, so die Ming-Dynastie vor einem Bauernaufstand zu retten. Aber die Mandschus setzten sich in Peking fest und gründeten ihrerseits die Qing-Dynastie.

Die Qing-Dynastie

Anders als bei früheren Eroberungen der Stadt blieb Peking während der Besetzung durch die Mandschus nahezu unversehrt. Die Kaiser der Qing-Dynastie, Kangxi, Yongzheng und allen voran der ›Baukaiser‹ Qianlong, prägten im 18. Jahrhundert das Bild der Stadt. Der Lamatempel (Yōnghé Gōng 雍和宫) wurde schon zu Zeiten Kangxis begonnen und unter Yongzheng und Qianlong zur heutigen Größe erweitert. Mit dem Yíhé Yúan 颐和园 (dem heutigen Sommerpalast) und dem

Der Sommerpalast wurde unter Kaiser Qianlong gebaut

Yúanmíng Yúan 圆明园 widmete sich Qianlong den Gartenanlagen der Stadt und baute sie zur heutigen Größe aus. Seine Liebe zur Literatur und zur Poesie zeigt sich in den vielen Steinstelen, die sich auch heute noch in den Tempeln und Palästen der Hauptstadt finden.

Unter Qianlong erlebte die Qing-Dynastie eine letzte Blüte. Der britische Abgesandte Lord Macartney wurde auf seiner Handelmission im Jahre 1793 brüsk mit den Worten abgewiesen, China hätte bereits alle Schätze der Welt. Am Ende seiner Regierungszeit hinterließ Qianlong eine prachtvolle Hauptstadt mit unzähligen Palästen, Gärten und Tempeln, und, ebenso bedeutsam, eine leere Staatskasse. Von der Verschwendungssucht der Kaiser Kuangxi, Yongzheng und Qianlong erholte sich China genausowenig wie vom massiven Drängen ausländischer Mächte, allen voran der Engländer und der Franzosen, auf den chinesischen Markt. Da dieser sich ihnen in der ersten Hälfte des 19. Jahrhunderts weitgehend verschloß, suchten sie nach einer Ware, die das Begehren der chinesischen Konsumenten erwecken und die chronisch negative Handelsbilanz mit dem Reich der Mitte positiv gestalten könnte. Fündig wurden sie in einer Droge, die zwar in China als Medizin bekannt war und gelegentlich auch geraucht wurde, jedoch bis dahin in Maßen: Opium.

Peking im 19. Jahrhundert

Mit Billigopium aus ihren asiatischen Kolonien überschwemmten Franzosen wie Engländer den chinesischen Markt und trieben so Millionen von Chinesen in die Abhängigkeit. In zwei sogenannten ›Opiumkriegen‹, 1839-1840 und 1856-1861, sicherten sich die westlichen Mächte den ungestörten Zugang zum chinesischen Markt und entblößten die militärische Unterlegenheit der kaiserlichen Truppen. Als Folge des ersten Opiumkrieges wurde Hongkong britisch, und in den großen chinesischen Städten wurden sogenannte Konzessionen eingerichtet, die exterritorialen Status hatten.

Peking blieb zuerst noch eine für Ausländer geschlossene Stadt. Dies änderte sich erst 1858 mit dem Vertrag von Tianjin, der den Briten, Franzosen, Russen und US-Amerikanern das Recht zugestand, Botschaften in der Stadt einzurichten und sich in Peking niederzulassen. Zur gleichen Zeit erschütterte der Taiping-Aufstand (1850-1864) das Land, als sich eine Bauernarmee unter Führung des selbsternannten ›jüngeren Bruders Jesu‹ Hong Xiuquan gegen die Qing-Dynastie erhob.

Zerfall der kaiserlichen Macht

Mit zunehmendem Zerfall der kaiserlichen Macht und dem grassierenden wirtschaftlichen Elend wuchsen auch die Spannungen zwischen den Mandschus und den

Die Geschichte Pekings

Han-Chinesen. Die Angst der regierenden Mandschus vor einem han-chinesischen Aufstand brachte auch in Peking große soziale Umwälzungen. Alle han-chinesischen Bewohner der Stadt wurden aus den nördlichen Innenstadtbezirken in die südliche Vorstadt umgesiedelt. Während im Norden der Verbotenen Stadt die hochherrschaftlichen Hofhäuser der mandschurischen Oberschicht entstanden, prägten nun einfache Ziegelhäuser, Teehäuser, Restaurants und Absteigen das Stadtbild der Südstadt. Die Gegend südlich des Qianmen und um den Dazhalan war schon bald als Vergnügungs- und Handelszentrum berühmt-berüchtigt.

Nach einer Abfolge von relativ schwachen Kaisern putschte sich Cixi, die Lieblingskonkubine des Kaisers Xianfang, nach dessen Tod im Jahre 1861 an die Macht und hielt diese bis zu ihrem Tod im Jahre 1908 inne. Offiziell war Cixi nur die Kaiserwitwe, da jedoch erst der Kaiser Tongzhi und dann der Kaiser Guangxu bei ihrer Inthronisierung noch im Kindesalter waren und von ihr manipuliert wurden, bestimmte sie maßgeblich die Regierungspolitik. Während der nominelle Kaiser auf dem Thron saß und Audienz abhielt, saß

Drachenrelief an einer Mauer in der Verbotenen Stadt

Cixi hinter einem Vorhand und flüsterte ihre Weisungen dem Kaiser und den Audienzsuchenden zu. Die Eunuchen am Hofe nutzten die Abwesenheit klarer Machtstrukturen derweil, ihr eigenes, vor allem auf persönlichen Gewinn abzielendes Süppchen zu kochen.

Die Sorge um Chinas Zukunft, das wirtschaftliche Elend und der zunehmende Einfluß des Westens rief Ende des 19. Jahrhunderts chinesische Intellektuelle auf den Plan, die im Rahmen der sogenannten ›Selbststärkungsbewegung‹ Reformen und eine Modernisierung des Landes forderten. Den Anhängern der ›Totalen Verwestlichung‹, die einen chinesischen Entwicklungsweg nach Vorbild des Westens suchten, standen die Vertreter der Philosophie ›Den Westen für das Praktische, das Chinesische als Essenz‹ gegenüber. Letztere konnten im Jahre 1898 den erst 23 Jahre alten Kaiser Guangxu für ihre Ziele gewinnen. Ziele der Reform waren der Aufbau eines modernen Bildungssystems und die Abschaffung von Ehrenposten in Verwaltung und Regierung. Die Konservativen am Hof, unter der Führung der Kaiserwitwe Cixi und des Generals Yuan Shikai stoppten die Reformen nach nur 104 Tagen, der Kaiser wurde unter Arrest gestellt und einige der Protagonisten hingerichtet. Die chinesische Monarchie hatte damit die letzte Chance verspielt, durch Reformen ihre Macht zu erhalten.

Der Boxeraufstand

Im Jahre 1900 führte der sogenannte ›Boxeraufstand‹ zu einer weiteren Demütigung Chinas durch den Westen. Unter dem Eindruck des steigenden westlichen Einflusses in China und vor allem der Tätigkeit westlicher Missionare vereinigten sich mehrere patriotische Gruppen zu den ›in Rechtschaffenheit vereinigten Milizen‹ (Yihetuan) und kämpften gegen die ausländische Präsenz im Reich der Mitte. Sie hatten schon bald auch die Unterstützung Cixis, die sich von dem patriotischen Ausbruch eine Stärkung des Kaiserhauses versprach. Die Ermordung des deutschen Gesandten Klemens August Freiherr von Ketteler führte zu dem berühmten Ausruf ›Germans to the Front!‹, dem nicht nur das deutsche kaiserliche Heer, sondern auch die Truppen Englands, Frankreichs, Rußlands, Österreich-Ungarns, Italiens, Japans und der USA folgten. 55 Tage hielten die Aufständischen das Ausländerviertel in Peking okkupiert, ehe die Armee der ›Acht Mächte‹ Peking besetzte, in die Verbotene Stadt eindrang und Teile des neuen Sommerpalastes zerstörte.

Als Folge der chinesischen Niederlage gegen die alliierten Truppen mußte die Qing-Regierung nach dem sogenannten Boxerprotokoll das mehrere Quadratkilometer große Areal südöstlich des Kaiserpalastes nun auch de jure an die ausländischen Mächte abgeben, die es weiter ausbauten. Noch heute erinnern der alte Kolonialbahnhof und die Türme der ehemaligen britischen und amerikanischen Botschaft in Blickweite des Tian'anmen-Platzes sowie die Kolonialbauten entlang der Zhèngyì Lù 正义路 im Osten des Platzes an die koloniale Vergangenheit. Die ›ausländischen Teufel‹, wie die Eindringlinge aus dem Westen auch genannt wurden, hatten sich nun endgültig auch in Peking festgesetzt. Chinesen war der Zugang zur ausländischen Konzession streng verboten. Die Geduld der Intellektuellen und des Volkes gleichermaßen war nun definitiv zu Ende. Mit dem Tod der Kaiserwitwe Cixi und der Inthronisierung des Kindkaisers Puyi im Jahre 1908 lag die chinesische Monarchie in den letzten Zügen.

Die Revolutionsjahre 1911 bis 1949

Als im Jahre 1911 der Eisenbahneraufstand in Wuchang und die Meuterei der kaiserlichen Truppen unter Yuan Shikai das Ende des chinesischen Kaiserreiches einläuteten, wollten die bürgerlichen Revolutionäre unter Sun Yat-sen die Haupt-

Laden in der Altstadt

stadt nach Nanjing verlegen. Yuan Shikai, der bereits die 100-Tage-Reform 1898 hintertrieben hatte, weigerte sich jedoch, seine Machtbasis in Peking aufzugeben. Um des inneren Friedens willen verzichtete Sun Yat-sen auf das Präsidentenamt. Nach dem Tod Yuans entglitt Peking zunehmend der Kontrolle der Zentralregierung und wurde Spielball der unterschiedlichsten Partikularinteressen. Während die jeweiligen Warlords um die Kontrolle Nordchinas stritten, zog sich Sun Yat-sen nach Kanton zurück und sammelte unter dem Dach der Volkspartei (Guomindang) die bürgerlichen und revolutionären Kräfte.

Die Vierte-Mai-Bewegung

Im Ersten Weltkrieg stand China auf Seiten der Alliierten – eher eine symbolische Handlung als ein Kriegsbeitrag. Im Versailler Vertrag wurde jedoch die deutsche Konzession in Shandong rund um Qingdao nicht der Republik China zurückgegeben, sondern den Japanern zugeschlagen. Dies rief den wütenden Protest der Studenten vor allem in Peking und Shanghai hervor.

Acht Jahre nach dem Sturz der Monarchie hatte sich nicht viel geändert in China. Korruption und Vetternwirtschaft bestimmten weiterhin die Politik, gleichzeitig schien die Regierung dem ausländischen Einfluß nichts Entscheidendes entgegenzusetzen zu haben. Die ohnehin geschwächte Regierung reagierte panisch und schlug die Studentendemonstrationen in Peking mit aller Gewalt nieder.

Dennoch war die sogenannte Vierte-Mai-Bewegung letztendlich erfolgreich. Die chinesische Delegation weigerte sich, den Versailler Vertrag zu unterzeichnen, und die ursprünglich von der studentischen Basis ausgegangene Bewegung zog Wellen durch das ganze Land. Sowohl Geschäftsleute als auch Arbeiter in Shanghai hatten sich mit den Studenten solidarisiert, und die Kulturschaffenden des ganzen Landes sahen die Vierte-Mai-Bewegung als Signal für den Aufbruch. In der Literatur, deren Exponenten Hu Shi, Lu Xun und Lao She, um nur einige zu nennen, mit der Vierten-Mai-Bewegung sympathisierten, setzte sich die Umgangssprache (Bai Hua) durch, und die alten Zöpfe der chinesischen Kultur wurden mit Wonne abgeschnitten. Zuvor war das klassische Chinesisch die Literatur- und Verwaltungssprache gewesen, was einen Großteil der Bevölkerung von der Teilhabe am öffentlichen Leben ausschloß. Neben Shanghai entwickelte sich Peking zum Zentrum sowohl der kulturellen als auch der politischen Bewegungen.

In der Bibliothek der Pekinger Universität arbeitete derweil ein Lehrer vom Land als Hilfskraft, der die Geschicke China maßgeblich beeinflussen sollte: Mao Zedong. Unter Li Dazhao reifte hier eine revolutionäre Zelle heran, die maßgeblich zur Gründung der Kommunistischen Partei Chinas in Shanghai im Jahre 1921 beitrug.

Unruhen und Krieg

In den 1920er Jahren verlagerte sich das politische Geschehen des Landes weitgehend in Richtung Mittel- und Südchina. Mit dem von ihrer Basis in Kanton aus geführten Nordfeldzug im Jahre 1925 gelang es den Regierungskräften, große Teile Ostchinas zu vereinen. Die Lage in Peking blieb jedoch unsicher. 1928 verlor die Stadt ihren Status als Hauptstadt auch offiziell an Nanjing. Wie schon zu Beginn der Ming-Dynastie hieß die Stadt nun für einige Jahre Beiping 北平, ›nördlicher Friede‹. Dieser Name blieb jedoch ein frommer Wunsch. Bis weit in die 1930er Jahre dauerten die Auseinandersetzungen verschiedener Warlordfraktionen im chinesischen Norden an, bis schließlich die Japaner, die sich bereits Anfang der 1930er Jahre in der Mandschurei festgesetzt hatten, im Jahre 1937 Beiping besetzten.

Während des acht Jahre andauernden chinesisch-japanischen Kriegs und des darauffolgenden vierjährigen Bürgerkriegs verschlimmerte sich die Lage in der Stadt zusehends. Tausende von Landbewohnern flohen vor dem Krieg in die relativ sichere Stadt und verschärften dadurch auch die ohnehin katastrophale Versorgungslage Beipings. Als die kommunistischen Truppen Anfang 1949 die Stadt besetzten, lag das soziale und wirtschaftliche Leben Beipings danieder.

Von der Gründung der Volksrepublik bis 1989

Am 1. Oktober 1949 stand Mao Zedong auf der Empore des Tors des Himmlischen Friedens und verkündete die Gründung der Volksrepublik China. Für die Hauptstädter, egal welcher politischen Richtung sie angehörten, war dies zuerst einmal ein Zeichen der Stabilität nach vier Jahrzehnten Chaos. Die neuen Machthaber

Mao-Andenken in der Pekinger Altstadt

machten sich nach einigen Konsolidierungsjahren bald schon daran, die Hauptstadt nach ihren Vorstellungen neu zu gestalten. In der Zeit zwischen der Gründung der Volksrepublik China 1949 und dem Beginn der Kulturrevolution 1966 sah Peking die größte Umstrukturierung seit der frühen Ming-Dynastie. Ungehört blieb allerdings der Plan des Architekten Liang Sicheng, der den Bau einer neuen Hauptstadt am Fuße der Westberge forderte und die alte Stadt Peking als Freiluftmuseum bewahrt wissen wollte.

Als erstes wurde die Straße des Ewigen Friedens (Cháng'ān Jiē) zu ihrer heutigen Breite ausgebaut, wobei unzählige historische Gebäude, Hofhäuser und Bäume zugunsten der breiten Aufmarschstraße weichen mußten. Der Platz des Himmlischen Friedens wurde Ende der 1950er Jahre zur heutigen Größe ausgebaut, mit dem Parlamentsgebäude und dem historischen Museum an seinen beiden Flanken. Die Stadtmauer mußte schließlich 1965 der zweiten Ringstraße weichen.

Kulturrevolution

Während der Kulturrevolution von 1966 bis 1969 versank auch die chinesische Hauptstadt im Chaos. Rivalisierende Faktionen der Roten Garden lieferten sich teils heftige Gefechte um die richtige politische Linie. Vor allem kleinere Tempel wurden zerstört oder in Lagerräume und Wohngebäude umgewandelt. Historische Bauten wie der Kaiserpalast und der Lamatempel standen jedoch unter dem Schutz des damaligen Ministerpräsidenten Zhou Enlai und wurden so glücklicherweise verschont.

1969 erklärte Mao Zedong vor einer Million enthusiastischer Roter Garden auf dem Platz des Himmlischen Friedens schließlich die Kulturrevolution für beendet und rief die chinesische Jugend dazu auf, auf das Land zu gehen (Xia Xiang), um die Revolution in ihrer landwirtschaftlichen Keimzelle kennenzulernen. Millionen von Jugendlichen reisten daraufhin, nicht immer ganz freiwillig, in die entlegenen Gebiete des Landes und tauschten Schulbuch und Universitätsbildung gegen Mistgabel und Pflug. Das akademische Leben in der Hauptstadt lag derweil brach, die Universitäten waren bis Mitte der 1970er Jahre geschlossen.

Wirtschaftlicher Aufschwung und soziale Spannungen

Mit dem 3. Plenum des 11. ZK im Dezember 1978 kam Deng Xiaoping, während der Kulturrevolution zweimal in Ungnade gefallen, wieder an die Macht und verkündete seinen erstaunten Untertanen, daß es keine Schande sei, reich zu werden. Viele Chinesen, allen voran die nun mit neuen ökonomischen Freiheiten ausgestatteten Bauern, nahmen Deng beim Wort und erwirtschafteten die Grundlage für das chinesische Wirtschaftswunder. Die frühen 1980er Jahre waren geprägt von einer Mischung aus Aufbruch und Konsolidierung. Während der Kulturrevolution aufs Land verschickte Intellektuelle kehrten in die Hauptstadt zurück, die Universitäten und Schulen nahmen den normalen Betrieb wieder auf. Derweil sprossen an allen Ecken und Enden der Stadt Bauernmärkte wie Pilze aus dem Boden. Die Versorgungslage verbesserte sich deutlich, und der wirtschaftliche Aufschwung kam vor allem in den ländlichen Gebieten in Gang.

Allmählich mauserte sich Peking auch wieder zur Kulturhauptstadt des Landes. Wang Shuo und seine stark vom Pekinger Idiom geprägte ›Herumtreiberliteratur‹ gaben den Takt in der neuen chinesischen Literatur an, Cui Jian brachte 1987 bei einem Konzert im Arbeiterstadion der Stadt die Musikszene der Hauptstadt zum

Pekingoper-Sänger im Himmelstempel in Peking
Koch in Peking; Musiker im Himmelstempel

Auf dem Platz des Himmlischen Friedens

Rocken und die ersten Avantgardemaler etablierten den Stil der Zeit mit ihrem ›Zynischen Realismus‹ auf der Leinwand, und, wenn auch nur kurzzeitig, in der Zentralen Kunsthalle Pekings.

Dennoch fühlten sich die Intellektuellen in den 1980er Jahren zunehmend als Verlierer der Reform. Stagnierende Löhne bei gleichzeitig zweistelliger Inflation führten zusammen mit dem Unmut über staatliche Restriktionen zur tiefen Unzufriedenheit über die Situation in den Städten, allen voran in Peking. In den Studentendemonstration von 1987 und vor allem 1989 kulminierten die sozialen Spannungen der frühen Reform- und Öffnungspolitik, als zuerst die Studenten, dann die Intellektuellen und schließlich auch das einfache Volk weitgehendere Bürgerrechte und Partizipation an der wirtschaftlichen Entwicklung einforderten sowie die Bürokratie und Vetternwirtschaft der Partei und ihrer Funktionäre kritisierten. Auch wenn die Niederschlagung der Bewegung von 1989 das Land zuerst in tiefe Depression stürzte, zeigte die 1991 wieder einsetzende Liberalisierung schon bald ihre Wirkung.

Musiker im Himmelstempel; Meditierender Mann
Daoist im Tempel der Weißen Wolke; Tempelwächter im Ostberg-Tempel

Peking auf dem Weg ins 21. Jahrhundert

Peking als Hauptstadt profitierte mitunter am meisten von der neuen Freiheit. Neben Bürohäusern und Repräsentanzen entstand auch eine lebhafte Kunst- und Kulturszene und damit die ersten Bars, Clubs und Discos, die diesen Namen auch verdienten. Nach annähernd vier Jahrzehnten, in denen sich das Stadtbild kaum verändert hatte, bestimmten nun wieder die Baumaschinen und -kräne das Stadtbild. Mitte bis Ende der 1990er verschwanden die meisten der noch erhaltenen Altstadthäuser, aus zweispurigen Pappelalleen wurden sechsspurige Ausfallstraßen, und die Zahl der Ringautobahnen um die Stadt erhöhte sich von drei auf fünf, wobei die schon vorhandenen Ringsstraßen ausgebaut und kreuzungsfrei gestaltet wurden.

Die Stadt mag, um mit der Sängerin Katie Melua zu sprechen, neun Millionen Fahrräder haben, eine Fahrradstadt ist sie jedoch schon lange nicht mehr. Bis 2010, so schätzt man, wird es zum ersten Mal in der Geschichte Pekings mehr Autos als Fahrräder geben, in der Innenstadt dann, statistisch gesehen, mehr als ein Auto pro Bewohner. Mit der Entscheidung des Internationalen Olympischen Komitees für Peking als Austragungsort für die Sommerspiele 2008 bekam die ohnehin rasante Entwicklung einen weiteren Schub. Endlich gönnte sich die Stadt ein seiner Größe und Bedeutung angemessenes Nahverkehrssystem, von dem die Stadtplaner hoffen, daß es die chronisch verstopften Straßen entlastet. Im Zuge der Olympiavorbereitungen gibt sich Peking zudem einen grünen Anstrich. Parks werden ausgebaut, Grünanlagen neu eingerichtet und Pekings Wasserläufe gereinigt.

Derweil hat sich die chinesische Hauptstadt auch auf kultureller Ebene zu einer Weltstadt gemausert. Shanghai mag das aufregendere Nachtleben haben, Peking ist dem ewigen Konkurrenten aber dicht auf den Fersen und ist nach mehr als 3000 Jahren bewegter Geschichte eine der aufregendsten Städte der Welt.

Das Stadtbild Pekings verändert sich rasant

Das politische Peking

Pekings Status als Hauptstadt des Landes folgt einer langen Tradition. Den Großteil seiner Geschichte wurde China vom Norden des Landes aus regiert. Die Hauptstädte hießen Chang'an (das heutige Xi'an), Luoyang, Kaifeng oder, mit kurzen Unterbrechungen seit dem 13. Jahrhundert, Peking. Die Macht mag noch solange

Das Außenministerium

ihr Zentrum im Norden gehabt haben, die handelnden Personen kamen jedoch meist aus dem Süden.

Pekinger reden über Politik, Shanghaier machen sie, könnte man angesichts der Tatsache feststellen, daß die Hauptstädter zwar schnell bei der Sache sind, die Politik ihrer Regierung zu kommentieren, die maßgeblichen Politiker der letzten 15 Jahre mit dem ehemaligen Generalsekretär der KPCh und Staatspräsident Jiang Zemin, dem Premierminister der späten 1990er Jahre, Zhu Rongji und dem aktuellen Präsidenten Hu Jintao allesamt aus Shanghai kamen.

Doch auch wenn die Volksrepublik China zuweilen wie der Spielball individueller Machtinteressen aussieht, gibt es durchaus politische Institutionen, die im Entscheidungsprozeß ein Wörtchen mitzureden haben. Dadurch wird auch das Stadtbild Pekings geprägt. Nicht alles, was heutzutage ein gelbes Walmdach hat, ist kaiserlicher Nachlaß. Oft haben sich Regierung, Behörden und Verwaltungseinheiten einen Schuß kaiserliche Architektur gegönnt, wenn sie nicht, wie in Zhōngnánhǎi 中南海, dem Regierungsviertel im Westen der Verbotenen Stadt, gleich in imperiale

Gebäude einzogen. Und auch die moderne Architektur dient in ihrer monströsen Ausführung nicht selten einer staatlichen Stelle, sei es das Parlamentsgebäude, das fast die gesamte Westseite des Platzes des Himmlischen Friedens einnimmt und deutliche Spuren des sowjetischen Einflusses der 1950er Jahre zeigt, sei es das Gebäude des Außenministeriums am östlichen Zweiten Ring, das aus Orwells Roman ›1984‹ entsprungen sein könnte.

Der Nationale Volkskongreß

Obwohl die Kommunistische Partei und die Regierung Chinas in vielen westlichen Diskussionen geradezu als Synonyme verwendet werden, gibt es formell eine strikte Trennung zwischen staatlicher und parteilicher Macht. Theoretisch ist der Nationale Volkskongreß (NVK) das wichtigste Organ des Staates. Seine knapp 3000 Mitglieder werden alle fünf Jahre von den Provinzen, regierungsunmittelbaren Städten, autonomen Regionen und den Streitkräften gewählt. Auf der jährlichen Sitzung Anfang März eines jeden Jahres beschließt der Volkskongreß Gesetze, bestätigt nach Parteitagen alle fünf Jahre den Ministerpräsidenten, die Mitglieder des Staatsrates und die Mitglieder des Ständigen Ausschusses des NVK. Aufgrund seiner hohen Mitgliederzahl wäre der Kongreß im Plenum allerdings kaum arbeitsfähig. Es wird daher ein Ständiger Ausschuß von zirka 150 Abgeordneten gebildet, der die Regierungsgeschäfte übernimmt. Der vom NVK gewählte Ministerpräsident ist theoretisch der höchste Mann im Staat.

Obwohl auf dem Papier unabhängig, ist der NVK das Umsetzungsorgan der Kommunistischen Partei Chinas (KPCh), die im Hintergrund die generelle politische und wirtschaftliche Linie ausarbeitet. Erstaunlicherweise hat die KPCh gerade einmal 66 Millionen Mitglieder, und es ist keinesfalls einfach, ihr beizutreten. Neben solidem sozialistischem Wissen muß der Kandidat auch die Empfehlungen gestandener Mitglieder und eine möglichst reine Weste mitbringen. Ob und wie weit sich ein Parteimitglied dann politisch entwickeln kann, hängt nicht nur von seinen Fähigkeiten ab, sondern auch davon, ob es ihm gelingt, Mitglied einer der erfolgreichen Seilschaften zu werden. Diese ›Faktionen‹ bilden sich je nach Herkunft, Studienort, Stationen der Parteikarriere und anderer Gemeinsamkeiten. Besonders vielversprechend ist ein Abschluß an der Qinghua-Universität in Peking, ein Amt in Shanghai oder die Herkunft aus dem Yangzi-Delta. Das ranghöchste Amt innerhalb der Partei ist das Generalsekretariat.

Die kommunistische Partei

Die Kommunistische Partei Chinas tritt, wenn nicht gerade eine Kulturrevolution oder ein ›Großer Sprung nach Vorn‹ dazwischen kommen, alle fünf Jahre zu einem

Parteitag zusammen. Gut 2000 Delegierte hat dieser und ist deshalb real ebenso wenig arbeitsfähig wie der Nationale Volkskongreß. Das Plenum wählt daher ein Zentralkomitee (ZK), das einmal im Jahr zusammentritt. Doch auch das ZK hat noch immer um die 350 Mitglieder. Diese wählen ihrerseits ein Politbüro (20 bis 25 Mitglieder), das wiederum über einen Ständigen Ausschuß verfügt. Hier, im Ständigen Ausschuß des Politbüros, liegt die wahre Macht Chinas – und die Schnittstelle zwischen Staat und Partei. Es ist kein Zufall, daß die meisten Mitglieder des Ständigen Ausschusses auch innerhalb der staatlichen Hierarchie einen hohen Posten besetzen. Etwas abseits dieser Struktur, aber deshalb nicht weniger wichtig, steht die Zentrale Militärkommission. Sie (und nicht das Verteidigungsministerium) hat die Kommandogewalt über die Volksbefreiungsarmee. Traditionell bietet dieser Posten abtretenden Politgrößen die Möglichkeit, aus dem Hintergrund die Fäden der Macht in der Hand zu behalten. Sowohl Deng Xiaoping als auch Jiang Zemin nutzten diese Möglichkeit zur Einflußnahme, nachdem sie sich aus ihren anderen Ämtern verabschiedet hatten.

Opposition

Die Partei ist heute selbst nach außen kein homogenes Gebilde mehr. Bereits bei der Diskussion über das San-Xia-Staudammprojekt hatte es innerhalb der Partei große Meinungsverschiedenheiten gegeben, die sich auch in dem Abstimmungsergebnis im

Propaganda in Peking: Legt den Schwerpunkt auf die Wissenschaft!

Nationalen Volkskongreß 1993 niederschlugen. 177 der knapp 3000 Abgeordneten sprachen sich gegen das Projekt aus, 664 enthielten sich. Ergebnisse in dieser Deutlichkeit sind zwar nicht die Regel, dennoch kam es in der Folgezeit immer wieder zu kontroversen Diskussionen innerhalb des Parlamentes und seiner Gremien, die eine für einen totalitären Staat erstaunliche Opposition an den Tag brachte.

Öffentlich geäußerter Dissens ist aber auch in der politbesessen chinesischen Hauptstadt eine Seltenheit. Beim Essen, Bier oder Schnaps ziehen die Hauptstädter schon einmal deftig über die ›Großkopferten‹ her, haben aber durchaus einen Heidenrespekt vor ihrer Regierung. Denn auch wenn die Volksrepublik China auf den Besucher oft einen erstaunlich liberalen Eindruck macht und private Meinungsäußerung kaum einen Sicherheitsbeamten mehr hinter dem Überwachungsbildschirm hervorlockt, werden immer noch allzu offene Regierungskritiker ohne faires Gerichtsurteil ins Gefängnis geworfen. Vom Internet über Zeitungen bis hin zu Satellitenprogrammen wie CNN und BBC hat die Zensur ein waches Auge und kontrolliert immer noch den Informationsfluß im Reich der Mitte.

Sieht man von den Ereignissen von 1989 einmal ab, wo politische mit wirtschaftlicher Unzufriedenheit einherging und eine breite Mehrheit der Bevölkerung von den Arbeitern bis hin zu den Intellektuellen auf die Straße brachte, dominiert auch in Peking inzwischen die wohlwollende Resignation. Deutlich zugenommen hat jedoch der zivile Ungehorsam: Die Hauptstädter entdecken wie ihre Großstadtkollegen

Pekinger Rentner

in Shanghai, Chongqing und Kanton die legalen Möglichkeiten, gegen staatliche Willkür vorzugehen. Kaum ein Tag, an dem sich nicht ein unzufriedener Bürger durch die Instanzen klagt und einen Hausabriß, eine neue Straße oder die weitere Karriere eines korrupten Kaders verhindert. Und die chinesischen Intellektuellen, angefangen von den Schriftstellern wie Wang Shuo über die Filmemacher der 5. Generation um Zhang Yimou und Rockstars wie Cui Jian, der einst 1989 auf dem Platz des Himmlischen Friedens spielte, bis hin zu den Avantgarde-Malern, die sich in den 1990er Jahren unweit des alten Sommerpalastes Yuanmingyuan eine Art Versteckspiel mit den Behörden lieferten, haben die Regierung in den letzten 20 Jahren immer wieder herausgefordert, sind heute aber meist ökonomisch gut abgesichert und dadurch im Sinne der Regierung ruhiggestellt.

Gewinner und Verlierer

Wer vor 10, 20 Jahren oder gar in den 1970er Jahren in der Volksrepublik China war, wird erstaunt sein, wieviel sich in dem Land geändert hat. Die persönlichen und wirtschaftlichen Freiheiten, die ein Großteil der Chinesen heute genießt sind, Menschenrechte hin oder her, ohne Parallele in der Geschichte des chinesischen Festlandes. »Menschenrechte? Mein Problem sind Menschen«, hatte Deng Xiaoping 1979 auf die Nachfrage Jimmy Carters reagiert, als dieser die Einhaltung der Menschenrechte in China anmahnte. Als Deng auf den Vorschlag Carters, die Reiserestriktionen für Chinesen ins Ausland aufzuheben, den entgeisterten amerikanischen Präsidenten fragte, wie viele Chinesen er denn bereit wäre, im nächsten Jahr aufzunehmen, war das Thema vom Tisch.

Die chinesische Regierung und die Partei reklamieren für sich, das Beste für das Volk zu wollen und definieren dessen Bedürfnisse zuerst ökonomisch. Und auf diesem Gebiet geht es vielen Chinesen besser denn je, zumindest dem Teil der Bevölkerung, der in Genuß der Früchte der Reform- und Öffnungspolitik kommt. Die Verlierer der Reform, die Landbevölkerung und die Menschen in den abgelegenen Binnenprovinzen, haben weder das politische Gewicht noch die Organisationen, um das Machtmonopol der Partei zu gefährden. Zumal es auch niemanden gäbe, der eine potentielle chinesische Opposition führen könnte. Die Exilchinesen und Dissidenten sind hoffnungslos zerstritten und haben im Volk kaum Unterstützung. Wenn sie in China denn überhaupt präsent und bekannt sind. Und letztendlich gibt es auch viele Chinesen, die in der Partei mit ihrem augenblicklichen Personal die einzige Alternative sehen. Das Beispiel Rußland hat die Chinesen abgeschreckt, politische Öffnung vor wirtschaftlicher Liberalisierung scheint für die meisten kein gangbarer Weg. Wie so oft hat man sich in China pragmatisch mit der Regierung arrangiert. Man mag sie nicht, sieht sie jedoch als notwendiges Übel. Und solange die Wirtschaft floriert, wird sich daran auch kaum etwas ändern.

Geister, Buddhas und Beamte

Was die Verschmelzung verschiedener religiöser und philosophischer Einflüsse betrifft, sind die Chinesen so kreativ wie kaum ein anderes Volk. Als der buddhistische Glaube im 1. Jahrhundert unserer Zeitrechnung nach China kam, adaptierte er viele der Figuren und Legenden der lokalen Glaubensvorstellungen und faßte so Fuß. Aber auch die anderen großen Lehren, der Daoismus und der Konfuzianismus, neigen zum Eklektizismus, wenn es darum geht, den eigenen Pantheon oder auch nur den eigenen Tempel auszuschmücken. So finden sich Buddha-Figuren in daoistischen Tempeln, und konfuzianische Beamte verwalten den Höllenapparat der daoistischen Welt. Was die Chinesen ›San Jiao‹, die ›Drei Lehren‹, nennen, wird im Westen im allgemeinen als ›Chinesischer Universalismus‹ bezeichnet. Gemeint ist die Vermischung der drei Glaubensrichtungen Chinas, wobei die Grenzen fließend sind. Was die Sache jedoch noch unübersichtlicher macht, ist die Tatsache, daß es sich bei allen drei Hauptströmungen der chinesischen Glaubenswelt ursprünglich gar nicht um Religionen handelt, sondern um Philosophien und Verhaltensregeln. Erst in der Vermischung mit lokalen Glaubensformen, schamanischen Bräuchen und dem allgegenwärtigen Geisterglauben entstanden die drei Religionen, die in China heute vorherrschen: Buddhismus, Daoismus und Konfuzianismus. Kaum jemand im Reich der Mitte würde sich als Buddhist, Daoist oder gar Konfuzianer bezeichnen. Dennoch geht man vor einer entscheidenden Prüfung, einem wichtigen Geschäfts-

Göttin im Tempel der Weißen Wolke in Peking

abschluß, vor der Eheschließung oder im Todesfalle eines Familienangehörigen in den Tempel. Erst in den buddhistischen, dann in den daoistischen, und dann kann es auch nicht schaden, die Ahnen um Hilfe und Beistand zu bitten.
Während die Ausübung jedweder Religion nach Gründung der Volksrepublik erst unerwünscht, später in der Kulturrevolution gar eine Freifahrtkarte ins nächste Arbeitslager

Geister, Buddhas und Beamte

war, herrscht nun nach Beginn der Reform- und Öffnungspolitik 1979 zumindest auf dem Papier Religionsfreiheit. Viele der in der Kulturrevolution zerstörten Tempel und Klöster wurden wieder aufgebaut. Integriert in staatliche Organisationen profitieren auch buddhistische und daoistische Vereinigungen von der religiösen Freiheit. Nur wer sich außerhalb der staatlichen Regeln und Grenzen zusammenschließt, muß, wie freichristliche Gruppen und die Falun-Gong-Sekte schmerzlich erfahren haben, mit Verfolgung rechnen. Der Erfolg von Falun Gong und der rege Zulauf, den christliche Gruppierungen verzeichnen, macht der Kommunistischen Partei schmerzlich bewußt, daß es den Menschen in China an geistiger Orientierung fehlt. So interessieren sich auch auffällig viele Jugendliche für religiöse Ideen, ohne sich auf einen Glauben festzulegen. Einige Figuren und Bräuche erfreuen sich erneut allgemeiner Beliebtheit: Die buddhistische ›Göttin der Barmherzigkeit‹ (Guanyin) suchen Frischvermählte auf, wenn das Kind ein Junge sein soll, dem Küchengott schmiert man an Neujahr wahlweise Honig um den Mund oder flößt ihm Alkohol ein, auf daß er die Sünden der Familie nicht dem Jadekaiser verrät. Und der Gott des Reichtums (Caishen) steht in jedem Geschäft und jedem Restaurant, Augen auf die Tür, den Reichtum begrüßend, und nicht zum Fenster, da das Geld sonst zum selben hinausfliegen würde. Während des ›Festivals der Hungrigen Geister‹, wenn die Pforten der Hölle geöffnet werden und die Geister hungrig nach den Seelen der Lebenden durch die Straßen ziehen, veranstaltet man große Bankette in den Tempeln. Und über eine der vielen Geisterschwellen ist in China schon jeder einmal gestolpert. Geister haben keine Beine und können folglich weder um die Ecke gehen noch Treppen steigen. Neben dem Glauben kehrte auch der Aberglaube in die chinesische Gesellschaft zurück. Nur westliche Besucher kann man in das Hotelzimmer 444 stecken, wenn es dieses denn überhaupt geben sollte: Die Zahl Vier steht für Tod, und kein Chinese würde in diesem Zimmer logieren wollen. Pragmatischerweise fehlt so oft auch der 4. und der 14. Stock (›Yaosi‹ auf Chinesisch ›geh' zum Teufel‹) in den Hotels; um sicherzugehen und aus Rücksicht auf die abergläubische Langnase oft auch der 13. Stock. Und sollte Ihre Rechnung 8888,88 Yuan betragen, wird man Ihnen gratulieren, auch wenn Sie gerade das dreifache eines durchschnittlichen chinesischen Monatsgehaltes ausgegeben haben. Die Acht steht für Reichtum, selbst wenn sie vierstellig auf der Rechnung auftaucht. Und drehen Sie um Himmelswillen keinen Fisch bei der Mahlzeit um! Der Fisch 鱼 (›Yu‹) steht für Überfluß 余, ebenfalls ›Yu‹ ausgesprochen, und den sollte man auf keinen Fall ins Gegenteil verkehren.

Unterwegs in Peking

Die Orientierung in Chinas Hauptstadt gestaltet sich denkbar einfach. Sechs Ringstraßen umgeben Peking, fünf davon sind Stadtautobahnen. Fragt man einen Pekinger, wo er wohnt, wird er inzwischen zumeist seine Lage zwischen diesen Ringstraßen beschreiben. Innerhalb des zweiten Ringes bedeutet Zentrum, innerhalb des dritten Ringes äußere Innenstadt, innerhalb des vierten Ringes Außenbezirk. Zwischen viertem Ring und fünftem Ring liegen die meisten Universitäten und Fabriken, der sechste Ring schließlich führt (noch) durch vorwiegend ländliches Gebiet. Den sechsten Ring werden Sie sicherlich mindestens auf einer Taxifahrt vom oder zum Flughafen kennenlernen. Nicht daß dies der kürzeste Weg wäre, aber die Taxifahrer schwören, hier sei der Verkehr am geringsten. Skeptische Naturen werden aber eher mißtrauisch auf das Taxameter schielen. Innerhalb des ersten Ringes wohnt heute niemand mehr, und auch in früheren Zeiten war dieses Gebiet dem Kaiser, seiner Familie und seinen Bediensteten vorbehalten: Er umschließt den Kaiserpalast.

Mit Ausnahme weniger Besichtigungspunkte wird der Pekingbesucher sich zumeist innerhalb des zweiten Ringes bewegen, der mit wenigen Überlappungen die Stadtbezirke Dōngchéng 东城, Xīchéng 西城, Xuānwǔ 宣武 und Chóngwén 崇文 umfaßt.

Auch hier ist die Orientierung einfach, denn der Grundriß der Pekinger Innenstadt wurde mit dem Lineal gezogen. Die Song-Dynastie und die Dschurdschen (Jin) hatten damit angefangen, die Mongolen haben es dann zur Perfektion gebracht. Die kaiserliche Zentralachse bildet das unumstrittene Zentrum der Stadt und umfaßt, von Süd nach Nord, das Vordertor (Qiánmén 前门), den Platz des Himmlischen Friedens (Tiān'ānmén Guǎngchǎng 天安门广场), den Kaiserpalast (Gùgōng 故宫), den Kohlehügel (Jǐngshān 景山) und schließlich den Trommel- und den Glockenturm (Gǔlóu 鼓楼 und Zhōnglóu 钟楼). Wichtigste Ost-West-Verbindung ist die Straße des Ewigen Friedens (Cháng'ān Jiē 长安街), die sich am Nordende des Tian'anmen Platzes in einen West- und einen Ostabschnitt teilt.

Alle anderen Straßen der Innenstadt verlaufen ebenfalls mit wenigen Ausnahmen in Ost-West oder Nord-Süd-Richtung, wobei sie allerdings des öfteren ihren Namen wechseln. Trotzdem fällt auch hier die Orientierung leicht, da sich die Straßennamen immer auf Tempel, Sehenswürdigkeiten oder Stadttore beziehen und die jeweilige Himmelsrichtung oder die geographische Position hinzufügen. Die Gǔlóu Dōng Dàjiē 鼓楼东大街 ist so zum Beispiel die große Straße (Dàjiē 大街) östlich (Dōng 东) des Trommelturmes (Gǔlóu 鼓楼), die Cháoyáng Mén Nèi Dàjiē 潮阳内大街 die große Straße innerhalb (Nèi

内) des Stadttores (Cháoyáng Mén 潮
阳门).

■ **Öffentlicher Nahverkehr**

Trotz einfacher Orientierung ist Peking keine Stadt für ausgedehnte Spaziergänge. Besonders große Straßenkreuzungen außerhalb des zweiten Ringes zeichnen sich durch übereinandergetürmte Auf- und Abfahrten aus, Fußgänger wurden jedoch kaum bedacht. Viele der breiten Prachtstraßen können zudem nur alle 500 Meter mit Fußgängerbrücken oder Unterführungen über- und unterquert werden.
Für passionierte Fußgänger gibt es dennoch einen Lichtblick: Die unter Denkmalschutz stehenden Altstadtviertel (Hutongs) im Norden des Innenbezirkes lassen sich außergewöhnlich gut zu Fuß entdecken. Hier würde man mit jedem anderen Fortbewegungsmittel hoffnungslos in dem Gewirr der Hofhäuser und Straßenstände steckenbleiben. In den Hutongs bricht dann zuweilen auch das Schachbrettmuster der Stadt auf, und die eine oder andere Gasse schlängelt sich auf einem guten Kilometer in Bögen durch die Stadt. Doch keine Angst, die Orientierung können Sie auch hier nicht verlieren. Spätestens nach zwei Kilometern in einem der Hutongs erreicht man eine der breiten Hauptstraßen, die dann wieder verläßlich von Ost nach West oder von Nord nach Süd führen.
Ansonsten geht Peking auf Rekordjagd.

Während Bangkok lange Zeit den Weltrekord hielt, was die Auto-Durchschnittsgeschwindigkeit in der Innenstadt angeht – um die Jahrtausendwende lag sie bei sechs Stundenkilometern – scheint die chinesische Hauptstadt sich langsam als weltgrößter Staudamm zu etablieren (Durchschnittsgeschwindigkeit im Tagesmittel 12 Stundenkilometer, Stand 2006, Tendenz stark fallend). Zur Rush-Hour, das heißt morgens zwischen 7 und 9 und abends zwischen 17 und 19 Uhr, bewegt sich auf dem in den letzten Jahren fieberhaft ausgebauten Straßennetz der Hauptstadt gar nichts mehr. Aus Pekinger Regierungskreisen hört man Stimmen, die über ein Fahrverbot für auswärtige Fahrzeuge innerhalb des Zweiten Ringes und eine Förderung des Fahrradverkehrs nachdenken. Bis dahin werden täglich jedoch weiter mehrere hundert neue Autos zugelassen, und schon heute scheint Peking mehr vier- oder mehrspurige autobahnähnliche Boulevards als normale Straßen zu haben. Neben der extrem hohen Smogbelastung hat der Besucher so auch das Problem, außergewöhnlich lange Anfahrtszeiten einplanen zu müssen. Vor allem während der ›Goldenen Wochen‹ rund um den 1. Mai und den Nationalfeiertag (1. Oktober) kann so das Besichtigungsprogramm ziemlich durcheinander geraten. Man sollte, so möglich, die Rush-Hour meiden, Geduld mitbringen und die Besichtigungen

Unterwegs in Peking

nach Stadtbezirken planen. Vieles läßt sich zu Fuß oder mit dem Rad bewerkstelligen, nur für die etwas außerhalb gelegenen Sehenswürdigkeiten ist man wirklich auf längere Taxi-, Metro- oder Busfahrten angewiesen. Eine gute Nachricht gibt es bei alledem jedoch: Ob Taxi, Metro oder Bus, der innerstädtische Verkehr ist in Chinas Hauptstadt konkurrenzlos günstig.

■ Taxi

Auch wenn die Einwohner der Stadt sich jüngst über die im Mai 2006 vorgenommene Fahrpreiserhöhung den Mund fusselig geredet haben, sind Taxis (Zūchū qìchē 租出汽车) in Peking alles andere als teuer: Die ersten drei Kilometer kosten 10 RMB, jeder weitere 2 RMB. Für 30 RMB kann man so jedes beliebige Ziel innerhalb des Zweiten Ringes erreichen, für 60 RMB kommt man von der Verbotenen Stadt zum Sommerpalast. Nachts, das heißt nach 23 Uhr, ist das Taxifahren ein wenig teurer, aber mit 3 RMB pro Kilometer immer noch günstig. Es reißt also keine großen Löcher in die Urlaubskasse, das Pekinger Besuchsprogramm mit dem Taxi zu gestalten.
Allerdings werden zuweilen die Nerven des Fahrgastes etwas strapaziert. Auch wenn zur Olympiade alle Pekinger Taxifahrer zumindest 100 englische Sätze sprechen und verstehen sollten, fällt es immer noch schwer, einen Chauffeur zu finden, der mehr als 100 Worte Englisch versteht, von der Beherrschung derselben einmal abgesehen. Auch das Hochchinesische ist des Pekinger Taxifahrers Sache nicht. Wer glaubt, Chinesen könnten kein ›r‹ aussprechen, wird spätestens bei der ersten Taxifahrt eines Besseren belehrt. Ein gutturales ›Qu narrrrrr‹, dem Kunden meist durch ein halbgeöffnetes Seitenfenster zugeschrieen, ist immerhin ein Zeichen, daß der Fahrer sich für den potentiellen Kunden interessiert. ›Wohin?‹ heißt das übersetzt, und damit fängt das eigentliche Problem erst an. Stadtkenntnis scheint in Peking nicht zum Anforderungsprofil eines Taxifahrers zu gehören. Zur Verteidigung der Taxifahrer sei bemerkt, daß es sicherlich kein leichtes Unterfangen ist, sich professionell in einer Stadt zurechtzufinden, in der über Nacht ganze Häuserblocks verschwinden und andere Stadtteile neu entstehen, mit neuen Straßen, Parks und Restaurants, die wiederum potentielle Taxiziele sind. Einige Taxifahrer in Chinas Hauptstadt wurden schon mit mobilen Navigationsgeräten gesichtet. Ebenso viele sollen bei ausländischen, des Chinesischen kundigen Fahrgästen gefragt haben, wie man diese bedient. Eines sollte man keinesfalls tun: eine Straße als Ziel anzugeben. Der

Das Fahrrad ist immer noch ein beliebtes Fortbewegungsmittel

[50] Unterwegs in Peking

Eingang zur Metrostation Wangfujing

Pekinger orientiert sich an Sehenswürdigkeiten, Tempeln, Behörden, Restaurants und Stadttoren, auch wenn letztere schon lange nur noch dem Namen nach existieren. Gewöhnungsbedürftig ist auch der mangelnde Komfort der Taxis. Oft trennt eine Plexiglasscheibe Fahrer- und Beifahrersitz. Diese schützt den Fahrer vor Überfällen, soll aber bis zur Olympiade abgeschafft werden, wohl weil man es den eher wohlgenährten Langnasen nicht zumuten möchte, sich nach einem anstrengenden Sightseeing-Tag auch noch zwischen Glas- und Plexiglasscheibe zu quetschen. Immerhin – die beengten Kleintaxis der Marke Xiali aus chinesischer Produktion wurden bereits 2006 endgültig aus dem Verkehr gezogen, ebenso wie Ende der 1990er die berühmt-berüchtigten, liebevoll ›Brotbüchsen‹ genannten Kleinstbusse, bei denen eine Taxifahrt nicht selten an der nächsten Reparaturwerkstatt endete. Heute beherrscht der Volkswagen Jetta neben einigen Hyundais und dem einen oder anderen Audi das Straßenbild. Farblich herrscht bei Pekings Taxen das Chaos: Mal rot, mal gelb und neuerdings in einer gelb-grünen Mischlackierung kommen sie daher, zur Olympiade gibt es aber sicherlich eine neue einheitliche Farbgebung, an die sich dann schätzungsweise etwa die Hälfe der Taxifahrer halten wird.

Wer sich in ein Pekinger Taxi wagt, sollte folgendes beachten: Der kürzeste Weg vom Flughafen zur Innenstadt führt nicht über den Sechsten Ring, die äußerste Stadtautobahn, so sehr der Taxifahrer dies auch beschwören mag. Fährt ein Fahrer jedoch mit rasanter Geschwindigkeit am eigentlichen Ziel vorbei, das auf der anderen Straßenseite bereits verheißungsvoll leuchtet, liegt das nicht an dessen Geschäftstüchtigkeit, sondern meist daran, daß ein Halteverbot, eine Barriere, ein fehlender Fußgängerüberweg oder schlicht die mangelnde Orientierung des Taxifahrers dem zielstrebigen Erreichen des Zieles im Wege stand. Denn, wenn irgendwie möglich, wird er den Fahrgast bis vor die Tür bringen – dieser könnte sich ja ansonsten verlaufen. So mancher U-Turn kostet dann zwar einen guten Euro, spart jedoch das zuweilen abenteuerliche Übequeren einer sechsspurigen Straße. Auch das Einsteigen ist nicht ohne Tücke. Lehnt sich der Taxifahrer bei halboffener Tür und Schrittfahrt aus dem Taxi und winkt dem potentiellen Fahrgast hektisch zu, ist dies keinesfalls landestypisch, sondern ein deutliches Zeichen, daß er hier eigentlich nicht halten dürfte. Generell gilt beim Anhalten eines Taxis, was auch beim Busfahren das Weiterkommen ermöglicht: Höfliches Vordrängeln ist erlaubt, sonst steht man zuweilen eine gute Stunde an einer Straßenkreuzung, während rundherum glückliche Hauptstädter mit dem Taxi abbrausen.

Auch wenn ihr Ruf nicht der Beste ist, sind Pekinger Taxifahrer nicht besser oder schlechter als ihre Kollegen im Westen – nur anders. Mit dem Fahrtziel auf Chinesisch und einem aktuellen Stadtplan von Peking kommt man sicherlich gut ans Ziel, im schlimmsten Fall sieht man auch noch etwas von der ländlichen Umgebung Pekings, die nicht ohne Reiz ist. Spätestens beim Anblick der Chinesischen Mauer sollte man aber besser eine neutrale Person nach dem Weg fragen.

Taxileitzentrale: Tel. 68 37 33 99, Beschwerdestelle: Tel. 68 35 11 50.

■ **Metro**

Bis vor wenigen Jahren hatte man in Pekings Metro (Dìtiě 地铁) das Gefühl, sich im Kreis zu bewegen. Mit einem gewissen Recht, denn bevor Ende der 1990er Jahre die Ost-West-Verbindung (Linie 1) entlang der Straße des Ewigen Friedens verlängert wurde und anläßlich der Olympischen Spiele 2008 sukzessive weitere Linien in den Pekinger Untergrund gegraben wurden, oder, im Falle der Linie 13, die genaugenommen eine oberirdische S-Bahn ist, das Tageslicht erblickten, fuhr man entlang der Ringmetro (Linie 2) zielstrebig an den meisten Sehenswürdigkeiten vorbei

Unterwegs in Peking

Die Schilder in der U-Bahn sind auch englisch beschriftet

und hatte in einer guten Stunde die Pekinger Innenstadt einmal umrundet. Selbst heute ist das Metronetz für eine moderne Großstadt nicht besonders üppig und zum Sightseeing reichlich ungeeignet (Metroplan im Farbteil S. 70/71). Entlang besagter Linie 2 erreicht man den Lamatempel und den Hauptbahnhof, die Linie 1 führt zu den Einkaufsstraßen Xīdān 西单 und Wángfǔjǐng 王府井 sowie zum Tiān'ānmén 天安门, die Linie 13 eignet sich bedingt, um des Abends das Studentenviertel rund um den Wǔdàokǒu 五道口 unsicher zu machen. Die bis Mitte 2008 hoffentlich fertiggestellte Linie 4 schließt immerhin den Alten und den Neuen Sommerpalast an das öffentliche Nahverkehrsnetz an, und auch die Olympischen Stätten werden über den von der, ebenfalls 2008 in Betrieb gehenden Linie 10 abgehenden Stummel der ›Olympic Line‹ mit der Metro erreichbar sein. Mit dem Flughafenzubringer, der den ›Beijing Capital Airport‹ (Běijīng Shǒudū Jīchǎng 北京首都机场) mit der Station Dōngzhímén 东直门 verbindet, spart sich der kostenbewußte Reisende die immerhin 120 RMB teure Taxifahrt in die Innenstadt und kann, so ist es wenigstens geplant, auf dem Weg nach Hause bereits bequem am Dōngzhímén einchecken.

Abgesehen von der eingeschränkten Brauchbarkeit der Metro für touristische Zwecke, gestaltet sich auch der Ticketkauf eher kompliziert. Immerhin, die Pekinger Metro ist unschlagbar günstig: Eine Fahrt ohne Umsteigen kostet zwischen 2 und 3 RMB, das auf mehreren Linien gültige Kombiticket zwischen 4 und 5 RMB. Automaten sollen bis zur Olympiade flächendeckend vorhanden sein, waren bei

Drucklegung aber nur auf der Linie 13 in Funktion. Auf den Linien 1 und 2 kauft man sich das Ticket an den Schaltern im Eingangsbereich, was zur Rush-Hour durchaus einige Minuten Schlangestehen bedeuten kann. Theoretisch sprechen die Schalterdamen ein wenig Englisch, das Fahrziel auf einem Zettel oder im Reiseführer dabei zu haben, erleichtert den Ticketkauf jedoch ungemein (www.bjsubway.com).

■ **Bus**

Wer dachte, in der Pekinger Metro herrsche Gedränge, kennt die Pekinger Busse (Gōnggòng Qìchē 公共汽车) noch nicht. Hier kann man Peking und seine Bewohner hautnah erleben – im Wortsinn. Theoretisch gibt es auf den wichtigsten Straßen Busspuren, diese werden jedoch meist als Abstellplätze, Überholspuren oder Parkplätze benutzt, so daß es zuweilen während der Rush-Hour schneller ist, auszusteigen und ein wenig am Stau vorbeizulaufen. Hat man Glück, erreicht man einige Haltestellen weiter den Vorgängerbus, der sich bereits erfolgreich durch den Stau gekämpft hat. Auf Kurzstrecken von der Wángfǔjǐng zu den Hútóng-Vierteln im Norden der Innenstadt oder entlang der Cháng'ān Jīe 长安街 sind die Stadtbusse sicherlich eine Alternative, für längere Strecken empfiehlt sich die Metro oder ein Taxi. Der Fahrpreis richtet sich je nach Bustyp und Entfernung, liegt zwischen 1 und 6 RMB und wird entweder ohne Geldrückgabe am Eingang oder bei der Schaffnerin bezahlt (www.bjbus.com).

■ **Transportation Smartcards**

Seit Mai 2006 gibt es die sogenannten ›Transportation Smartcards‹ (Shìzhèng Jīaotōng Yīkǎtōng 市政交通一卡通), kurz und für alle Ticketverkäufer verständlich Yīkǎtōng 一卡通. Hier zahlt man 20 RMB Pfand und bekommt eine mit bis zu 1000 RMB aufladbare Magnetkarte, die man dann nur an dem entsprechenden Lesegerät am Metroeingang und in Bussen entlang führen muß. Der entsprechende Fahrpreis wird dann automatisch abgebucht. Erhältlich sind die ›Transportation Smartcards‹ in allen Metro- und vielen Busstationen. Ab 2008 sollen diese Karten sogar in Taxis gültig sein. Wer länger als zwei Tage in Peking verbringt und plant, des öfteren die öffentlichen Verkehrsmittel zu nutzen, für den ist die Yīkǎtōng eine praktische Alternative zu Einzelfahrscheinen.

■ **Auto fahren**

Ein Blick auf die ineinander verschachtelten Autos (Qìchē 汽车) während der inzwischen fast den ganzen Tag andauernden Rush-Hour oder eine Stunde auf dem Beifahrersitz eines chinesischen Taxis genügt, um die Lust am Selbstfahren in Chinas Hauptstadt zu verlieren. Wer sich trotzdem

[54] Unterwegs in Peking

auf Pekings Straßen wagen möchte, sollte einen chinesischen Führerschein und gute Nerven besitzen und in Peking gemeldet sein. Alternativ kann man ein Auto mit Chauffeur ab 600 RMB pro Tag mieten, unter anderem bei Avis, Dōngzhímén Nèidàjie 16 东直门内大街, Tel. 84 06 33 43, www.avischina.com.

■ **Fahrrad**

Das Fahrrad (Zìxíngchē 自行车) ist immer noch das schnellste, wenn auch lange nicht mehr dominanteste Verkehrsmittel in Peking. Die chinesische Hauptstadt besitzt ein weit verzweigtes Netz von Fahrradwegen, die allerdings oft an Stadtautobahnen entlang führen und von Taxis als zusätzliche Spur oder Abkürzung benutzt werden. Dennoch ist das Rad auch für Besucher ein ideales Verkehrsmittel. Defensive Fahrweise und gute Steuerkünste sind jedoch ein Muß, um unbeschadet durch die Straßen der Hauptstadt zu radeln.

Fahrräder können in allen größeren Hotels und bei Bicycle Kingdom (Zìxíngchē Wángguó 自行车王国) und im Einkaufszentrum Oriental Plaza (Dōngfāng Guǎngchǎng 东方广场 North Garden Office B402, Wángfǔjǐng 王府井, Tel. 85 49 45 41, www.bicylekingdom.com) gemietet werden und kosten zwischen 20 und 60 RMB am Tag.

Auch eine Transportmöglichkeit

Kulinarische Spezialitäten der Hauptstadt

Im Herbst 1999 blieb in so manchem Hauptstadtrestaurant die Küche kalt. Anläßlich des 50. Jubiläums der Gründung der Volksrepublik China hatten die Behörden die illegal Beschäftigten der Hauptstadt aufgegriffen und aus Peking ausgewiesen. Unter ihnen waren viele Köche aus Sichuan, die meist Anstellung in den kleinen Restaurants der Stadt gefunden hatten. Sichuan-Küche war die Küche der Wahl von Hauptstädtern und Ausländern gleichermaßen. Nicht gerade exotisch, aber eben eine gewisse Abwechslung. Und, im Vergleich zur mit teuren Zutaten nicht geizenden Kanton- oder Shanghaiküche, auch noch preiswert.

■ **Bauernküche und kaiserliche Küche**

Nun ist es aber nicht etwa so, daß die Hauptstadt keine kulinarische Tradition hätte. Genaugenommen haben in Chinas Norden zwei berühmte kulinarische Richtungen ihre Heimat, die traditionelle Bauernküche und die kaiserliche Küche. Eisig kalt wird es in Peking im Winter, und so kommen eher deftige Speisen auf den nordchinesischen Tisch. Knoblauch, Zwiebeln und Bohnen stehen ganz oben auf der Zutatenliste. Und nicht zu vergessen die Kohlart, die bei uns nicht umsonst ›Chinakohl‹ heißt. Noch in den 1990er Jahren fuhren Anfang des Winters zahllose Lastwagen Tonnen von Chinakohl in die Hauptstadt, das traditionelle Wintergemüse, das dann die kalte Zeit über meterhoch auf den Gehsteigen und Straßen aufgetürmt lag. Reis gab es zumindest traditionell recht selten in Nordchinas Bauernhaushalten. Weizen, Gerste und Hirse dominierten den Speiseplan, mal als Fladenbrot, mal als Pfannkuchen und oft auch als Rachen und Magen verätzendes Destillat. Der Lieblingsschnaps der Hauptstädter, der spottbillige und von keinem Gelage wegzudenkende Erguōtóu 二锅头, ist dann jedoch wieder aus Reis. Schmackhaft sind die in unzähligen Variationen und Zubereitungsarten firmierenden Teigtaschen, seien es die halbmondförmigen Jiǎozi 饺子, gekocht auch Shuǐjiǎo 水饺 genannt, und mit allerlei Fleisch und Gemüse gefüllt; die Bǎozi 饱子, runde Dampfnudeln mit oder ohne Füllung, oder Húntún 馄饨, dünne Teigtaschen aus Reismehl, mit Schweinefleisch und getrockneten Shrimps gefüllt und in Suppe serviert. Letztere ist vor allem als Frühstück sehr beliebt. Sozusagen eine frühe Fusion-Küche stellt die kaiserliche Küche Gōngtíng Cài 宫庭菜 dar, die zur späten Qing-Zeit (1644–1911) ihre größte Blüte erreichte. Neben der lokalen Pekinger Küche fanden hier vor allem Einflüsse aus Shandong und Jiangsu ihren Weg zum Gaumen der Kaiser und später auch in die

[56] Kulinarische Spezialitäten der Hauptstadt

Mittagsmahl unterwegs

Mägen der Mandarine und reichen Händler, die sich, im wahrsten Sinne des Wortes, ein Stück vom kulinaren Glanz des Kaiserhofes abschneiden wollten. Berühmtestes Gericht der kaiserlichen Küche ist die Peking-Ente, die inzwischen allerdings alles andere als exklusiv ist. Allein der berühmteste Entenröster Pekings, das Qúanjùdé 全聚德, rühmt sich der zehnmillionsten Ente seit Wiedereröffnung Ende der 1970er Jahre. Von den vielen kleinen Restaurants, die die im Idealfall krosse Ente im Angebot haben, ganz zu schweigen. Doch der chinesische Gourmet sucht inzwischen die kulinarische Herausforderung. Neben den unzähligen Regionalküchen, zu denen neben der bereits erwähnten Kanton-Küche vor allem die lokalen Spezialitäten aus Sichuan, dem Yangzi-Delta, aus den Provinzen Shangdong, Fujian und Yunnan gehören, bieten die Restaurants der Hauptstadt nun auch die Speisen der nationalen Minderheiten, die auch den meisten Chinesen noch unbekannt sind. Seit einigen Jahren gibt es auch durchaus aufsehenerregende Crossover- und Fusion-Versuche. Von den parallel zu der steigenden Präsenz von Ausländern in Peking wachsenden Anzahl von westlichen Restaurants einmal ganz zu schweigen.

Kulinarische Spezialitäten der Hauptstadt [57]

■ Restaurants

Viel falsch machen kann man bei der Restaurantauswahl in Peking nicht. Selbst kleine, unscheinbare Restaurants und Garküchen bieten meist auch eine schmackhafte und zumindest solide Küche. Wie überall in China gilt die Grundregel: Ist das Restaurant voll und biegen sich die Tischplatten vor Speisenvielfalt, kann man sich bedenkenlos in das kulinarische Vergnügen stürzen. Wirkt das Restaurant überladen und bietet die gleiche opulente Vielfalt der zusammengewürfelten Chinadekoration wie die Pendants in Deutschland, sind allenfalls die Preise, selten aber Service- und Essensqualität hoch. Bei Ausstattung und Oberflächenhygiene muß man zuweilen auch in besseren Restaurants Abstriche machen, denn gutes Essen braucht in China keinen Innenarchitekten, und ein Festessen muß durchaus auch unter, über und um den Tisch verteilt werden, sonst hat es nicht geschmeckt. Dementsprechend sollte man sich nicht unbedingt wundern, wenn die Plastikverpackung noch um die Rückenlehne des Stuhls gespannt ist und unter der traditionellen Drehplatte eine dünne Plastikplane die Tischdecke schützt. Nach dem Essen wird dann nicht selten die gesamte Tischplatte in Richtung Küche entsorgt. Englische Speisekarten sind – Olympische Spiele hin oder her – noch immer

Auslage einer Garküche auf der Straße

[58] Kulinarische Spezialitäten der Hauptstadt

eine Seltenheit in den Restaurants. Oft hängt ein Auszug der Speisekarte auf Englisch an der Wand, oder die Speisekarte ist mit Darstellungen der Speisen bebildert, was die Auswahl deutlich erleichtert. Im Zweifelsfalle hilft ein Blick auf den Tisch der Nachbarn, und oft findet sich zuschreibt. Der moderne Hauptstädter führt die kleinen Kläffer jedoch lieber an der Leine als in den Mund. Anbetracht der vielen guten Restaurants in Peking, ist es fast ungerecht, einige besonders herauszuheben. Zur Orientierung und für den besonderen Abend dennoch einige

Chilischoten

auch ein fremdsprachenkundiger Gast, der gerne bei der Auswahl hilft. Wer ungern Fiffi oder andere heißgeliebte Haustiere auf dem Teller hat, sei beruhigt, denn exotische Zutaten aus dem Streicheltierbereich sind in Peking eher selten. Einzig Hund wird im Winter vor allem von koreanischen Restaurants angeboten, da man dem Fleisch eine wärmende Wirkung

Empfehlungen (weitere Adressen finden Sie in den jeweiligen Lokalkapiteln).

Kaiserliche Küche
Stil und Service ist das Thema der Restaurants, die sich auf die kaiserliche Küche spezialisiert haben. Das Essen wird so fast zur Nebensache.
▶ ›Baijia Dazhaimen Restaurant‹ (Báijiā

Dàzháimén Cānfǔ 白家大宅门餐府), Sūzhōu Jiē 15 苏州街, Tel. 62 65 41 86, tägl. 11–21.30 Uhr (Haidian-Bezirk, S. 168). Stilvolles Restaurant, mit einem etwas ins nostalgisch-kitschige abrutschenden Innenhof.

▶ ›Fangshan Restaurant‹ (Fǎngshàn Fàndiàn 仿膳饭店), Wénjīn Jiē (im Beihai-Park, in der Nähe des Osttors) 文津街 (北海公园东门内), Tel. 64 01 18 89, tägl. 11–13.30, 17–20 Uhr (Dongcheng-Bezirk, S. 115). Traditionsrestaurant mit exklusivem Service und ebensolchen Preisen.

Peking-Ente

▶ ›Liqun Peking-Enten-Restaurant‹ (Lìqún Kǎoyādiàn 利群烤鸭店), Běixiángfèng Hútòng 11, an der Kreuzung Zhēngyì Lù/Qiánmén Dōngdàjiē, 前门东大街正义路南口北翔凤胡同, Tel. 67 05 55 78, tägl. 10–22 Uhr (Dongcheng-Bezirk, S. 115). Kleines aber äußerst beliebtes Restaurant mit der besten Peking-Ente der Hauptstadt. Vorbestellung dringend angeraten!

Sichuan

▶ ›The Source‹ (Dūjiāngyàn 都江堰), Bǎnchǎng Hútòng 14 板厂胡同, Tel. 64 00 37 36 (Dongcheng-Bezirk, S. 115). Feine Sichuanküche in einem stilvollen traditionellen Innenhof.

Hot Pot (Feuertopf)

▶ ›Pazi Hot Pot City‹ (Huǒbāzǐ Huǒguō 火巴子火锅), Xīnyuán Jiē 13 新源街, Tel. 84 51 05 05, tägl. 24 Stunden geöffnet (Chaoyang-Bezirk, S. 185). Äußerst beliebtes und lebhaftes Hot-Pot-Restaurant, ideal für große Gruppen und späte Gelage.

Shanghai/Yangzi-Delta

▶ ›Kǒng Yǐjǐ‹ 孔乙己, Dōngsì Běidàjiē 322 东四北大街, Tel. 64 04 05 07, tägl. 10–14 und 16.30–22 Uhr (Dongcheng-Bezirk, S. 115). Renommiertes Traditionsrestaurant mit guter Küche aus Zhejiang. Vorbestellung empfohlen.

Yunnan

▶ ›Golden Peacock‹ (Jīnkǒngquè Dǎijiāfēngwèi Cāntīng 金孔雀傣家风味餐厅), Mínzú Dàxué Běilù 16 民族大学北路, Tel. 68 93 20 30, tägl. 11–21.30 Uhr (Haidian-Bezirk, S. 168). Kleines, aber exzellentes Restaurant mit Spezialitäten aus Chinas Südwesten. Besonders empfehlenswert sind Ananas-Reis und fritierte Bananen. Vorbestellung empfohlen!

Muslimisch

▶ ›Kǎoròu Jì‹ 烤肉季, Qiánhǎi Dōngàn 14 前海东岸, Tel. 64 04 25 54 (Xicheng-Bezirk, S. 133). Eines der ältesten Grillrestaurants der Hauptstadt, direkt am Qiánhǎi gelegen. Vor allem die Lammspieße und Sesambrötchen sind eine Sünde in dem streng muslimisch (halal) kochenden Restaurant wert. Äußerst empfehlenswert.

Kantonesisch

▶ ›Bamboo Village Bay Fung Tang

Restaurant‹ (Xiānggǎng Zhújiāzhuāng Bìfēngtáng 香港竹家庄避风塘), Dōngzhíménwài Dàjiē 46, 东直门外大街, Tel. 84608778, tägl. 10-6 Uhr (Chaoyang-Bezirk, S. 185). Eines der wenigen erschwinglichen und dennoch guten kantonesischen Restaurants der Hauptstadt. Vor allem die Dim Sum sind empfehlenswert.

Vegetarisch
▶ ›Cíhǎi Sùxīn‹ 慈海素心, Dì'ānmén Xīdàjiē 103 地安门西大街, Tel. 66571898, tägl. 10-23 Uhr (Xicheng-Bezirk, S. 133). Das größte vegetarische Restaurant der Hauptstadt, mit einer großen Auswahl an Gerichten, die wie Fleisch aussehen, jedem Vegetarier aber das Wasser im Mund zusammenlaufen lassen.

Fusion
▶ ›The Courtyard‹ (Sìhéyuàn 四合院), Dōnghúamén Dàjiē 95 东华门大街, Tel. 65268883, tägl. 18-21.30 Uhr (Dongcheng-Bezirk, S. 115). Die Lage und die Aussicht auf die Verbotene Stadt sind noch besser als das Essen, das eine solide bis inspirierte Mischung aus östlicher und westlicher Küche bietet. Vor allem für einen romantischen Abend zu zweit eine Empfehlung!
▶ ›Drum and Gong‹ (Luógǔ 锣鼓), Nánlúogǔ Xiàng 102 南锣鼓巷, Tel. 84024729, So-Do 11-23, Fr-Sa 10-23 Uhr (Dongcheng-Bezirk, S. 115). Klein aber fein, auch für den nicht ganz so großen Geldbeutel.

Asiatische Fusion, inspiriert durch die Sichuanküche.

Nichtchinesische Küche
▶ ›Paulaner Brauhaus‹ (Pǔlánà Píjiǔfáng 普拉那啤酒坊餐厅), Liàngmǎqíao Lù 50 (im Kempinski Hotel, 亮马桥路(凯宾斯基饭店), Tel.64653388 ext. 5732, tägl. 11.30-1 Uhr (Chaoyang-Bezirk, S. 185). Für alle, die das Heimweh packt und die einmal Chinesinnen im Dirndl erleben wollen. Dies allerdings mit Preisen, die selbst dem Münchner Tränen in die Augen treiben.
▶ ›La Mansarde‹ (Fǎlánxiāng Xīcāntīng 法兰香西餐厅), Hǎoyùn Jiē 29 好运街, Tel. 58670255, tägl. 11-14, 18-22.30 Uhr (Chaoyang-Bezirk, S. 185). Fast könnte man glauben, in Frankreich zu sein – dann kommen die Crêpes zum Nachtisch und man ist wirklich dort! Empfehlenswert.
▶ ›Hutong Pizza‹ (Hútóng Bǐsà 胡同比萨), Yīndìng Qíao Hútóng 9 银锭桥胡同, Tel. 66175916, tägl. 11-23 Uhr (Xicheng-Bezirk, S. 133). Gute und günstige Pizza für alle, denen das chinesische Essen einmal zu viel wird.
▶ ›Len Len‹ (Liánlián 联联), 1/F Zǐmíng Dàshà 紫铭大厦1层, Xīnzhōng Jiē 12B 新中街, Tel. 64156415/6416, Mo-Fr 18-2, Sa, So 11.30-14.30, 18-24 Uhr (Dongcheng-Bezirk, S. 115). Minimalistisch eingerichtet, ohne kalt zu wirken. Ausgezeichnete japanische Küche.

Einkaufen in Peking

›Pekinger Freundschaftsladen‹, flüsterte man sich in der Ausländergemeinde noch Anfang der 1990er Jahre zu, wenn einen heimwehgeplagten Studenten der Heißhunger nach Käse oder Baguette packte. Peking war zwar Chinas Schaufenster zur Welt und hatte das beste Warenangebot des Landes, dieses hielt sich jedoch für Chinesen und Ausländer gleichermaßen in Grenzen. Allenfalls in den Freundschaftsläden gab es für das knappe und vor allem bei Chinesen heißbegehrte, an Monopoly-Geld erinnernde ›Foreign Exchange Certificate‹ (FEC) ein größtenteils auf die Bedürfnisse der Ausländer zugeschnittenes Sortiment, das einen Hauch von Heimat, und für die wenigen Chinesen, die es sich leisten konnten, den Duft der großen weiten Welt verströmte.

Heute, gerade einmal zwei Jahrzehnte später, wirkt diese Erinnerung wie eine Geschichte aus einer anderen Zeit und einem anderen Land. Auf Gewohntes muß man heutzutage in Chinas Hauptstadt kaum verzichten. Von deutschem Hefeweizen über australischen Rotwein bis zum französischen Baguette bieten die Supermärkte der Hauptstadt auch heimwehgeplagten Mägen eine Ruhepause. Und keine Dependance in den riesigen Shopping-Malls zu haben, kann sich eigentlich keine westliche Nobelmarke leisten. Daß sich zuweilen das Angebot und in manchen Nobel-

Einkaufszentrum in der Wangfujing

[62] Einkaufen in Peking

Auf dem Dazhalan, einer Einkaufstraße in der südlichen Altstadt

boutiquen sogar die Preise durchaus auf, und nicht selten über westlichem Niveau bewegen, ist eine der Absurditäten eines Landes, dessen Einkommensunterschiede zunehmend deutlich werden. Zuweilen werden die Preise für Luxusgüter auch künstlich hoch gehalten. Denn, was nichts kostet, so die langläufige chinesische Meinung, ist auch nichts wert, zumindest, wenn es um ausländische Labels geht. Daß diese Firmen meist in China produzieren lassen und daß vom Lastwagen gefallene, in Nachtschichten schwarz produzierte oder schlichtweg gefälschte Ware auf dem Straßenmarkt nebenan einen Bruchteil des Preises kostet, spielt in der statusbewußten Ober- und Mittelschicht kaum mehr eine Rolle.

Auch wenn der Chinabesucher nicht unbedingt zum Einkaufen nach China fährt, wird die Freigepäckbegrenzung von 20 Kilogramm auf dem Rückflug oft zum Problem. Neben Shanghai führt vor allem Peking den souvenirhungrigen Besucher an allen Ecken in Versuchung. Vom 10-Cent-Plastikpanda bis zum 1-Million-Euro-Jadebuddha kann man so manches chinesische Kleinod in Peking erstehen und ist damit in guter Gesellschaft. Kaum ein Chinareisender, der nicht mit Stempel, Tusche und Rollbild nach Hause kommt, mit einer Teekanne und dem dazugehörigen

Einkaufen in Peking

grünen Tee. Wer das Besondere sucht, sollte sich Zeit nehmen und auch in kleineren Geschäften auf die Suche gehen – die großen Souvenirläden führen selten mehr als für den Massenmarkt produzierte Ware.

■ Einkaufsstraßen

Böse Zungen behaupten, die gesamte Pekinger Innenstadt sei eine einzige Einkaufsstraße. Die größte Dichte an Geschäften und Kaufhäusern finden sich in folgenden Gegenden und Straßen. Details und Einzeladressen finden sich in den jeweiligen Kapiteln.

Wángfǔjǐng 王府井
(Dongcheng-Bezirk, S. 117)
Chinas berühmteste Fußgängerzone kann inzwischen ohne große Probleme mit der Düsseldorfer Kö mithalten. Nobel geht es vor allem im riesigen Einkaufszentrum The Mall at Oriental Plaza (Dōngfāng Xīn Tiandì 东方天地) zu, ein wenig günstiger sind die Geschäfte außerhalb der großen Einkaufszentren. Buchliebhaber werden vor allem im Wangfujing Bookstore (Wángfǔjǐng Shūdiàn 王府井书店) und im Foreign Language Bookstore (Wàiwén Shūdiàn 外文书店) fündig.
Preisklasse: moderat bis teuer.
Handeln: in der Regel nein, eventuell in kleinen privaten Geschäften möglich.

Xīdān 西单 **(Xicheng-Bezirk, S. 151)**
Die etwas techniklastige Alternative zur Wángfǔjǐng. Weniger touristisch und vor allem auf die Konsumbedürfnisse der Hauptstädter ausgerichtet. Wer Unterhaltungselektronik, Computer und Kameras sucht, ist hier richtig.
Preisklasse: moderat.
Handeln: nein.

Dàzhàlán 大栅栏
(Xuanwu-Bezirk, S. 155)
Alteingesessene Geschäfte und Kramläden: Eine bunte Mischung für jeden Geschmack. Soll zur Olympiade umgestaltet werden und wird wohl nach 2008 insgesamt ein wenig schicker.
Preisklasse: günstig bis moderat.
Handeln: moderat, aber angemessen, nicht in allen Geschäften möglich.

Líulíchǎng 琉璃厂
(Xuanwu-Bezirk, S. 154)
Große Verkaufsshow chinesischer Kulturgegenstände: Von antik bis auf alt getrimmt ist für den Chinaenthusiasten alles dabei, was sein Herz begehrt.
Preisklasse: moderat bis überteuert.
Handeln: unbedingt und in Antiquitätenläden mit Ausdauer!

Hailong Shopping Mall
(Haidian-Bezirk, S. 168)
Hǎilóng Dàshà 海龙大厦, Zhōngguāncūn Dàjīe 1 中关村大街, Tel. 82 66 38 38, tägl. 9–18.30 Uhr.
Computer, Computer, Computer, mitten im chinesischen ›Silicon Valley‹.

■ Märkte

Auf den Märkten treffen sich dann vor allem die Chinareisenden auf der Suche nach dem ultimativen Schnäppchen. Ein Boss-Anzug für weniger als 100 Euro? Ein Versace-Hemd für 8 Euro? Kein Problem, sieht man darüber hinweg, daß ›Buss‹ oder ›Versaoe‹ auf den Etiketten steht. Vergessen sollte man bei all dem Kaufrausch nicht, daß das günstig im Reich der Mitte gekaufte gute Stück zuweilen zuhause nicht nur den Freundeskreis, sondern auch den Zoll interessiert. Was bei Kleidung eher unwahrscheinlich ist – wer möchte schon einem Reisenden nach zehn Stunden Flug in den verschwitzten Kragen sehen und das Etikett kontrollieren – kann im Falle schwarzgebrannter DVDs und CDs schon einmal ein teurer Spaß werden. Ähnliches gilt für mit Einfuhrverbot belegte Waren wie Schmetterlinge und Elfenbeinschnitzereien, die man immer noch recht häufig im chinesischen Angebot sieht. Das Lieblingssouvenir aus dem Reich der Mitte, eine chinesische Fahrradklingel, sucht man am besten auf einem der vielen Straßenmärkte. Fahrradläden führen diese schon lange nicht mehr – zu rückständig.

Dongjiao-Markt
(Chaoyang-Bezirk, S. 185)

Dōngjiāo Shìchǎng 东郊市场, Xī Dàwàng Lù 西大望路 (südlich der SOHO New Town), tägl. 8–17.30 Uhr. Metro Gúomào 国贸 (Linie 1), dann etwa 500 Meter zu Fuß, besser aber mit dem Taxi.

Von Dingen des täglichen Bedarfs über Snacks bis hin zu Kleidung gibt es hier alles, was das Käuferherz begehrt – auf einem Markt, der eher einem orientalischen Basar gleicht.
Preisklasse: günstig.
Handeln: moderat.

Dongwuyuan-Großmarkt
(Xicheng-Bezirk, S. 133)

Dòngwùyúan Fúzhūang Pīfāshìchǎng 动物园服装批发市场, Xīzhímén Wàidàjiē 西直门外大街 (südlich des Zoos), tägl. 6–17 Uhr.
Der riesige Bekleidungsmarkt heißt im Hauptstadtslang auch schlicht der ›Zoo‹, und das beschreibt den Markt schon recht gut. Chaotisch, eng und hektisch, aber unschlagbar günstig.
Preisklasse: günstig.
Handeln: moderat.

Hongqiao-Markt
(Chóngwén-Bezirk, S. 160)

Hóngqíao Shìchǎng 红桥市场, Tiantán Dōnglù 天坛东路, tägl. 8.30–19 Uhr. Metro Chóngwén Mén 崇文门 (Linie 2), dann Bus 106 oder 1500 Meter zu Fuß in Richtung Süden.
Himmel oder Hölle: Die Meinungen über den riesigen Markt sind geteilt. Von Souvenirs über Bootleg-DVDs bis hin zur kompletten Trekkingausrüstung ist hier alles in mehreren hundert kleinen Shops im Angebot, was die chinesische Produktion hergibt.

Einkaufen in Peking [65]

Nur hochwertige Markenware sollte man hier nicht erwarten.
Preisklasse: günstig bis überteuert.
Handeln: unbedingt und beharrlich!

Panjiayuan-Antiquitätenmarkt
Pānjiāyúan Jìuhùo Shìchǎng 潘家园旧货市场, Pānjiāyúan Qíao 潘家园桥, Mo–Fr 8.30–18, Sa, So 4.30–18.30 Uhr. Östlich des Longtan-Parks, zwischen zweitem und drittem Ring. Am besten mit dem Taxi zu erreichen (siehe vordere Umschlagkarte).
Der traditionelle Antiquitätenmarkt der Hauptstadt. Über 3000 Händler bieten vor allem an Wochenenden an, was sie im Land an echten Antiquitäten oder in den Fabriken des Landes an Imitationen gefunden haben. Vor allem am Wochenende gilt: Der frühe Käufer fängt das Schnäppchen!
Preisklasse: moderat bis teuer.
Handeln: unbedingt.

Seidenmarkt
(Chaoyang-Bezirk, S. 185)
Xìushǔi Jīe 秀水街, Jìangúomén Wàidàjīe 建国门外大街, Xiushǔi Dōngjīe 8 秀水东街. Metro Yǒngānlǐ 永安里 (Linie 1).
Es gibt ihn noch, den legendären und später berüchtigten Seidenmarkt im Pekinger Botschaftsviertel. Auf chinesisch immer noch als Straße (Jīe) bezeichnet, residieren die vielen kleinen Geschäfte nun in einem sechsstöckigen Gebäude. Mit etwas Suchen können hier recht schöne Kleidungsstücke (auch Originale) gefunden werden, die Preise sind aber – selbst bei hartnäckigem Handeln – überzogen.
Preisklasse: moderat bis überteuert.
Handeln: unbedingt und ohne Rücksicht auf Verluste!

Kallipraphie-Pinsel

Nachtleben in Peking

Das Pekinger Nachleben gestaltete sich kurz nach Beginn der Reform- und Öffnungspolitik recht übersichtlich. Wer es sich leisten konnte und keine Lust hatte, sich der allgemeinen Bettschwere gegen 21 Uhr anzuschließen, ging in den 1980er Jahren mangels Alternativen auf ein Bier in das ›Beijing Hotel‹. Anfang der 1990er kamen dann die ersten Diskos auf. Das ›Susannahs‹ erlebte im Herbst 1993 als bester, weil einziger Musikclub der Stadt eine kurze Blüte, ehe dann ein Jahr später das Botschaftsviertel rund um die Sānlǐtún-Straßen seinen Einstand gab und schon bald das erste wirkliche Ausgehviertel der Stadt wurde.

Inzwischen nennt die chinesische Hauptstadt eines der faszinierendsten Nachtleben Asiens, wenn nicht der Welt, ihr eigen. Vom Schickimicki-Club bis zur schmierigen Bierkneipe hat Peking alles zu bieten, oft in direkter Nachbarschaft. Trotzdem haben sich in den letzten zehn Jahren einige Viertel herausgebildet, die die uneingeschränkte Aufmerksamkeit der Nachtschwärmer der Hauptstadt auf sich ziehen.

In Sānlǐtún 三里屯 treffen sich die in Peking lebenden Ausländer, rund um den Shíchàhǎi 什刹海 die Touristen, am Wǔdàokǒu 五道口 die Studenten und in Dàshānzì 大山子 die Avantgarde, oder zumindest die Leute, die sich dafür halten.

Da sich in Peking auch des Nachts so manches ›über Nacht‹ verändert, ist die Chance groß, daß einige der hier aufgeführten Kneipen und Bars

Ladenschild

beim Erscheinen dieses Reiseführers nicht mehr existieren. Ausgehend von den hier gegebenen Empfehlungen können Sie aber in den entsprechenden Vierteln auf Erkundungstour gehen und werden sicherlich so manch eine ansprechende Kneipe

Nachtleben in Peking [67]

finden, die gerade neu aufgemacht hat. Denn beständig ist in Pekings Nachtleben auch nur der Wandel.

■ **Sanlitun**

Was zu Studentenzeiten Mitte der 1990er Jahre noch die einzige Möglichkeit war, nach 22 Uhr ein Bier und einen Hauch von Nachtleben zu erhaschen, steht heute in jedem Reiseführer. Das macht sich vor Ort bemerkbar. Seit die Sānlǐtún-Südstraße der Abrißbirne weichen mußte und Klassiker wie das ›Jam House‹ und ›Hidden Tree‹ nur noch in den Erinnerungen somnambuler Sinologiestudenten existieren, konzentriert sich der Trubel auf das Botschaftsviertel um die Dōngzhímén Wàidàjīe 东直门外大街, wo tagsüber Botschafts- und Hotelangestellte in Anzügen schwitzen und Geschäftleute die chinesische Welt bewegen. Während auf der Straße mobile Garküchen chinesische Snacks und fliegende Händler raubkopierte Hollywoodfilme zuweilen noch vor deren Kinopremiere feilbieten, geht man durch die Eingangstür einer Bar, Kneipe oder Disko und ist gefangen in der globalisierten Version einer ereignisreichen Nacht. Carlsberg, Heineken und zuweilen auch Erdinger und die gar nicht so schlechte chinesische Version eines deutschen Weizens aus Wuhan (ehemals Spaten, jetzt Budweiser) werden ausgeschenkt, und aus Lautsprechern tönt ein angenehmes Gemisch aus Trance und einem Best-Of der 70er und 80er. Das ›Poachers‹, ein weiterer Pionier des Pekinger Nachtlebens, seit kurzem mit angeschlossener Backpackerabsteige, wirkt wie ein deutsches Jugendzentrum Anfang der 1980er, cannabisgeschwängerte Luft inklusive. Sānlǐtún 三里屯 ist ein Stück Westen in China. Wer den Wiedersehenseffekt auch in Asien schätzt, ist hier definitiv richtig.

▶ ›Bar Blu‹ (Lán Bā 蓝吧), Sānlǐtún Hòujīe 三里屯后街, im 4. Stock

Peking, Sānlǐtún 三里屯

des Tongli-Studios 同里 4 层,
Tel. 64 17 41 24, So–Do 16–2, Fr, Sa
16–4 Uhr. Angenehme Atmosphäre
und ein schöner Blick über Peking
bei Nacht. Eine Oase in der Hektik der
Großstadt.
▶ ›Centro‹ (Xùankù 炫酷), ›Kerry
Centre Hotel‹ (1. Stock) 嘉里中心饭
店 1 层, Gūanghúa Lù 1 光华路,
Tel. 65 61 88 33, rund um die Uhr
geöffnet. Auch wenn die Lage in
einem Hotel erst nicht so inspirierend
wirkt, ist das ›Centro‹ eine der
stilsichersten und angenehmsten Bars
der Stadt – mit einer exzellenten
Auswahl an Cocktails und gelegentli-
chem Live-Jazz (Karte S. 186).
▶ ›Poachers Inn‹ (Yǒuyì Qīngnián
Jǐudìan 友谊青年酒店, Běi Sānlǐtún
Lù 43 北三里屯路 Tel. 64 17 26 32
Durchwahl 85 06, tägl. 20–open end.
Einst gefeierter Pub, hat das ›Poachers‹
in den letzten Jahren deutlich an
Charme verloren. Wer in den 1980er
Jahren in der deutschen Provinz
aufgewachsen ist, wird sich hier an
seine Jugendzeit erinnern.
▶ ›The Tree‹ (Yǐnbì de shù 隐蔽的树),
Sānlǐtún Běijīe 43 三里屯北街,
Tel. 64 15 19 54, www.treebeijing.com,
Mo–Sa 11–open end, So 13–
open end. Einst als ›Hidden Tree‹
in der legendären Sānlǐtún-Südstraße
gelegene Institution, die auch unter
neuem Namen und an anderer
Stelle eine der angenehmsten Kneipen

In Peking gibt es zahllose Bars

der Stadt ist. Belgisches Bier und Holzofenpizza sind die Highlights.
▶ ›Suzie Wong's‹ (Sūxī Huáng 苏西
黄), Nóngzhǎngǔan Lù 1A 农展馆
路甲 1号, im Chaoyang-Park,
Tel. 65 00 33 77, www.suziewong.com.
cn, tägl. 18.30–open end. Eine
Mischung aus Opiumhölle (was das
Design angeht) und postmoderner
Lounge. Wer früh genug kommt, kann
den Abend auf einem der dem Stil
der Ming-Dynastie nachempfundenen
Betten verbringen und sich wie
ein Mandarin fühlen (Karte S. 186).
▶ ›The Pavillion‹ (Wànlóng Téngfēi
万龙腾飞), Gōngtǐ Xīlù 工体西路
(gegenüber dem Westtor des Arbeiter-

Der einstige Pekinger Kolonialbahnhof beherbergt das Einkaufszentrum ›The Station‹
U-Bahn-Plan Peking

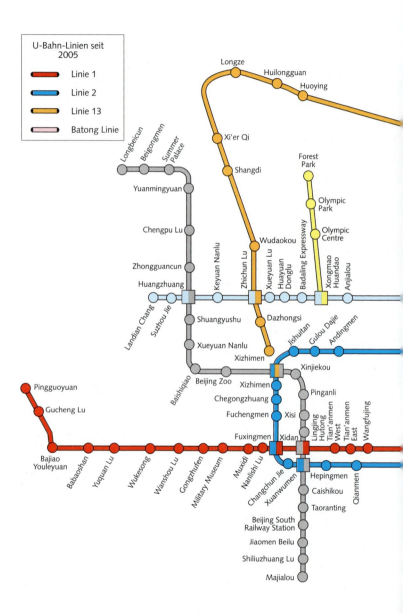

Nachtleben in Peking [73]

Stadions 工人体育场西门对面), Tel. 65 07 26 17, www.pavillionbeijing.com, tägl. 10–2 Uhr. Gutes Essen und eine gute Auswahl an Whiskys machen diese Restaurant-Bar empfehlenswert (Karte S. 186).
▶ Das ›Yúgōng Yíshān‹ 愚公移山, die angesagteste Musikkneipe der Stadt, ist Ende 2007 von Sanlitun in den Ostbezirk gezogen: Zhāng Zìzhōng Lù 张自忠路, Dōngchéng Qū, Tel. 64 04 27 11, www.yugongyishan.com (s. S. 131).

■ Shichahai

Die Verfallszeit für angesagte Ausgehviertel in Peking ist kurz. Die Hutong-Viertel an der nördlichen Seenplatte in Pekings Westbezirk wurden noch

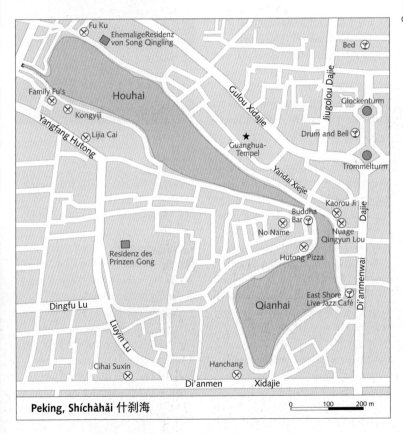

Peking, Shíchàhǎi 什刹海

U-Bahn-Plan Peking
Rikschafahrer im Tabaksbeutel-Gäßchen; Freizeit-Vergnügen auf dem Qianhai

Anfang des neuen Jahrtausends als das Nonplusultra der abendlichen Freizeitgestaltung gefeiert, inzwischen hat sich die Novität deutlich abgenutzt. Schön ist es aber immer noch an den Ufern des Hòuhǎi 后海 und Qiánhǎi 前海, heute meist einfach als Shíchàhǎi 什刹海 bezeichnet, und der nächtliche Peking-Entdecker kann sich sicherlich Unangenehmeres vorstellen, als an historischer Stelle mit Blick auf Altstadtviertel und die kaiserlichen Seen ein kühles Bier vom Faß zu schlürfen. Leider sind den chinesischen Besitzern der Bars und Restaurants bei der Preisgestaltung inzwischen sämtliche Hemmungen abhanden gekommen. Umgerechnet fünf Euro für ein Bier wäre in Deutschland schon viel, in China ist es ein kleines Vermögen. Zum Vergleich: In den Restaurants einige hundert Meter weiter in den Hutongs des Ostbezirkes essen für das gleiche Geld zwei Personen reichlich und gut, Getränke inklusive. Hinzu kommt, daß in einigen der direkt an die Yìndìng Qiáo 银锭桥 grenzenden Bars Alleinunterhalter mit Gitarre und recht ausgeprägtem und ebenso verfehltem musikalischem Selbstbewußtsein ihr Unwesen treiben. Wem zwischen Bob Dylan in chinesischer Interpretation und Chinaschnulze das teure Bier noch schmeckt, dem sei das Shíchàhǎi-Viertel anempfohlen. Denn aller Kritik zum Trotz findet man eine romantischere Ecke mit gastronomischem Service in Chinas Hauptstadt kaum. Und nicht jedes Etablissement erschlägt den Gast mit Live-Musik und Mondpreisen.

Die ›Buddha Bar‹ am Qianhai

▶ ›Bed‹ (Chúanbā 床吧), Zhāngwàng Hútóng 17 张旺胡同, Tel. 84 00 15 54, Mo, Di 16–open end, Mi–So 12 Uhr–open end. Allein für den Kalauer ›Gehst Du mit mir ins Bett?!‹ lohnt sich ein Abstecher in diese Bar, deren Sitzmöbel – nomen est omen – aus einfachen Betten bestehen.

▶ ›Buddha Bar‹ (Bùdà 不大), Yinding Qiáo 16 银锭桥, Tel. 66 15 57 46, tägl. 14–2 Uhr. Repräsentativ für den Kneipenstil am Qiánhǎi, ist die ›Buddha Bar‹ eine gute Wahl für ein ungezwungenes Bier am Ufer.

▶ ›Drum and Bell‹ (Gǔzhōng Kāfēiguǎn 鼓钟咖啡馆), Zhōnglóuwān Hútóng 41 钟楼湾胡同, Tel. 84 03 36 00, tägl. 12–2 Uhr. Ein wenig abseits vom Trubel des Hòuhǎi, blickt man von der

Nachtleben in Peking

Dachterrasse des Cafés direkt auf Trommel- und Glockenturm.

▶ ›East Shore Café‹ (Dōng'ān 东岸), Shíchāhǎi Nányán Haus 2, 什刹海南沿 2 号楼, Tel. 84 03 21 31. Empfehlenswerte Musik- und Jazzkneipe. Der Besitzer ist der chinesische Jazz-Saxophonist Liu Yuan. Regelmäßige Live-Konzerte.

▶ ›No Name Bar‹ (Wúmíng Jiǔbā 无名酒吧), Qiánhǎi Dōngyán 3 前海东沿 (neben dem Kaorou Ji Restaurant 烤肉季隔壁), Tel. 64 01 85 41, tägl. 12–2 Uhr. Einst Trendsetter und erste Bar am Qiánhǎi, ist diese Kneipe sich selbst treu geblieben. Mit unschlagbarer Lage am See ist das ›No Name‹ immer noch mit Abstand die angenehmste Bar in Shíchàhǎi.

■ **Nanluogu Xiang**

Nur einen knappen Kilometer entfernt ist der Nánlúogǔ Xìang 南锣鼓巷 das genaue Gegenstück zum munteren Preistreiben des Shíchàhǎi. Da am Nánlúogǔ Xìang jedoch die Mischung aus Wohn- und Kneipenviertel noch stimmt und sowohl Klientel als auch Betreiber der meist recht kleinen Etablissements eher die Nische als den Mainstream suchen, ist die Hoffnung berechtigt, daß sich der familiäre Charakter der Gegend erhält. Wer sich den Abend im Rausch um die Ohren schlagen möchte, ist hier sicherlich falsch. Für einen geruhsamen Abend mit Freunden oder zu zweit ist die Gegend um den Nánlúogǔ Xìang jedoch ideal.

▶ ›Candy Floss‹ (Míanhúatáng Kāfēi 棉花塘咖啡馆), Dōngmíanhúa Hútóng 35 东棉花胡同, Tel. 64 05 57 75, tägl. 15–24 Uhr. In einem versteckten traditionellen Innenhof gelegen, ist diese kleine Café der ideale Ort für romantische Zweisamkeit.

▶ ›Passby Bar‹ (Gūokè Jiǔbā 过客酒吧), Nánlúogǔ Xìang 108 南锣鼓

Peking, Nánlúogǔ Xìang 南锣鼓巷

巷, Tel. 84038004, www.passbybar.com, tägl. 9–2 Uhr. Gemütliche Bar der ersten Stunde in Pekings Hutongviertel. Schöner Innenhof zum Draußensitzen.

▶ ›Sandglas‹ (Shāluò Kāfēi 沙漏咖啡), Mào'ér Hútóng 1 冒儿胡同, Tel. 64023529, tägl. 13–1 Uhr. Kleines intimes Café für einen stilvollen Abend in ebensolchem Ambiente.

▶ ›Zhazha Café‹ (Xǐquè Kāfēi 喜鹊咖啡), Nánlúogǔ Xiàng 101 南锣鼓巷, Tel. 84024851, tägl. 10–2 Uhr. Mit Liebe zum Detail eingerichtetes Café mit Frühstücksangeboten auch am Nachmittag. Wer mit Notebook reist, kommt in den Genuß eines kostenlosen WLAN-Zugangs.

■ Haidian/Wudaokou

Es war nur eine Frage der Zeit, bis sich die Universitätsgegend zu einer beliebten Ausgehmeile entwickeln würde. Der Wǔdàokǒu 五道口 war bis Mitte der 1990er Jahre ein schlammiger Markt mit einem schmuddeligen Einkaufszentrum. Doch die Nähe zur ›Beijing Language and Culture University‹ mit ihren fast 2000 meist ausländischen Studenten machte sich schon bald bemerkbar. Erst kamen die koreanischen Restaurants, dann die ersten Pubs und schließlich die Stadtplanung, die dem Viertel zudem eine U-Bahn-Station schenkte. Heute buhlen mehrere Dutzend Bars, Diskos und Restaurants um das zumeist studentische Publikum. Lohnenswert ist die Gegend vor allem aufgrund ihrer Ungezwungenheit, der bodenständigen Preise und der Musikkneipen. Das ›D-22‹ im Westen des Viertels ist eine der interessantesten Live-Musik-Kneipen Pekings.

▶ ›Club 13‹ (Jùlèbù 13 俱乐部), Chéngfǔ Lù 161 成府路, Tel. 82628077, tägl. 20–2 Uhr. Netter Musikclub mit regelmäßigen Live-Konzerten. Der

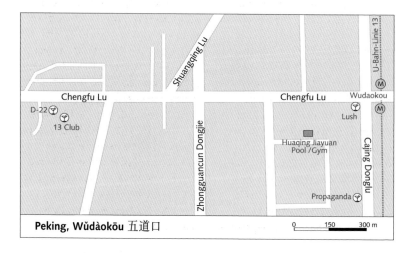

Peking, Wǔdàokǒu 五道口

Eingang liegt etwas versteckt in einer kleinen Seitengasse.

▶ ›D-22‹, Chéngfǔ Lù 242 成府路, Tel. 62 65 31 77, Di–So 18–2 Uhr. Neben dem ›Yúgōng Yíshān‹ in Sānlǐtún (S. 73) die interessanteste Musikkneipe der Stadt. Regelmäßige Live-Konzerte auch jenseits des Mainstream.

▶ Lush Húaqing-Jiayúan-Block Nr. 1, 2. Stock, Chéngfǔ Lù 成府路 (gegenüber der Metro-Station Wǔdàokǒu), 成府路, 华清嘉园1号楼二层 (五道口城铁站对面, Tel. 82 86 35 66, tägl. 24 Stunden geöffnet. DIE Studentenkneipe im ohnehin studentischen Viertel Pekings. Uneingeschränkt empfehlenswert die Open-Mic-Night, jeden Sonntag ab 21 Uhr. Zum Mitsingen und Zuhören.

▶ ›Propaganda‹, 100 Meter nördlich des Húaqing-Jiayúan-Blocks (华清嘉园东门往北 100米, Tel. 82 86 39 91, Mo–Fr 20–4.30, Sa, So 20–5 Uhr. Typisch Wǔdàokǒu ist diese relative neue Bar: laut, feucht-fröhlich, mit überwiegend studentischem Publikum.

■ Dashanzi

Achtung – trendy! Bedenkt man, daß auf dem mit russischer Hilfe und (ost-)deutschem Know-how aufgebauten Fabrikgelände noch vor 15 Jahren Raketenteile hergestellt wurden, ist die Entwicklung in Dàshānzǐ umso erstaunlicher. Avantgarde war Ende der 1990er das Thema, als sich die Künstler – nach mißglückten Versuchen nahe dem alten Sommerpalast – hier im Nordosten der Hauptstadt einquartierten (siehe Karte S. 186). Der Mainstream hat die Gegend schon längst in Beschlag genommen, dennoch gilt das Viertel mit seiner Mischung aus trendigen Galerien, heruntergekommenen Fabriken und schicken Clubs als erste Adresse für einen ereignisreichen Abend. Vor allem während des ›Dashanzi Art Festivals‹ jeden Mai trifft hier die künstlerische Avantgarde der Hauptstadt auf die intellektuelle Partyszene. Bei Tag und bei Nacht ist Dàshānzǐ auf jeden Fall einen Abstecher wert – auch wenn man ab der Innenstadt eine knappe Stunde mit dem Taxi unterwegs ist. Für Abendveranstaltungen empfiehlt es sich, vorher den Veranstaltungskalender, zum Beispiel bei ›That's Beijing‹ (www.thatsbj.com) anzusehen.

▶ ›Yan Rén‹ 仁, Dàshānzǐ Art District (798 大山子艺术区), Jiǔxianqíao Lù 4 酒仙桥路, Tel. 84 57 35 06, www.yanclub.com, tägl. 10–18 Uhr. Der chinesische Rockstar Cui Jian hat hier gespielt, und Udo Lindenberg kam auf seiner China-Tournee im Yan vorbei. Neben wechselnden Ausstellungen gibt es gelegentlich Live-Konzerte und andere Abendveranstaltungen.

▶ ›Café Pause‹, Jiǔxianqíao Lù 2 酒仙桥路, Tel. 64 31 62 14, tägl. 10–21 Uhr. Repräsentativ für die vielen Cafés, die in den letzten Jahren in Dàshānzǐ aufgemacht haben, ist das in Erdtönen gehaltene ›Café Pause‹ sicher die angenehmste Wahl für einen Drink zwischen zwei Kunsterlebnissen.

Karaoke

»Chinesen brauchen keine Psychoanalyse, sie haben Karaoke«, brachte es ein Chinese mal auf den Punkt. Das Playback-Singen mit Freunden ist des Chinesen liebster Zeitvertreib: Selbst-

Beliebter Zeitvertreib: Karaoke

darstellung und -reinigung gleichermaßen. Asienreisende erzählen mit Schaudern von allnächtlicher Musikbeschallung aus der hoteleigenen Karaoke-Bar.
Dabei ist die Sache so simpel wie genial: Auf einem Bildschirm läuft ein Video mit der Musik und dem Text des ausgesuchten Liedes. Man schmettert dann nach bestem Vermögen seine Lieblingslieder. Ist der Computer gnädig, gibt es dazu dann Applaus vom Band.
Selbst die kleinste Karaoke-Klitsche hat einige englische Lieder auf CD – meist Beatles, Simon and Garfunkel und unvermeidlich Celine Dion. Spätestens bei der Karaoke-Version von ›99 Luftballons‹ oder ›In München steht ein Hofbräuhaus‹ gibt es dann auch für den deutschen Reisenden kein Zurück.
Karaoke birgt einen gewissen Suchtfaktor. Nicht wenige Langnasen, die vor einigen Jahren von chinesischen Freunden oder ortsansässigen Westlern mit sanftem Druck zur Gesangsdarbietung gezwungen wurden, sind inzwischen selbst begeisterte Karaoke-Sänger.
Es ist auf jeden Fall einen Versuch wert und verspricht vor allem mit Freunden ein Heidenvergnügen. Vorsicht ist jedoch bei der Wahl des Etablissements geboten. Sitzen ungewöhnlich viele chinesische Frauen im leichten Outfit im Eingangsbereich, weist dies darauf hin, daß kostspielige weibliche Begleitung inbegriffen ist. Wer sich gerne einmal dem urchinesischen Nachtleben ausliefern möchte, ohne dem horizontalen Gewerbe anheim zu fallen, steuert am besten die Partyworld ›Qíanguì‹ 钱柜 an, ehemals und auf chinesisch immer noch ›Tresor‹ genannt, eine der größten Karaoke-Bars des Landes. Von 19 bis 21 Uhr gibt es hier außer dem Gesangsseparée auch noch ein reichliches chinesisches Büffet. In Peking unter anderem in der Cháoyángmén Wàidàjīe 22 朝阳门外大街, Tel. 65 88 33 33 (Metro Cháoyángmén, Karte S. 116).

Hotels in Peking

Vorbei sind die Zeiten, als es in Peking nur ein begrenztes Angebot an guten und gleichzeitig erschwinglichen Hotels gab. Der Besucher hat heute eine breite Auswahl an ausgezeichneten Mittelklassehotels, und auch in der Luxusklasse hat Peking zugelegt. War noch Anfang der 1990er Jahre das ›Great Wall Sheraton‹ das einzig empfehlenswerte Fünf-Sterne-Hotel mit internationalem Service, hat man heute die Wahl zwischen einem guten Dutzend Luxushotels internationaler Güte. Alle namhaften Hotelketten sind in Chinas Hauptstadt vertreten, unter anderem Marriot, Shangri-La, Mercure, Sofitel, Hyatt und Hilton. Wer heimatliche Klänge vermißt, kann sich im Kempinski-Hotel einmieten. Alle Hotels im Vier- und Fünf-Sterne-Bereich bieten internationalen Standard und englischsprachiges Personal auch jenseits der Rezeption, auch wenn man hier die Erwartungen nicht zu hoch schrauben sollte.

Von Dreisterne abwärts wird es schon schwieriger mit der Kommunikation, an der Rezeption wird es den einen oder anderen geben, der zumindest rudimentäres Englisch spricht, viel mehr aber auch nicht. Seit einigen Jahren hat sich auch in Peking der Trend zu lokaltypischen, äußerst stilvollen Boutique-Hotels durchgesetzt. Diese bewegen sich meist im Zwei- bis Drei-Sterne-Bereich und verbinden lokale Architektur und Zimmerausstattung mit einer meist äußerst günstigen Lage in Pekings Innenstadt. Preislich liegen sie zwischen 50 und 100 Euro für ein Doppelzimmer pro Nacht. Für Fünf-Sterne-Hotels, die meist entlang des Dritten Ringes etwas außerhalb liegen, muß man gut das Doppelte einplanen. Einfache Doppel- und Einzelzimmer in Hostels bekommt man bereits ab 20 Euro die Nacht, eine Übernachtung im Schlafsaal einer Jugendherberge schlägt mit 5 bis 10 Euro zu Buche. Es sei denn, man ist mit dem Rucksack unterwegs und möchte sich nicht auf den Tag genau festlegen, empfiehlt sich gerade in der Hauptsaison im März/April und August bis Oktober die Reservierung des Hotelzimmers von Deutschland aus. In Jugendherbergen und Backpacker-Hostels mag dies nicht der Fall sein, für Hotels von drei Sternen aufwärts kommt die Buchung in Deutschland weitaus günstiger als der Versuch, an der Rezeption einen Rabatt auf die meist überhöhte ›Walk-In-Rate‹ auszuhandeln. Viele chinesische Hotels sind inzwischen an die großen Buchungsportale wie www.expedia.de oder www.hotel.com angeschlossen oder können zudem über deutsche Veranstalter gebucht werden.

Auch chinesische Portale wie www.sinohotel.com oder www.travelchina-guide.com sind ebenso wie die jeweiligen Websites der einzelnen Hotels einen Versuch wert.

Wer in den ›Goldenen Wochen‹ um den 1. März und 1. Oktober unterwegs ist, sollte auf jeden Fall mindestens zwei Monate vor Reisebeginn eine Unterkunft buchen, da ansonsten die reale Gefahr besteht, kein Zimmer mehr zu bekommen bzw. exorbitante Preise dafür zu zahlen. Hotelempfehlungen und genauere Beschreibungen finden Sie in den jeweiligen Infokästen am Ende der Stadtrundgänge.

Die wichtigsten Sehenswürdigkeiten

Die meisten Besucher verweilen drei Tage in Peking. Das reicht sicher, um einen guten Überblick über die Stadt und ihre Sehenswürdigkeiten zu bekommen. Doch selbst bei einem zweiwöchigen Aufenthalt würde der Besucher keinesfalls Langeweile verspüren. Neben den Kulturdenkmälern, den Tempeln und Palästen hat Chinas Hauptstadt eine gut erhaltene Altstadt, ein faszinierendes Nachtleben und die eine oder andere Perle der modernen Architektur zu bieten. Auch das Umland mit der Großen Mauer, einem guten Dutzend Naturschutzgebieten und unzähligen Sehenswürdigkeiten, Vergnügungsparks und historischen Dörfern lohnt einen Ausflug, von Städten wie Chengde und Tianjin einmal ganz zu schweigen. Wieviel Zeit Sie für Ihren Peking-Besuch veranschlagen sollten, ist sicherlich Geschmackssache. Die hier empfohlenen Programme und Tagesabläufe sollen als Anregung und Orientierungshilfe verstanden werden. Bei der Planung des Besichtigungsprogrammes sollten Sie beachten, daß die Verkehrssituation in der chinesischen Hauptstadt gelinde ausgedrückt nicht ideal ist. Regionale Schwerpunkte zu setzen, spart sicherlich einige Stunden An- und Abfahrzeit. Wichtig ist auch die Wahl des Verkehrsmittels. Auch wenn die Metro nicht die bequemste ist und nicht alle Sehenswürdigkeiten ansteuert, ist sie jedoch mit Sicherheit die schnellste Variante. Taxis sind günstig und außerhalb der Stoßzeiten sicherlich eine gute Alternative. In vielen Hotels kann man über die Rezeption ein Taxi für rund 500 RMB am Tag mieten, eine sicherlich bequeme und nicht überteuerte Möglichkeit, Peking kennenzulernen. Vor Ort gebuchte, von chinesischen Agenturen zusammengestellte Ausflüge sind, wenn überhaupt, nur bedingt zu empfehlen. Das Tagesprogramm einer chinesischen Agentur für einen Mauerbesuch bei Badaling beinhaltet mindestens drei Einkaufsstopps, einen Besuch in einer chinesischen Klinik und, wenn man Glück hat, eine knappe Stunde Mauer. Viele Hotels bieten Ausflüge zur Mauer, den Ming-Gräbern oder eine Stadtbesichtigung mit lokalem Reiseführer an – eine gute Variante für alle, die sich nicht allein auf die Straßen der chinesischen Hauptstadt trauen. Generell ist die Orientierung in Pekings Hauptstadt jedoch sehr einfach und mit ein wenig Stadtplankenntnis läßt sich zumindest das innerstädtische Besuchsprogramm sehr gut auf eigene Faust absolvieren. Wer

Die wichtigsten Sehenswürdigkeiten

gerne in die Pedale tritt oder auf Schusters Rappen Städte erkundet, wird auch an Peking seine Freude haben.

Tag 1: Kaiserliche Zentralachse
▶ Besichtigung Himmelstempel (Tiāntán 天坛, S. 160, Karte S. 161).

▶ Bummel über den Dàzhàlán 大栅栏 und zur Líulíchǎng 琉璃厂 (S. 155, Karte S. 152).
▶ Spaziergang über den Platz des Himmlischen Friedens (Tiān'ānmén Guǎngchǎng 天安门广场, S. 91, Karte S. 87).

Palastdach in der Verbotenen Stadt

[82] Die wichtigsten Sehenswürdigkeiten

Gottheit im Tempel der Weißen Wolke

▶ Besichtigung der Verbotenen Stadt (Gùgōng 故宫, S. 98, Karte S. 100).
▶ Sonnenuntergang auf dem Kohlehügel (Jǐngshān 景山, S. 109, Karte S. 87)
▶ Abendspaziergang durch die Hutongviertel rund um den Trommelturm (Gǔlóu 鼓楼, S. 111, Karte S. 87).
▶ Nachtleben am Hòuhǎi 后海 (S. 134, Karte S. 133).

Tag 2: Innenstadt
▶ Lamatempel (Yōnghé Gōng 雍和宫, S. 126) und Konfuziustempel (Kǒng Mìao 孔庙, S. 125, Karte S. 116).
▶ Spaziergang durch das Altstadtviertel zwischen Gúozǐ Jìan Jīe 国子监街 und dem Nánlúogǔ Xìang 南锣鼓巷 (S. 122, Karte S. 116, 75).
▶ Aufstieg auf den Trommelturm (S. 111, Karte S. 87)
▶ Einkaufsbummel Wángfǔjǐng 王府井 (S. 117, Karte S. 116).
▶ Abendessen auf dem Dong'an Men Nachtmarkt (Dōng'ānmén Yèshì 东安门夜市, S. 119, Karte S. 116).
▶ Tian'ānmén-Platz bei Nacht (S. 91, Karte S. 87).
▶ Nachtleben in Sānlǐtún 三里屯 (S. 67).

Tag 3: Außerhalb der Stadt
▶ Besichtigung des Sommerpalastes

Die wichtigsten Sehenswürdigkeiten [83]

(Yíhéyuán 颐和园, S. 171, Karte S. 169).
▶ Duftende Berge (Xiāngshān 香山, S. 180).
▶ Ming-Gräber (Shísānlíng 十三陵, S. 202, Karte S. 195).
▶ Große Mauer in Húanghūa 黄花 oder Mùtíanyù 慕田峪 (S. 199, Karte S. 195).
▶ Olympiapark (Aolínpǐkè Gōngyuán 奥林匹克公园, S. 112, Karte S. 113).

Extra-Tag 1
▶ Tempel der Weißen Wolke (Báiyún Sì 白云寺, S. 149, Karte S. 133) und Tianning-Tempel (Tiānnìng Sì 天宁寺, S. 158, Karte S. 152).

▶ Bootsfahrt vom Tempel der Weißen Wolke zum Sommerpalast
▶ Alter Sommerpalast (Yúanmíngyúan 圆明园, S. 178, Karte S. 169).
▶ Tempel der Weißen Pagode (Báitǎ Sì 白塔寺, S. 146, Karte S. 133).
▶ Panjiayuan-Antiquitätenmarkt (Pānjīayúan Jiuhùo Shìchǎng 潘家园旧货市场, S. 65), nur am Wochenende.
▶ Seidenmarkt (Xiushǔi Jīe 秀水街, S. 65) oder Hongqiao-Markt (Hóngqíao Shìchǎng 红桥市场, S. 64, Karte S. 161).

Extra-Tag 2
▶ Ausflug nach Chéngdé 承德 oder Tiānjīn 天津 (S. 207, Karte S. 195).

Dach im Himmelstempel

Spaziergänge
in Peking

Die kaiserliche Zentralachse

Als der dritte Ming-Kaiser Yongle die Hauptstadt im Jahr 1403 von Nanjing nach Peking verlegte, ließ er die Stadt nach den Prinzipien des Zhouli, eines klassischen konfuzianistischen Textes und eines der frühesten Referenzwerke der chinesischen Geomantik (Fengshui) errichten. Dreh- und Angelpunkt sowie geographische, ideelle und mystische Mitte der Stadt wurde die kaiserliche Zentralachse. Sie teilte die Stadt in einen Ost- und einen Westteil und verlief vom Stadttor Yǒngdìng Mén 永定门 über das Zhèngyáng Mén 正阳门, den Platz des Himmlischen Friedens und den Kaiserpalast, durch das heute nicht mehr existierende Tor des irdischen Friedens (Dì'ānmén 地安门) bis hin zum Trommel- und zum Glockenturm (Gǔlóu 鼓楼 und Zhōnglóu 钟楼).

Auf der gedachten Verlängerung in Richtung Norden befindet sich das ›Olympische Grün‹ mit dem Olympiastadion. Im Jahre 2002 bekam das Architekturbüro Albert Speer & Partner (ASP) den Auftrag für eine Studie zur Neugestaltung der Zentralachse. Sowohl für die nördliche Verbindung zwischen dem Zweiten Ring und dem Olympischen Grün als auch für den Abschnitt südlich des Yǒngdìng Mén sind großzügig angelegte Wohnanlagen geplant, im Süden soll zudem mit einem sechs Quadratkilometer großen ›Park der Ökologie‹ ein Experimentierfeld für traditionelle und neue Formen der Landwirtschaft entwickelt werden.

Der Entwurf schlägt als Herzstück für die südliche Stadtentwicklung einen großzügigen neuen Hauptbahnhof direkt auf der zentralen Achse vor. Ob die Studie oder zumindest Teile davon in die Realität umgesetzt werden, steht noch in den Sternen.

Durch die Südstadt: vom Yongding Men zum Qianmen

Südliches Ende der Zentralachse war das Tor der Ewigen Stabilität (Yǒngdìng Mén 永定门). Es war das zentrale Südtor des äußeren Südabschnittes der Stadtmauer. Diese bestand seit ihrer Errichtung im Jahre 1435 aus mehreren Teilen, die insgesamt eine Länge von mehr als 50 Kilometern aufwiesen. Abgesehen von der Festungsmauer des Kaiserpalastes zog sich eine zweite Mauer um die sogenannte ›Kaiserstadt‹, die Seenplatte im Westen der Verbotenen Stadt umfassend, im Norden bis zum Dì'ānmén und im Osten bis zur heutigen Wángfǔjīng-Straße reichend. Die eigentliche Stadtmauer läßt sich auch heute noch an dem Verlauf des Zweiten Ringes nachvollziehen, wobei der innere, ursprünglich 23,5 Kilometer lange Abschnitt heute vom inneren Zweiten Ring beschrieben wird. Die äußere Stadt, annähernd

Die kaiserliche Zentralachse [87]

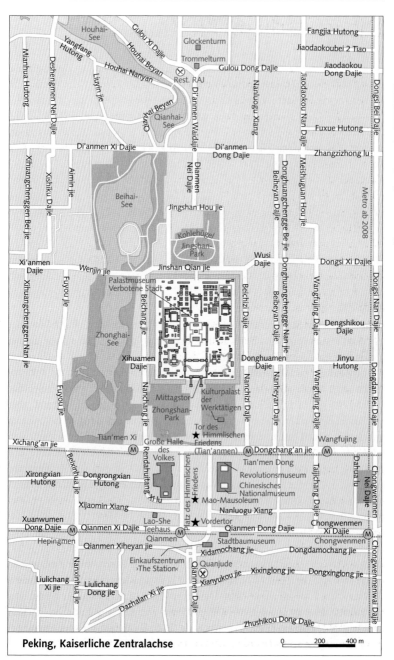

Peking, Kaiserliche Zentralachse

[88] Die kaiserliche Zentralachse

Überall werden traditionelle Wohnviertel abgerissen

identisch mit den Stadtvierteln Xuānwǔ 宣武 und Chóngwén 崇文, wurde von einer weiteren Mauer geschützt, die bis zu ihrer Schleifung in den 1960er Jahren entlang des äußeren Zweiten Ringes verlief.

Im Zuge der im Jahre 2003 beginnenden Restaurierung von Teilen der Pekinger Stadtmauer wurde auch das Yǒngdìng Mén bis Oktober 2005 wieder aufgebaut, nicht ganz am ursprünglichen Platz und nicht immer historisch akkurat, aber immerhin ein Versuch, die historische Achse im Rahmen moderner Stadtplanung zumindest visuell neu zu erschaffen. Im Norden des Yǒngdìng Mén schließt sich eine neu gestaltete Grünanlage an. Vom Yǒngdìng Mén folgt die kaiserliche Zentralachse zuerst der Yǒngdìng Mén Nèidàjiē 永定门内大街 und dann der Qiánmén Dàjiē 前门大街, ehe sie nach knapp vier Kilometern das Zhèngyáng Mén und damit den Platz des Himmlischen Friedens erreicht.

Qianmen Dajie

In dem Versuch, die alte Zentralachse wieder aufleben zu lassen, wurde die Qiánmén Dàjiē zwischen der Zhūshì Kǒu Dàjiē 珠市口大街 und dem Platz des Himmlischen Friedens von 2006 an neu gestaltet. Die Qiánmén Dàjiē war neben der Wángfǔjǐng und dem Xīdān vor allem in den 1980er Jahren eine der ›drei goldenen Einkaufsstraßen‹ und besitzt mit dem Stammhaus des Peking-Enten-Imperiums ›Quánjùdé‹ 全聚德 eine der bekanntesten kulinarischen Adressen der Stadt.

Zu eng für den Verkehr, aber zu symbolträchtig, um sie durch eine breite Ausfallstraße zu ersetzen, beschloß die Stadt, aus der chronisch verstopften Straße eine Flaniermeile zu machen. Eine Einkaufsstraße im nachempfundenen alten chinesischen Stil soll die Größe vergangener Zeiten heraufbeschwören, sieht aber – wie so viele chinesische Versuche – Altes neu zu bauen, ein wenig nach Disneyland aus und entspricht eher der China-Restaurant-Ästhetik als historischen Vorbildern. Die traditionellen Altstadtviertel im Osten der Straße fielen derweil im Frühjahr 2006 der Abrißbirne zum Opfer. Im Westen der Qiánmén Dàjiē schließen sich mit dem Dàzhàlán 大栅栏 und der Liúlícháng 琉璃厂 zwei weitere Altstadtteile an, die auf Hochglanz restauriert wurden (siehe Kapitel Xuanwu, S. 152).

Vordertor (Qianmen)

Am nördlichen Ende der Straße führt die Qiánmén Dàjiē durch ein Ehrentor Qiánmén Páilóu 前门牌楼 und öffnet sich auf den Platz des Himmlischen Friedens. Zentral fällt der Blick auf das Zhèngyáng Mén 正阳门, der Einfachheit halber heute meist Qiánmén 前门, Vordertor, genannt. Ursprünglich wurde das Tor im Jahre 1419 gebaut, das heutige Gebäude stammt jedoch aus dem frühen 20. Jahrhundert und nimmt angeblich die architektonischen Anregungen deutscher Ratgeber auf. Zuvor war das Tor unter maßgeblicher Beteiligung deutscher Truppen während des Boxeraufstandes schwer beschädigt worden.

Mit 42 Metern Höhe war es das höchste der Stadttore Pekings, Symbol seiner Wichtigkeit. Lange Zeit war das zentrale Tor ausschließlich dem Kaiser vorbehalten. Durch das Zhèngyáng Mén verließ der Kaiser die Stadt zum alljährlichen Opferritual im Himmelstempel. Die gemeinen Untertanen betraten und verließen die Stadt durch heute nicht mehr existierende Nebentore. Eigentlich besteht das Tor aus zwei, ehemals verbundenen Gebäuden, dem 1439 gebauten Waffenarsenal Jianlóu 箭楼 und dem eigentlichen Tor. Zwischen den beiden Toren verläuft heute der innere Zweite Ring und die Ringlinie der U-Bahn. Nach kürzlich erfolgter Renovierung ist es wieder möglich, auf die Aussichtsplattform des Zhèngyáng Mén zu steigen, von der man einen ausgezeichneten Blick und den besten Fotowinkel auf den Platz des Himmlischen Friedens hat. Im Inneren des Gebäudes befindet sich eine kleine Ausstellung, die die Geschichte des Tores und der Stadtmauer beleuchtet und Bilder Pekings aus der Zeit vor 1949 zeigt.

Stadtbaumuseum

Bevor Sie den Platz des Himmlischen Friedens betreten, empfiehlt sich noch ein Abstecher etwa 200 Meter in Richtung Westen. Vorbei am alten Kolonialbahnhof, der heute das Einkaufszentrum ›The Station‹ beherbergt, erreichen Sie rechter Hand

Die kaiserliche Zentralachse

das etwas von der Qiánmén Dong Dàjie 前门东大街 zurückgesetzte moderne Gebäude des Pekinger Stadtbaumuseums (Běijīng Guīhùa Zhǎnlǎngǔan 北京规划展览馆). Auch wenn sich das bereits 2003 eröffnete, aber lange Zeit weitgehend unbeachtete Museum, wie die Fassade vermuten läßt, eher technisch kühl gibt, lohnt sich der Besuch dennoch, und sei es nur für das Modell der Stadt im Maßstab 1:750, das sich auf 302 Quadratmetern im dritten Stock befindet und den Masterplan für die zukünftige Stadtentwicklung darstellt. Umgeben ist das Modell von zusätzlichen 1000 Quadratmetern mit den Luftaufnahmen der umgebenden Außenbezirke.

Alle halbe Stunde startet eine Lightshow, die die wichtigsten Bau- und Verkehrsprojekte, bis jetzt leider nur auf Chinesisch, vorstellt und mit der entsprechenden Illumination illustriert. Am besten sieht man die Show von der Empore im vierten Stock. Hier befinden sich außerdem zwei kleine Kinos, die eine 3-D- und eine 4-D-Show bieten. Während die 3-D-Show in zwei Kurzfilmen die Stadthistorie und -entwicklung sowie die Vorbereitungen für Olympia 2008 dreidimensional (die Rot-Grün-Brille gibt es am Eingang) darstellt, fügt die 4-D-Show dem Ganzen noch eine zeitliche Perspektive hinzu und entführt den Zuschauer mittels beweglichem Kinosessel in die 50 Jahre entfernte Zukunft und damit in ein futuristisches Peking. Das ist nicht unbedingt wissenschaftlich exakt, aber vor allem für Kinder ein tolles Vergnügen.

Imposant ist auch das Bronzemodell Pekings, das im Eingangsbereich des zweiten Stocks hängt und auf zehn mal neun Metern die Stadt im Jahre 1949 darstellt. Weniger interessant ist die Vorstellung der einzelnen Stadtbezirke im ersten Stock, die vor allem technische Details und ökonomische Vorschritte in den Stadtteilen in den Mittelpunkt stellt. Immerhin steht hier auch ein kleines Modell eines traditionellen Hofhauses. Für den Besuch sollte man eine gute Stunde einkalkulieren.

 ›Qúanjùdé‹ 全聚德, Qiánmén Dàjie 32, 前门大街 32号, Tel. 67 01 13 79. Das traditionelle Stammhaus der inzwischen chinaweit operierenden Peking-Enten-Kette. Etwas touristisch und nicht sehr günstig, aber immer noch atmosphärisch und gut. Reservierung empfohlen.

 Tor der Ewigen Stabilität (Yǒngdìng Mén 永定门), Yǒngdìng Mén Nèi Dàjie 永定门内大街, tägl. 8.30–16 Uhr, Eintritt 15 RMB.

▶ Vordertor (Zhèngyáng Mén 正阳门, Qiánmén 前门), am Südende des Platzes des Himmlischen Friedens, tägl. 8.30–16 Uhr, Eintritt 10 RMB. Metro: Qiánmén (Linie 2).

▶ Pekinger Stadtbaumuseum (Běijīng Guīhùa Zhǎnlǎngǔan 北京规划展览馆), Qiánmén Dōng Dàjie 20 前门东大街 20号, Tel. 67 02 45 59, 67 01 70 74, www.bjghzl.com.cn, tägl. außer Montag 9–17 Uhr, letzter Einlaß 16 Uhr, Eintritt 30 RMB, 10 RMB für die Kinovorführungen. Metro: Qiánmén (Linie 2).

Die kaiserliche Zentralachse [91]

Platz des Himmlischen Friedens

Der Platz des Himmlischen Friedens (Tiān'ānmén Gŭangchăng 天安门广场) ist und war das symbolische Zentrum Chinas. 1919 versammelten sich hier die Studenten der ›Vierten-Mai-Bewegung‹, um gegen die Vergabe der deutschen Kolonie Qingdao an die Japaner im Zuge des Versailler Vertrages und für weitreichende

Blinder Straßenmusikant

[92] Die kaiserliche Zentralachse

Reformen zu demonstrieren. 1949 rief Mao Zedong von der Empore des namensgebenden Tores des Himmlischen Friedens (Tiān'ānmén 天安门) am Nordende des Platzes die Volksrepublik China aus. 1976 läuteten Großdemonstrationen anläßlich des Todes des beim Volke außerordentlich beliebten Premierministers Zhou Enlai das Ende der Viererbande ein. Und 1989 fand die studentische Protestbewegung, deren Protagonisten den Platz seit Wochen besetzt hielten, hier ein blutiges Ende.

Der Platz ist seit der Erweiterung Ende der 1950er Jahre mit einer Größe von 440 000 Quadratmetern der größte Platz der Welt und erstreckt sich über 880 mal 500 Meter. Angeblich kann er eine Millionen Menschen aufnehmen. Als Aufmarschplatz dient der Tiān'ānmén heute selten, nur am Nationalfeiertag drängen sich hier die geladenen Gäste, um die Jubelparade auf der angrenzenden Straße des Ewigen Friedens Cháng'ān Jiē 长安街 an sich vorbeiziehen zu lassen. An normalen Tagen treffen sich auf dem Platz die Flaneure, alten Herren, die kunstvoll gestaltete Drachen in den Himmel steigen lassen, und tausende chinesischer Touristen, die sich vor dem Bildnis des Großen Vorsitzenden ablichten lassen.

Mao-Mausoleum

Im südlichen Drittel des Platzes, etwa 100 Meter nördlich des Zhèngyáng Mén, steht das ›Maosoleum‹ (Máo Zhǔxí Jìniàntáng 毛主席纪念堂), seit 1977 die

Das Mao-Mausoleum

letzte Ruhestädte des Großen Vorsitzenden Mao Zedong. Allerdings kann von Ruhestätte nicht unbedingt die Rede sein, da sich während der recht knapp bemessenen Besichtigungszeiten jeweils einige hundert Menschen durch das Mausoleum drängen. Immer wieder wurde vermutet, daß es sich bei dem aufgebahrten Mao um eine Wachsfigur handle. Dem kann kaum widersprochen werden: Angesichts der kapitalistischen Auswüchse im heutigen China würde sich Mao, so es sich tatsächlich um seinen Leichnam handelte, in permanenter Rotation befinden. Glaubt man seinem Leibarzt Li Zhisui, wurde der Leichnam nach dessen Tod am 9. September 1976 mit relativ unzureichenden Mitteln provisorisch konserviert und schließlich nach einem knappen halben Jahr für die Ewigkeit präpariert.

Wie auch immer, einen genauen Blick kann man nicht auf den großen Vorsitzenden werfen, da das Stehenbleiben oder gar das Fotografieren vor dem einbalsamierten Leichnam strengstens verboten ist; ein Verbot, das durchaus auch mit dem entsprechenden Nachdruck durchgesetzt wird. Taschen und Kameras müssen am Eingang abgegeben werden, laute Gespräche im Mausoleum gelten als pietätlos. Symbolträchtig und durchaus als gewollter Affront gegen die kaiserliches Tradition, liegt der Leichnam des Großen Vorsitzenden genau auf der kaiserlichen Zentralachse, wenn man so will auch ein Zeichen des Respekts, der Mao Zedong entgegengebracht wurde. Bis in die 1940er Jahre befand sich hier zudem ein weiteres Tor, das mit den wechselnden Machthabern das Tor der Großen Ming-Dynastie (Dàmíng Mén 大明门), Tor der Großen Qing-Dynastie (Dàqīng Mén 大清门) und schließlich China-Tor (Zhōnghúa Mén 中华门) hieß. Der Große Vorsitzende ist also an historisch exponierter Stelle aufgebahrt.

In einem kleinen Laden am Ausgang werden als Souvenirs Mao-Zedong-Zigaretten, Nachdrucke des kleinen Roten Buches und einige weitere Mao-Andenken, meist eher kitschiger Art, angeboten, so auch die kleinen laminierten Maobilder, die so manchem Taxifahrer als Talisman dienen. Der Eintritt ist frei, die Öffnungszeiten wechseln jedoch ständig, so daß sich vor dem geplanten Besuch ein kurzer Blick auf den Eingang lohnt: Stehen viele Menschen Schlange, ist das Mausoleum geöffnet.

Vom Nordausgang des Mausoleums fällt der Blick auf das zentrale Denkmal für die Helden des Volkes (Rénmín Yīngyǒng Jìnìanpái 人民英勇纪念牌). Die Basreliefs des 38 Meter hohen Obelisken zeigen die wichtigsten Stationen der modernen chinesischen Geschichte, von der Opiumverbrennung 1840 bis zur ›Siegreichen Überquerung des Yangzi‹ 1949 während der letzten Monate des Bürgerkrieges.

Die großen Gebäude an den Flanken des Platzes sind das Chinesische Nationalmuseum (Zhōngguó Guójīa Bówùguǎn 中国国家博物馆) im Osten und die Große Halle des Volkes (Rénmín Dàhuìtáng 人民大会堂) im Westen, in der jedes Jahr im März der Nationale Volkskongreß, das knapp 3000 Mitglieder umfassende chinesische Parlament, für knapp zwei Wochen tagt.

Chinesisches Nationalmuseum

Die architektonisch gewagte Renovierung und Umgestaltung des Geschichtsmuseums war in den Jahren 2005 und 2006 Thema erhitzter Debatten, in denen architektonische Visionen konservatorischen Bedenken gegenüberstanden. Diskutiert wurde auch die Integration des Revolutionsmuseums in das Gesamtausstellungskonzept, in der die Konservativen eine Herabwürdigung der revolutionären Leistung und der Rolle der Partei sehen. Der Entwurf des Hamburger Architektenbüros gmp (Gerkan, Marg und Partner) sieht die Integration eines 700 Quadratmeter großen Neubaus in das Gesamtkonzept des Platzes unter Mitnutzung einiger Teile des bestehenden Museums vor.

Die Kontroversen um das Projekt führten dazu, daß sich der Baubeginn um fast zwei Jahre nach hinten verschob und das Museum nun nicht, wie ursprünglich geplant, vor Beginn der Olympiade wiedereröffnet werden wird. Von März 2007 an für knapp zwei Jahre geschlossen, soll das Museum ab Frühjahr 2009 in neuem Glanz erstrahlen und die eine oder andere architektonische Überraschung bereithalten. Einen kleinen Blick auf das Gesamtkonzept kann man schon unter www.gmp-architekten.de werfen. Die Ausstellung, von den meisten Pekingbesuchern bisher gemieden, lohnt auf jeden Fall einen Besuch und wird im Zuge der Neugestaltung auch ausstellungstechnisch auf der Höhe der Zeit gebracht. Aktuelle Informationen zur Wiedereröffnung finden sich im Internet unter www.nationalmuseum.cn.

Große Halle des Volkes

Während das Nationalmuseum einer Neugestaltung unterzogen wird, bleibt bei der Ende der 1950er Jahre mit russischer Hilfe im Zuckerbäckerstil gebauten Großen Halle des Volkes (Rénmín Dàhuìtáng 人民大会堂) zumindest architektonisch alles beim Alten. Neben der alljährigen Sitzung des Nationalen Volkskongresses wird das Gebäude auch für Vertragsunterzeichnungen, Filmvorführungen und Konzerte genutzt, wobei sich die Akustik des Gebäudes nicht unbedingt für ein Klassikkonzert eignet. Für Liebhaber der real-sozialistischen Monumentalarchitektur ist die Große Halle des Volkes durchaus einen Besuch wert, vor allem das 10000 Besuchern Platz bietende Theater, an dessen Decke ein gewaltiger und bei Veranstaltungen illuminierter Roter Stern prunkt und in dem auch der Nationale Volkskongreß tagt. Die Führungen haben durchaus ihren sozialistischen Reiz, individuell kann man das Gebäude, wenn nicht gerade politische Sitzungen oder Staatsbesuche stattfinden, täglich von 8 bis 16 Uhr besichtigen.

Im Norden begrenzt die inzwischen zehnspurig ausgebaute Cháng'ān Jiē 长安街 den Platz des Himmlischen Friedens. Kurz davor weht die chinesische Staatsflagge

Auf dem Platz des Himmlischen Friedens

mit den fünf gelben Sternen auf rotem Grund im Wind. Die Sterne auf der Flagge erfuhren in der Geschichte der Volksrepublik China die unterschiedlichsten Deutungen, ursprünglich und aktuell stehen die vier kleinen Sterne für die vier Klassen der Gesellschaft (Bauern, Proletariat, Kleinbürger und die patriotischen Kapitalisten), die sich um den Großen Stern, die Partei und deren Programm, gruppieren. Die Fahne wird jeden Tag zum Sonnenaufgang (d.h. nicht Punkt sechs Uhr, sondern tatsächlich mit dem ersten Morgenlicht) feierlich von Soldaten der Volksbefreiungsarmee gehißt und bei Sonnenuntergang wieder eingeholt. Die Zeremonie ist eher unspektakulär und zieht nur wenige nicht-chinesische Besucher an.

Tor des Himmlischen Friedens

Durch eine seit Jahrzehnten nur unzureichend beleuchtete, aber in Vorbereitung der Olympiade 2008 zur Renovierung bestimmten Unterführung rechter Hand erreicht man vom Platz aus das Tor des Himmlischen Friedens (Tiān'ānmén 天安门), unverkennbar durch das Bildnis Mao Zedongs. Fünf Marmorbrücken führen über den mit Wasser gefüllten Mauergraben zum Tor, das ursprünglich im Jahre 1417 erbaut wurde und mit 34,70 Metern Höhe das Haupttor des Kaiserpalastes darstellte. Das heutige Tor stammt aus dem Jahre 1651. Erst 1988 wurde die Empore zum ersten Mal für die Öffentlichkeit freigegeben. Bis dahin war der symbolträchtige Ort, an dem Mao Zedong am 1. Oktober 1949 die Gründung der Volksrepublik China verkündete, den Honoratioren von Staat und Partei vorbehalten, die hier bei den jährlichen Paraden ihren Logenplatz fanden. Wie auch vom Zhèngyáng Mén hat man von der Empore des Tores einen ausgezeichneten Blick auf den Platz des Himmlischen Friedens, einzig die zuweilen recht langen Schlangen vor dem Eingang schrecken ein wenig vor dem Besteigen des Tores ab.

Das Bildnis Mao Zedongs, das seit 1949 an der Vorderfront des Tores hängt, wird in regelmäßigen Abständen erneuert, die Stadt besitzt mehrere Duplikate für Notfälle. Als während der Studentendemonstration 1989 Studenten aus der Provinz Hunan Farbbeutel auf das Portrait schleuderten, dauerte es gerade einmal eine knappe halbe Stunde, ehe das Konterfei des Großen Vorsitzenden ausgetauscht war.

Mit dem Durchqueren des Tores des Himmlischen Friedens betritt man nicht, wie oft dargestellt, die Verbotene Stadt, sondern den Südbezirk der Kaiserstadt, die vom Rest Pekings durch eine Mauer und einen Wassergraben abgetrennt war. Dieser ›Außenbezirk‹ des Kaiserpalastes umfaßte nicht nur die etwa 400 Meter lange Passage zwischen Tiān'ānmén und Mittagstor (Wǔ Mén 午门), sondern bezog auch die westlichen und östlichen Außenflügel ein sowie die Seenplatte im Westen der Verbotenen Stadt, unter anderem das heutige Regierungsviertel Zhōngnánhǎi 中南海.

Zhongshan-Park

Der westliche Teil des südlichen Abschnittes ist heute der Sun-Yat-sen-Park (Zhōngshān Gōngyúan 中山公园). Diesen schön angelegten und relativ ruhigen Park erreicht man durch einen separaten Eingang etwa hundert Meter westlich des Tiān'ānmén. Einige Meter nördlich des Eingangs steht ein steinernes Ehrentor, das zum Gedenken an den im Jahre 1900 ermordeten deutschen Gesandten Clemens von Ketteler errichtet wurde. Ursprünglich nach dem Boxeraufstand von der Qing-Regierung durch die Deutschen als Entschuldigung eingefordert, gemahnt es heute an die friedliche Lösung von Konflikten. Die Inschrift liest sich 保卫和平, ›Bewahret den Frieden!‹

Während der Liao-Dynastie (907–1125) stand hier ein buddhistischer Tempel, der Ming-Kaiser Yongle ließ Anfang des 15. Jahrhunderts auf dem heute immerhin 24 Hektar großen Gelände einen Altar zur Verehrung des Gottes der Ernte Shèjì Tán 社稷坛 errichten. Jedes Jahr zu Beginn der Pflanzsaison kam der Kaiser hierher und erwies dem Gott der Ernte seine Ehrerbietung. Heute sind noch der marmorne Altar und die Ritenhalle erhalten, in der früher die Instrumente für die kaiserliche Zeremonie aufbewahrt wurden. Diese Halle ist heute nach dem Gründer der Republik, Sun Yat-sen, benannt.

Wer schon einmal in Peking war und einen anderen Weg zur Verbotenen Stadt gehen möchte, dem sei der Spaziergang durch den Park empfohlen. Durch den Nordausgang erreicht man auch auf diesem Wege das Mittagstor. Für Erstbesucher ist sicherlich der imposante direkte Weg vom Tiān'ānmén zum Mittagstor die empfehlenswertere Variante.

Kulturpalast der Werktätigen

Auch die östliche Flanke des Tiān'ānmén ist einen Besuch wert. Hier befindet sich heute der Kulturpalast der Werktätigen (Láodòng Rénmín Wénhùa Gōng 劳动人民文化宫), in dem der chinesische Starregisseur Zhang Yimou die Puccini-Oper Turandot inszenierte. Auch weniger spektakuläre Veranstaltungen finden hier statt: Kunstausstellungen, eine jährliche Buchmesse und vor einigen Jahren auch der Musikantenstadl mit Karl Moik.

Ursprünglich befand sich hier der Ahnentempel der chinesischen Kaiser Tàimìao 太庙, ein bißchen volkstümliche Musik aus Deutschland wirkt da fast schon wie eine sublime Rache der kommunistischen Machthaber am Kaiserhaus.

Von den ursprünglichen Gebäuden der Anlage, die durchaus als Einstimmung für den Prunk der Verbotenen Stadt ihren Reiz hat, sind nur noch die Außenstrukturen erhalten. Lediglich in einer kleinen Ausstellung in der westlichen Seitenhalle sind einige der Ahnentafeln der Qing ausgestellt, die zu Kaisers Zeiten für das Ritual gebraucht wurden. Verläßt man den Kulturpalast durch das Nordtor, erreicht man ebenfalls die Verbotene Stadt.

 ›Lao-She-Teehaus‹ (Lǎo Shè Chágŭan 老舍茶馆), im 3. Stock des 3. Gebäudes des Zhengyang Shopping Centers in der Qíanmén Xīdàjīe (Zhèngyáng Shìcháng Sān Lǒu Sān Céng 前门西大街正阳市场三楼三层), Tel. 63 03 68 30, tägl. 7.50–21.20 Uhr. Theateraufführungen Mi–Fr, Musikaufführungen Mo–Fr jeweils 7.50–21.20 Uhr (Eintritt 10 RMB inkl. Tee), So 19.40–21.20 Oper, Akrobatik und Musik (Eintritt 40–130 RMB), Vorbestellung dringend empfohlen. Original Peking-Atmosphäre, dazu Snacks, Tee und Theateraufführungen. Empfehlenswert. Metro: Qíanmén (Linie 2).

 ›Maosoleum‹ (Máo Zhŭxí Jìniàntáng 毛主席纪念堂), Tian'anmen-Platz (Tīan'ānmén Gŭangcháng 天安门广场), Mo, Mi, Fr und So jeweils von 8.30–11.30 sowie Di und Do von 14–16 Uhr, Eintritt frei. Metro: Qíanmén (Linie 2).

▶ Chinesisches Nationalmuseum

(Zhōngguó Gúojīa Bówùguǎn 中国国家博物馆), Tian'anmen-Platz. Bis Frühjahr 2009 geschlossen. Infos unter www.nationalmuseum.cn. Metro: Qíanmén (Linie 2) oder Tīan'ānmén Dōng (Linie 1).

▶ Große Halle des Volkes (Rénmín Dàhùitáng 人民大会堂), Tian'anmen-Platz, tägl. 8–16 Uhr, Eintritt 30 RMB, Kinder 15 RMB. Metro: Qíanmén (Linie 2) oder Tīan'ānmén Xī (Linie 1).

▶ Tor des Himmlischen Friedens (Tīan'ānmén 天安门), tägl. 8–16.30 Uhr (Sommer) bzw. 8–16 Uhr (Winter), Eintritt 20 RMB (Sommer), 15 RMB (Winter), Taschen müssen am Eingang abgegeben werden (je nach Größe 2–6 RMB), Kameras sind erlaubt. Metro: Tīan'ānmén Dōng oder Tīan'ānmén Xī (Linie 1).

▶ Sun-Yat-sen-Park (Zhōngshān Gōngyúan 中山公园), Tel. 66 05 45 94, tägl. 6.30–21 Uhr (Sommer) bzw. 6.30–20.30 Uhr (Winter), Eintritt 2 RMB. Gelegentliche Abendveranstaltungen. Metro: Tīan'ānmén Xī (Linie 1).

▶ Kulturpalast der Werktätigen (Láodòng Rénmín Wénhùa Gōng 劳动人民文化宫), auch Ahnentempel der chinesischen Kaiser (Tàimìao 太庙), Tel. 65 25 21 89, tägl. 6–22 Uhr, Oktober bis Mai 7–20.30 Uhr, Eintritt 2 RMB. Metro: Tīan'ān Mén Dōng (Ausgang A).

Die Verbotene Stadt

Das 38 Meter hohe Mittagstor ist der südliche Haupteingang der Anlage, die früher offiziell Zǐjin Chéng 紫禁城 hieß, wörtlich die ›violette verbotene Stadt‹. Während die Bezeichnung ›Verboten‹ darauf hinweist, daß nur der Kaiser, seine Familie, der Hofstaat sowie geladene Gäste Zugang zu der Anlage hatten, führt die Bezeichnung ›Violett‹ angesichts der purpurnen Mauern des Palastes doch zu einiger Verwirrung. Das chinesische Schriftzeichen ›Zǐ‹ 紫, das auch die Farbe ›Violett‹ bezeichnet, steht für den Nordstern und weist auf die Position hin, die dem Kaiser nach chinesischer Vorstellung zukam: unverrückbares Zentrum des Reiches und damit der Welt. Nicht nur den Chinesen galt die Verbotene Stadt als Zentrum des Universums, auch die umliegenden, meist tributpflichtigen Länder schickten ihre Abgesandten hierher.

Die riesigen, nach außen gewandten Mauern des Mittagstores waren Symbol der chinesischen Allmacht und Abschreckung von Feinden gleichermaßen. Hier wurden siegreiche Feldherren empfangen und Kriegsgefangene vorgeführt.

Geht man durch das Eingangstor, so betritt man die eigentliche Verbotene Stadt. Männliche Besuchern hätte der Schritt in die kaiserliche Anlage noch vor 100 Jahren das Leben gekostet: Ihnen war das unbefugte Betreten des Palastes bei Todesstrafe verboten. Die einzigen Männer, wenn auch eines wesentlichen Teiles beraubt, die neben hohen Beamten und Militärs Zugang zur Verbotenen Stadt hatten, waren die Eunuchen. Das Opfern ihrer Männlichkeit sollte sich für die Eunuchen auszahlen: Vor allem in den letzten Jahren der Qing-Dynastie übten die Palasteunuchen großen Einfluß auf die Staatsgeschäfte aus. Nicht wenige nutzten diesen Einfluß, um sich zu bereichern.

Heute kostet es weder den Kopf noch andere Körperteile, sondern gerade einmal 60 RMB (im Winter 40 RMB) Eintritt, die Verbotene Stadt zu betreten. Die bis vor wenigen Jahren ausgezeichnete Audioführung wurde leider einer Überarbeitung unterzogen, was zur Folge hat, daß die Erzählung nun an ausgewählten Stellen automatisch anspringt und nicht wie früher individuell steuerbar ist.

Für den Besuch der Verbotenen Stadt sollten Sie mindestens einen halben Tag veranschlagen, für Fotografen empfiehlt sich der Vormittag, da die strikte Süd-Nordausrichtung der Anlage dann die Hauptgebäude in ein gutes Fotolicht taucht.

9999 Räume

Der Legende nach besteht die Anlage aus 9999 Räumen. Nur der Jadekaiser im Himmel hatte 10 000 Zimmer, im chinesischen Kontext gleichbedeutend mit ›unendlich viele‹, da gebührte dem Kaiser als mit dem Mandat des Himmels ausgestattetem Herrscher zumindest eine aus Respekt dem Jadekaiser gegenüber um ein Zimmer geringere Anzahl von Räumen. Genauer gesagt waren es 9999,5 Räume, der halbe Raum findet sich auch heute noch im Erdgeschoß des Wenyuan-Pavillons (Wényuán Gé 文渊阁) im Ostflügel des äußeren Palastes, in der ehemaligen kaiserlichen Bibliothek. Als ganzer Raum zählt nach chinesischer Tradition jedoch schon der

In der Verbotenen Stadt

›jian‹ (间) genannte Zwischenraum vierer Säulen. Eine sorgfältige Zählung vor einigen Jahren ergab jedoch nur eine Anzahl von knapp 9000 Jian. Trotzdem sind die Ausmaße des Bauwerkes ehrfurchtgebietend. Die acht Meter hohen und sechs Meter breiten, insgesamt knapp 3,5 Kilometer langen Mauern umfassen 7200 Quadratmeter. Glaubt man den chinesischen Quellen, so waren während der 15jährigen Bauzeit des Palastes (1406–1420) 200 000 Arbeiter beschäftigt. Im 18. Jahrhundert lebten mehr als 30 000 Menschen innerhalb der Palastmauern.

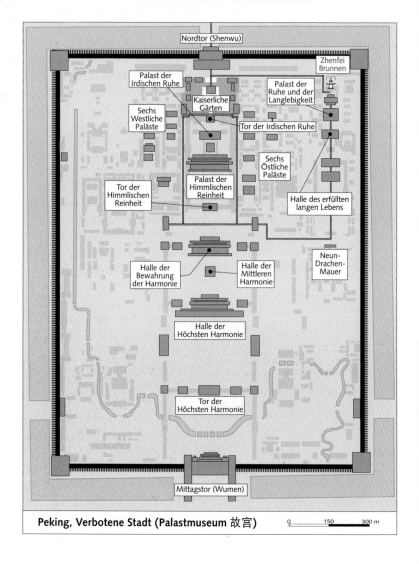

Peking, Verbotene Stadt (Palastmuseum 故宫)

Sex am Kaiserhof

Auch wenn der chinesische Kaiser einer der mächtigsten Menschen der Weltgeschichte war, darf man sich das kaiserliche Leben nicht als müßiges Schwelgen in Prunk und Luxus vorstellen. Durch die Hofetikette und die vielfältige mahnende Symbolik der Palastarchitektur wurde der Kaiser ständig an seine Pflichten erinnert. Der Tag des ›Sohns des Himmels‹ war nach einem strengen Regime durchgeplant und -organisiert. Von der morgendlichen Körperertüchtigung über die Mahlzeiten bis hin zu den ›Freuden des Schlafzimmers‹ waren alle Handlungen des Kaisers streng ritualisiert und wurden von den Eunuchen kontrolliert.

Die vom Kaiser ausgewählten Konkubinen wurden als Vorsichtsmaßnahme gegen Attentate nackt in einem Teppich in dessen Schlafzimmer gebracht. Die Eunuchen führten hierbei streng Buch, welche Frau wann mit dem Herrscher das Bett teilte, um einen eventuellen männlichen Nachkommen der Konkubine definitiv dem Kaiser zuordnen zu können, was für die Konkubinen einen deutlichen Statusgewinn in der strengen Hierarchie des Palastes bedeutete.

Da der Kaiser sich nicht verausgaben sollte, um fit für die Staatsgeschäfte zu sein, wurde auch das Sexleben des Herrschers streng überwacht. Sicher gab es auch Kaiser, die über die Stränge schlugen, und der Volksmund erzählte sich recht wilde Geschichten von Orgien und unzähligen Konkubinen. Vieles spricht jedoch dafür, daß das Leben der Kaiser eher trist war.

Die Kaiser lebten in ihrem Palast von der Außenwelt abgeschottet

Die Halle der höchsten Harmonie

Mit dem ersten Hof betritt der Besucher den Audienzbereich des Palastes. Ein Wassergraben in der Form eines mandschurischen Bogens, über den fünf Marmorbrücken führen, durchzieht den Hof. Die Brücken sollen die fünf Kardinaltugenden des Konfuzianismus symbolisieren: Menschlichkeit (rén 仁), Gerechtigkeit oder Rechtes Handeln (yì 义), Anstand (lǐ 理), Wissen (zhì 智) und Wahrhaftigkeit (xìn 信). Im Tor der Höchsten Harmonie (Tàihé Mén 太和门) hielt der Kaiser täglich bei Morgengrauen Audienz.

Durchquert man das Tor der Höchsten Harmonie, erblickt man das größte Gebäude der Verbotenen Stadt, die Halle der Höchsten Harmonie (Tàihé Diàn 太和殿). Sie ist mit einer Höhe von 34 Metern, den Sockel mitgerechnet, einer Breite von 64 und einer Tiefe von 37 Metern das größte Gebäude des Palastes und beherbergt den Kaiserthron, auf dem der Kaiser zu wichtigen Anlässen und Ritualen Platz nahm. Kein Normalsterblicher durfte über dem Kaiser sitzen, und so war es in der Hauptstadt verboten, höhere Gebäude als die Halle der Höchsten Harmonie zu bauen. Über dem Thron hängt eine große Kugel, von der es heißt, sie wäre einem jeden auf den Kopf gefallen, der sich unrechtmäßig den Kaiserthron unter den Nagel gerissen hätte. Die Wichtigkeit der Halle wird auch durch die Anzahl von elf Dachreitern, neun davon die mythischen Drachensöhne, symbolisiert.

Im Zuge der Olympiavorbereitungen wurde die Halle der Höchsten Harmonie komplett abgebaut und von Grund auf restauriert. Besucher, die zwischen 2006 und 2007 die Verbotene Stadt besichtigten, waren überrascht von einer großen Plane, die, bedruckt mit einem Foto der Halle in Originalgröße, die Baustelle verdeckte und so zumindest den architektonischen Gesamteindruck des Ensembles aufrechterhalten sollte. Bei Drucklegung dieses Buches soll die Halle jedoch in neuem Glanz erstrahlen.

Halle der Mittleren Harmonie

Fast unscheinbar hinter des monumentalen Halle der Höchsten Harmonie liegt die ungleich kleinere Halle der Mittleren Harmonie (Zhōnghé Diàn 中和殿), die vor allem in der Dachgestaltung Züge mandschurischer Architektur zeigt. Einst Umkleideraum des Kaisers zwischen Ritualen, inspizierte der Herrscher hier in späteren Jahren das für die erste rituelle Aussaat bestimmte Getreide. Die für die Seidenzucht zuständige Kaiserin begutachtete im gleichen Gebäude die ersten Seidenkokons.

Diese Löwen bewachen den Zugang zu den Privatgemächern

Dachreiter

Je nach Bedeutung hatten chinesische Hallen eine unterschiedlich hohe ungerade Zahl von Dachreitern auf dem Dachsims. Neben der Halle der Höchsten Harmonie hat in China nur die Haupthalle des Chang-Grabes (siehe S. 202) elf Dachreiter. Die Prozession der Dachreiter führt Prinz Min von Qi auf einer Henne reitend an. Er gilt als Symbol für Feigheit und Maßlosigkeit und gemahnt den Kaiser an seine Verantwortung.

Auf der Terrasse der Halle, die im Winter durch ein ausgeklügeltes Röhrensystem eine Art Fußbodenheizung hatte, findet man neben 18 Weihrauchgefäßen, die die 18 Provinzen der Qing-Dynastie symbolisieren, jeweils zwei Kranich- und Schildkrötenfiguren, die für Weisheit und langes Leben stehen, sowie eine Sonnenuhr und ein geeichtes Längenmaß, die auf die kaiserliche Verantwortung für die Ernte sowie auf dessen Gerechtigkeitssinn hinweisen.

Die mit Löwenköpfen verzierten Kupferkessel zu beiden Seiten der Halle dienten als Löschgefäße und waren einst vergoldet, bis die Soldaten der ›Acht Armeen‹ während des Boxeraufstandes 1900 in die Verbotene Stadt eindrangen und das Gold abkratzten. Blitzschlag und Feuer waren konstante Gefahren für die Gebäude des Palastes. Wasserdrachen schmücken die Dachfirste auf beiden Seiten, historische Blitzableiter, die leider oft ihre Wirkung verfehlten. Viele Hallen brannten in den vergangenen Jahrhunderten mehrmals ab und wurden, dem Stil der Zeit entsprechend, wieder aufgebaut.

Diese Drachen sollten vor Blitzschlag schützen

Halle der Bewahrung der Harmonie

In der nächsten Halle, der Halle der Bewahrung der Harmonie (Bǎohé Diàn 保和殿), fanden Staats- und Hochzeitsbankette statt. Später wurde hier die kaiserliche Beamtenprüfung abgehalten. Wer eingeladen wurde, hatte eine rigide Auswahl auf Kreis- und Provinzebene hinter sich und durfte auf eine Karriere bei Hofe hoffen. Der Beste der Beamtenprüfung hatte die Ehre, die Verbotene Stadt durch den eigentlich nur dem Kaiser vorbehaltenen mittleren Bogen des Mittagstores zu verlassen.

Mit dem großen Hof auf der Rückseite der Halle der Bewahrung der Harmonie endet zu kaiserlichen Zeiten der repräsentative Teil des Palastes. Zwei vergoldete Löwen, ein männliches Exemplar (mit einer Erdkugel unter der Pfote) auf der rechten und ein weibliches (ein Löwenjunges durch die Tatze säugend) auf der linken Seite, markieren den Durchgang zu den kaiserlichen Privatgemächern. Stehen Sie vor den vergoldeten Löwen, so müssen Sie sich entscheiden, wie Sie ihre Besichtigung fortführen.

Bevor Sie allerdings in die Privatgemächer der Herrscher gehen, drehen Sie sich noch einmal um: Eine 16,5 Meter lange, 3 Meter breite, mit 9 Drachen verzierte Marmorplatte, schmückt die kaiserlichen Zentralachse auf der Rückseite der Halle der Bewahrung der Harmonie. Sie wiegt 200 Tonnen und wurde aus einem einzigen Marmorblock gehauen. Zum Transport des Steines wartete man auf den Winter und ließ dann entlang der Route Brunnen graben, deren Wasser auf die Straße gekippt wurde. Auf dem gefrorenen Wasser wurde der Marmorblock von 200 Arbeitern nach Peking gezogen.

Die ursprünglichen kaiserlichen Privatgemächer

Folgt man der Zentralachse, kommt man zu den ursprünglich als Schlafgemächer des Kaisers und der Kaiserin vorgesehenen Palästen der Himmlischen Reinheit (Qiánqīng Gōng 乾清宫) und der Irdischen Harmonie (Kūnníng Gōng 坤宁宫). Ein kurzer Blick auf die sich nicht allzu sehr von den Repräsentativbauten des äußeren Palastes unterscheidenden Hallen macht dem Besucher mehr als verständlich, warum sich die Kaiser, angefangen mit Yongzheng (1722–1735), lieber die intimeren Seitenflügel im Westen oder, wie Qianlong, im Osten der Zentralachse als Wohnquartier wählten.

Ab dem 18. Jahrhundert wurden diese Gebäude nur sporadisch genutzt, der Palast der Himmlischen Reinheit als Audienzsaal, der Palast der Irdischen Harmonie, einst Schlafgemach für die Kaiserin, für die imperialen Hochzeiten. Zwischen den beiden Gebäuden liegt die Halle der Einheit (Jiāotài Diàn 交泰殿), in der seit der Qing-Dynastie die kaiserlichen Siegel und Uhren aufbewahrt wurden. In der Ming-Dynastie stand in dieser Halle noch der Thron der Kaiserin.

Der Palast des Ruhevollen Alters

Während der Weg entlang der Zentralachse der schnellste ist und sich empfiehlt, wenn die Zeit für die Besichtigung knapp ist, sollten sich Besucher mit Muße einen Blick in die Wohn- und Schlafgemächer in den Seitenflügeln des Palastes gönnen.

Besonders interessant ist der Palast des Ruhevollen Alters (Níngshòu Gōng 宁寿宫) im Ostflügel. Nach seiner Abdankung im Jahre 1796 zog sich der Kaiser Qianlong hier auf sein Altenteil zurück und genoß seine letzten Jahre im ›bescheidenen‹ Luxus. Der Altersruhesitz Qianlongs befindet sich im nördlichen Teil der sogenannten Sechs Östlichen Paläste (Dōng Liùgōng 东六宫).

Neun-Drachen-Mauer

Auf dem Weg dorthin kommen Sie an der berühmten Neun-Drachen-Mauer (Jiǔlóng Bì 九龙壁) vorbei. Das Wandrelief aus glasierten Ziegeln hat einen kleinen Schönheitsfehler: Eine der Kacheln ist aus Holz. Angeblich ging den Arbeitern kurz vor Fertigstellung einer der Ziegel zu Bruch. Da sie auf die Schnelle keinen Ersatz herbeischaffen konnten, schnitzten sie das fehlende Stück, aus Angst vor dem Zorn des Kaisers, aus Holz und integrierten es in das Wandrelief. Wählen Sie diese Route, so

Die Neun-Drachen-Mauer

Das Trinkspiel des Qianlong

müssen Sie noch einmal 20 RMB Eintritt zahlen, 10 RMB für jede der eigentlichen Museumshallen, die Halle der Uhren (Zhōngbiǎo Diàn 钟表殿) und die Halle der Schätze (Zhēnbǎo Diàn 珍宝殿).

Palastschätze

Auch wenn die Truppen Chiang Kai-sheks bei ihrer Flucht am Ende des Bürgerkrieges den Großteil der kaiserlichen Kostbarkeiten nach Taiwan mitnahmen und diese nun im exquisiten Palastmuseum von Taipeh zu sehen sind, lohnt sich der Weg in den Ostflügel des Palastes. Seit einiger Zeit befindet sich die Ausstellung einiger Palastschätze in der Halle des erfüllten langen Lebens (Lèshòu Diàn 乐寿殿) und in der Folgehalle im östlichen Flügel, wo einst der quasi in den Frühruhestand gegangene Kaiser Qianlong seine Privatgemächer hatte und die letzten Jahre seines Lebens verbrachte.

In den vergangenen Jahren befanden sich die Museumshallen des östlichen Palastes in der Umgestaltung. Laut offizieller Auskunft sollen hier bis 2008 eine repräsentative Ausstellung der noch verbliebenen Kunstschätze der Verbotenen Stadt entstehen.

Blumengarten des Kaisers Qianlong

Wenn Sie sich nach Verlassen der Halle der Schätze links halten, betreten Sie durch einen kleinen Torbogen den Blumengarten des Kaisers Qianlong (Qīanlóng Hūayúan 乾隆花园), den kleinen, aber äußerst feinen Garten, den sich Qianlong nach seiner Abdankung im Jahre 1796 für sein ›Rentnerdasein‹ gönnte. Unter einem kleinen Pavillon findet sich ein kleiner geschwungener, aus Marmor gehauener Wasserlauf, der ein Trinkspiel ermöglichte: Durch den leicht abschüssigen Verlauf floß das Wasser gemächlich durch das Steinlabyrinth, einen Schnapsbehälter tragend. Dazu spielte Musik. Wenn diese abbrach, mußte derjenige, bei dem das Glas sich gerade befand, den Inhalt trinken und ein Gedicht rezitieren.

Zhenfei-Brunnen

Weiter führt der Weg durch das bereits erwähnte, als frommen Wunsch für den kaiserlichen Pensionär Halle des erfüllten langen Lebens genannte Gebäude, bis Sie kurz vor Erreichen der nördlichen Palastmauer am Zhenfei-Brunnen (Zhēnfēi Jīng 珍妃井) vorbeikommen. Zhenfei war die Lieblingskonkubine des Kaisers Guanxu (1875–1908). Weil der junge Kaiser die letztlich am Widerstand der konservativen Kräfte unter der Kaiserwitwe Cixi gescheiterte Reformbewegung von 1898 unterstützte, ließ Cixi dessen Lieblingskonkubine in diesen Brunnen einsperren. Zwei Jahre vegetierte sie in dem Brunnen, bevor Cixi sie während des Boxeraufstands von einem Eunuchen ertränken ließ.

Der Westflügel

Im Westflügel des Palastes kann sich der Besucher einen Eindruck verschaffen, wie prunkvoll die Kaiserwitwe ihre Tage verbracht hat. Seit dem 18. Jahrhundert waren die sogenannten Sechs Westlichen Paläste (Xī Lìugōng 西六宫) die eigentlichen Wohngebäude des Kaisers und seiner Familie. Mit Cixi zog jedoch die Kaiserwitwe hier ein und baute diesen Teil des Palastes mit äußerstem Prunk aus. Die edlen Möbel in den leider nicht zugänglichen und kaum beleuchteten Wohnräumen sind Originale aus der Qing-Zeit. Dieser Flügel wurde ab 2006 komplett renoviert und soll rechtzeitig zu den Olympischen Spielen wieder für die Öffentlichkeit zugänglich sein. Verläßt man die Westlichen Paläste in Richtung Norden, betritt man kurz vor Erreichen des den Frauen vorbehaltenen Nordausganges die kaiserlichen Gärten. Die meisten Herrscher verbrachten den Großteil ihres Lebens in den Mauern des Palastes. Verständlich ist daher der Wunsch, ein Stück der äußeren Welt als Mikrokosmos im Palast zu gestalten. Ein kleiner Berg, höchste ›natürliche‹ Erhebung des Palastes, ermöglichte dem Kaiser einen gelegentlichen Blick über die Palastmauern.

Die kaiserliche Zentralachse [109]

 Palastmuseum (Gùgōng 故宫), tägl. 8.30–17 Uhr (Sommer, letzter Einlaß 16.30) bzw. 8.30–16 Uhr (Winter, letzter Einlaß 15.30), Eintritt 60 RMB (November bis Februar 40 RMB), Seitenhallen 10 RMB, Audioguide 40 RMB. Die Website des Palastmuseums ist etwas schwergängig, durchaus aber einen Besuch wert: www.dpn.org.cn. Metro: Tiān'ān Mén Dōng (Ausgang A).

Kohlehügel

Wie so viele Sehenswürdigkeiten der Hauptstadt wurde auch der Kohlehügel (Méishān 煤山), besser gesagt die Pavillons auf ihm, für die Olympiade 2008 auf Hochglanz gebracht. Seinen Namen zieht der künstlich aufgeschüttete Hügel aus der Tatsache, daß hier zu Kaisers Zeiten die Kohlevorräte des Kaiserpalastes gelagert wurden. Der Kohlehügel, der auf Chinesisch schlicht Jǐngshān 景山 (Aussichtshügel) heißt, wurde aus den Trümmern des Mongolenpalastes und dem Erdaushub des Palastgrabens aufgeschüttet und diente als Schutz der Verbotenen Stadt vor schlechten spirituellen Einflüssen und, profaner, als Windschutz.

Heute macht er dem Namen ›Aussichtshügel‹ alle Ehre und bietet die beste Aussicht auf den Palast und die Pekinger Innenstadt. Vor allem zu Sonnenaufgang,

Am Glockenturm endet die Kaiserliche Zentralachse

wenn viele Pekinger sich hier zum Frühsport treffen, und zum Sonnenuntergang lohnt sich der Aufstieg.

Der Blick in Richtung Norden ist vor allem bei gutem Wetter nicht weniger spektakulär. Gleich am Fuße des Kohlehügels erheben sich die der Palastarchitektur nachempfundenen gelb-goldenen Dächer des Kinderkulturpalastes. Dahinter zieht sich die kaiserliche Zentralachse als Dì'ānmén Dàjīe 地安门大街 schnurgerade in Richtung Norden, wo sie am Trommel- und Glockenturm endet. Ein Tor gab es am Nordende der Zentralachse nie, da eine Öffnung der Stadtmauer im als ungünstige Himmelsrichtung geltenden Norden als Einladung für ungünstige Kräfte, weltliche wie jenseitige, gesehen wurde.

In der nördlichen Verlängerung der Zentralachse kann man das Olympische Grün erkennen mit dem Schwalbennest des Olympiastadions. Sollte der Wind den Smog einmal gründlich weggeblasen haben, erheben sich dahinter die Bergketten im Norden der Hauptstadt, über die die Chinesische Mauer verläuft.

Di'anmen Dajie

Im weiteren Verlauf ist die Zentralachse eher unspektakulär. Vom Dì'ānmén 地安门 ist außer den nach ihm benannten Straßen nichts mehr übriggeblieben, und auch die Häuser zu beiden Seiten der Nord-Süd-Achse sind eher schlicht. Kurz vor Erreichen des Trommelturmes (Gǔlóu 鼓楼) überquert die dann Dì'ānmén Wàidàjīe 地安门外大街 genannte Straße einen kleinen Kanal, der vom Vorderen See (Qiánhǎi 前海) in Richtung Osten führt. Entlang des Kanals, der an seiner Mündung von der imposanten Jinding-Brücke (Jīndīng Qiáo 金锭桥) überspannt wird, entsteht seit Anfang 2007 als Verlängerung der beliebten Ausgehmeile um den Qiánhǎi ein historisch nicht akkurates, aber deshalb nicht weniger reizvolles Ensemble von Häusern alten Stils. Hierfür mußten leider der lebhafte Markt und einige kleine, aber sehr gute Restaurants entlang des Mào'ér Hútóng 帽儿胡同 weichen.

An beiden Seiten der Dì'ānmén Waidajie reihen sich die zahlreichen Geschäfte und Restaurants eng aneinander. Dieser Abschnitt der Stadt war schon seit den frühen 1980er Jahren ein beliebtes Einkaufsviertel. Allerdings wird es nur eine Frage der Zeit sein, bis auch diese eher unansehnlichen Gebäude rekonstruierten historischen Bauten Platz machen müssen. Kurz bevor man im Norden die eindrucksvollen Türme des Trommelturmes (Gǔlóu 鼓楼) und des Glockenturmes (Zhōnglóu 钟楼) erreicht, zweigt linker Hand die als Fußgängerzone ausgewiesene Yāndài Xiéjīe 烟袋斜街 ab (siehe S. 135), die zum Hinteren See (Hòuhǎi) führt. Mit dem Trommelturm erreicht man schließlich das historische Ende der kaiserlichen Zentralachse.

Trommel- und Glockenturm

Der Trommel- und der Glockenturm haben eine Geschichte von fast 700 Jahren, die heutigen Gebäude stammen aus dem 18. Jahrhundert. Mit 47 beziehungsweise 48 Metern Höhe bieten beide Türme, vor allem aber der Trommelturm, bei gutem Wetter eine ausgezeichnete Aussicht auf die Pekinger Innenstadt. Sowohl die beiden Türme als auch das umgebende Viertel hatten in den letzten 20 Jahren eine recht wechselhafte Geschichte. Der lebhafte Bauernmarkt, der seit den 1980er Jahren zwischen den beiden Türmen seinen Platz hatte, mußte Ende der 1990er Jahre einer Parkanlage mit Busparkplatz weichen. Von den einfachen Hofhäusern des umliegenden Viertels sind seit dem Komplettabriß Mitte 2006 im Westen des Trommelturmes nur noch wenige erhalten und harren einer ungewissen Zukunft.

Der Trommelturm wurde bis zu seiner Renovierung zwischen 2000 und 2002 eher vernachlässigt und beherbergte zwischenzeitlich sogar eine Karaokebar. Nach der Renovierung und vor allem da er ein Besichtigungspunkt der beliebten Hutong-Fahrten mit der Fahrradriksha ist, sieht der Trommelturm seit einigen Jahren jedoch deutlich mehr Touristen. Heute wird den Besuchern zuliebe, die sich die steile Treppe zur Empore hochgequält haben, alle halbe Stunde von 9 bis 11.30 und von 14 bis 17 Uhr mit großem theatralischen Aufwand kräftig getrommelt. Zur Qing-Dynastie

Der Trommelturm

[112] Die kaiserliche Zentralachse

wurden jedoch nur die sogenannten Doppelstunden geschlagen. Genauer gesagt schlug man am Tage alle zwei Stunden eine große Glocke im Glockenturm, während der Paukenschlag vom Trommelturm die Doppelstunden der Nacht signalisierte. Der erste Glockenschlag bei Sonnenaufgang signalisierte das Öffnen der Stadttore, der erste Trommelschlag bei Sonnenuntergang deren Schließen. Als der letzte Qing-Kaiser Puyi 1924 die Verbotene Stadt verließ, hatte auch dieser Brauch ein Ende.

 ›RAJ‹, Gǔlóu Xī Dàjīe 31 鼓楼西大街 31号, Tel. 64 01 16 75. Ausgezeichnetes indisches Restaurant 100 Meter westlich des Trommelturmes.

 Trommelturm (Gǔlóu 鼓楼) und Glockenturm (Zhōnglóu 钟楼) sind tägl. 9–16.30 Uhr geöffnet, Eintritt jeweils 20 RMB.

Das Olympiagelände

Im äußersten Norden der Stadt, jenseits des vierten Ringes, liegt das Olympiagelände. Nicht von ungefähr planten die Stadtväter das Olympische Grün als Verlängerung der kaiserlichen Zentralachse. Die Symbolik ist deutlich: Hier entsteht etwas, was sich an Bedeutung mit dem Platz des Himmlischen Friedens und der Verbotenen Stadt messen kann. Gut die Hälfte aller olympischen Veranstaltungen findet hier statt, im Olympiastadion unter anderem die Leichtathletikwettbewerbe und Spiele des Fußballturniers, im Schwimmstadion die Schwimm- und Wasserballwettbewerbe und in den weiteren acht Wettkampfstädten des Geländes unter anderem Handball, Fechten, Moderner Fünfkampf, Hockey und Baseball.

Architektonisch setzen die Planer eindeutig Maßstäbe. Das Nationalstadion zeichnet mit seiner gewagten Metallkonstruktion ein Schwalbennest nach und erinnert so nicht nur an den poetischen alten Namen Pekings (Yānjīng 燕京, die ›Schwalbenstadt‹), sondern auch an die südchinesische Delikatesse. Das Schwimmstadion ist ein in kühles Blau getauchter transparenter Glasbau. Anders als bei den Vorgängerspielen in Athen ging der Bau der Olympischen Veranstaltungsorte gut voran, so daß das Nationale Olympische Komitee der Volksrepublik China, als 2004 bekannt wurde, daß eventuell nicht alle Bauten in Athen rechtzeitig fertig würden, mit einem gewissen Augenzwinkern anbot, dann könnten die Spiele ja in Peking stattfinden, vier Jahre vor dem geplanten Termin.

Trotz allem Nationalstolz waren die Pekinger letztendlich jedoch froh, daß sie den Zuschlag für die Olympischen Spiele nicht schon für 2000 bekamen. In der Nacht der denkbar knappen Entscheidung für Sydney – eine Stimme gab schließlich in der letzten Wahlrunde den Ausschlag – herrschte zwar in ganz China Staatstrauer, und nicht wenige patriotische Jugendliche setzten deprimiert ihrem Leben ein Ende, aber letztendlich wäre Peking im Jahre 2000 noch nicht bereit gewesen, ein derartiges internationales Großereignis auszurichten. Acht Jahre später, und das sieht eine überragende Mehrheit der chinesischen Bevölkerung so, ist die chinesische Hauptstadt mehr als bereit für Olympia und zeigt dies auf dem Olympischen Grün auch mit dem entsprechenden Selbstbewußtsein. An Sparen und Kostenreduzierung wurde hier nicht gedacht. Peking und die Volksrepublik China wollen der Welt zeigen, daß sie nicht nur Teil der Weltgemeinschaft sind, sondern im 21. Jahrhundert auch eine führende Rolle übernehmen wollen.

Als sich in der ersten Bauphase dann herausstellte, daß die Kosten aus dem Ruder zu laufen drohten, wurden die Pläne für das Nationalstadion und einige

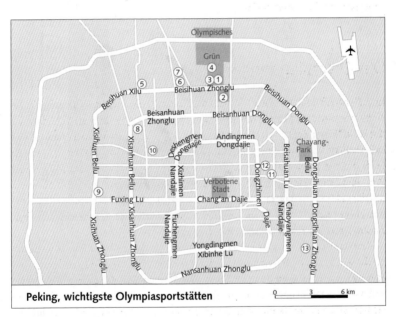

Peking, wichtigste Olympiasportstätten

Legende
1 National Stadium
2 Olympic Sports Center Stadium
3 National Aquatics Center
4 National Indoor Stadium
5 Beijing University
6 Beijing University of Technology
7 China Agricultural University
8 Beijing Institute of Technology
9 Laoshan Velodrome
10 Capital Indoor Stadium
11 Workers Stadium
12 Workers Indoor Arena
13 University of Science and Technology Beijing

[114] Die kaiserliche Zentralachse

Die Olympiastadt Peking präsentiert sich modern

andere Veranstaltungsstätten korrigiert. Das Stadion verlor auf diese Weise seine spektakuläre Dachkonstruktion aus Stahl, sehr zum Leidwesen von Thyssen-Krupp, das den Zuschlag für diesen Bauabschnitt bekommen hatte. Nach Beendigung der Olympischen Spiele wird das Olympische Grün weiterhin als Park- und Sportanlage genutzt – eine dringend benötigte grüne Lunge im Norden der Stadt. Ab Juli 2008 erreicht man das Gelände mit der eigens gebauten Olympischen Zweiglinie, die von der Linie 10 abgeht.

 Alle Informationen zu den Olympischen Spielen 2008 gibt es im Internet: www.beijing2008.cn.

Dongcheng-Bezirk

Kaum einer der Pekinger Innenstadtbezirke erlebte solch einschneidende Umgestaltungen wie der Ostbezirk (Dōngchéng Qū 东城区). Noch vor 20 Jahren bestand der Bezirk vor allem aus einstöckigen Hofhäusern und engen, verwinkelten Gassen, den Hútóngs 胡同. Traditionell war dies die Wohngegend der kulturellen und politischen Elite des Landes. Zur Mongolenzeit lag hier das administrative Zentrum des Stadt, während der Qing-Dynastie wohnten hier vor allem Militärs und Beamte, die mit ihren Familien in individuell gestalteten, auf den ersten Blick bescheidenen, im Detail jedoch prunkvollen Residenzen logierten, den sogenannten Sihéyùan 四合院. Von dieser historischen Bebauung ist heute herzlich wenig übriggeblieben. Einzig allein das Gebiet zwischen der Kunsthalle (Měishùguǎn 美术馆), dem Trommelturm (Gǔlóu 鼓楼) und dem Lamatempel Yōnghé Gōng (雍和宫) ist mit einigen Ausnahmen noch ursprünglich erhalten und soll dies auch bleiben. Viele Hútóngs in diesem Gebiet wurden in den letzten Jahren restauriert und stehen, zumindest bis auf weiteres, unter Denkmalschutz. Auch wenn der Bezirk mit 24,7 Quadratkilometern relativ groß ist, bietet sich durchaus ein ausgedehnter Spaziergang durch den Dōngchéng-Bezirk an. Dazu sollte man dann aber einen ganzen Tag einplanen und bequemes Schuhwerk tragen. Alternativ kann man den Ostbezirk mit seinen Einkaufsmeilen, engen Gassen, Tempeln und Bars auch gut mit dem Fahrrad erkunden. Die ideale Route führt von der Fußgängerzone Wángfǔjǐng 王府井 über die Hutongviertel östlich des Trommelturms bis zur Kaiserlichen Akademie mit dem Konfuziustempel. Endpunkt des Stadtspazierganges ist der Lamatempel.

Östliche Chang'an Jie

Keine Sehenswürdigkeit im ursprünglichen Sinne, aber durchaus einen Abstecher wert: Die ›Straße des Ewigen Friedens‹ Cháng'ān Jiē 长安街, die sich vom Tian'anmen-Platz nach Osten und Westen erstreckt erstreckt, ist das moderne Gegenstück zur kaiserlichen Zentralachse und durchschneidet das Stadtgebiet in West-Ost-Richtung. Vor allem der östliche Teil der Straße Dōng Cháng'ān Jiē 东长安街 ist ein gutes Beispiel dafür, wie vernünftige Stadtplanung dem Größenwahn weichen mußte. Wo einst einfache Hofhäuser standen, reihen sich hier pompöse Verwaltungsgebäude, Hotels, Einkaufszentren und Theater viel zu dicht aneinander. Immerhin wurde der breite Fußgängerstreifen in den vergangenen Jahren begrünt, so daß ein Spaziergang entlang der östlichen Cháng'ān Jiē durchaus eine Alternative ist – nicht schön, aber auch ein Blick in die eher skurrilen Aspekte des chinesischen Wirtschaftswunders.

[116] Dongcheng-Bezirk

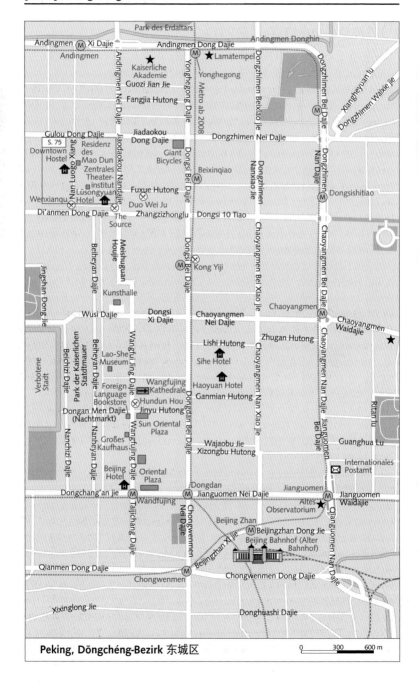

Wangfujing

»Wangfujing, da ist das ›Große Kaufhaus‹, da gibt es alles zu kaufen!« schwärmten die Chinesen des ganzen Landes noch in den frühen 1990er Jahren. Heute ist das ›Große Kaufhaus‹ eher eines des bescheidenen Einkaufszentren an der 1999 zur Fußgängerzone ausgebauten zentralen Einkaufsstraße Pekings. Ursprünglich, wenn auch nur noch der Name darauf hinweist, standen hier viele der Prinzen- und Beamtenresidenzen der Qing-Dynastie (Wángfǔ 王府), die von einem Frischwasserbrunnen (Jǐng 井) versorgt wurden. Heute liegt in den schicken Shoppingmalls zu beiden Seiten der Wángfǔjǐng alles in den Schaufenstern und Vitrinen, was der modebewußte Metropolenbewohner zu Zeiten der Globalisierung sein eigen nennen möchte. Die breite Fußgängerzone lädt zum Flanieren ein, in einem der vielen Straßencafés kann man sich bei einem Bier vom Faß oder einem Espresso (nebst diversen gift-bunten chinesischen Erfrischungsgetränken) vom Tütenschleppen und Kaufrausch erholen.

Beijing Hotel

Unser Spaziergang beginnt am Südende der Wángfǔjǐng, an der gleichnamigen U-Bahn-Station der Ringlinie 2. Linker Hand fällt der Blick auf das recht realsozialistisch anmutende Gebäude des ›Beijing Hotels‹ (Běijīng Fàndiàn 北京饭店), einst bestes Haus der Stadt und bis in die späten 1980er Jahre Treffpunkt von Geschäftsleuten, Journalisten, Studenten und Künstlern gleichermaßen, was vor allem daran lag, daß es kaum andere Treffpunkte gab und in der Lobby des Hotels damals der einzige Filterkaffee der ganzen Stadt serviert wurde. Lange Zeit ein wenig vernachlässigt, wurde das Hotel Ende der 1990er mit großem Aufwand renoviert und strahlt heute wieder einen gewissen Glanz aus. Die Aura der 1980er Jahre ist aber definitiv verflogen.

The Mall at Oriental Plaza

Läuft man die ersten, noch für den Verkehr freigegebenen hundert Meter der Wángfǔjǐng in Richtung Norden, so erreicht man zuerst das riesige Einkaufszentrum ›The Mall at Oriental Plaza‹ (Dōngfāng Xīn Tiāndì 东方新天地), wörtlich übersetzt eigentlich die ›neue Welt des Orients‹, und das trifft den Nagel auf den Kopf. Hier wird Konsum auf die Spitze getrieben. Amerikanische Malls standen unverkennbar Pate, wer will, kann in der ›Neuen Welt‹ den ganzen Tag verbringen und wird nichts Lebenswichtiges vermissen – außer vielleicht Sonnenlicht und Frischluft. Wer einen Blick auf die Auswüchse des chinesischen Wirtschaftwunders werfen möchte, ist hier aber auf jeden Fall richtig. Ursprünglich stand an Stelle des

[118] Dongcheng-Bezirk

Einkaufen in der Wangfujing

Oriental Plazas die erste chinesische McDonald's-Filiale. Als diese Mitte der 1990er vertragswidrig weichen mußte, ging erst ein Aufschrei durch die Konzernzentrale des Hamburgerbraters, der dann jedoch schon bald verebbte, als klar wurde, daß der Verlust der renommierten Adresse mit der Lizenz zur Öffnung weiterer Filialen kompensiert werden würde. Heute bringen über 80 Filialen des Fast-Food-Giganten allein in Peking ihre Big Macs an die meist jugendlichen Kunden.

Wangfujing Bookstore und Foreign Language Bookstore

Geistige Kost bekommt der Besucher im riesigen Wangfujing Bookstore (Wángfǔjǐng Shūdiàn 王府井书店), der sich im nördlichen Nachbargebäude des Oriental Plazas befindet. Auf immerhin sechs Stockwerken findet der chinesische Bücherwurm hier alles, was das Herz begehrt. Sein westlicher Artgenosse muß sich mit einer vergleichbar schmalen Kost zufrieden geben, lediglich im 3. Stock gibt es eine kleine Auswahl an englischsprachiger China-Literatur. Empfehlenswert ist aber auf jeden Fall die Reise- und Kartensektion rechter Hand im Erdgeschoß, die dem Chinareisenden eine breite Auswahl an Landkarten und Reiseführern (diese allerdings auf Chinesisch) bietet. Wer Lektüre in westlichen Sprachen sucht, dem sei der Foreign Language Bookstore (Wàiwén Shūdìan 外文书店) am nördlichen Ende der Wángfǔjǐng empfohlen. Auf dem Weg dorthin passiert man das erwähnte ›Große Kaufhaus‹ (Bǎihuò Dàlóu 百货大楼), vor dessen Türen öfter Modenschauen, Konzerte und Tanzveranstaltungen stattfinden.

Kaffeefreunden bietet der ›Foreign Language Bookstore‹ eine willkommene Oase: Seit kurzem gibt es hier auch eine Filiale von ›Starbucks‹. Importierte Bücher finden sich im dritten, CDs im vierten Stock. Jedes Department ist inzwischen selbständig, so daß man Einkäufe auf jeder Etage einzeln bezahlen muß. Wer deutschsprachige Lektüre sucht, ist in der Abteilung rechter Hand im Erdgeschoß gut aufgehoben.

Sun Oriental Plaza

Auf der gegenüberliegenden Seite befindet sich mit dem ›Sun Oriental Plaza‹ (Xīn Dōng'ān Shāngcháng 新东安商场) ein weiteres riesiges Einkaufszentrum, das dem alten Vorzeigekaufhaus der Landes schon längst den Rang abgelaufen hat. Interessant ist in dem Gebäude lediglich die ›Alte Pekinger Straße‹ (Lǎo Běijīngjīe 老北京街) im Untergeschoß, die neben Snacks auch traditionelle Kleidung und Schuhe in nachempfundener Hutong-Atmosphäre im Angebot hat. Hier gibt es auch eine öffentliche Toilette, ansonsten eher Mangelware entlang der Wángfǔjǐng.

Dong'an Men Dajie

Ist man am Abend in der Wángfǔjǐng unterwegs, so sollte man einen kleinen kulinarischen Abstecher in die Dōng'ān Mén Dàjīe 东安门大街 machen, die am Ende der Fußgängerzone die Wángfǔjǐng kreuzt. Aufgereiht wie an einer Perlenschnur bieten die Stände einen Parforceritt durch die chinesische Snackkultur, von Maultaschensuppe bis Skorpion am Spieß. Der Markt hat eine mehr als 100jährige Geschichte und war einer der ersten Essensmärkte, die nach Beginn der Reform- und Öffnungspolitik im Jahre 1979 wiedereröffneten.

Wangfujing-Kathedrale

Folgt man der nunmehr für den Verkehr freigegebenen Wángfǔjǐng weiter in Richtung Norden, so kommt man nach etwa 200 Metern an einen großen Platz, auf dessen Mitte die Wangfujing-Kathedrale (Wángfǔjǐng Jiaotáng 王府井教堂) steht. Bis noch vor zehn Jahren fristete die im Jahre 1655 als Kirche des heiligen Josef gebaute und nach ihrer Zerstörung Anfang des 19. Jahrhunderts 1904 in der heutigen Gestalt wiederaufgebaute katholische Kirche ein Schattendasein hinter einer unansehnlichen Mauer. Erst seit der Umgestaltung der Wángfǔjǐng im Jahre

Die Wangfujing-Kathedrale

1999 ist sie wieder gut zugänglich, und es finden täglich zwei, an Sonn- und Feiertagen drei Messen in chinesischer Sprache statt (Mo–Sa 6.30 und 8, Sonn- und Feiertags 6.15, 7 und 8 Uhr). An der Kreuzung Wángfǔjǐng/Dēngshìkǒu 灯市口 verlassen wir auf dem Weg zum Lao-She-Museum die Wángfǔjǐng und laufen in Richtung Westen.

 ›Beijing Hotel‹ (Běijīng Fàndiàn 北京饭店), 5 Sterne, Dōng Cháng'ānjiē 33 东长安街 33 号, Tel. 65 13 77 66, www.chinabeijinghotel.com.cn. Luxuriöses Hotel in zentraler Lage, Hauptquartier des Olympischen Komitees 2008.

 ›Hùndùn Hóu‹ 混沌侯, Dōng'ānmén Dàjiē 11 东安门大街 11号, Tel. 65 25 18 92, tägl. 7–24 Uhr. Verschiedene Maultaschen-Variationen und Snacks. Günstig und schmackhaft.

▶ Dong'an-Men-Nachtmarkt (Dōng'ānmén Yèshì 东安门夜市), Dōng'ānmén Dàjiē 东安门大街, täglich ca. 17.30–22 Uhr. Traditioneller Nachtmarkt mit reichhaltigem Snackangebot – vom Hefekloß bis zum Skorpionspieß.

 Foreign Language Bookstore (Wàiwén Shūdiàn 外文书店), Wángfǔjǐng Dàjiē 235 王府井大街, Tel. 65 12 69 11, tägl. 9–22 Uhr.

▶ Wangfujing Bookstore (Wángfǔjǐng Shūdiàn 王府井书店), Wángfǔjǐng Dàjiē 218 王府井大街, Tel. 65 25 25 92, tägl. 9–21 Uhr.

▶ The Malls at Oriental Plaza (Dōngfāng Xīn Tiāndì 东方新天地), Dōng Cháng'ānjiē 1 东长安街, tägl. 9.30–22 Uhr, www.orientalplaza.com.

▶ Sun Oriental Plaza, (Xīn Dōng'ān Shāngchǎng 新东安商场), Wángfǔjǐng Dàjiē 138 王府井大街, tägl. 9–22 Uhr.

Lao-She-Museum

Sehr unscheinbar und auch nicht sehr leicht zu finden, obwohl von der Wángfǔjǐng mit blauen Wegweisern ausgeschildert, ist die ehemalige Residenz des chinesischen Schriftstellers Lao She (Lǎo Shě Jìniàngǔan 老舍纪念馆). Nicht wenige halten Lao She (1899–1966) für den größten chinesischen Schriftsteller des 20. Jahrhunderts, und wäre er nicht am Anfang der Kulturrevolution von Roten Garden erschlagen worden, hätte er durchaus ein Kandidat für den Literaturnobelpreis sein können. Zu seinen bedeutendsten Werken gehören die Romane ›Rikscha Kuli‹ und ›Die Stadt der Katzen‹ sowie das Theaterstück ›Das Teehaus‹, das sowohl bei seiner Uraufführung 1958 als auch bei der erneuten Inszenierung in den 1980er Jahren Triumphe in Pekings Theaterszene feierte. Seit den 1930er Jahren sympathisierte Lao She mit den Zielen der Kommunistischen Partei und setzte bis zu seinem

Tod alle Energie daran, traditionelle Kunstformen wie das Balladenerzählen mit neuen, revolutionären Inhalten zu füllen, ohne daß das Künstlerische dabei zu kurz kommen sollte.

Von 1950 bis zu seinem Tod lebte er mit seiner Familie in dem traditionellen Hofhaus im Fēngfù Hútóng Nr. 19 丰富胡同, das 1999, aus Anlaß seines 100. Geburtstags, zum Museum ausgebaut wurde. Einige der Räume sind in ihrem ursprünglichen Zustand belassen worden und geben einen guten Einblick in das Leben des Literaten. In den Seitenhallen sind Bilder aus seinem Leben und seine wichtigsten Werke in den Originalausgaben ausgestellt. Die gut gepflegte und restaurierte Anlage ist nicht nur für Literaturfreunde einen Besuch wert, sondern bietet dem Besucher auch die Möglichkeit, einen Blick in einen besonders gut erhaltenen traditionellen Viereckhof (Sìhèyúan 四合园) zu werfen.

Park der kaiserlichen Stadtmauer

Zur Fortsetzung des Spazierganges durch den Ostbezirk hat man die Qual der Wahl. Man kann durch die gut erhaltenen und noch nicht für Touristen herausgeputzten Hutongs in Richtung Norden laufen, wobei man hier einen gewissen Orientierungssinn mitbringen sollte, da sich die Gassen wie ein Labyrinth durch die einfachen Hofhäuser ziehen. Als attraktive Alternative kann man auch durch den neu angelegten Park der kaiserlichen Stadtmauer (Huángchéng Gēngùizhĭ Gōngyúan 皇城根贵址公园) laufen. Die 2002 fertiggestellte Parkanlage folgt in etwa dem Verlauf der alten Mauer um die Kaiserstadt, die bereits in den 1960er Jahren geschleift wurde. Reste der Mauerfundamente sind in die Parkanlage integriert.

Vor allem am frühen Abend ist der Park ein beliebter Treffpunkt der Bewohner der umliegenden Altstadtviertel, die hier lesen, Schachspielen, oder, bei guten Windverhältnissen, ihre Drachen steigen lassen.

Folgt man der Parkanlage in Richtung Norden, erreicht man nach einem guten Kilometer die Píng'ānlĭ Dàjiē 平安里大街, eine der in den 1990er Jahren angelegten breiten Ost-West-Transversalen. Überquert man die Straße und hält sich etwa 500 Meter westlich, steht man am Südende des unter Denkmalschutz stehenden Altstadtviertels östlich des Trommelturmes.

Nanluogu Xiang

Hier beginnt der Nánlúogŭ Xiàng 南锣鼓巷, nicht nur eine der am besten erhaltenen Altstadtgassen der Oststadt, sondern seit Mitte 2006 auch eine unprätentiöse, aber stimmungsvolle Flaniermeile (Karte S. 75). Nachdem im Frühjahr 2006 das Gerücht einer kompletten Umgestaltung – sprich Abriß oder Kaputtsanierung – der bis dahin annähernd ursprünglich erhaltenden Gasse die Runde machte, beschränkte sich der bauliche Eingriff der Stadtregierung auf kosmetische Details wie die Pflasterung des bis dato geteerten Nánlúogǔ Xiàng und die Einebnung illegaler Auf- und Anbauten.

Die Geschichte der ›Südlichen Gong-und-Trommel-Gasse‹, so die wörtliche Übersetzung, geht über 700 Jahre bis in die Mongolenzeit zurück. Bereits unter Kublai Khan war der Nánlúogǔ Xiàng die bevorzugte Wohngegend der politischen und kulturellen Elite, eine Tradition, die sich bis heute erhalten hat. Vor 1949 hatten hier viele der mandschurischen Beamten und Militärs ihre Residenzen, nach Gründung der Volksrepublik ließen sich im Nánlúogǔ Xiàng und seinen Nebengassen bevorzugt leitende Kader und Schriftsteller nieder.

Heute ist die Gegend um den Nánlúogǔ Xiàng ein seltenes Bespiel dafür, wie Denkmalschutz, touristische Erschließung, Nachtleben und die Bedürfnisse der Anwohner Hand in Hand gehen können. Aus dem Nebeneinander traditioneller Pekinger Wohnkultur und stilvollen Restaurants und Bars zieht die Gegend ihren Reiz. Seit Mitte der 1990er Jahre entwickelte sich hier eine kleine, aber feine Barszene, meist auf Initiative von chinesischen Künstlern und Musikern. Einer der wenigen verbliebenen Pioniere dieser Zeit ist die ›Passby Bar‹ an der Ecke Nánlúogǔ Xiang und Bǎnchǎng Hútóng 板厂胡同.

Für Reisende mit knappen Budget sind die Backpacker-Hostels im weiteren Verlauf des Nánlúogǔ Xiàng durchaus eine Empfehlung.

Banchang Hutong

Nicht nur der Nánlúogǔ Xiàng gibt dem Besucher einen ausgezeichneten Einblick in die ursprüngliche Hutong-Atmosphäre der chinesischen Hauptstadt, auch seine Nebengassen sind einen Abstecher wert. Der nach wenigen hundert Metern nach Osten abzweigende Bǎnchǎng Hútóng 板厂胡同 war Mitte der 1990er der erste Hutong, der nach Jahren der Vernachlässigung wieder im traditionellen Grau gestrichen wurde, erst nur in Augenhöhe für die in Autos vorbeifahrenden Kader, nach einem Jahr dann komplett.

Hier befindet sich mit dem ›Lüsongyuan Hotel‹ (Lüsōngyúan Bīnguǎn 侣松园宾馆) auch das erste Hutong-Hotel, das in einer ehemaligen Familienresidenz untergebracht ist.

Zentrales Theaterinstitut

Eine Gasse weiter, im Östlichen Baumwollgäßchen (Dōng Miánhūa Hútóng 东棉花胡同), residiert das Zentrale Theaterinstitut (Zhōngyāng Xìjù Xúeyùan 中央戏剧学院), dessen berühmteste Absolventin die Schauspielerin Gong Li ist. An das Institut angeschlossen ist das Experimentiertheater der Theaterhochschule

Das ›Lüsongyuan Hotel‹

(Zhōngyāng Xìjù Xúeyùan Shíyàn Xīaojùcháng 中央戏剧学院实验小剧场), das sowohl Studententheater als auch Gastspiele ausländischer Theatergruppen im Programm hat. Für Theaterfans ebenfalls äußerst interessant ist das Central Experimental Drama Theater (Zhōngyāng Shíyàn Jùcháng 中央实验剧场) im Mào'ér Hútóng 帽儿胡同, das seit Jahren immer wieder durch gewagte Inszenierungen chinesischer und ausländischer Stücke besticht. Der Mào'ér Hútóng führt vom Nánlúogǔ Xiang bis zur Dì'ānmén Wài Dàjīe 地安门外大街 und ist eine der interessantesten Gassen der östlichen Innenstadt. In der Hausnummer 11 residierte zuerst Feng Guozhang, 1917 kurzzeitig chinesischer Präsident, ehe hier in den 1950er Jahren vorübergehend die Nordkoreanische Botschaft untergebracht war. Im Mào'ér Hútóng Nr. 35 hatte Wan Rong, erste Frau des letzten chinesischen Kaisers Puyi, ihre Residenz.

Residenz des Literaten Mao Dun

Einen weiteren Abstecher in die chinesischen Literaturgeschichte kann man in der ehemaligen Residenz des Literaten Mao Dun (1896–1981) machen. Diese befindet sich im Hòu Yúanēn Sì Hútóng 后圆恩寺胡同, östlich des Nánlúogǔ

Xiang, und bietet, wie auch die ehemalige Lao-She-Residenz, einen guten Einblick in die Siheyuan-Architektur. Ein kleines angeschlossenes Museum führt zudem in das Werk Mao Duns ein, dessen bekanntestes und äußerst empfehlenswertes Werk der Roman ›Shanghai im Zwielicht‹ ist, der als erster moderner chinesischer Gesellschaftsroman nach westlichem Muster gilt. Anhänger klassischer chinesischer Malerei werden schließlich in der nördlichen Parallelgasse, im Jú'ér Hútóng Nr. 13 菊儿胡同 fündig, wo der berühmte Maler Qi Baishi nach 1949 wohnte. Heute ist hier eine kleine Galerie untergebracht.

Zur Fortsetzung des Spazierganges kann man dem Nánlúogǔ Xiang in Richtung Norden folgen, überquert die Gǔlóu Dōng Dàjiē und biegt dann in Richtung Osten in den Chēniǎndiàn Hútóng 车辇店胡同 ein, der nach Überquerung der Andìng Mén Nèidàjiē 安定门内大街 direkt in die Gúozǐ Jiàn Jiē 国子监街 mündet, die ›Straße der Kaiserlichen Akademie‹.

Hutongs östlich der Jiaodaokou Nandajie

Man kann auch am Zentralen Theaterinstitut dem Dōng Miánhuā Hútóng in Richtung Osten folgen. Die Hutongs östlich der Jiāodàokǒu Nándàjiē 交道口南大街, die man nach etwa 500 Metern überquert, sind noch nicht restauriert, und es ist fraglich, ob sie die nächste Welle der Restaurierung überdauern werden. Bis dahin bietet sich ein Spaziergang durch den Fǔxúe Hútóng 府学胡同, den Běijiǎnzi Xiang 北剪子巷 sowie den Huāgěng 花梗胡同 und den Xiāng'ěr Hútóng 香饵胡同 an. Dies ist ein Stück ursprüngliche Altstadt mit kleinen Geschäften, Obst- und Gemüsemärkten und einigen Garküchen und Restaurants. Nach etwa 20 Minuten erreicht man die Dōngsì Běidàjiē 东四北大街 auf Höhe der U-Bahn-Station Běixīnqiáo 北新桥. Von hier ist es noch ein knapper Kilometer Richtung Norden beziehungsweise eine Station mit der U-Bahn-Linie 5 oder zwei Stationen mit den Bussen 13, 116 und 117 bis zur Gúozǐ Jiàn Jiē und zum Lamatempel.

Kaiserliche Akademie und Konfuziustempel

Die seit Mitte des letzten Jahrhunderts unter Denkmalschutz stehende ›Straße der Kaiserlichen Akademie‹ (Gúozǐ Jiàn Jiē 国子监街) ist mit den reich verzierten Schmucktoren an ihrem jeweiligen Ost- und Westende nicht zu verfehlen. Geht man durch das Tor, so erreicht man, von Osten kommend und vorbei an einigen Antiquitätenläden, nach etwa 200 Metern die Kaiserliche Akademie (Gúozǐ Jiàn 国子监) mit dem ihr angeschlossenen Konfuziustempel (Kǒng Miào 孔庙). Eine Figur des großen Weisen begrüßt den Besucher, an beiden Seiten des Weges sind auf knapp 200 Steinstelen die Namen, der Rang und die Heimatprovinz aller Absolventen der staatlichen Beamtenprüfung seit der Yuan-Dynastie verewigt, immerhin knapp über 50 000 Namen. In der Kaiserlichen Akademie im linken Flügel des Tempels befinden sich 400 Stelen mit den eingravierten Niederschriften der 13 konfuzianischen Klassiker sowie anderer wichtiger philosophischer Schriften. Im Zuge der Vorbereitungen für die Olympischen Spiele wurden Akademie und Konfuziustempel 2006 von Grund auf restauriert, worunter die Authentizität der Anlage leider etwas gelitten hat.

Lamatempel

Einige hundert Meter von der Kaiserlichen Akademie entfernt, auf der anderen Seite der Yōnghé Gōng Dàjiē 雍和宫大街, wo sich der nördliche Zweite Ring und die im Zuge des U-Bahn-Baus für die Linie 5 komplett umgestaltete Nord-Süd-Achse Dongdan treffen, liegt eine der wenigen Klosteranlagen, in der weder Kulturrevolution noch Restaurierungswahn gewütet haben. Während der Kulturrevolution stand der Lamatempel (Yōnghé Gōng 雍和宫), wie auch die Verbotene Stadt, unter dem direkten Schutz des damaligen Premierministers Zhou Enlai. Zwar war der Tempel während dieser Zeit versiegelt, und es fand kein religiöses Leben mehr in den Klostermauern statt, die Gebäude sowie die reich verzierten Innenräume blieben jedoch unbeschädigt. Heute ragen seine gelben Dächer zwischen den Viadukten des Zweiten Ringes hervor und wirken wie ein Anachronismus.

Der chinesische Name der Anlage (›Palast der Harmonie und des Friedens‹) ist ein Hinweis auf ihre ursprüngliche Bestimmung: Eigentlich wurde die Anlage 1694 als Residenz des Prinzen Yinzheng gebaut. Als dieser im Jahre 1722 unerwartet, wenn auch durchaus mit einer gewissen Bestimmtheit (man munkelte, er hätte den Thron an sich gerissen) Kaiser wurde, stand die Anlage zuerst leer und wurde dann nach dem Tod des Kaisers auf Betreiben seiner Witwe in ein buddhistisches Kloster umgewandelt.

An guten Beziehungen zu den Anfang des 18. Jahrhunderts dem Reich der Mitte einverleibten Ländern Mongolei und Tibet interessiert, förderte die Qing-Dynastie den vor allem in diesen Gebieten vorherrschenden Lamaismus. Daß diese Religion ein männliches Mitglied der Familie verpflichtete, Mönch zu werden, bedeutete eine nicht unwesentliche Schwächung für Landwirtschaft und Militär in diesen Gebieten. Es war also eher das Bestreben, die schwer zu kontrollierenden Außenprovinzen Tibet und die Mongolei zu kontrollieren, als Spiritualität, die dazu führte, daß der Tempel 1644 dieser Spielart des Mahayana-Buddhismus gewidmet wurde. Nach der Gründung der Volksrepublik China war der Tempel Sitz des Panchen Lamas während seiner ausgedehnten Aufenthalte in der Hauptstadt.

Auch wenn die ursprüngliche Palastanlage 1725 zum größten Teil einem Großbrand zum Opfer fiel, erinnert der heutige Grundriß immer noch an die ursprüng-

Torbogen im Lamatempel

liche Bestimmung. Vor allem die ausgedehnte, von Ginkgobäumen gesäumte Parkanlage hinter dem Ehrenbogen am Eingang des Lamatempels läßt eher einen Palast als ein Kloster vermuten. So betritt man die eigentliche Tempelanlage auch erst nach einigen hundert Metern. Löwen flankieren das Eingangstor mit den Himmelskönigen und dem Dickbauchbuddha. Die den vier Himmelsrichtungen und Jahreszeiten zugeordneten Himmelskönige an den Seiten sollen den Tempel vor bösen Geistern beschützen. Ebenso Weituo, General des Himmelskönigs des Südens, der an der Rückseite des Dickbachbuddhas mit grimmiger Miene die Feinde des Buddhismus abschreckt.

Halle der Harmonie und des Friedens

Durch einen kleinen Innenhof erreicht man die Halle der Harmonie und des Friedens, in der das für buddhistische Tempel typische Dreigestirn des historischen Buddhas in der Mitte, des Buddhas des zukünftigen und des vergangenen Weltenzyklus an beiden Seiten thront. Auf dem Weg dorthin passiert man eine große überdachte Stele mit einer Inschrift des Kaisers Qianlong, die in vier Sprachen (Chinesisch, Mandschurisch, Mongolisch und Tibetisch) die Bedeutung des Lamaismus für das Reich der Mitte herausstellt und seinen Vater, den Kaiser Yongzheng, ehemals als Prinz Yinzheng Hausherr der Anlage, preist. Auch die blauen Tafeln über dem Eingang der Hallen mit deren jeweiligen in Gold geprägten Namen sind viersprachig gestaltet.

In der nächsten Halle, der Halle des ewigen Schutzes, findet sich wieder ein Dreigestirn, diesmal der transzendente Buddha des westlichen Paradieses, Amitabha, flankiert von den Buddhas der Medizin (links) und des Löwengebrülls (Simhanada, rechts). Von letzterem erzählt die Legende, daß seine Predigt von solcher Kraft sei, daß alle anderen Stimmen und Geräusche dagegen verstummten.

Halle des Buddhistischen Rades

Die darauffolgende Halle des Buddhistischen Rades ist der eigentliche Versammlungsraum der Mönche. Im Zentrum der Halle steht die sechs Meter hohe vergoldete Figur des Gründers der heute den tibetischen Buddhismus beherrschenden Gelbkappensekte, Tsongkhapa. Hinter den Sitzbänken für die Mönche an beiden Seiten steht, symmetrisch zueinander, jeweils ein kleiner Thron. Der Thron zur rechten Seite zeigt das Bild des vor einigen Jahren verstorbenen Panchen Lamas, der Thron zur linken ist leer. Hier sollte eigentlich das Bildnis des Dalai Lama stehen. Da dieses allerdings in der Volksrepublik China verboten ist, kann es jedoch nicht als Platzhalter für den abwesenden Dalai Lama dienen. Sollten der Dalai Lama oder der Panchen Lama, dessen Nachfolge immer noch umstritten ist, im Lamatempel weilen, würden sie auf dem jeweils ihnen zugeordneten Thron Platz nehmen.

Altar im Lamatempel

Auf der Rückseite der Tsongkhapa-Figur verbirgt sich, leider nur spärlich beleuchtet, ein Meisterwerk der Schnitzkunst. 500 Luohanfiguren, buddistische Heilige, wurden hier aus einem Stück Sandelholz gestaltet, teil aufgesetzt, teils geschnitzt. Bis vor eigenen Jahren waren die teilweise sehr freizügigen Darstellungen tantrischer Sexualtechniken mit Tüchern abgehängt, inzwischen verdeckt keine Prüderie mehr den Blick auf die reichlich verzierte Schnitzerei. Um wirklich Details erkennen zu können, sollte man jedoch eine Taschenlampe mitbringen.

Maitreya-Buddha

Ebenfalls aus Sandelholz geschnitzt, wenn auch ungleich größer, ist die Figur des Maitreya-Buddhas (Buddha des zukünftigen Weltenzyklus) in der letzten der Öffentlichkeit zugänglichen Halle, dem Pavillon des Zehntausendfachen Glücks. Angeblich aus einem einzigen Stamm geschnitzt, war die 26 Meter hohe Buddhafigur (8 Meter davon unter der Erde als Fundament) ein Geschenk des 7. Dalai Lamas an den Kaiser Qianlong. Der Baumstamm wurde aus Tibet nach Peking gebracht, aufgestellt und die Halle um ihn herum gebaut. Erst dann begannen die Schnitzarbeiten an dieser laut Guiness-Buch der Rekorde immerhin größten aus einem einzigen Baumstamm geschnitzten Buddhafigur.

Nehmen Sie sich auf dem Rückweg zum Ausgang ein wenig Zeit und besichtigen Sie die Nebenhallen an beiden Seiten des Klosters, die unzählige Darstellungen tibetischer Gottheiten sowie Sammlungen buddhistischer Schriften enthalten.

Park des Erdaltars

Bereits jenseits des nördlichen Zweiten Ringes, jedoch noch zum Dōngchéng-Bezirk gehörend, liegt die Anlage des ehemaligen Erdaltars (Dìtán Gōngyúan 地坛公园), dessen Besuch zusammen mit Himmelstempel, Mond- und Sonnenaltar Teil der Opferpflichten des Kaisers zur Wahrung des himmlischen Wohlwollens war. Nach Jahren der Vernachlässigung hat man die aus dem frühen 16. Jahrhundert stammende Anlage in den letzten Jahren restauriert. Das Ergebnis ist ein angenehmer Park, in dessen Zentrum einige restaurierte Mauern und Gebäude des ehemaligen Tempels zu sehen sind. Der Erdtempel ist vom Lamatempel und der kaiserlichen Akademie aus in etwa zehn Minuten zu Fuß zu erreichen. Empfehlenswert ist die große Tempelmesse (Miàohùi 庙会), die jedes Jahr zum chinesischen Neujahr stattfindet.

Die weiteren Sehenswürdigkeiten des Dōngchéng-Bezirks liegen weit entfernt. Man erreicht sie jedoch vom Lamatempel aus von der gleichnamigen U-Bahn-Station gut mit der Ring-Bahn (Linie 2).

Altes Observatorium

In fußläufger Distanz zur Metrostation Jiangúomén 建国门 befindet sich das alte Observatorium der Stadt Peking. Ursprünglich im Jahre 1442 nach der Verlegung der Hauptstadt von Nanjing nach Peking gebaut, blickt das Observatorium auf eine bewegte Geschichte zurück, die untrennbar mit der Präsenz des Westens in China verbunden ist. Zwischen 1662 und 1722 wurde der Jesuitenpriester Ferdinand Verbient vom Kaiserhof mit der Aufgabe betraut, westliche astronomische Geräte zu installieren. Diese überdauerten mehr als 200 Jahre, bis während des Boxeraufstandes französische Truppen einige der astronomischen Gerätschaften in die französische Botschaft verbrachten. Erst nach starken chinesischen Protesten wurden sie nach zwei Jahren wieder an den Kaiserhof zurückgegeben. Ein weiterer Teil ging nach Berlin und kehrte erst 1921 als Folge des Versailler Vertrages in das Reich der Mitte zurück. Zum Schutz vor der japanischen Invasion wurden die wertvollsten Instrumente im Jahre 1931 nach Nanjing gebracht, wo sie heute noch ausgestellt werden. Die heute gezeigten Instrumente auf der 17 Meter hohen Plattform des Gebäudes sind Repliken, die mit der Renovierung und Wiedereröffnung des Observatoriums im Jahre 1983 installiert wurden. Vor allem für den Ausblick auf die Pekinger Skyline lohnt sich der Besuch des Observatoriums.

›Haoyuan Hotel‹ (Hǎoyúan Bīngǔan 好园宾馆), 3 Sterne, Shǐjiā Hutong 53 史家胡同, Tel. 65 12 55 57, Fax 65 25 31 79. Stilvolles Mittelklassehotel, einem alten Pekinger Hofhaus nachempfunden. Klassisch chinesische Inneneinrichtung. Gute Lage etwas nordöstlich der Wangfujing.

▶ ›Lüsongyuan Hotel‹ (Lüsōngyúan Bīngǔan 侣松园宾馆), 3 Sterne, Bǎnchǎng Hútóng 22 板厂胡同, Tel. 64 04 04 36, Fax 64 03 04 18, www.the-silk-road.com. Als ruhige Oase mitten in den Hutong unweit des Trommelturms gelegen, bietet dieses einer alten Familienresidenz nachempfundene Hotel schlichte, aber stilvolle Zimmer. Im Untergeschoß einfache Schlafsäle.

▶ ›Sihe Hotel‹ (Sìhé Bīngǔan 四合宾馆), 2 Sterne, Dēngcǎo Hútóng 5 灯草胡同, Tel. 51 69 35 55, Fax 65 26 09 25, www.sihehotel.com. Stilvolles Hutong-Hotel in der ehemaligen Residenz des berühmten Pekingoper-Sängers Mei Lanfang. Unbedingt reservieren!

▶ ›Downtown Backpacker Hostel‹ (Dōng Táng Kèzhài 东堂客栈), 1 Stern, Nánlúogǔ Xiang 85 南锣鼓巷, Tel. 84 00 24 29, www.backpackingchina.com. Einfache, aber saubere Unterkunft in der Altstadt. Organisiert auch Ausflüge in die Umgebung.

›Kǒng Yǐjǐ‹ 孔乙己, Dōngsì Běidàjīe 322 东四北大街, Tel. 64 04 05 07, tägl. 10–14 und 16.30–22 Uhr. Renommiertes Traditionsrestaurant mit guter Küche aus Zhejiang. Vorbestellung empfohlen.

▶ ›Wénxiangqù‹ 闻香趣餐厅, Nánlúogǔ Xiang Fúxiang 1 南锣鼓巷福祥乙 (schräg gegenüber der

Passby Bar), Tel. 64064357, tägl. 10–2 Uhr. Einfaches, aber ausgezeichnetes Restaurant mit guten Pekinger Gerichten und exzellenter Sichuanküche.

▶ ›Duō Wèi Jū‹ 多味居, Zhōngjiǎnzǐ Xiàng 中剪子巷, Tel. 64065305. Kleines, stilvolles Restaurant mit authentischer Küche aus der Provinz Yunnan. Empfehlenswert sind vor allem die Pilzgerichte.

▶ ›The Source‹ (Dūjiāngyàn 都江堰), Bǎnchǎng Hútóng 14 板厂胡同, Tel. 64003736. Gehobenes Sichuan-Restaurant in einem umgestalteten Siheyuan. Ideal mit größeren Gruppen, Vorbestellung angeraten.

 ›Passby Bar‹ (Guōkè Jiǔbā 过客酒吧), Nánluógǔ Xiàng 108 南锣鼓巷, Tel. 84038004, www.passbybar.com. Gemütliche Bar in einem traditionellen Siheyuan, schöner Innenhof zum Draußensitzen.

▶ ›Yúgōng Yíshān‹ 愚公移山, Zhāng Zìzhōng Lù 张自忠路, Dōngchéng Qū, Tel. 64042711, www.yugong-yishan.com. Die angesagteste Musik-Kneipe der Stadt, in der sich die Stars der Pekinger Rockszene die Klinke in die Hand geben.

 Lamatempel (Yōnghé Gōng 雍和宫), Yōnghé Gǒng Dàjiē 12 雍和宫大街, Tel. 64049027, tägl. 9–16.30 Uhr, Eintritt 15 RMB. Metro: Yonghe Gong (Linie 2 und 5).

▶ Kaiserliche Akademie/Konfuziustempel (Gúozǐ Jiàn 国子监/ Kǒng Mìao 孔庙), Gúozǐ Jiàn Jīe 13 国子监街, Tel. 64042407, tägl. 8.30–17 Uhr, Eintritt 10 RMB. Metro: Yonghe Gong (Linie 2 und 5).

▶ Ehemalige Residenz Mao Duns (Máo Dùn Gùjū 茅盾故居), Hòu Yúanēn Sì Hútóng 13 后圆恩寺胡同, Tel. 64046520, Mo, Mi, Sa 9.30–16 Uhr.

▶ Lao-She-Museum (Lǎo Shě Jìniànguǎn 老舍纪念馆), Fēngfù Hútóng Nr. 19 丰富胡同, tägl. außer Mo 9–16 Uhr, Eintritt 5 RMB.

▶ Park des Erdaltars (Dìtán Gōngyúan 地坛公园), Andìngmén Wàidàjiē Jia 2 安定门外大街甲 2 号, Tel. 64214657, www.dtpark.com, tägl. 6–21 Uhr, Eintritt 2 RMB. Metro: Yonghe Gong (Linie 2 und 5).

▶ Altes Observatorium (Běijīng Gǔguānxìangtái 北京古观象台), Bǐaobèi Hútóng 2 裱褙胡同, Tel. 65128923, tägl. außer Mo 9–18 Uhr (Sommer), 9–16.30 Uhr (Winter), Eintritt 10 RMB.

 Zentrales Experimentiertheater (Zhōngyāng Shíyàn Jùcháng 中央实验剧场), Mào'ér Hútóng 45A 帽儿胡同, Tel. 64031009, www.ntcc.com.

▶ Experimentiertheater der Theaterhochschule (Zhōngyāng Xìjù Xúeyùan Shíyàn Xǐaojùcháng 中央戏剧学院实验小剧场), Dōng Míanhūa Hútóng 39 东棉花胡同, Tel. 84046174.

 Giant Bicycles, Jīaodàokǒu Dōng Dàjiē 4–18 交道口东大街, Tel. 64034537. Ausgezeichnet sortierter Fahrradladen.

Balladenerzähler

Sollten Sie des Abends während der besten Sendezeit einmal durch die chinesischen Programme ihres Hotelfernsehers zappen, werden Sie früher oder später auf einen oder mehrere Männer treffen, die, eine Art Kastagnetten in der Hand, einzeln oder im Zwiegespräch Geschichten erzählen. Manchmal ist auch ein großgewachsener blonder Brillenträger in chinesischem Gewand dabei und reiht sich grinsend in den Reigen ein. Das ist dann Dashan, ein Kanadier, der zu den berühmtesten Ausländern in China gehört. Weil er etwas kann, was zur beliebtesten chinesischen Abendunterhaltung gehört: das Balladenerzählen, mit dem Oberbegriff ›Quyi‹ bezeichnet.
Ursprünglich in der Song-Dynastie ein Instrument buddhistischer Mönche, um die buddhistischen Legenden dem einfachen Volk näherzubringen, später das Instrument der fahrenden Bettler, die von Haus zu Haus gingen und Volksmythen rezitierten, wurden die schlicht ›Klapper‹ (Kuai Banr) genannten Bambuskastagnetten mit Gründung der Volksrepublik China ein willkommenes Mittel, Informationen von Propaganda bis zu nützlichen Alltagstips unter das Volk zu bringen. Nicht selten benutzte man dabei überlieferte Volksgeschichten und paßte die Inhalte der neuen Zeit an. Parallel dazu hielten sich auch die alten Themen und erfreuten sich schon bald, gefördert von der staatlichen Kulturpolitik und verbreitet durch das Radio und seit Beginn der Öffnung auch durch das Fernsehen, im ganzen Land äußerster Beliebtheit. Heute vergeht kein Fest und kein bedeutender Feiertag, ohne daß einer der vielen berühmten Balladenerzähler des Landes einen Galaauftritt hat. Inzwischen sind die Männer mit den Klappern auch so etwas wie eine chinesische Antwort auf Kabarett und Comedy geworden.
Vor allem im Zwiegespräch, dem sogenannten ›Xiang Sheng‹, werden alle Register des Wortwitzes gezogen und zuweilen auch die eine oder andere Spitze gegen chinesische Politiker und ihr Wirken nicht gescheut. Auch die Langnasen bekommen ihr Fett weg, und die Marotten der eigenen Landsleute werden durch den Tee gezogen. Oft wird die komplizierte Kunst, die eine genaue Koordination von Sprache und Rhythmus erfordert, auch in Teehäusern aufgeführt. Im Yangzi-Delta ist zuweilen auch die Pintan genannte Variante der zur geschlagenen Laute erzählten Geschichten zu hören. Wer die Gelegenheit hat, einer dieser Aufführungen beizuwohnen, sollte dies, trotz mangelnder Sprachkenntnisse, auf keinen Fall versäumen.
Wenn sich im Radio zwei Chinesen lautstark Stichworte zurufen und Zuschauer wie auf Knopfdruck lachen, dann sind Sie Ohrenzeuge einer der wohl ältesten Formen von Comedy der Welt.

Xicheng-Bezirk

Ähnlich wie der Dōngchéng-Bezirk blickt auch der Westbezirk (Xīchéng Qū 西城区) auf eine hochherrschaftliche Vergangenheit zurück und war während der Qing-Dynastie nach heutigen Begriffen das absolute Luxusviertel. Während im Dōngchéng-Bezirk die Beamten, Militärs und Literaten wohnten, war der Xīchéng-Bezirk beliebtes Wohnviertel der wirtschaftlichen Elite, was sich in einem gewissen Hang zum Luxus in den ansonsten eher bescheidenen Hofhäusern niederschlug.

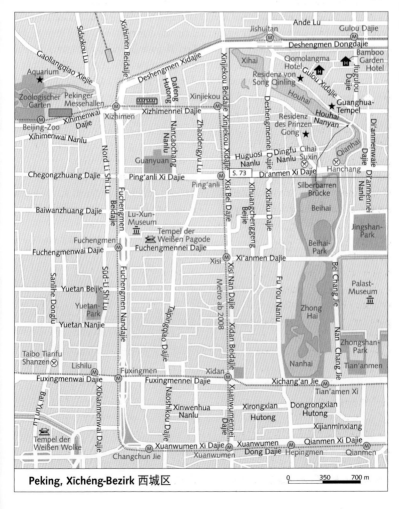

Peking, Xīchéng-Bezirk 西城区

Alles andere als bescheiden sind hingegen die vielen Prinzenresidenzen, die ebenfalls das historische Stadtbild des Bezirks prägten.

Durch die Schneisen, die die moderne Stadtplanung geschlagen hat, teilt sich der einst recht homogene, mit 32 Quadratkilometern und 700 000 Einwohnern größte Innenstadtbezirk, in mehrere Teile. Im Norden, entlang der Seenplatte zwischen dem nördlichen und dem westlichen Zweiten Ring befinden sich die unter Denkmalschutz stehenden Altstadtbezirke, mit dem Xīdān 西单 liegt die neben der Wángfǔjīng größte Einkaufstraße ebenso im Westbezirk wie das Bankenviertel Jīnróng Jiē 金融街 zwischen Fùxīng Mén 复兴门 und Fùchéng Mén 阜成门, und nicht zu vergessen die ›Neue Verbotene Stadt‹ (Zhōngnánhǎi 中南海), das Regierungsviertel.

Aufgrund seiner Weitläufigkeit eignet sich der Xīchéng-Bezirk nur bedingt für einen Erkundungsspaziergang, einige Sehenswürdigkeiten wie den Tempel der Weißen Wolke und den Tempel der Weißen Pagode erreicht man nur schlecht mit öffentlichen Verkehrsmitteln und nimmt besser ein Taxi. Einzig allein die Altstadtviertel um die Seen nordwestlich der Verbotenen Stadt kann man gut zu Fuß entdecken – ausgedehnte Pausen in einem der vielen Cafés eingeschlossen.

Houhai und Qianhai

Am Hinteren See (Hòuhǎi 后海) vermischt sich das Hutong- mit dem Nachtleben. Wo vor wenigen Jahren noch einfache Hofhäuser standen, an denen schon leicht der Zahn der Zeit nagte, sprossen seit 1999, als das Gebiet von chinesischen Künst-

Angler am Houhai

lern und in Peking lebenden Ausländern entdecktewurde, coole Bars und schicke Restaurants aus dem historischen Boden. Immerhin hat man sich in der Architektur der neuen Häuser am Stil der traditionellen Hofhäuser orientiert und diesen mit Designelementen kombiniert. Das Ergebnis ist ein vor allem bei Touristen und Rucksacktouristen beliebtes Ausgehviertel, das die ursprünglichen Bewohner der Nachbarschaft mißtrauisch beäugen. Das hindert sie nicht, ihren Anteil des Profits am Nachtleben zu suchen. Kaum ein Hutong entlang der populären Stadtrundfahrt mit der Fahrrad-Rikscha, in dem keine Antiquitäten und Souvenirs verkauft werden, kaum ein schöner Innenhof, der nicht in ein Café oder eine Bar umgewandelt wurde. Trotz großer Konkurrenz haben die Getränkepreise inzwischen Westniveau erreicht, so daß die studentische Klientel schon wieder einige Straßenzüge nach Osten weitergezogen ist, in Richtung Nánlúogǔ Xiāng 南锣鼓巷. Wer nicht unbedingt auf einen Kneipenabend aus ist und ein wenig Zeit und Muße für einen Spaziergang mitbringt, ist tagsüber jedoch auch am Hòuhǎi an der richtigen Adresse.

Yandai Xiejie

Idealerweise beginnt ein Bummel durch die Hutongviertel der Weststadt am Trommelturm Gǔlóu 鼓楼 (siehe S. 111). Von hier läuft man rund 100 Meter Richtung Süden entlang der kaiserlichen Zentralachse, die hier Di'ānmén Wàidàjiē 地安门外大街 heißt, bis zur Yāndài Xíejīe 烟袋斜街, einer kleinen, zur Fußgängerzone umgestaltete Gasse, die zum Hòuhǎi führt. Der Name, ›schiefes Tabakbeutel-Gäßchen‹, rührt daher, daß in der diagonal verlaufenden Gasse seit der Ming-Dynastie Tabak und Rauchutensilien feilgeboten wurden.

Nach etwa 150 Metern entdeckt man beim genaueren Hinsehen auf der rechten Seite die Fassade eines alten daoistischen Tempels. Im ehemaligen ›Tempel des Weiten Glücks‹ (Guāngfú Guān 广福观), während der Kulturrevolution weitgehend zerstört, sind heute Wohngebäude und ein Café untergebracht.

In der Yāndài Xíejīe bekommt man bereits einen kleinen Vorgeschmack auf das, was einen am Hòuhǎi erwartet. Andenken- und Kleiderläden wechseln sich mit kleinen Cafés ab, letztere meist mit schönen Dachterrassen, die einen ausgezeichneten Blick auf die Seenplatte bieten. Die Preise entlang der engen Gasse sind meist ein wenig ziviler als direkt am Seeufer, dennoch sollte man beim Kauf von Andenken moderat, aber bestimmt handeln.

Am Nordufer des Houhai

Nach etwa 200 Metern erreicht man die Silberbarren-Brücke (Yinding Qiao 银锭桥). Sie überspannt den schmalen Kanal, der Vordersee (Qiánhǎi 前海) und Hòuhǎi 后海 verbindet. Bei klarem Wetter hat man hier einen schönen Blick über den Hòuhǎi auf die Westberge, eine Aussicht, die schon den Qing-Kaiser Qianlong begeisterte, der die Brücke damit in die erste Liga chinesischer Sehenswürdigkeiten katapultierte. Daran ändert auch die Tatsache nichts, daß die heutige Brücke aus dem Jahr 1984 stammt. Heute bleibt einem jedoch wenig Muße, den Ausblick zu genießen, da nicht nur die Rikscha-Touren im Fünf-Minuten-Takt über die Brücke klingeln, sondern auch der eine oder andere Motorrad- und Fahrradfahrer sowie zuweilen ein abenteuerlustiger Autofahrer mit seiner Luxuslimousine sein Glück im Menschengewirr sucht. Überquert man die Brücke, fällt man praktisch beiderseits in die Terrassen kleiner Cafés. Die nächsten etwa 500 Meter linker Hand reiht sich eine Bar an die nächste. Auch rechter Hand dominiert das Gastgewerbe die Szenerie. Hält man sich von der Brücke kommend geradeaus, kann man sich eine Weile durch die auf Hochglanz restaurierten Hutongviertel treiben lassen – vorbei an kunstvoll verzierten Fassaden, bunten Neujahrsbildern an den geschnitzten Holztüren und den in regelmäßigen Abständen aufgehängten Propagandatafeln, die heutzutage weniger die politische Linie verkünden als vielmehr praktische Tips zur Schädlingsbekämpfung und Sicherheitswarnungen vor Einbrechern. Wem die Orientierung abhanden gekommen ist, der muß nur auf das Klingeln der Fahrradrikschas hören, die in kurzen Abständen durch die Gassen fahren und nie weiter als eine Parallelstraße entfernt sind.

Doch bleiben wir einen Moment auf der Nordseite des Hòuhǎi. In einer Parallelgasse, dem Yā'ér Hútóng 鸦儿胡同, befindet sich mit dem Gūanghūa Sì 广化寺 ein kleiner buddhistischer Tempel, der nur wenige Besucher sieht und ein schönes Beispiel für eine nicht touristisch herausgeputzte Anlage ist. Für die Öffentlichkeit ist der Tempel nur an jedem 1. und 15. jedes Mondmonats geöffnet, dann erwacht er jedoch richtig zum Leben. Von 1976 bis 1996 war Chinas letzter bekannter Eunuch, der noch unter dem letzten Kaiser Puyi gedient hatte, Verwalter des Gūanghūa Sì. Einige hundert Meter weiter, kurz bevor die Uferstraße Hòuhǎi Běiyán 后海北沿 die Déshēngmén Nèidàjiē 德胜门内大街 erreicht, lohnt die ehemalige Residenz der berühmtesten der Soong-Schwestern, Song Qingling, einen Besuch.

Residenz von Song Qingling

Die ehemalige Residenz der Frau des Republikgründers Sun Yat-sen wird selten von westlichen Touristen besucht. Die ruhige Oase ist aber durchaus einen halbstündigen Ausflug in die Lebensgeschichte einer der faszinierendsten Persönlichkeiten der jüngeren chinesischen Geschichte wert. Song Qingling wurde am 27. Januar 1893

Denkmal sowjetischer Freundschaft: die Pekinger Messehalle
Tor des Himmlischen Friedens; Polizist vor Mao

als zweite Tochter des wohlhabenden Geschäftsmanns und Methodistenpriesters Charlie Soong geboren, in eine Familie, der Sterling Seagrave einige Jahrzehnte später in seinem Buch ›Soong-Dynasty‹ ein Denkmal setzte. Im Jahre 1915 heiratete sie in zweiter Ehe den ›Vater‹ der chinesischen Revolution und ersten Präsidenten der Volksrepublik China, Sun Yat-sen. Auch ihre Schwestern waren mit einflußreichen chinesischen Persönlichkeiten verheiratet, die ältere Schwester Ailing mit dem Bankier H.H. Kung, die jüngere Schwester Meiling seit 1927 mit Chiang Kai-shek.

Damit zog sich das Mitte der 1920er Jahre abzeichnende Zerwürfnis zwischen der Kuomintang und der KPCh auch durch den Song-Clan. Song Qingling, die mit den Kommunisten sympathisierte, ging 1927 ins Exil nach Moskau. Nach Gründung der Volksrepublik China bekleidete sie hohe Posten in der chinesischen Regierung und baute unter anderem das Magazin China Reconstructs (heute China Today) auf, das monatlich in sechs Sprachen herausgegeben wurde (Chinesisch, Englisch, Französisch, Deutsch, Arabisch und Spanisch). Im Mai 1981, zwei Wochen vor ihrem Tod, wurde sie zur Ehrenpräsidentin der Volksrepublik China ernannt und wird bis heute auf dem chinesischen Festland hoch verehrt.

In den beiden Seitenflügeln der Residenz wird mit Bildern und kurzen Erklärungen das Leben der ›Madame Sun Yat-sen‹ dargestellt, im rechten Flügel von der Geburt bis zur Gründung der Volksrepublik China, im linken Flügel von 1949 bis zu ihrem Tod. Die Jahre der Kulturrevolution zwischen 1966 und 1976, in denen auch die von allen Faktionen der KPCh hoch angesehene Frau Song mehr als gefährdet war, jedoch als eine der wenigen hochstehenden Persönlichkeiten nahezu unbehelligt blieb, sind wie bei so vielen Biographien ausgespart. Im ersten Stock hat der Besucher die Gelegenheit, einen Blick in das Arbeits- und Schlafzimmer Song Qinglings zu werfen. Während die Gebäude der Residenz vor einigen Jahren restauriert wurden, hat man in den Zimmern nichts verändert, die daher auch den etwas angestaubten Charme der 1950er verströmen.

Am Südufer des Houhai

Über die bereits erwähnte Déshēngmén Nèidàjiē 德胜门内大街 erreicht man das südliche Ufer des Hòuhǎi. Direkt am See dominieren nun eher gediegene Etablissements die Szenerie. Die Uferzeile beherbergt renommierte Restaurants wie das ›Kǒng Yǐjǐ‹ 孔乙己 sowie das stilvoll im Stil der Ming-Dynastie eingerichtete ›Family Fu's Teahouse‹ (Chájiā Fù 茶家傅). Ein kleiner Park, der Hòuhǎi Gōngyúan 后海公园, zieht sich am Seeufer entlang, in dem sich die Anwohner allen Verände-

Tor des Himmlischen Friedens; Patriotische Jugend
Werbung für eine Lebensversicherung; Im Bezirk Xuanwu, dem ›Kreuzberg‹ Pekings

rungen zum Trotz weiterhin zum Schachspielen, Angeln und zum typisch Pekinger ›Liáotiānr‹ 聊天儿 treffen, wörtlich übersetzt: Vom Himmel schwätzen. Nach gut 100 Metern trifft der Park auf die südliche Uferstraße Hòuhǎi Nányán 后海南沿. Folgt man ihr in die entgegengesetzte Richtung und biegt an der nach Süden führenden Liǔyīn Jiē 柳荫街 nach rechts ab, erreicht man die Residenz des Prinzen Gong (Gōng Wángfǔ 恭王府).

Residenz des Prinzen Gong

Die in den letzten Jahren immer weiter ausgebaute ehemalige Residenz des Prinzen Gong ist ein schönes Beispiel für die meist aus der späten Qing-Dynastie (1644-1911) stammenden Prinzenanwesen, die bis heute vor allem im nördlichen Innenstadtbereich zu finden sind. He Shen, als einer der korruptesten chinesischen Offiziellen in die Geschichte eingegangen, ließ die Anlage im Jahre 1777 bauen. Als Günstling des Kaisers Qianlong (1711-1799) lebte He Shen ein bis dahin für einen Normalsterblichen nicht gekanntes Luxusleben. Die offizielle Geschichtsschreibung führt seinen Reichtum auf Korruption und Bereicherung zurück und zeichnet He Shen als rücksichtslosen Verschwender. Andere Historiker weisen auf die homoerotische Freundschaft zwischen Qianlong und He Shen hin und zeichnen ein weitaus positiveres Bild der schillernden Persönlichkeit.

Wie dem auch sei, He Shen hatte nicht sehr lange Freude an seiner luxuriösen Residenz und wurde 1799, zwei Jahre nach dem Tod Qianlongs, von dessen Nachfol-

Im Winter wird auf den zugefrorenen Seen gegrillt

Ein Pekingopern-Schauspieler bereitet sich auf seinen Auftritt vor

ger Jiaqing (1760-1820) zum Tode verurteilt und beging daraufhin Selbstmord. Sein berühmtester Nachmieter war ab 1851 Prinz Gong (1833-1898), der jüngere Bruder des Kaisers Xianfeng (1831-1861), der maßgeblich an den Friedensverhandlungen nach dem zweiten Opiumkrieg 1860 beteiligt und in späteren Jahren ein starker Verfechter pro-westlicher Reformen war. Von der späten Kaiserzeit bis Ende der Kulturrevolution eher als Landesverräter gebrandmarkt, gilt Prinz Gong heute als vorbildlicher Staatsmann und verleit nun der Palastanlage seinen Namen.

Seit den 1920er Jahren kurzzeitig in den Händen der katholischen Kirche, waren über die Jahrzehnte verschiedene Universitätsfakultäten in den Gebäuden untergebracht, zuletzt, in den 1950er Jahren, Teile der chinesischen Musikakademie. Während der Kulturrevolution wurden hier Klimaanlagen hergestellt, ehe die Anlage in den 1990er Jahren restauriert und als Sehenswürdigkeit für die Öffentlichkeit geöffnet wurde. Als beispielhafte Prinzenresidenz der Qing-Dynastie wird die 60 000 Quadratmeter große Anlage heute oft als Filmkulisse benutzt.

Auf dem Gelände befinden sich neben den historischen Gebäuden auch eine großzügig angelegte Parkanlage und ein Pekingoper-Theater. Derzeit wird die Residenz des Prinzen Gong restauriert und soll rechtzeitig zur Olympiade als Museum mit dem Schwerpunkt ›Kaiserliches Familienleben in der Qing-Dynastie‹ wiedereröffnet werden. Bringt man etwas Zeit mit, ist ein Besuch sicherlich lohnenswert.

Am Qianhai

In unmittelbarer Nachbarschaft der prunkvollen Prinzenresidenz liegen Hutongs, die weitgehend in ihrem ursprünglichen Zustand erhalten sind. Die Hofhäuser entlang des Dà Xiángfèng Hútóng 大翔凤胡同 und des sich entlang der Palastmauern windenden Zhānzǐ Hútóng 毡子胡同 sind weniger hochherrschaftlich als ihre Pendants direkt am Seeufer und wurden auch (noch) nicht für touristische Zwecke glanzpoliert.

Ein scharfer Gegensatz ist die Lotus Lane (Tiānhèfāng 天荷坊). Der ehemalige Jademarkt am Westufer des Qiánhǎi markiert die etwas schickere und dementsprechend teurere Ecke des Viertels. Chinesische Dekoration mischt sich mit bewußt unterkühltem Ambiente. Englische Speisekarten und geschultes Bedienungspersonal machen das Dinieren auch für den Sprachunkundigen zum Erlebnis, was sich leider auch in den Preisen niederschlägt. Von den Ufer- und Dachterrassen hat man einen phantastischen Blick über den Qiánhǎi zum Trommelturm. Wer das Gewohnte sucht, findet am Anfang des Westufers auch eine Filiale von ›Starbucks‹.

Gegenüber kann man am Abend ein Boot für einen romantischen Ausflug auf dem Qiánhǎi und Hòuhǎi mieten. Die Auswahl ist groß: Von einem einfachen Tretboot über ein traditionelles Ruderboot mit Steuermann bis hin zum hölzernen Luxusschiff mit einer Pipa-spielenden Dame im traditionellen Qipao bietet jedes Schwimmgefährt ein abendliches Freizeitvergnügen knapp oberhalb der Kitschgrenze.

Wie am Hòuhǎi ist auch das Südufer des Qiánhǎi weniger erschlossen. Auch hier zieht sich eine kleine Uferpromenade den See entlang, und vor allem in den Morgenstunden machen die Senioren des Viertels hier ihre Gesundheitsübungen. Einzig allein an der Jinding-Brücke (Jīndìng Qiáo 金锭桥), wo der Qiánhǎi an die Dì'ānmén Wàidàjiē 地安门外大街 grenzt, entwickelt sich langsam aber stetig ein weiterer Schwerpunkt für Nachtschwärmer. Das ›East Shore Café‹ (Dōngyàn 东沿) ist schon heute einer der angesagtesten Jazz-Clubs der Stadt.

Wer noch ein wenig weiter flanieren möchte, kann den Spaziergang mit einem Besuch des Beihai-Parks abschließen, der sich südlich der Dì'ānmén Xīdàjiē 地安门西大街 anschließt.

Beihai-Park

Irgendwann Anfang der 1990er Jahre verlor der Beihai-Park (Běihǎi Gōngyúan 北海公园) seine touristische Anziehungskraft. Bis dahin gehörte er zum Standardbesuchsprogramm, nun machten vor allem ausländische Touristen einen großen Bogen um den 68 Hektar großen Park. Dies ist einerseits verständlich, da der Park, abgesehen von einer angenehmen Grünanlage, nicht viel zu bieten hat. Andererseits macht das gerade seine Attraktion aus: Ein knapper Quadratkilometer Parkfläche in der Stadtmitte. Und eine herausragende Sehenswürdigkeit hat der Park dann doch zu bieten: Die 40 Meter hohe Weiße Stupa (Báitǎ 白塔) im tibetischen Stil, die sich auf dem Gipfel des 32 Meter hohen Hügels auf der Jade-Insel (Qióngdǎo 琼岛) im Zentrum der Parkanlage erhebt. Ursprünglich wurde dieses tibetische Heiligtum im Jahre 1651 als Referenz an den tibetischen Buddhismus – und Symbol der Zugehörigkeit Tibets zum chinesischen Einflußbereich – errichtet; es wurde jedoch zweimal, 1679 und 1976, durch Erdbeben schwer beschädigt.

Die Parkanlage hat eine über tausendjährige Geschichte und fand zuerst im 11. Jahrhundert urkundliche Erwähnung. Als Peking während der Liao-Dynastie (1125-1220) unter dem damaligen Namen Nanjing südliche Hauptstadt wurde, stand hier der lokale Palast. Ein gutes Jahrhundert später ließen die Herrscher der Jin-Dynastie die Anlage zur heutigen Größe ausbauen, erweiterten die Palastanlagen und legten den namensgebenden Nordsee (Běihǎi 北海) an.

Während der Mongolenherrschaft (Yuan-Dynastie 1279-1368) stand hier der berühmte Kaiserpalast des Kublai Khan – bis die Ming nicht nur die Mongolen aus China verjagten, sondern auch den Palast dem Erdboden gleichmachten. Die Ming verlegten in der Folge den Kaiserpalast einige hundert Meter in Richtung Südosten und machten den Běihǎi zu ihrem Lustgarten, eine Tradition, die sich bis in Qing-Dynastie hielt. Seit 1925 ist die Anlage, die bis dahin zum Kaiserpalast gehörte, für die Öffentlichkeit freigegeben. Heute ist sie ein Naherholungsziel für die Pekinger Bevölkerung. Vor allem im Winter lohnt sich der Besuch, wenn auf dem

Im Beihai-Park

zugefrorenen Běihǎi hunderte Hauptstadtbewohner ihre Schlittschuhe ausführen und mobile Garküchen auf dem Eis ihre Stände aufschlagen.

Tempel der Weißen Pagode

Ein weiterer selten besuchter, aber sehr lohnenswerter Tempel liegt im Westen des Xīchéng-Bezirks, der ›Tempel der Weißen Pagode‹ (Báitǎ Sì 白塔寺). Eindrucksvoll

Die Stupa im Tempel der der Weißen Pagode

ist vor allem die namensgebende weiße Stupa im tibetischen Stil im hinteren Teil der Anlage. Mit 51 Metern Höhe ist sie die größte in der Hauptstadt und baugleich mit der Stupa im Běihǎi Park. Bereits seit 1096 stand hier eine Pagode, ehe Kublai Khan im 13. Jahrhundert den ersten Tempel errichten ließ. Für den Bau einer Stupa im tibetischen Stil sicherte sich Kublai Khan die Dienste eines nepalesischen Architekten, der zu jener Zeit in Dadu, dem heutigen Peking, weilte. An ihn erinnert eine Statue am Fuß der Pagode, die allerdings jüngeren Datums ist und erst 2002 aufgestellt wurde. Da die Tempelgebäude bereits vor 1949 vernachlässigt und während der Kulturrevolution schwer in Mitleidenschaft gezogen wurden, stammen die heutigen Gebäude aus jüngster Zeit.

Nach der Komplettsanierung im Jahr 1997 zeigt der Tempel heute wieder eine interessante Mischung aus chinesischen und tibetischen Einflüssen. Interessant ist vor allem die ›Halle der 10 000 Buddhas‹ im Zentrum des Tempels. Neben einer großen zentralen Figur des historischen Buddhas sind hier in verglasten Vitrinen an den Wänden zwar nicht ganz 10 000, aber immerhin 7000 kleine Buddhafiguren untergebracht.

Lu-Xun-Museum

Nicht weit vom Tempel der Weißen Pagode entfernt liegt etwas nördlich des westlichen Endes der Fùchéng Mén Nèidàjīe 阜成门内大街 das Lu-Xun-Museum (Lǔ Xùn Bówùguǎn 鲁迅博物馆). Neben Lao She ist Lu Xun (1881–1936) der bedeutendste chinesische Schriftsteller des 20. Jahrhunderts. Er gilt als Begründer der modernen chinesischen Literatur, benutzte als einer der ersten chinesischen Schriftsteller die Umgangssprache Baihua statt der Schriftsprache Wenyan und machte damit seine Werke einem breiten Publikum zugänglich. Hauptthema seiner Schriften ist die Kritik an der überkommenen konfuzianischen Tradition. Seine berühmteste Kurzgeschichte, ›Tagebuch eines Verrückten‹ (1918), entlarvt diese symbolisch als ›Menschenfresserei‹ und endet mit den Worten: ›Rettet unsere Kinder, die noch keine Menschenfresser sind‹. Sein Werk ›Der Einsturz der Lei-Feng-Pagode‹ wurde 1942 von Mao Zedong als Leitbild der chinesischen Kunst hervorgehoben und gilt ungewollt als Klassiker der revolutionären Literatur.

Das angenehm gestaltete Museum ist in dem Haus untergebracht, in dem Lu Xun in den 1920ern einige Jahre seines Lebens verbrachte. Neben einer chronologischen Darstellung des Lebens Lu Xuns in chinesischer und englischer Sprache beinhaltet das Museum auch ein Multimedia-Zentrum und die Bibliothek Lu Xuns mit über 16 000 Büchern, neben chinesischen und japanischen Schriften auch Werke von Dostojewski, Darwin, Shaw und Marx. Die ehemaligen Wohn- und Arbeitszimmer des Schriftstellers sind leider nur von außen einzusehen.

Zoo und Messehalle

Zoologische Gärten sind in China meist eine traurige Angelegenheit. Da mag der Pekinger Zoo nach kürzlich erfolgten Umbaumaßnahmen eine Ausnahme sein, allein zum Panda-Schauen muß man heutzutage jedoch nicht nach China fahren, auch wenn das Pandagehege mit einem guten Dutzend Exemplaren des schwarzweißen WWF-Maskottchens immer noch die Hauptattraktion des Hauptstadtzoos ist. Wer sehr viel Zeit für den Peking-Besuch mitgebracht hat oder mit Kindern reist, mag einen Abstecher in den Pekinger Zoo einplanen. Lohnenswert und jüngeren Datums ist auf jeden Fall das Aquarium des Zoos, das auf dem neuesten Stand der Präsentationstechnik ist und mit viel Liebe zum Detail gestaltet wurde.

Stalin hat sicherlich seine Freude an dem Gebäude der Pekinger Messehalle (Běijīng Zhǎnlǎngǔan 北京展览馆) gehabt, heute ragt sie als Anachronismus östlich des Zoos in den Hauptstadthimmel. Die Sowjetunion zeigte sich im Jahre 1954 von der spendablen Seite und finanzierte den damals noch verbündeten chinesischen Genossen dieses Gebäude, das mit großem Pomp vom damaligen Premierminister Zhou Enlai eröffnet wurde. Mao Zedong widmete dem Gebäude zudem ein paar Gedichtzeilen. Bis heute finden auf den 200 000 Quadratmetern Fläche immer noch Messen statt. Zu den Attraktionen des Geländes gehört zudem ein Kino mit 1000 Plätzen und ein Amphitheater, das 2700 Menschen Platz bietet.

Panda im Pekinger Zoo

Tempel der Weißen Wolke

Der im äußersten Südwesten des Bezirkes gelege Tempel der Weißen Wolke (Báiyún Gūan 白云观) ist der größte und wichtigste aktive daoistische Tempel der Stadt. Fehlt dem Daoisten etwas, so ist er im Tempel der Weißen Wolke gut aufgehoben. Für jedes Bedürfnis gibt es im daoistischen Pantheon die entsprechende Gottheit, meist eine historische Person, der gewisse Fähigkeiten zugesprochen wurden und die nach ihrem Tod als Gott in daoistische Dienste trat. Ob Prüfungsstreß, Wirtschaftskrise oder Krankheit, bei Wenchang (Literatur), Caishen (Reichtum) und Yaoshen (Medizin) sind Sie gut aufgehoben – um nur einige Gottheiten zu nennen, denen im Tempel der Weißen Wolke eine Halle gewidmet wurde.

Auch der Besucher kann es sich hier gutgehen lassen. Neben dem kurzen, aber prägnanten Einblick in den Daoismus und seine Götterwelt bietet der Tempel der Weißen Wolke mit seiner parkähnlichen Anlage auch eine angenehme Erholung vom Großstadtlärm, der nur noch gedämpft vom nahegelegenen Zweiten Ring herüberschallt.

Glücksspiel im Tempel der Weißen Wolke

Bereits im 8. Jahrhundert stand hier ein daoistischer Tempel, die Bezeichnung ›Tempel der Weißen Wolke‹ geht auf die frühe Ming-Dynastie zurück. Seit mit Qiu Chuji ein führender Vertreter der Quanzhen-Sekte von Kublai Khan nach Peking bestellt wurde, ist der Tempel Sitz der Quanzhen-Sekte des Daoismus. Die heute noch sichtbaren Gebäude stammen aus der Qing-Dynastie, als der siebte Abt des Klosters, Wang Changtong, die Anlage von Grund auf neu gestalten ließ. Die letzte Restaurierung der Tempelanlage erfolgte in den Jahren 2004 bis 2006.

Wie auch in vielen anderen daoistischen Tempeln wird dem Besucher auch das eine oder andere Spielchen geboten, das das weitere Schicksal bestimmen soll. Am Eingang können Sie Ihr Glück versuchen, indem Sie zehn Münzstücke auf eine unter der Eingangsbrücke aufgehängte Glocke werfen. Treffen Sie, so ist Ihnen Glück beschieden.

Die Hallen entlang der Zentralachse des an die Palastarchitektur angelehnten Tempels sind dem Jadekaiser als höchste Gottheit im daoistischen Pantheon, Laozi als Gründer des Daoismus und den vier Himmelskönigen gewidmet. In den Seitengebäuden befinden sich die eingangs erwähnten daoistische Gottheiten des chinesischen Volksglaubens. Der Jadekaiser mag in der himmlischen Nomenklatur höher gestellt sein, größerer Beliebtheit erfreuen sich bei den Gläubigen die Nebenhallen, die mit baldiger Wunscherfüllung locken. Am nördlichen Ende des Tempels, in dem sich auch die Wohngebäude der Mönche befinden, lädt ein chinesischer Landschaftsgarten mit Steinen aus dem Taihu-See und kleinen Pavillons zum Verweilen ein.

 Trotz seiner Größe ist der Westbezirk nicht unbedingt die erste Adresse, was Hotels angeht. Einige Hotels sind dennoch empfehlenswert, auch wenn man im Ostbezirk schönere Unterkünfte im ähnlichen Ambiente bekommt.

▶ ›Qomolangma Hotel‹ (Zhūmùlǎngmǎ Bīnguǎn 珠穆朗玛宾馆), 2 Sterne, Gǔlóu Xīdàjīe 149 鼓楼西大街, Tel. 64018820, www.qomolangmahotel.com. Keine schlechte Option, einfach, aber sauber, zentral gelegen.

▶ ›Bamboo Garden Hotel‹ (Zhúyuán Bīnguǎn 竹园宾馆), 3 Sterne, Xiǎoshíqiáo Hútóng 24 小石桥胡同, Tel. 58520088, www.bbgh.com.cn. Stilvolle Unterkunft im traditionellen Stil, die leider ihre besten Zeiten schon hinter sich hat.

 ›Kǒngyǐjǐ‹ 孔乙己, südliches Ufer des Hóuhǎi 后海南岸, Tel. 66184915. Wie die Dependance im Ostbezirk ein ausgezeichnetes Traditionsrestaurant mit guter Küche aus der Provinz Zhejiang.

▶ ›Family Fu's Teahouse‹ (Chájiā Fù Chájiā Fù 茶家傅), Bājiǎo Tíng (im Hòuhǎi-Park) 八角亭(后海公园内) Tel. 66160725, tägl. 10.30–24 Uhr. Exquisites traditionelles Teehaus in schöner Lage am Hòuhǎi.

▶ ›Hànchāng‹ 汉仓, gegenüber dem Nordtor des Běihǎi-Parks 北海公园对面, Tel. 64042259, tägl. 11–14 und 17–22 Uhr Vor allem bei den Hauptstädtern extrem populäres Hakka-Restaurant, in dem die verschiedensten Einflüsse chinesischer Küche zum Tragen kommen.

▶ ›Tàibó Tiānfǔ Shānzhēn‹ 太伯天府山珍, Erqījùcháng Lù, Haus 19, 二七剧场路 19 号楼, Tel. 68019641. Etwas weit weg vom Schuß, aber eine Reise wert: Pilze in allen Variationen, vor allem im schmackhaften Hotpot.

▶ ›Lìjiā Cài‹ 历家菜, Yángfáng Hútóng 11 羊房胡同, Tel. 66180107, tägl. 18–20 Uhr. Imperiale Küche vom Feinsten, nicht mehr und nicht weniger.

▶ ›Hutong Pizza‹ (Hútóng Bǐsà 胡同比萨), Yīndìng Qiáo Hútóng 9 银锭桥胡同, Tel. 66175916, tägl. 11–23 Uhr. Gute und günstige Pizza für alle, denen das chinesische Essen einmal zu viel wird.

▶ ›Kǎoròu Jì‹ 烤肉季, Qiánhǎi Dōngān 14 前海东岸, Tel. 64042554. Eines der alteingesessensten Grillrestaurants der Hauptstadt, direkt am Qiánhǎi gelegen. Vor allem die Lammspieße und die Sesambrötchen sind eine Sünde in dem ansonsten streng ›halal‹ (nach islamischen Regeln) kochenden Restaurant wert. Äußerst empfehlenswert.

▶ ›Fú Kù‹ 福库, Bīnhǎi Hútóng 4A 滨海胡同, Tel. 64024093, tägl. 10–14.30 und 17–22 Uhr. 50 Meter westlich der Residenz Song Qinglings gelegen, bietet das Fú Kù Sichuanküche vom Feinsten, mit einem Schuß Fusion. Empfehlenswert.

▶ ›Cíhǎi Sùxīn‹ 慈海素心, Dì'ānmén Xīdàjiē 103 地安门西大街, Tel. 66571898, tägl. 10–23 Uhr. Das größte vegetarische Restaurant der Hauptstadt, mit einer großen Auswahl an Gerichten, die wie Fleisch aussehen, jedem Vegetarier aber das Wasser im Mund zusammenlaufen lassen.

▶ ›Nuage Qìngyún Lóu‹ 庆云楼, Qiánhǎi Dōng'ān 22 前海东岸, Tel. 64019581, tägl. 11.30–14 und 17.30–22 Uhr. Etwas prätentiös, aber mit unübertroffenem Blick über den Qiánhǎi. Gute vietnamesische Küche.

Rund um den Houhai tobt das Nachtleben. Näheres im Kapitel Nachtleben (S. 66).

▶ Für Jazz-Freunde ist vor allem das ›East Shore Café‹ (Dōng'ān 东岸), Shíchàhǎi Nányán, Building 2, 什刹海南沿 2 号楼, Tel. 84032131, interessant.

Ehemalige Residenz Song Qinglings (Sóng Qìnglǐng Gùjū 宋庆龄故居), Hòuhǎi Běiān 后海北岸 46, Tel. 64044205, tägl. außer Mo 9–16 Uhr, Eintritt 10 RMB.

▶ Guanghua-Tempel (Gǔanghūa Sì 广化寺), Yā'ér Hútóng 31 鸦儿胡同, 1. und 15. Tag des Mondmonats Eintritt frei.

▶ Residenz des Prinzen Gong (Gōng Wángfǔ 恭王府), 17 Qiánhǎi Xījiē 17 前海西街, Tel. 66185005, tägl. 8.30–16.30 Uhr, Eintritt 20 RMB.

▶ Tempel der Weißen Pagode (Báitǎ Sì 白塔寺), Fùchéng Mén Nèidàjiē 171 阜城门内大街, 9–17 Uhr (Einlaß bis 16.30 Uhr), Eintritt 20 RMB. Metro Fùchéng Mén (Linie 2), Buslinie 13, 42, 101, 102, 103.

▶ Lu-Xun-Museum (Lǔ Xùn Bówùgǔan 鲁迅博物馆), Fùchéng Mén Gōngménkǒu Ertíao 19 阜成门宫门口二条, Di–So 9–15.30 Uhr, Eintritt 5 RMB. Metro Fùchéng Mén (Linie 2), Buslinien 101, 102, 103.

▶ Tempel der Weißen Wolke (Báiyún Gūan 白云观), Bīnhé Lù 滨河路, tägl. 8–17 Uhr, Eintritt 10 RMB. Metro Chángchūn Jīe 长椿街 (Linie 2), dann Busse 9 oder 301.

▶ Beihai-Park (Běihǎi Gōngyúan 北海公园), tägl. 6–22 Uhr, Eintritt 15 RMB.

Zoologischer Garten, Xīzhímén Wàidàjiē 137 西直门外大街, Tel. 68315131, www.bjzoo.com. Metro Xīzhímén (Linie 2).

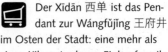
Der Xīdàn 西单 ist das Pendant zur Wángfǔjīng 王府井 im Osten der Stadt: eine mehr als einen Kilometer lange Einkaufsmeile. Metro Xīdàn 西单 (Linie 1).

Xuanwu-Bezirk

Der Bezirk Xūanwǔ 宣武 im Südwesten der Innenstadt, im Norden vom inneren und im Süden vom äußeren zweiten Ring begrenzt, ist einer der ältesten Teile der Hauptstadt. Mit dem Tianning-Tempel besitzt er eines der ältesten noch erhaltenen Gebäude der Stadt, und einige seiner Straßen blicken auf eine über 900 Jahre lange Geschichte zurück. Sicherlich kam dem Stadtteil hierbei zugute, daß er immer ein gutes Stück vom Machtzentrum der Stadt entfernt lag und daher nicht so sehr von Umgestaltungen der jeweiligen Herrscher und Eroberer betroffen war. Anders als die nördlichen Innenbezirke galt die südliche, außerhalb der inneren Stadtmauer gelegene Vorstadt alles andere als schick. Neben Gastgewerbe jedweder Provenienz siedelten sich daher auch nicht-chinesische Volksgruppen in Xūanwǔ an, allen voran die Uiguren und die Hui, Chinesen muslimischen Glaubens.

Inzwischen hat die Stadtplanung auch durch Xūanwǔ ihre Schneisen geschlagen, und die eine oder andere Prachtstraße zieht sich durch den Bezirk. Dennoch ist

Peking, Xūanwǔ-Bezirk 宣武区

Xuānwǔ mit seinen gerade mal 17 Quadratkilometern und 526 000 Einwohnern im Vergleich zu den anderen Innenstadtbezirken eher übersichtlich. Für Besucher interessant sind vor allem die Viertel südlich des inneren Zweiten Ringes: das Moslemviertel rund um die Níujiē 牛街 und die restaurierten Altstadtviertel südlich der Metrostationen Xuānwǔ Mén 宣武门 und Qiánmén 前门 (Linie 2).

Entlang der Niujie

Ein kleiner Erkundungsspaziergang lohnt sich im ›Kreuzberg Pekings‹, dem südwestlichen Teil Xūanwǔs mit dem größten Anteil moslemischer Bewohner. Entlang der Níujiē 牛街, die als Verlängerung der Chángchūn Jiē 长春街 von der gleichnamigen Metrostation Changchunjie in Richtung Süden führt, sitzen Frauen der Hui und der Uiguren in Tracht und mit Kopftuch, in dem kleinen Park an der Niujie-Moschee (Níujiē Qīngzhēnsì 牛街清真寺) treffen sich die Männer zur gemeinsamen Feierabendspfeife. Supermärkte mit Halal-Essen säumen die Níujiē, auf dem breiten Bürgersteig bieten uigurische Händler Kebabspieße und türkischen Honig an. Auch wenn entlang der Níujiē bereits viele Hutongs der Modernisierung weichen mußten, hat das Viertel dennoch einen recht rustikalen Charme.

Unbestrittenes Zentrum des moslemischen Lebens in Xūanwǔ ist die Niujie-Moschee. Das Gotteshaus, im Jahre 996 gebaut, gilt als erste Moschee Pekings und wurde unter der Ägide des Qing-Kaisers Kangxi im Jahre 1694 zur heutigen Form umgestaltet. Man betritt es in der Regel nicht am großen Ehrentor des Haupteinganges, sondern durch den rechten Seiteneingang und erreicht durch ein kleines Tor den zweiten Hof mit dem Minarett und zwei Versammlungshallen im Osten und Westen. Zur Hauptgebetshalle im Westen haben nur

Die Niujie-Moschee

Muslime Zugang, gerne gewährt man Besuchern jedoch einen Blick in den in schlichter Opulenz ausgestatteten Raum, der – anders als die an die chinesische Tempelarchitektur angelehnten äußeren Gebäude – deutlich an eine arabische Moschee erinnert. Im hinteren Bereich der Anlage, etwas südwestlich des zentralen Minaretts, das einem chinesischen Pavillon gleicht, befinden sich die Gräber zweier moslemischer Prediger aus dem Mittleren Osten, die im 13. beziehungsweise 14. Jahrhundert neue religiöse Impulse für die moslemische Gemeinde in der chinesischen Diaspora brachten. Muslime haben freien Eintritt zu der Anlage, westliche Besucher und Chinesen zahlen eher symbolische 10 RMB. Das Tragen von kurzen Röcken und Hosen ist in der Anlage verboten.

Souvenirs und Antiquitäten

Der Osten des Bezirkes zeigt deutlich weniger moslemischen Einfluß, und mit dem Erreichen der Líulíchǎng 琉璃厂 steht man wieder mit beiden Beinen im chinesischen Kulturkreis. Mit beiden Beinen und dem gezückten Geldbeutel, um genau zu sein. Die Antiquitätenläden entlang der in den frühen 1950er Jahren komplett umgestalteten und 1979 restaurierten Straßen locken mit echt-gefälschtem chinesischen Kulturgut und dem einen oder anderen historischen Kleinod. Nur das geübte Auge kann die tatsächliche Antiquität von der Kopie unterscheiden, es empfiehlt sich folglich, beim Erwerb eines teuren Stückes zuvor einen Experten zu Rate zu ziehen. Denn alt, so die Aussage der Verkäufer, ist hier alles, wertvoll jedoch nur sehr wenig. Doch auch wer sich keine originale Ming-Vase in den heimischen Wintergarten stellen möchte, kommt in der Líulíchǎng auf seine Kosten – im wahrsten Sinne des Wortes. Zwischen den Geschäften im traditionellen Stil stapeln sich die Souvenirs, der interessierte Besucher kann sich Namensstempel schnitzen lassen und die Kalligraphie seiner Wahl erwerben.

Seit dem Bau der Nánxīnhūa Jiē 南新华街 besteht die Líulíchǎng aus zwei Abschnitten, dem Westabschnitt, berühmt für seine Buchläden, und dem Ostabschnitt, in dem sich die meisten Antiquitätenläden befinden. Der Name des Straße, wörtlich ›Fabrik der glasierten Ziegel‹, geht auf eine kaiserliche Manufaktur zurück, die während der Yuan-Dynastie (1271–1368) gegründet wurde. Ihre Hochzeit hatte sie im frühen 15. Jahrhundert, als der dritte Ming-Kaiser Yongle (1360–1424) die Hauptstadt des Reiches von Nanjing nach Peking verlegte und der Neubau der kaiserlichen Tempel und Paläste die Nachfrage nach glasierten Ziegeln deutlich ankurbelte. Ebenfalls zur Ming-Zeit siedelten sich in der Líulíchǎng die ersten Buchläden und Geschäfte für die ›Vier Schätze des Studierzimmers‹ (Pinsel, Papier, Tuschreibestein, Tinte) an.

Bis zur Gründung der Volksrepublik im Jahre 1949 galt die Líulíchǎng als Zentrum der chinesischen Kunst und einige der renommiertesten Kunst-, Buch- und Kalligraphieläden hatten hier ihr Stammhaus. Mitte der 1950er Jahre wurden die meisten Geschäfte verstaatlicht und unter dem Dach einiger weniger Firmen zusammengefaßt. Mit dem Exportverbot von Antiquitäten ging ein Großteil des Inventars

Moslemischer Alltag in Xuanwu

der Antiquitätengeschäfte in den Fundus staatlicher Museen über. Zu Beginn der Reform- und Öffnungspolitik im Jahre 1979 wurde die Líulíchǎng restauriert, auf die heutige Breite von 15 Metern erweitert und einige Jahre später als Fußgängerzone ausgewiesen. Neben den großen staatlichen Läden siedelten sich auch wieder kleine private Geschäfte und einige Straßenhändler an. Echte Kunstschätze wird man in der Líulíchǎng heute nicht mehr finden, abgesehen davon, daß man alle Stücke, die älter als 200 Jahre sind, sowieso nicht ausführen dürfte. Vieles, was in den Läden zum Kauf angeboten wird, ist überteuert, feilschen ist folglich dringend angeraten!

Dazhalan

Folgt man der Líulíchǎng in Richtung Osten, erreicht man auf dem Weg zum Dàzhàlán 大栅栏, der historischen Einkaufsmeile im Bezirk Xuānwǔ, ein bis vor wenigen Jahren recht original belassenes Hutongviertel, das allerdings im Vorfeld der Olympischen Spiele und im Zuge der Umgestaltung der Qiánmén Dàjīe und des Dàzhàlán auch in den Strudel der breitangelegten Stadtsanierung geriet. Bis 2005

99-Cent-Laden auf Chinesisch

war die Gegend um Yánshòu Sì Jiē 延寿寺街, den Yàowǔ Hútóng 耀武胡同 und den Yángwēi Hútóng 杨威胡同 sowie die Méishì Jiē 煤市街 eines der wenigen traditionellen Viertel in der Innenstadt, die weder saniert noch abgerissen worden waren. Die Bevölkerungsdichte war mit 45 000 Einwohnern pro Quadratkilometer die höchste der Hauptstadt, das durchschnittliche Tageseinkommen betrug umgerechnet 80 Cent. Einer zunehmenden Verslumung mitten im Zentrum Pekings standen Modernisierungsbestrebungen und, mit diesen teilweise konkurrierend, Denkmalschutzanliegen entgegen. Heute ist die Méishì Jiē eine 25 Meter breite Nord-Süd-Verbindung, und auch die umliegenden Hutongs wurden größtenteils saniert oder abgerissen. Das Team um die Filmemacher Cao Fei und Ou Ning dokumentierte die Umgestaltung des Viertels, unterstützt unter anderem von der Kulturstiftung des Bundes. Informationen zu diesem Filmprojekt gibt es auf der englischen Website www.dazhalan-project.org.

Nach einigen Metern auf der Méishì Jiē erreicht man schließlich den Dàzhàlán. Ähnlich wie die Líulíchǎng im Osten blickt der an die Qiánmén Dàjiē 前门大街 angrenzende Dàzhàlán auf eine mehr als 500jährige Geschichte zurück. Auch wenn die Geschäfte an beiden Seiten der nun als Fußgängerzone ausgewiesenen historischen Einkaufsstraße wohlklingende Namen tragen und auf jahrhundertelange Tradition hinweisen können, fehlt dem Dàzhàlán ein wenig die historische Aura, was auch daran liegt, daß die Gebäude während des Boxeraufstandes im Jahr 1900 fast vollständig von den angreifenden westlichen Truppen zerstört wurden. Heute wirkt der Dazahlan eher wie ein ins Freie transportierter 99-Cent-Shop, da viele der Geschäfte allerhand Nippes und Billigsouvenirs im Angebot haben. Mit der Umgestaltung der Qiánmén Dàjiē soll auch der Dàzhàlán wieder ein wenig historischen Glanz abbekommen, man darf also gespannt sein, ob er demnächst als Luxuseinkaufsstraße Auferstehung feiert.

Einen Besuch, wenn nicht sogar einen Einkaufsbummel lohnen auch heute schon die Tongrentang-Apotheke (Tóngréntáng Yàodiàn 同仁堂药店), die sich in ihrer mehr als 300-jährigen Geschichte rühmen konnte, Hoflieferant des Kaisers und seiner Familie gewesen zu sein, und der Zhangyiyuan-Teeladen (Zhāngyīyúan Cházhuāng 张一元茶庄), der für Liebhaber des chinesischen Nationalgetränkes seit mehr als 100 Jahren Teespezialitäten aus dem ganzen Land im Angebot hat, zu durchaus erschwinglichen Preisen. Ein Überbleibsel der einst glorreichen Theaterszene des Viertels ist das Guangdelou-Theater (Guǎngdélóu Jùchǎng 广德楼剧场), zur späten Kaiserzeit Sprungbrett vieler großer Pekingoper-Karrieren, in dem heute vor allem Balladen-Erzähler das ausschließlich chinesische Publikum erfreuen. Am Ostende des Dàzhàlán erreicht man schließlich durch ein hohes schmiedeeisernes Tor die kaiserliche Zentralachse an der Qiánmén Dàjiē.

Ackerbaualtar

Im äußersten Süden des Bezirkes, ein paar hundert Meter nördlich des äußeren Zweiten Ringes, liegt im etwas vernachlässigten Ackerbaualtar (Xiānnóng Tán 先农坛) das Museum für historische Architektur (Gǔdàijiànzhù Bówùguǎn 古代建筑博物馆). In unmittelbarer Nachbarschaft des Himmelstempels (Tiāntán 天坛) gelegen, spielte der ebenfalls im Jahre 1421 erbaute Xiānnóng Tán eine nicht minder wichtige Rolle in den Opferpflichten des Kaisers und hatte zu kaiserlichen Zeiten fast die Ausmaße des Himmelstempels. Um den Segen für die Ernte und damit ein ertragreiches Agrarjahr zu erlangen, opferten die Kaiser verschiedenen Gestirnen und mythischen Figuren sowie dem ›Urkaiser‹ der chinesischen Landwirte, Shennong, der als Erfinder der Ackerbaukunst gilt. Der zentrale Altar, im Jahre 1532 erbaut, war Jupiter gewidmet, der in der chinesischen Kosmologie der Gott der Zeit war und dem man eine große zerstörerische Kraft zumaß. Entsprechend mußte der energiegeladene Planet durch die Aufwartung des Kaisers besänftigt werden. In diesem Gebäude befindet sich heute die Hauptausstellung des Architekturmuseums. Interessant ist vor allem das Modell der Stadt Peking im Jahre 1949. Es wurde Anfang der 1990er Jahre im Maßstab 1:1000 errichtet und bietet eine ausgezeichnete Möglichkeit, einen Blick in die Stadtbaugeschichte Pekings zu werfen. Zur Zeit der Drucklegung wurde das Modell grundlegend restauriert, und die Planungen gingen in die Richtung, dem alten Modell ein Modell des modernen Peking gegenüberzustellen.

Tianning-Tempel

An der Grenze zu den Nachbarbezirken Xīchéng und Hǎidìan 海淀 gelegen, ist die Pagode des Tianning-Tempels (Tiānníng Sì 天宁寺) eines der ältesten erhaltenen Gebäude der Hauptstadt. Während die erste Tempelanlage auf dem Gelände bis ins 5. Jahrhundert zurückgeht, wurde die 58 Meter hohe Pagode im Jahre 1159 hinzugefügt. Bis vor einigen Jahren stand die Pagode noch auf dem Gelände einer für die Öffentlichkeit nicht zugänglichen Schallplattenfabrik, die während der Kulturrevolution in den Tempelgebäuden untergebracht wurde, und der interessierte Besucher konnte sie allenfalls von weitem vom äußeren Zweiten Ring aus bewundern. Inzwischen wurde die Fabrik geschlossen und der Tempel an historischer Stätte wieder aufgebaut, nach offizieller Sprachregelung ›restauriert‹. Während die Tempelanlage nicht unbedingt den Besuch lohnt, ist die architektonisch äußerst beeindruckende Pagode jedoch definitiv einen Abstecher in Pekings Südwesten wert. Man kann die Besichtigung des Tiānníng Sì mit einem Besuch des Tempels der Weißen Wolke (Báiyúngūan 白云观) verbinden, der gut 500 Meter nordwestlich liegt und zu Fuß gut erreichbar ist (siehe S. 149).

 Das Xuānwǔ-Viertel bietet durchaus einige gute und relativ günstige Übernachtungsmöglichkeiten. Um den Dàzhàlán gibt es viele chinesische Pensionen, die günstig sind, aber nicht unbedingt westlichem Standard entsprechen. Vor allem auf der Suche nach gehobenen Mittelklasse-Hotels lohnt sich jedoch der Blick nach Xuānwǔ.

▶ ›Qianmen-Hotel‹ (Qiánmén Jiàngúo Fàndìan 前门建国饭店), 3 Sterne, Yǒng`ān Lù 175 永安路, Tel. 63016688, www.qianmenhotel.com. Ein sehr gutes Preis-Leistungs-Verhältnis und die zentrale Lage sprechen für dieses Hotel.

▶ ›Dongfang-Hotel‹ (Běijīng Dōngfàng Fàndìan 北京东方饭店), 3 Sterne, Wànmíng Lù 11 万明路, Tel. 63014466, www.bjdongfang-hotel.com.cn. Solides Mittelklasse-Hotel in einem leider etwas vernachlässigten Teil der Hauptstadt. Etwas teurer, aber nicht ohne Ambiente ist der Kolonialflügel.

 Glamouröse Restaurants und Bars kann man in Xuānwǔ nicht erwarten. Dafür jedoch eine Menge Garküchen und kleiner

Restaurants, die einfache, aber gute lokale Küche anbieten.
▶ ›Tǔlǔfān Cāntīng‹ 吐鲁番餐厅, Niújiē 6 牛街, Tel. 83 16 46 91. Alteingesessenes uigurisches Restaurant. Schmackhafte und authentische Küche aus Chinas Nordwesten.
▶ ›Little Sheep‹ (Xiǎo Féiyáng 小肥羊), nordwestliche Ecke der Càishìkǒu-Straßenkreuzung 菜市口路口西北角, Tel. 63 16 66 68, tägl. 10–23 Uhr. Hammel vom Feinsten im chinesischen Nationalgericht: dem Hotpot. Das im Gegensatz zur Sichuaner Variante milde Fondue erhält seinen Geschmack durch eine Gewürzmischung mit Kreuzkümmel.
▶ ›Jinyang Restaurant‹ (Jìnyáng Fànzhuāng 晋阳饭庄), Zhūshìkǒu Xīdàjiē 241 珠市口西大街, Tel. 63 03 16 69, tägl. 10.30–14 und 17–21.30 Uhr. In einer traditionellen Familienresidenz bietet dieses alteingesessene Restaurant schmackhafte Gerichte aus der chinesischen Kernprovinz Shanxi. Besonders empfehlenswert: Die gebackene Ente (Yàyáng Xiāngsū Yā 亚阳香酥鸭).

Niujie-Moschee (Niújiē Qīngzhēnsì 牛街清真寺), Niújiē 88 牛街, Tel. 63 53 25 64, tägl. 8.30–17 Uhr, Eintritt 10 RMB.
▶ Ackerbaualtar/Architekturmuseum (Xiānnóng Tán 先农坛), Dōngjīng Lù 东经路 21, Tel. 63 17 21 50, tägl. außer Mo. 9–16 Uhr, Eintritt 20 RMB.
▶ Tianning-Tempel (Tiānníng Sì 天宁寺), Tiānníng Sì Qiánjiē 2 天宁寺前街, Tel. 63 43 25 07, tägl. 9–16.30 Uhr, Eintritt 10 RMB.

Pekingoper vom Feinsten, nicht nur für Touristen, gibt es im historischen Ambiente eines alten Gildenhauses: Húguǎng Huìguǎn 湖广会馆, Hūfáng Lù 4 虎坊路, Tel. 63 51 82 84. Theatermuseum tägl. 9–19.30 Uhr, Eintritt 10 RMB, Aufführungen tägl. 19.30–22 Uhr, Eintritt 120–580 RMB. Sehr empfehlenswert. Zur Aufführung werden Snacks und Tee gereicht.
▶ Guangdelou-Theater (Guǎngdélóu Jùchǎng 广德楼剧场), Dàzhàlán Jiē 39 大栅栏街. Für Kundige des Peking-Dialektes ein großes Vergnügen: Balladenaufführungen im Hauptstadtidiom.

 Der Bezirk Xuānwǔ bietet vor allem für den Souvenirjäger eine gute Auswahl.
▶ Liúlíchǎng 琉璃厂, Metro Hépíngmén 和平门 (Linie 2). In dieser Straße gibt es Antiquitäten und Souvenirs in guter, wenn auch eher überteuerter Auswahl.
▶ Dàzhàlán 大栅栏, Metro Qiánmén 前门 (Linie 2). Neben viel Nippes wird hier auch guter Tee, traditionelle Kleidung und Medizin verkauft. Empfehlenswerte Geschäfte sind die Apotheke Tóngréntáng 同仁堂, Dàzhàlán Jiē 24 大栅栏街, Tel. 63 01 48 83, www.tongrentang.com, und der Zhangyiyuan-Teeladen (Zhāngyīyuán Cházhuāng 张一元茶庄), Dàzhàlán Jiē 22 大栅栏街, Tel. 63 03 40 01, www.zhangyiyuan.net (nur chinesisch).

Chongwen-Bezirk

Ähnlich wie der westliche Nachbarbezirk Xūanwǔ 宣武 war der knapp 17 Quadratkilometer große Chóngwén-Qū 崇文区 zu Zeiten der Mandschurenherrschaft vor allem das Wohnviertel der Han-Chinesen. In Chóngwén ging es bis vor einigen Jahren ebenso eng zu wie in Xūanwǔ, lediglich der Ruf des Bezirks war zu Kaisers Zeiten ein wenig besser. Während Xūanwǔ als verrucht galt und allerlei Unterhaltung ober- und unterhalb der Gürtellinie bot, war Chóngwén vor allem ein Wohnviertel, und das Armenhaus der Stadt. Einst war die Gegend sehr dicht besiedelt, inzwischen ist der Bezirk durch die Umgestaltungen der letzten Jahre eher weitläufig und relativ zergliedert. Mit gerade einmal 400 000 Einwohnern ist er der kleinste der Innenstadtbezirke.

An Sehenswürdigkeiten ist der Chóngwén-Bezirk relativ arm. Interessant waren in der Vergangenheit vor allem die Hutongviertel östlich des Qiánmén, die allerdings Mitte 2006 den Bulldozern weichen mußten. Geplant ist hier eine teilweise Rekonstruierung des Viertels nach Vorbild der Liúlicháng, es ist aber fraglich, ob sich die Denkmalschützer gegen die Stadtentwickler durchsetzen können. Weitere Altstadtviertel, vor allem südlich des Chóngwén Mén 崇文门 wurden bereits Mitte der 1990er abgerissen und durch pompöse Einkaufszentren und achtspurigen Straßen ersetzt. Im Westen des Bezirks, entlang des Zweiten Ringes, entstehen nun luxuriöse Apartement-Blocks. Auch wenn historische Spuren in dem Bezirk in den letzten zwei Jahrzehnten weitgehend getilgt wurden, hat der Chóngwén-Bezirk mit dem Himmelstempel dann doch noch eine Sehenswürdigkeit zu bieten, die es immerhin zum Wahrzeichen der Stadt gebracht hat.

Himmelstempel

Mit einer Fläche von 2,7 Quadratkilometern ist der Himmelstempel (wörtlich eigentlich Himmelsaltar, Tiāntán 天坛) die größte Tempelanlage der Stadt. Die eigentlichen Gebäude machen nur einen Bruchteil der Fläche aus, ein Großteil der Anlage dient heute als öffentlicher Park, in dem sich Alt und Jung zu Laientheateraufführungen, zum Musizieren, Tai Ji oder zur Morgengymnastik treffen. Seit 1912 der Öffentlichkeit zugänglich, ist der Himmelstempel heute eine der beliebtesten Parkanlagen der Hauptstadt. Während der Kaiserzeit hatten hingegen nur der Kaiser und sein engstes Gefolge Zutritt zu der Anlage, deren erste Gebäude Kaiser Yongle 1420 errichten ließ. Den Himmel gnädig zu stimmen, war für die chinesischen Kaiser eine vordringliche Aufgabe. Ihren Herrschaftsanspruch leiteten Sie vom Mandat des Himmels ab, das ihnen im Falle einer schlechten Regentschaft auch entzogen werden konnte. Der chinesische Ausdruck für Revolution (Gémìng 革命) heißt übersetzt ›das Mandat des Himmels verändern‹. Mißernten und Katastrophen sah man als Omen für eine schlechte Regentschaft, und so versuchten die Kaiser in Zwiesprache mit dem Himmel, die Naturkräfte gütig zu stimmen. Jedes Jahr zur Wintersonnenwende verließ der Kaiser die Verbotene Stadt durch das Mittagstor und verbrachte die Nacht im Fastenpalast des Himmelstempels, eher er dann, an Körper und Geist gereinigt, auf dem Himmelsaltar dem Himmel Brandopfer darbrachte.

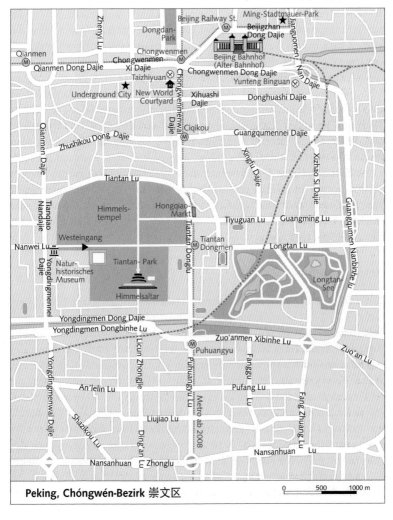

Peking, Chóngwén-Bezirk 崇文区

Den Himmelstempel betritt man am besten durch den Südeingang am äußeren Zweiten Ring. Es empfiehlt sich, eine Eintrittskarte für die ganze Anlage zu kaufen (Liánpiào 联票), die günstigere ›Türkarte‹ (Ménpiào 门票) gilt nur für den Parkbereich. Heben Sie die Karte gut auf, Sie müssen Sie noch mehrmals im Tempel vorzeigen.

Der Rundaltar

Folgt man der Zentralachse, so erreicht man den Rundaltar (Húanqiūtán 圜丘坛), der aus drei pyramidenförmig angeordneten runden Marmorterrassen besteht, die mit Treppen miteinander verbunden sind. Falls Sie sich wundern, warum sich große Menschenmassen um den zentralen Marmorstein der obersten Terrasse drängen: Der Stein gilt den Chinesen als Mittelpunkt der Welt, und wer würde sich nicht einmal gern im Mittelpunkt stehend fotografieren lassen? Um diesen zentralen Stein ziehen sich konzentrische Kreise, deren Anzahl der Bodenplatten jeweils ein Vielfaches von neun ist, neun Platten im ersten, 18 im zweiten und schließlich 243 Platten im letzten Ring am Fundament des Altars. Die Zahl Neun als höchste ungerade und damit höchste männliche Zahl galt als Zahl des Kaisers und man sprach ihr als Trägerin der höchsten Yang-Energie besondere positive Kraft zu.

Symbolisch ist auch die Architektur des Himmelsaltars. Den runden Formen des Altars, Symbol des Himmels, stehen die eckigen Umfassungsmauern gegenüber, Symbol der Erde, eine Gegenüberstellung, die sich durch die Architektur der gesamten Tempelanlage zieht, bis hin zu den Außenmauern, die im Süden eckig und im Norden rund sind.

Halle des Himmelsgewölbes

Vom Himmelsaltar sieht man bereits die Halle des Himmelsgewölbes (Húangqíongyǔ 皇穹宇). Diese ist vor allem aufgrund zweier akustischer Phänomene berühmt. Die sogenannte Echomauer (Húiyīnbì 回音壁) ist so gebaut, daß eine Person, die an der einen Seite gegen die Mauer flüstert, von einer anderen auf der gegenüberliegenden Seite verstanden werden kann. Selbstverständlich müßte es dazu in der Anlage absolut still sein, was eher selten vorkommt. Das gleiche gilt für die andere akustische Besonderheit. Klatscht man auf den ersten der Steine vor der Hallenempore, ertönt ein Echo, auf dem zweiten zwei und auf dem dritten drei Echos. In der Halle des Himmelsgewölbe, deren Dach die Form eines halb geöffneten Schirmes hat, Symbol für angemessene Menge Regen während des Erntejahres, stellte der Kaiser die einst in den Nebenhallen aufbewahrten Tafeln des Mondes, der Sonne und der Gestirne auf und erwies ihnen seine Referenz. An der Halle des Himmelsgewölbes muß man sich entscheiden, in welche Richtung

Dachreiter

man die Besichtigung fortführt. Die traditionelle Besichtigungstour folgt der Zentralachse und führt zur Halle der Ernteopfer, die man auf keinen Fall versäumen sollte. Vorher empfiehlt sich jedoch ein Abstecher in die westlichen Teile der Anlage, die bis vor wenigen Jahren noch eher unansehnlich waren, nun aber, wie der Fastenpalast (Zhāigōng 斋宫), in dem sich der Kaiser nach Ankunft im Himmelstempel auf die Zeremonien vorbereitete, restauriert wurden und wieder im alten kaiserlichen Glanz erstrahlen.

Musikmuseum

Ein absolutes Muß für den musikinteressierten Besucher ist das neu eingerichtete Musikmuseum nahe dem Westtor. Zu kaiserlichen Zeiten wurden in dem ›Abteilung für spirituelle Musik‹ (Shényùeshǔ 神乐署) genannten Gebäude unter der Leitung und Anweisung daoistischer Mönche die rituellen Musikstücke zur Begleitung der kaiserlichen Rituale eingeübt. Heute gibt die ausgezeichnet aufbereitete Ausstellung dem interessierten Besucher einen guten Überblick über die Geschichte der chinesischen Musik und stellt die Entwicklung der chinesischen Musikinstrumente anhand von historischen und nachgebauten Ausstellungsstücken dar. Jede Stunde kann man sich zudem in dem zentralen Gebäude, der Halle der gesammelten Freude (Níngxǐ Diàn 凝禧殿), bei einem knapp 15minütigem Live-Konzert einen Eindruck von den Wohlklängen der chinesischen Musiktradition verschaffen.

Halle der Ernteopfer

Folgt man der traditionellen Besichtigungstour und läuft von der Halle des Himmelsgewölbes in Richtung Norden, erreicht man durch das Tor der Vollendeten Tugend die Mondstufenbrücke, eine etwas erhöhte Passage aus Marmor, der einzige Ort, an dem der Kaiser aus Respekt vor dem Himmel zu Fuß ging. Mit der Halle der Ernteopfer (Qínniándian 祈年殿) erblickt man hier bereits das wohl eindrucksvollste Gebäude des Himmelstempels. Ursprünglich wurde es im Jahre 1420 mit einem zweistöckigen Dach gebaut, das Design des heutigen Baus stammt aus dem Jahre 1530. Die filigrane Dachkonstruktion, im Original ohne einen einzigen Nagel gebaut, ruht auf insgesamt 28 Säulen. Die inneren vier Säulen symbolisieren die vier Jahreszeiten, die mittleren zwölf Säulen die zwölf Monate und die äußeren zwölf Säulen die Doppelstunden des Tages.

Die technisch äußerst versierte Bauweise der Halle stellte die Baumeister im Jahre 1890 vor große Probleme, als der Kaiserhof nach einer durch Blitzschlag verursachten Feuersbrunst anordnete, das Bauwerk möglichst schnell wieder aufzubauen. Man kann sich vorstellen, welch schlechtes Omen die Zerstörung des Symbols der Harmonie des Kaiserreiches mit dem Himmel bedeutete. In der Eile griffen die Handwerker dann doch auf Eisenverstrebungen zurück, brauchten jedoch zehn Jahre, um das Gebäude wiederherzustellen. Verläßt man die Halle der Ernteopfer in Richtung Osten, kommt man an einen Wandelgang, der Richtung Osteingang führt. Viele Amateurkünstler treffen sich hier, um Pekingoper üben oder revolutionäre Volkslieder zum Besten zu geben; sie freuen sich über jeden Zuhörer.

Ming-Stadtmauer-Park

So mancher Reisende, der die Hauptstadt zum letzten Mal in den frühen 1990er Jahren besucht hat, wird angesichts des Ming-Stadtmauer-Parks (Míngchéngqiáng Yízhǐyúan 明城墙遗址园) staunen. Tatsächlich blieb ein kleines Teilstück der einst so gewaltigen Pekinger Stadtmauer zwischen östlichem Zweitem Ring und dem Hauptbahnhof auch nach der Umgestaltung der Pekinger Innenstadt in den 1960er Jahren stehen. Es wurde jedoch weder gepflegt noch restauriert und war so über mehrere Jahrzehnte dem Verfall preisgegeben. Nachdem sich die Stadtmauern in Xi'an und Nanjing als Touristenmagneten entpuppten, kamen die Pekinger Stadtplaner zu der Ansicht, daß der Abriß der Stadtmauer unter Mao Zedong

Chongwen-Bezirk [165]

wohl zu den 30 Prozent seines Lebenswerkes gezählt werden muß, die man Mao gemeinhin als Fehler anlastet. So entschied man sich um die Jahrtausendwende, das verbleibende Mauerstück zu restaurieren und mit einem Park zu umgeben. Für

Die Halle der Ernteopfer ist das berühmteste Bauwerk des Himmelstempels

den Wiederaufbau wurden viele der Originalsteine benutzt, die die Anwohner über die Jahre hinweg zum Bau ihrer Häuser verwendet hatten, die nun wiederum dem Park weichen mußten.

Ganz durchgesetzt hat sich die kleine Parkanlage in den Herzen der Pekingbesucher jedoch nicht, lediglich die Anwohner nutzen den von Wegen durchzogenen Grünstreifen, um Schach zu spielen oder Drachen steigen zu lassen. Ein Muß ist das rekonstruierte Stück der Pekinger Stadtmauer für den Besucher nicht, wer es allerdings nicht nach Xi'an oder Nanjing schafft, kann sich hier ein gutes Bild von einer Stadtbefestigung aus der Zeit der Ming-Dynastie machen. Der Eckturm Dōngbiànmén 东便门 beherbergt zudem die durchaus sehenswerte ›Red Gate Kunstgalerie‹.

Underground City

Eine eher skurrile Sehenswürdigkeit, deren Zukunft bei der Recherche dieses Buches noch ungewiß war, ist die Untergrund-Stadt in dem sich augenblicklich in der Umgestaltung befindlichen Altstadtviertel östlich der Qiánmén Dàjiē 前门大街. Nach dem Bruch mit der Sowjetunion und der darauffolgenden Eiszeit der ehemaligen sozialistischen Bruderstaaten hegte die chinesische Regierung die Befürchtung, China könnte zum Ziel sowjetischer Atomangriffe werden. Überall in den großen Städten des Reichs der Mitte entstanden so ausgedehnte Bunkeranlagen, deren Eignung als Atombunker zwar fraglich, deren Ausstattung und schiere Größe jedoch beachtlich war. Zwischen 1969 und 1979 von mehr als 300 000 Pekinger Bürgern gebaut, umfaßt die Bunkeranlage mehr als 85 Quadratkilometer und liegt bis zu 18 Meter unterhalb der Oberfläche. Die etwas trostlosen, zu touristischen Zwecken mit Militär- und Kulturrevolutionspostern und -bildern behängten Katakomben enden in einer ›Seidenfabrik‹, d.h. in einem Shop, der zum Bombenkeller noch Bombenpreise hinzufügt. Im kapitalistisch orientierten Peking müssen sich eben auch Luftschutzkeller lohnen.

 Bedenkt man, daß Chóngwén nicht unbedingt viel zu bieten hat, gibt es auch keinen triftigen Grund, hier zu übernachten. Luxushotels sind ebenso Fehlanzeige wie stilvolle Unterkünfte. Die meisten Hotels im Bezirk bewegen sich im chinesischen Drei- bis Vier-Sterne-Bereich.
▶ ›New World Courtyard‹, 4 Sterne, Chóngwén Mén Wàidàjiē 3–18 崇文门外大街, Tel. 67 08 11 88, www.marriot.com. Von der Marriot-Kette betrieben, erfüllt dieses zweckmäßige Hotel alles, was man von

einem Vier-Sterne-Hotel erwartet.

 Chóngwén ist kulinarische Wüste. Lediglich entlang der Qiánmén Dàjiē gibt es einige renommierte Restaurants, deren Zukunft jedoch aufgrund der Umgestaltung der Straße ungewiß ist (siehe Kapitel ›Kaiserliche Zentralachse‹ S. 88). Entlang der Zhūshìkǒu Dōngdàjiē 珠市口东大街 und der Chóngwén Mén Wàidàjiē 崇文门外大街 gibt es einige Restaurants, die bodenständige, aber gute chinesische Küche bieten.

▶ ›Taizhiyuan Restaurant‹ (Tàizhīyùan Jiǔjiā 泰之苑酒家), Dōngdǎmóchǎng Jiē 3 东打磨厂街, Tel. 67 01 55 41. Kleines, aber sehr gutes Restaurant mit Schwerpunkt Sichuanküche, 150 Meter südwestlich des Chóngwén Mén, in einer Nebenstraße der Chóngwén Mén Wàidàjiē.

▶ ›Yúnténg Bīnguǎn Shífǔ‹ 云腾宾馆食府, Yunnan Provincial Government Office, Dōnghuāshì Běilǐ Dōngqū 7 东花市北里东区, Tel. 67 11 33 22, Apparat 7105, tägl. 11–22 Uhr. Verläßliche und frische Küche aus Chinas Südwestprovinz Yunnan. Ausgezeichnet sind die kalt angemachte Minze, der fritierte Ziegenkäse und die vielfältigen Pilzgerichte, für die Yunnan berühmt ist.

Himmelstempel (Tiāntán Gōngyúan 天坛公园), Yǒngdìngmén Dàjiē 永定门大街 (Westeingang), Tel. 67 02 88 66, Eintritt 35 RMB (Liánpiào), 15 RMB (Park), tägl. 8–18 Uhr (Tempelanlage), 6–20 Uhr (Park).

▶ Ming-Stadtmauer-Park (Míngchéngqiáng Yízhǐyúan 明城墙遗址园), Chóngwén Mén Dōngdàjiē 崇文门东大街, Tel. 65 27 05 74, Eintritt frei (Park), 10 RMB (Dōngbiànmén), 24 Stunden geöffnet (Park), tägl. 8–17 Uhr (Dōngbiànmén).

▶ Red Gate Galery (Hóngmén Hùaláng 红门画廊), Dōngbiànmén Levels 1 und 4 东便门角楼, Tel. 65 25 10 05, tägl. 10–17 Uhr, www.redgategallery.com. Einer der Pioniere der Pekinger Kunstszene. Der Schwerpunkt liegt auf chinesischer Avantgarde-Kunst.

▶ Underground City (Běijīng Dìxiàchéng 北京地下城), Dōngdǎmóchǎng Jiē 62 东打磨厂街, Tel. 67 02 26 57. Eintritt 20 RMB, tägl. 10–17.30 Uhr.

 Hongqiao-Markt (Hóngqiáo Shìchǎng 红桥市场), Tiāntán Dōnglù 天坛东路, tägl. 8–19 Uhr. Von Souvenirs über Bootleg-DVDs bis hin zur kompletten Trekkingausrüstung ist hier alles in mehreren hundert kleinen Shops im Angebot, was die chinesische Produktion hergibt. Nur eines sollte man hier nicht erwarten: hochwertige Markenware. Unbedingt handeln!

▶ Entlang der Chóngwén Mén Wàidàjiē 崇文门外大街 gibt es zudem einige große Kaufhäuser mit angeschlossenen Supermärkten.

Haidian-Bezirk

Wer zum Studium nach Peking geht, hat gute Chancen, im Hǎidìan Qū 海淀区 eine neue temporäre Heimat zu finden. Von der Peking- über die Qinghua- und die Volks- bis hin zur Sprach- und Kultur-Universität (ehemals das Fremdspracheninstitut Beijing Yuyan Xueyuan, ehe zumindest im Namen etwas Kultur hinzukam) befinden sich die wichtigsten und renommiertesten Universitäten der Stadt, wenn nicht des Landes, in Hǎidìan. Folgerichtig haben sich hier auch viele Buchläden und vor allem viele Restaurants und Bars angesiedelt. Doch auch die Kultur jenseits der Buch- und Bartheke kommt im Nordwesten der Stadt nicht zu kurz. Hǎidìan besitzt mit dem Sommerpalast (Yíhéyúan 颐和园), dem Alten Sommerpalast

Blick vom Sommerpalast auf Peking

(Yúanmíng Yúan 圆明园) und den Duftenden Bergen (Xīang Shān 香山) einige der Hauptattraktionen Pekings. Zudem kommen auch Technikbegeisterte in dem Bezirk auf ihre Kosten. Das Zhōngguāncūn 中关村 südlich der Peking-Universität gilt als Chinas Softwareschmiede und wird mit einem gewissen augenzwinkernden Respekt das ›chinesische Silicon Valley‹ genannt. Wer also schon immer mal chinesische Textverarbeitungs- oder Officesoftware auf der Festplatte haben wollte, wird hier sicherlich fündig.

Haidian-Bezirk [169]

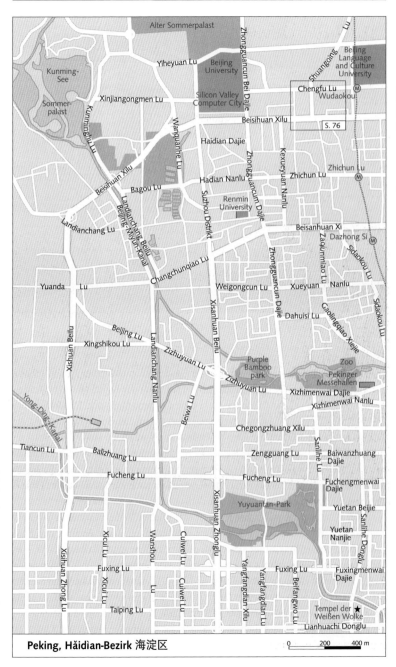

Peking, Hǎidìan-Bezirk 海淀区

[170] Haidian-Bezirk

Holzschnitzerei an einem Dach im Sommerpalast

Bis vor wenigen Jahren war der mit 426 Quadratkilometern und 2,24 Millionen Einwohnern zweitgrößte Stadtbezirk die grüne Lunge der Stadt. Mit fortschreitender Stadterweiterung fielen jedoch viele Grünflächen, Mais- und Reisfelder dem Bauboom zum Opfer, so daß die Bebauung heute bereits den Sommerpalast und die Duftenden Berge erreicht hat. Der Dritte und der Vierte Ring sowie die jeweiligen Ost-West-Zubringer durchschneiden den Bezirk in breiten Schneisen, so daß Hăidìan nicht unbedingt ideal für einen ausgedehnten Spaziergang ist. Immerhin, die Anbindung mit öffentlichen Verkehrsmitteln ist, vor allem nach Fertigstellung der Linie 4 im Jahre 2008, ausgezeichnet, so daß ab dem Olympiajahr sowohl Sommerpalast als auch der Alte Sommerpalast bequem mit öffentlichen Verkehrsmitteln erreichbar sein sollten. Wem Busse und Bahnen zu überfüllt erscheinen, erreicht den Sommerpalast von der Innenstadt aus mit dem Taxi in einer guten halben Stunde – es sei denn, es ist Berufsverkehr. Vor allem der Zweite Ring um die Abfahrt Xīzhímén 西直门 und die Zhōngguāncūn Dàjiē 中关村大街 sind notorische Staustrecken. Das Herzstück des studentischen Nachtlebens, die Gegend um den Wŭdàokŏu 五道口 erreicht man bequem mit der U-Bahn-Linie 13.

Wie das Nachtleben ist auch das kulinarische Angebot in Hăidìan mit wenigen Ausnahmen auf Studenten ausgerichtet. Die meisten Restaurants sind bodenständig gut und keinesfalls überteuert. Wer Abwechslung vom chinesischen Essen sucht, ist zudem in Hǎidiàn genau richtig. Vor allem in der Wǔdàokǒu-Gegend gibt es günstige und gute koreanische Grillrestaurants

Sommerpalast

Die Geschichte des Sommerpalastes (Garten der harmonischen Einheit, Yíhéyúan 颐和园) reicht zurück bis zur Herrschaft der nomadischen Dschurdschen in der Jin-Dynastie (1115–1234), die hier einen ersten Sommerpalast erbauten. Die heutige Anlage geht auf den Qing-Kaiser Qianlong zurück, der den damals ›Garten des Reinen Wassers‹ genannten Palast Mitte des 18. Jahrhunderts seiner Mutter schenkte. In der zweiten Hälfe des 19. Jahrhunderts wurde der dann bereits in ›Garten der harmonischen Einheit‹ umgetaufte Palast auf die heutigen Größe ausgebaut.

Mit zunehmenden Machtgewinn der Kaiserwitwe Cixi wurde die Anlage anstatt der kaiserlichen Sommerfrische in Chengde als Sommerpalast genutzt. In den letzten Jahren ihres Lebens soll Cixi die meiste Zeit im Sommerpalast verbracht und nur noch selten in der Verbotenen Stadt residiert haben. Dementsprechend ließ sie den Palast mit all den Annehmlichkeiten ausstatten, die das Leben am Hofe zu bieten hatte. Dabei bediente sie sich nicht immer legaler Mittel. Das berühmte Marmorboot am Nordwestufer des den Palast gegen Süden begrenzenden Kunming-

Das Marmorboot

Sees wurde mit Geldern der Marine gebaut. Dies erklärt auch, warum das gänzlich immobile, nur als Essensterrasse genutzte Schiff ein Schaufelrad nach Vorbild der Mississippi-Dampfer hat: Offiziell stand hier ein Dampfschiff, und der Hofstaat drückte alle Augen zu, um die Kaiserwitwe nicht zu entblößen.

Audienzhalle und Theaterbühne

Der Sommerpalast ist, wie die Verbotene Stadt, in einen offiziellen und einen privaten Teil unterteilt. In der Halle des Wohlwollens und der Harmonie (Rénshòu Diàn 仁寿殿) hielt Cixi hinter einem Wandschirm Audienz, die jeweiligen Kindkaiser saßen davor, um den Schein zu wahren, der Kaiser treffe die Entscheidungen. Die Halle wird von jeweils einem Drachen-und-Phönix-Paar flankiert, so daß auf der traditionell dem Kaiser vorbehaltenen rechten Seite auch ein Symbol der Kaiserin, der Phönix, steht – ein Zeichen des Machtanspruches der Kaiserwitwe. Etwas nördlich der Audienzhalle befindet sich das ›Vergnügungsviertel‹ des Sommerpalastes mit einer großen Freilufttheaterbühne. Im Garten der Tugend und der Harmonie (Déhé Yuán 德和园) gab sich Cixi zusammen mit geladenen Gästen ihrer Theaterleidenschaft hin. Gegenüber der Theaterbühne liegen die Gemächer, die Cixi während der teilweise Tage dauernden Aufführungen bewohnte. In den Seitenflügeln sind neben kaiserlichen Gewändern auch Geschenke westlicher Delegationen zu bewundern, unter anderem eine kleine Kollektion Meißner Porzellans und, in der der Theaterbühne vorgelagerten Halle, ein Oldtimer der Marke Mercedes. Als Wiederbelebung der Theatertradition und um den Besuchern einen besseren Eindruck von der historischen Atmosphäre zu geben, finden heute wieder alle zwei Stunden kurze Musik- und Theatervorführungen auf der historischen Bühne statt.

Die Privatgemächer

Dem Theatergebäude schließen sich in westlicher Richtung die Privatgemächer Cixis an. In der Halle der Freude und der Langlebigkeit (Lèshòu Táng 乐寿堂) verbrachte die Kaiserwitwe große Teile ihrer letzten Lebensjahre. Mit dem westlichen Ausgang ihrer Privatgemächer beginnt der Lange Korridor (Chángláng 长廊), ein 728 Meter langer überdachter Wandelgang entlang des Kunming-Sees. Szenen aus der chinesischen Geschichte und Mythologie zieren die Dachbalken der Überdachung. Der Wandelgang folgt der Form des angrenzenden Berges der Langlebigkeit (Wànshòu Shān 万寿山) und beschreibt die Flügel einer Fledermaus (chinesisch biānfú 蝙蝠).

Glück und Reichtum wünscht dieses Zeichen; Der Kleine Potala-Tempel in Chengde Himmelsaltar in Peking; Boot vor dem Sommerpalast

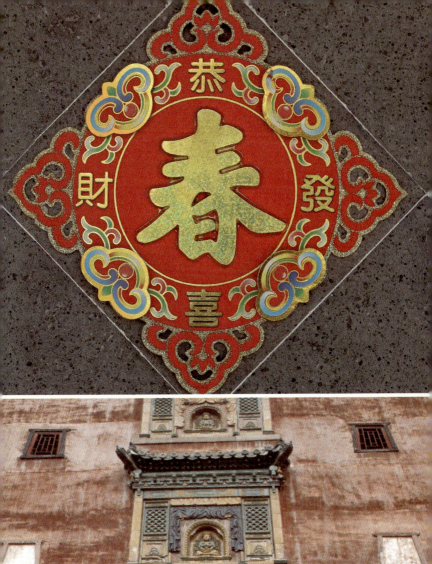

Dank der gleichlautenden Aussprache ist die Fledermaus das Symbol für Glück (fú 福). Auf halber Strecke wird der Lange Korridor durch den Aufgang zum Pavillon des Wohlgeruchs des Buddhas (Fóxiāng Gé 佛香阁) unterbrochen. Folgt man den steilen Treppen, hat man von dem historisch nicht ganz stimmig restaurierten Pavillon einen fantastischen Blick auf die Hochhaussilhouette Pekings. Zurück auf Seehöhe, erreicht man gegen Ende des Wandelganges das berühmte Marmorboot (Shifǎng 石舫). Schaut man genau hin, so entdeckt man, daß nur das Fundament aus Marmor, der Aufbau jedoch aus marmoriertem Holz ist. Von hier kann man mit dem Boot über den Kunming-See zurück zum Eingangstor fahren. Meist weht auch im Hochsommer ein frischer Wind und läßt erahnen, warum Cixi diesen Platz einst als Sommerfrische wählte.

Suzhou-Straße

Hat man etwas mehr Zeit, lohnt es sich, einmal nicht der kaiserlichen Route zu folgen, sondern die Anlage durch den Nordeingang zu betreten. Hier befindet sich auch der einzige bewachte Fahrradparkplatz im Umkreis des Sommerpalastes, für Radler bietet sich diese Route folglich geradezu an. Als erstes erreicht man die Sūzhōu Jiē 苏州街, im Volksmund auch Kommerzstraße (Mǎimài Jiē 买卖街) genannt. Diesem Namen macht die Flaniermeile alle Ehre. Mehr als 60 Läden reihen sich beidseitig eines kleinen Kanals aneinander, die sich vor allem auf chinesische Kulturgegenstände, Kalligraphie und Touristennippes spezialisiert haben, wenn auch nicht immer in dieser Reihenfolge.

Ursprünglich wurde die Straße zu Zeiten Qianlongs im 18. Jahrhundert als Freilufttheater der besonderen Art gebaut. Den Wasserstädten des Yangzi-Deltas nachempfunden, konnten sich Kaiser, Kaiserinnen und Konkubinen, deren Welt meist an den Palastmauern aufhörte, auf einen kleinen ›Einkaufsbummel‹ durch ein stilisiertes Suzhou begeben. Eunuchen und Dienstmädchen chargierten als Händler und Kunden und machten die Illusion der großen weiten Welt annähernd perfekt. Im Jahre 1860 holte jedoch auch diesen Mikrokosmos die Realität ein. Während des zweiten Opiumkrieges fiel die Suzhou-Straße den marodierenden englischen und französischen Truppen zum Opfer. Seit 1986 wurde sie nach und nach wieder aufgebaut und ist heute eine Art ›Wasserdisneyland‹. Wenn auch dem historischem Vorbild nachempfunden, dominiert doch Chinakitsch die Architektur. Nichtsdestotrotz empfiehlt sich ein Spaziergang entlang der Wasserfront oder eine kleine Spazierfahrt mit den an historische Vorbilder angelehnten Ruderbooten. Wer

In der Verbotenen Stadt; Eingang zum Tempel der Weißen Wolke
An der Großen Mauer bei Huanghua

Lust hat, kann sich zudem in historischen Kostümen als Kaiser oder Konkubine ablichten lassen.

Berg der Langlebigkeit

Von der Suzhou-Straße kann man über viele recht steile Treppen, vorbei an den eindrucksvollen Gebäuden des der tibetischen Architektur nachempfundenen Tempels der vier buddhistischen Staaten (Sìdà Bùzhōu 四大部洲) den Berg der Langlebigkeit besteigen. Von hier hat man einen ausgezeichneten Blick auf die gesamte Anlage des Sommerpalastes, und - schönes Wetter und geringen Smog vorausgesetzt - die chinesische Hauptstadt.

Alter Sommerpalast

Auch wenn in den letzten Jahren immense Anstrengungen in die Renovierung des Yúanmíng Yúan 圆明园 flossen, verblaßt die in vielen Reiseführern auch ›Alter Sommerpalast‹ genannte Anlage im Vergleich mit ihrer Nachfolgerin gut zwei Kilometer westlich. Das war nicht immer so. Der Qing-Kaiser Kangxi (1654–1722) ließ die Anlage im Jahre 1707 als Geschenk für seinen vierten Sohn Yingzheng bauen

Die Suzhou-Straße

und legte so den Grundstein seiner kaiserlichen Nutzungsgeschichte. Yingzheng ging in der Folgezeit recht kreativ mit der Erbfolge um, rief sich im Jahre 1722 zum Kaiser aus und baute die Anlage zur kaiserlichen Sommerfrische aus. Bis zu ihrer Zerstörung durch englische und französische Truppen im Jahre 1860 wurden die Tagesgeschäfte der Kaiser auch in nicht-sommerlichen Zeiten zumeist von der dann schlicht ›Kaiserliche Gärten‹ (Yù Yuán 御园) oder ehrfurchtvoll ›Garten der Gärten‹ (Wànyuán zhī Yuán 万园之园) genannten Anlage aus getätigt. Zu Hochzeiten war die Anlage um einiges größer als der spätere Sommerpalast, durchzogen von Seen und Kanälen und mit einer Reihe von Palästen und Verwaltungsgebäuden. Vor der Zerstörung hatte der Yúanmíng Yúan eine Ausdehnung, die mit 3,5 Quadratkilometern der fünffachen Fläche der Verbotenen Stadt entsprach.

Paläste und Labyrinth

Berühmt geworden sind die der europäischen Architektur nachempfunden Paläste (Xīyáng Lóu 西洋楼), die auf Geheiß Qianlongs von den Jesuitenpriestern Giuseppe Castiglione und Michel Benoist Mitte des 18. Jahrhunderts entworfen wurden. Heute noch sichtbar und am besten erhalten ist das Labyrinth (Wànhuā Zhèn 万花阵), wörtlich das Labyrinth der 10000 Blumen, das auch Labyrinth der Gelben Blumen genannt wird (Húanghuā Zhèn 黄花阵). Auf einer Größe von 89 mal 59 Metern formten ursprünglich 1,20 Meter hohe Ziegelmauern eine Reminiszenz an einen europäischen Irrgarten. Insgesamt haben die Mauern eine Länge von 16 Kilometern. In der Mitte des Labyrinths befindet sich ein Pavillon. Das Labyrinth und weitere, zumeist jedoch bis auf die Grundmauern zerstörte Gebäude mit westlichem Einfluß finden sich im Garten des Ewigen Frühlings (Chángchūn Yuán 长春园) im Osten der Anlage.

Gärten

Anders als im westlichen Bewußtsein verankert, bestand der Yúanmíng Yúan jedoch nicht hauptsächlich aus westlichen Gebäuden, sondern teilte sich in drei große Teilgärten, die allerdings größtenteils erst wieder seit den 1990er Jahren zu der Gartenanlage gehören. Zuvor hatten sich die Bauern der Umgebung das kostbare Land angeeignet und zur Landwirtschaft genutzt. Gleich hinter dem Südeingang an der Qīnghúa Xīlù 清华西路 betritt man den Garten des Schönen Frühlings (Qǐchūn Yuán 绮春园), im Osten befindet sich der Garten des Ewigen Frühlings und im Westen der weitläufigste, namensgebende Garten der vollkommenen Klarheit (Yúanmíng Yúan 圆明园).

In den frühen 1990er Jahren erlangte der Yúanmíng Yúan aufgrund der unmittelbar in der Nähe gelegenen gleichnamigen Künstlerkolonie eine gewisse zusätzliche

Berühmtheit. Mit der gewaltsamen Räumung des Künstlerdorfes ging jedoch auch diese Episode des ehemaligen kaiserlichen Gartens zu Ende, und die chinesische Avantgarde ließ sich über den Umweg Tongzhou 通州 in Dàshānzǐ 大山子 im Nordosten der Stadt nieder.

Seit einigen Jahren wird der Garten nach und nach restauriert. Der innerchinesische Streit, ob der Yúanmíng Yúan wieder aufgebaut oder als Nationales Mahnmal der ausländischen Aggression bewahrt werden soll, ist noch nicht entschieden. Obwohl sich nur selten ausländische Besucher in der weitläufigen Anlage verirren, lohnt ein Spaziergang mit Muse durch die Parkanlage. Wer nicht auf Schusters Rappen unterwegs sein will, kann mit einer Elektrobahn durch die Anlage bimmeln oder sich ein Boot mieten und die labyrinthartigen Wasserwege des Yúanmíng Yúan erkunden.

Die Westberge

Wenn es Herbst wird in Peking, zieht es die Hauptstädter in den Westen. Nein, nicht nach Europa oder in die USA, sondern in die Westberge (Xīshān 西山). Vor allem der Duftende Berg (Xiāng Shān 香山) hat es den Pekingern angetan, besser gesagt die charakteristischen rotgefärbten Ahornblätter, die den Berg im September in ein leuchtendes Rot tauchen. Auch zu den anderen Jahreszeiten sind die Berge ein beliebtes Naherholungsgebiet der Pekinger. Auch die neu an die Macht gekommene kommunistische Führung genoß die frische Luft und die unberührte Natur der Westberge und hatte hier nach der Machtübernahme 1949 ihr provisorisches Regierungsviertel – um jeden Vergleich zu kaiserlichem Luxus zu vermeiden ›Arbeitsuniversität‹ genannt – bis sie Mitte der 1950er Jahre in die auch noch heute genutzte ›Neue Verbotene Stadt‹ (Zhōngnánhǎi 中南海) in der Stadtmitte umzog.

Bereits im 10. Jahrhundert diente die Gegend den Kaisern als Jagdgrund und Sommerfrische, und so lassen sich hier bis heute Spuren einer mehr als tausendjährigen imperialen Geschichte finden. Viele Gebäude, Tempel und Paläste der Westberge wurden jedoch mehrmals zerstört, sei es durch alliierte Truppen während des zweiten Opiumkrieges und des Boxeraufstandes, oder durch Rote Garden während der Kulturrevolution. Nach Gründung der Volksrepublik China in den 1950er Jahren und dann, im Zuge der Reform- und Öffnungspolitik wieder in den 1990er Jahren, wurden die Tempelanlagen entlang der Hügel der immerhin über 1000 Meter hohen Westberge wieder aufgebaut und restauriert, so daß die Gegend auch aus religiöser Sicht ihre Bedeutung zurückbekam. Mit dem Tempel der Azurblauen Wolke (Bìyún Sì 碧云寺) und dem Tempel des Schlafenden Buddhas (Wòfó Sì 卧佛寺) befinden sich einige der schönsten Tempel der Hauptstadt in den Westbergen.

Tempel der Azurblauen Wolke

In traumhafter Lage an den Hängen der Duftberge gelegen, ist der Tempel der Azurblauen Wolke eine der schönsten Klosteranlagen der Hauptstadt. Die Lage hatte es schon im frühen 14. Jahrhundert einem Beamten angetan, der sich hier seine Sommerresidenz errichten ließ. Nach dessen Tod wandelte man die Anlage in ein buddhistisches Nonnenkloster um. Die heutigen Gebäude stammen jedoch größtenteils aus jüngerer Zeit und sind dem Stil der Ming-Dynastie nachempfunden.

Die Tempelanlage folgt der klassischen Aufteilung eines buddhistischen Tempels. Zuerst passiert der Besucher die Halle der Himmelskönige (Tiānwáng Diàn 天王殿), dann die Maitreya-Halle (Mílèfó Diàn 弥勒佛殿) und schließlich die Haupthalle mit der Statue des historischen Buddhas Sakyamuni. Außergewöhnlich ist die Gestaltung der Seitenwände. Wo normalerweise 18 buddhistische Heilige, die sogenannten Luohan, ihren Platz haben, werden hier Szenen aus der ›Reise in den Westen‹ dargestellt, die Geschichte des Mönches Xuanzang, der im 7. Jahrhundert buddhistische Schriften aus Indien nach China brachte.

Die Luohan zeigen ihre Präsenz dann in einer großen Halle links des Hauptgebäudes. In der Halle der 500 Luohan (Lúohàn Táng 罗汉堂) kann man die Detailverliebtheit der chinesischen Schnitzkunst bewundern: 508 holzgeschnitzte und vergoldete Figuren sind hier aufgestellt. 500 Luohan, sieben Buddhafiguren und, ein wenig versteckt, die Figur des Jigong. Als sehr unorthodoxer Mönch lebte dieser im China der Song-Dynastie in Hangzhou, trank, aß Fleisch und kümmerte sich nicht um die buddhistischen Regeln. Trotzdem, oder gerade deshalb erreichte er die Erleuchtung und eignete sich allerlei magische Fähigkeiten an. Zudem hatte er ein gutes Herz und war so bei der Bevölkerung sehr beliebt. Schließlich fand er nach seinem Tod Aufnahme in den buddhistischen Pantheon und wird sogar von den Daoisten verehrt. Eigentlich hätte er so auch einen Platz unter den 500 Luohan verdient gehabt, kam aber bei der Verteilung der Plätze zu spät und mußte sich mit einem Platz auf der Dachverstrebung begnügen.

Auch in Chinas jüngeren Geschichte spielte der Tempel der Azurblauen Wolke eine wichtige Rolle. Der Leichnam des Vaters der chinesischen Revolution und Republikgründers Sun Yat-sen wurde von dessen Tod 1925 bis zur Fertigstellung des Mausoleums in Nanjing im Jahre 1929 in einer der Pagoden des Tempels aufgebart.

Tempel des Schlafenden Buddhas

Der Tempel des Schlafenden Buddhas (Wòfó Sì 卧佛寺) ist, zumindest was seine Geschichte angeht, eine der ältesten buddhistischen Anlagen der chinesischen Hauptstadt. Erste urkundliche Erwähnung erfuhr der Tempel im 7. Jahrhundert. Der namensgebende schlafende Buddha wurde jedoch erst im Jahre 1321 hinzugefügt.

Die je nach Schätzung 25 bis 54 Tonnen schwere, 5,20 Meter lange lackierte Bronzefigur ist die größte ihrer Art in China und stellt den historischen Buddha Sakyamuni beim Eingang ins Nirvana dar. Umgeben ist Sakyamuni von 12 aus Lehm geformten und bemalten Jüngern, die jedoch gerade einmal 1,20 Meter groß sind.

Auch der Tempel des Schlafenden Buddhas hat eine Besonderheit zu bieten: Unter den 18 Luohan in der Haupthalle mit den Buddhas der Drei Zeiten (Sānshì Diàn 三世殿) befindet sich auch eine Statue des Kaisers Qianlong, unverkennbar in eine blaue Drachenrobe gehüllt, der sich auf diese Weise ein Stück Heiligkeit und Unsterblichkeit erschlichen hat.

Botanischer Garten

Der Tempel des Schlafenden Buddhas befindet sich auf dem gleichen Areal wie der Pekinger Botanische Garten (Běijīng Zhíwùyúan 北京植物园), so daß es sich empfiehlt, den Besuch beider Sehenswürdigkeiten zu verbinden. Mit über 2000 Orchideesorten und einigen weit über 100 Jahre alten Bonsaibäumen ist der Garten nicht nur für einen Botaniker ein Erlebnis. Der unbestrittene Höhepunkt ist das Gewächshaus, das einem tropischen Urwald nachgestaltet und die 50 RMB zusätzlichen Eintritt allemal wert ist.

Tempel der Großen Glocke

Versteckt hinter den Viadukten des nördlichen Dritten Ringes wirkt der Tempel der Großen Glocke (Dàzhōng Sì 大钟寺) etwas deplaziert. Eigentlich verhält es sich umgekehrt, denn die Anlage kann auf eine knapp 300jährige Geschichte zurückblicken. Herausragende Sehenswürdigkeit des Tempels ist, wie der Name bereits vermuten läßt, die größte Glocke Chinas. Die Legende will es, daß der dritte Ming-Kaiser Yongle die Glocke aus seiner Privatschatulle bezahlt hat – wohl, um das Schicksal gnädig zu stimmen. Einige Jahre zuvor hatte er sich unrechtmäßig den Kaiserthron unter den Nagel gerissen und die Hauptstadt von Nanjing nach Peking verlegt, eine Tat, die das Reich der Mitte für einige Jahre ins Chaos stürzte und Tod und Verderben brachte. Die Tempelanlage wurde jedoch erst dreihundert Jahre nach dem Guß der Glocke errichtet, um dem 6 Meter hohen und 46,5 Tonnen schweren Bronzegiganten eine angemessenen Heimstatt zu geben. Die Glocke besticht derweil nicht nur ob ihrer Größe. Ein genauer Blick auf ihre kunstvolle Verzierung bringt über 230 000 chinesische Schriftzeichen zu Tage, Auszüge aus buddhistischen Sutren. Der Tempel dient heute auch als Glockenmuseum und so sind in den Nebengebäuden weitere Glocken aller Größe und Art ausgestellt, und der Besucher erfährt zudem allerhand Wissenswertes über die Geschichte des Glockengusses im Reich der Mitte.

›Shangri-la Hotel‹ (Běijīng. xiānggélǐlā Fàndìan 北京香格里拉饭店), 5 Sterne, Zǐzhúyùan Lù 29 紫竹院路, Tel. 68 41 22 11, www.shangri-la.com. Beste Fünf-Sterne-Option im Haidian-Bezirk, allerdings recht weit vom Schuß.

▶ ›Fragrant Hills Hotel‹ (Xīangshān Bīnguǎn 香山宾馆), 4 Sterne, im Park der Duftenden Berge 香山公园内, Tel. 62 59 11 55. Ein seltenes Beispiel, wie westliche und östliche Stilelemente eine architektonisch gelungene harmonische Einheit bilden können. Kein Wunder, der Architekt war kein anderer als der Schöpfer der Louvre-Pyramide, I.M. Pei.

▶ ›Friendship Hotel‹ (Yǒuyì Bīnguǎn 友谊宾馆), 4 Sterne, Zhōngguāncūn Nándàjiē 1 中关村南大街, Tel. 68 49 88 88, www.bjfriendship-hotel.com. Einst das Standardgästehaus für Staatsgäste und westliche Experten, ist das 1954 erbaute Hotel immer noch eine gute Wahl – mit einem Hauch von sozialistischem Charme.

▶ ›Xijiao Hotel‹ (Xījīao Bīnguǎn 西郊宾馆), 3 Sterne, Wangzhuang Lu 18 王庄路, Tel. 62 32 22 88, www.xijiao-hotel.com.cn. Vor allem bei den Studenten und deren Besuch aus der Heimat beliebt, stellt das Xijiao Hotel eine gute Mittelklasse-Option dar.

›Baijia Dazhaimen Restaurant‹ (Báijiā Dàzháimén Cānfǔ 白家大宅门餐府), Sūzhōu Jiē 15 苏州街, Tel. 62 65 41 86, tägl. 11–21.30 Uhr. Stilvolles Restaurant, mit einem etwas ins Nostalgisch-Kitschige abrutschenden Innenhof.

▶ ›Charcoal Bar‹ (Tànbā 炭吧), Qīnghúa Dōnglù 1 清华东路, im Hof des ›Jingyu Hotels‹ 京裕宾馆内, Tel. 62 34 99 97, tägl. 16–2 Uhr. Ausgezeichnetes koreanisches Grillrestaurant. Das frische Fleisch wird am Tisch gegrillt.

▶ ›Ganges Indian Restaurant‹ (Hénghé Yìndùu Cāntīng 恒河印度餐厅), Sāncaitang Xiezi 1. Stock 三才堂写字楼一层, 160 Chengfu Lu 160 成府路, Tel. 62 62 79 44, tägl. 11–15, 17–22.30 Uhr. Beliebtes indisches Restaurant mit einer reichhaltigen Auswahl an vegetarischen Currys und Tandori-Gerichten.

▶ ›Golden Peacock‹ (Jīnkǒngquè Dàijīafēngwèi Cāntīng 金孔雀傣家风味餐厅), Mínzú Dàxué Běilù 16 民族大学北路, Tel. 68 93 20 30, tägl. 11–21.30 Uhr. Kleines, aber exzellentes Restaurant mit Spezialitäten aus Chinas Südwesten. Besonders empfehlenswert: Ananas-Reis und fritierte Bananen. Vorbestellung empfohlen!

▶ ›Tianchí‹ (天池), Westtor der Universität für Minoritäten, 民族大学西门, Tel. 68 42 45 95, tägl. 10–24 Uhr. Eines der letzten uigurischen Restaurants im ehemaligen Moslemviertel der Stadt. Spezialitäten sind die handgezogenen Nudeln und frische Hammelfleischspießchen mit Chili und Kreuzkümmel.

▶ ›Xīangyáng Xǐaozhù‹ 香阳小筑, Běisānhuan 北三环, 20 Meter westlich des Tempels der großen Glocke 大钟寺西20米, Tel. 82 11 21 04, tägl. 11–14.30, 17–21 Uhr. Günstiges und gutes vegetarisches Restaurant. Kostenloser Internetzugang.

 ›D-22‹, Chéngfǔ Lù 242 成府路, Tel. 62 65 31 77, tägl. außer Mo 18–2 Uhr. Neben dem Yúgōng Yíshān (Sanlitun) die interessanteste Musikkneipe der Stadt. Regelmäßige Live-Konzerte auch jenseits des Mainstreams.

▶ ›Lush‹, Húaqíng-Jiayúan-Block Nr. 1‹, 2. Stock, Chéngfǔ Lù 成府路 (gegenüber der Metrostation Wǔdàokǒu 成府路), 华清嘉园1号楼二层 (五道口城铁站对面), Tel. 82 86 35 66, tägl. 24 Stunden geöffnet. ›Die‹ Studentenkneipe im ohnehin studentischen Viertel Pekings. Uneingeschränkt empfehlenswert die Open-Mic-Night, jeden Sonntag ab 21 Uhr. Zum Mitsingen und Zuhören.

Sommerpalast (Yíhéyuán 颐和园), Yíhéyuán Lù 颐和园路, Tel. 62 88 11 44, 6.30–20 Uhr (letzter Einlaß 18 Uhr), Eintritt 30 RMB (April–Okt.), 20 RMB (Nov.–März). Ab 2008 mit der Metro 4 erreichbar (Yíhéyuán), die Busse 808 (vom Qiánmén), 801, 330 und 375 (ab U-Bahn-Station Xīzhímén 西直门) halten beim Sommerpalast.

▶ Alter Sommerpalast (Yúanmíng Yúan 圆明园), Qīnghúa Xīlù 28 清华西路, Tel. 62 62 85 01, tägl. 7–19 Uhr, Eintritt 10 RMB (Park), 15 RMB Ruinen und das Labyrinth, www.yuanmingyuanpark.com. Ab 2008 Metro 4 (Yúanmíng Yúan).

▶ Park der Duftenden Berge (Xīangshān Gōngyúan 香山公园), Tel. 62 59 11 55, tägl. 6–19 Uhr (Sommer), 6–18.30 Uhr (Winter), Eintritt 10 RMB. Bus 331 ab Sommerpalast, 360 ab Zoo.

▶ Tempel der Azurblauen Wolke (Bìyún Sì 碧云寺), am Westtor des Parks der Duftenden Berge (Xīangshān Gōngyúan Běimén 香山公园北门), Tel. 62 59 11 55, tägl. 8–16.30 Uhr (Sommer), 8.30–16 Uhr (Winter), Eintritt 10 RMB. Bus 331 ab Sommerpalast, 360 ab Zoo.

▶ Tempel des Schlafenden Buddhas (Wòfó Sì 卧佛寺) und Botanischer Garten (Běijīng Zhíwùyúan 北京植物园), Wòfó Sì Lù 卧佛寺路, Tel. 62 59 12 83, tägl. 6–20 Uhr (Sommer), 7–19 Uhr (Winter), Eintritt 5 RMB (Tempel), 50 RMB (Gewächshaus). Bus 331 ab Sommerpalast, 360 ab Zoo.

▶ Tempel der Großen Glocke (Dàzhōng Sì 大钟寺), Běisānhúan Lù 31A 北三环路, Tel. 62 55 08 19, tägl. 8.30–16 Uhr, Eintritt 10 RMB. Metro Dàzhōng Sì (Linie 13).

 Hailong Shopping Mall (Hǎilóng Dàshà 海龙大厦), Zhōngguāncún Dàjiē 1 中关村大街, Tel. 82 66 38 38, tägl. 9–18.30 Uhr. Computer im chinesischen ›Silicon Valley‹.

▶ Zhongguancun Mall (Zhōngguāncún Buxingjie 中关村步行街), Zhōngguāncún Nándàjiē 12 中关村南大街, tägl. 10–22 Uhr. Nicht das größte, aber das angenehmste Einkaufszentrum in Hǎidìan.

Chaoyang-Bezirk

Von den Innenstadtstadtbezirken ist der Cháoyáng Qū 朝阳区 sicherlich der modernste und rangiert in der Gunst der Hauptstädter ganz oben. Wer sich die Nacht um die Ohren schlagen mag, gerne in schicken Coffee Shops sein Notebook spazierenführt oder auf der Suche nach dem ultimativen kulinarischen Kick ist, wird in Cháoyáng fündig werden. Liebhaber von Kulturdenkmälern, Tempeln und Palästen sind in diesem Bezirk jedoch fehl am Platz. Auch wenn der Cháoyáng-Bezirk immerhin 475 Quadratkilometer groß ist und mehr als zwei Millionen Menschen in ihm leben, gibt es nur wenige verbliebene Kunstdenkmäler. Einzig der Ostbergtempel (Dōngyuè Miao 东岳庙) hat so etwas wie eine sehenswerte kulturgeschichtliche Vergangenheit, auch wenn selbst dieser knapp 700 Jahre alte daoistische Tempel erst wieder in den letzten Jahren zur einstigen Größe restauriert wurde. Ansonsten gibt sich der Bezirk ein modernes Image und wird 2008 im Zentrum der Weltöffentlichkeit stehen: Das Olympische Grün mit dem Nationalstadion befindet sich im äußersten Norden Cháoyángs und ist allein aufgrund seiner architektonischen Eigenheiten eine Besichtigung wert (siehe S. 112). Wer sich für moderne chinesische Architektur interessiert, hat auch jenseits des Olympiageländes Gelegenheit, auf Spurensuche zu gehen.

Jingguang Center und SOHO-Areal

Auf der Innenstadtseite des östlichen Dritten Ringes gelegen, ist der 207,9 Meter hohe Jingguang Center (Jīngguǎng Zhōngxīn 京广中心) nicht gerade eine herausragende Sehenswürdigkeit, schwingt sich aber recht auffällig in den Pekinger Himmel und war bis zur Eröffnung des Yintai Centers (Yíntài Zhōngxīn 银泰中心) im Jahre 2006 immerhin 16 Jahre lange das höchste Bürogebäude Pekings. Der dritte Turm des China World Trade Centers steuert einen guten Kilometer in Richtung Süden schon den nächsten, dann 330 Meter betragenden Höhenrekord an. Das dazugehörige China World Trade Center (Gúomào 国贸) war und ist eine erste Anlaufstation für jeden, der sich in Peking dem Konsumrausch hingeben möchte, internationale Mode sucht oder einfach nur den Tag beim Schlittschuhfahren verbringen möchte. Schräg gegenüber, auf der nordöstlichen Seite des Dritten Ringes, schwingt sich das neue Sendezentrum des staatlichen Fernsehens CCTV 234 Meter in die Höhe, nicht zu verkennen mit seiner blauen Spiegelverglasung und dem großen Sichtloch in der Mitte der trapezartigen Struktur. Ein Gebäude wie das chinesische Fernsehprogramm: viel Glanz und in der Mitte viel Luft.

Ein kleines Stück in Richtung Südwesten, auf der Südseite der Jianguomén Wàidàjie 建国门外大街, erstreckt sich das in den letzten Jahren ständig erweiterte,

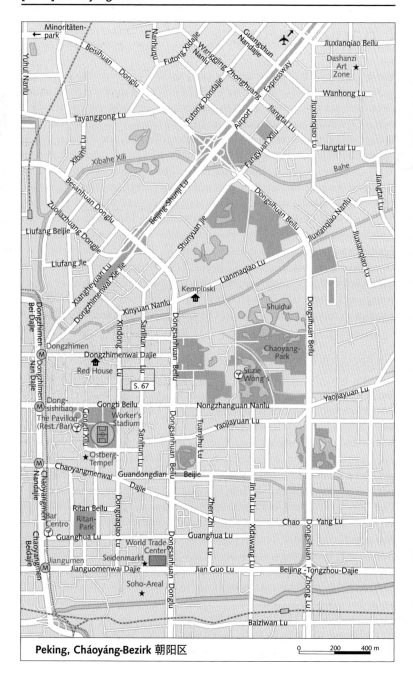

inzwischen mehr als 70 Hektar große SOHO-Areal. Entworfen und realisiert von dem japanischen Architekturbüro Riken Yamamoto & Field, ist das SOHO-Projekt ein gelungener Versuch, ein urbanes Zentrum zuschaffen, in dem sich Wohnungen, Büros, Restaurants und aufwendig gestaltete Plätze und Grünflächen zu einer Einheit verbinden. Gerade am frühen Abend, wenn die Häuser stilvoll beleuchtet sind, empfiehlt sich ein Einkaufsbummel mit anschließendem Restaurantbesuch. Ansonsten hat der Bezirk dem passionierten Spaziergänger nicht viel zu bieten, und auch der geübte Stadtradler wird angesichts der Dominanz vier- bis achtspuriger Ausfallstraßen und Autobahnen nicht wirklich gerne auf zwei Rädern durch Cháoyáng brausen.

Wer sich für chinesische Kunst interessiert, sollte ein Taxi nehmen und nach Dàshānzĭ fahren. Auf dem Gelände einer stillgelegten Raketenfabrik mischt sich die Avantgarde mit dem kunstinteressierten Hauptstadtpublikum.

Ostberg-Tempel

Inmitten von mehrspurigen Straßen, Hotelkomplexen und Hochhäusern wirkt der Dōngyuè Miào 东岳庙 trotz seiner Monumentalität etwas verloren. Halb Tempel, halb Museum ist er jedoch ein farbenfrohes Fest daoistischer Mythologie. Der 1319, zur Zeit der Yuan-Dynastie gebaute Tempel wurde nach Gründung der Volksrepublik als Hort des Aberglaubens in eine Schule umgewandelt. Die meist kunstvoll gestalteten Figuren und die Innereinrichtung fielen der Kulturrevolution, das ursprüngliche Schmucktor und der Eingangshof Ende der 1990er Jahre der Stadtplanung zum Opfer. Erst in den letzten Jahren wurde der Tempel restauriert und das Volkskundemuseum

Inmitten des modernen Peking gelegen: der Ostberg-Tempel

in ihm untergebracht. Die Gebäude im hinteren Teil des Tempels beherbergen heute eine Wechselausstellung chinesischer Alltagsgegenstände und der Volkskunst.

Das Kernstück des Tempels sind jedoch 72 um den zentralen Innenhof gebaute Kammern, die sich den verschiedenen Höllen mit ihren jeweiligen Verwaltungsbeamten und Bewohnern widmen. Auch wenn die erklärenden Tafeln leider nur auf Chinesisch sind, bekommt der interessierte Besucher durchaus einen Einblick, was den gläubigen Daoisten so im Jenseits erwartet. Neben allerlei schrecklichen

Gestalten ist das vor allem viel Bürokratie, und das ist, wie jeder Chinese aus dem Diesseits weiß, der eigentliche Horror. Herr über die Beamten der Hölle ist der Ostbergkaiser, die Personifizierung des heiligen daoistischen Berges Taishan, auf den sich auch der Name des Tempels bezieht. Vor allem während des Chinesischen Neujahrs, wenn im Dōngyuè Miào eines der interessantesten Tempelfeste der Stadt stattfindet, empfiehlt sich der Besuch der Tempelanlage.

Minoritätenpark

56 Volksgruppen, die han-chinesische Bevölkerungsmehrheit eingerechnet, hat die Volksrepublik China. Jeder dieser Volksgruppen ist in dem Mitte der 1990er Jahre errichteten Minoritätenpark (Zhōnghuá Mínzúyúan 中华民族园) ein Gebäude gewidmet. Der Park liegt im äußersten Nordwesten des Bezirkes am nördlichen Vierten Ring. Innerhalb einer Stunde kann man sich hier auf einen Parforceritt durch die verschiedenen Kulturen, Bräuche und Architekturstile des Landes begeben und bunten Kostümtänzen, lokalen Snacks und inszenierten Feiern frönen. Der Kitschfaktor ist hoch und die Erfahrung eher skurril. Mit Kindern ist das Völkerkunde-Disneyland aber durchaus einen Besuch wert, wenn auch die umgerechnet 9 Euro Eintritt pro Person einem den Spaß verderben können.

Dashanzi

Chinas neueste Avantgarde-Spielwiese hat alles andere als künstlerische Wurzeln. Anfang der 1950er Jahre wurden die Fabriken entlang der Jiŭxiānqiáo Lù 酒仙桥路 als Teil der sozialistischen Bruderhilfe mit Hilfe der Sowjetunion errichtet. Im Rahmen des ersten chinesischen Fünf-Jahres-Planes lieferte die DDR das technische Know-How und half der jungen Volksrepublik beim Aufbau mehrerer Elektrofabriken. In den 1980er und 1990er Jahren fielen die zuvor hochsubventionierten Staatsbetriebe der Reformpolitik Deng Xiaopings zum Opfer. Die ›Seven-Star Huadian Science and Technology Group‹, eine Immobilienfirma, wurde beauftragt, Mieter für die nun meist funktionslos gewordenen Fabrikgebäude zu finden. Mit der Räumung der Künstlerkommune westlich des Yúanmíng Yúan im Jahre 1995 suchte die chinesische Avantgarde eine neue Heimat, die sie vorübergehend in der östlichen Vorstadt, dem damaligen Tongxian (heute Tongzhou) fand. Zur gleichen Zeit mietete das Zentrale Kunstinstitut, das von der Innenstadt in Pekings Nordosten umziehen mußte, einige der Hallen in Dàshānzi 大山子 als Ateliers an. In den kommenden Jahren verlegten viele Künstler ihre Ateliers in die Gegend und mit dem Beijing Tokyo Art Projects (BTAP, Běijīng Dōngjīng Yíshù Gōngchéng 北

京东京艺术工程) zog 2001 die erste Kunstgalerie auf das Areal. Weitere wie die 798 Space Gallery sollten folgen und begründeten den Ruf Dàshānzìs.

Nach einigen heftigen Auseinandersetzung über den Kurs des Projektes, ausgelöst durch eine Reihe von aufsehenerregenden, aber ebenso umstrittenen und in ihrer Konsequenz die Zukunft Dàshānzìs gefährdenden Aktionen in den Jahren 2003 und 2004, setzte mit dem ersten Dàshānzì Art Festival im Frühjahr 2004 und der zunehmenden Ansiedlung von Cafés und Clubs die Kommerzialisierung des Projektes ein. Auch die Kunst muß sich lohnen im Reich der Mitte, und das auch 798 Art District (798 Yìshù Qū 798 艺术区) genannte Areal bietet die Gelegenheit und Plattform dazu.

Heute gibt es auf dem Gelände ein gutes Dutzend Galerien, Cafés, Restaurants und Clubs, die enthusiastisch sowohl beim kunstinteressierten chinesischen als auch beim ausländischen Publikum angenommen werden. Allzu Neuartiges sollte man nicht erwarten, vieles, zumindest was die Stilrichtung angeht, kennt man bereits von den doch recht häufigen China-Avantgarde-Ausstellungen in Deutschland. Dàshānzì ist, wenn auch ein wenig schwer zu finden, definitiv die weite Taxifahrt wert, zumal die Zukunft des aktuellen chinesischen Avantgarde-Laboratoriums auch nach Jahren des Erfolges noch unsicher ist. Immer wieder gibt es Gerüchte, das Areal wäre trotz bestehender Mietverträge zum Abriß und zur Neuerschließung durch Immobilienfirmen freigegeben.

Galerie in Dashanzi

In kaum einem Bezirk gibt es so viele Hotels wie in Cháoyáng, vor allem Fünf-Sterne-Häuser, aber auch Backpacker-Unterkünfte.

▶ ›Kempinski Hotel‹ (Kǎibīnsījī Fàndiàn 凯宾斯基饭店), 5 Sterne, Liàngmǎqiáo Lù 50 亮马桥路, Tel. 64 65 33 88, www.kempinski-beijing.com. Luxushotel mit angeschlossenem Einkaufszentrum. Sehr stilvolle Zimmer und exzellenter Service.

▶ ›Red House‹ (Ruìxiù Bīnguǎn 瑞秀宾馆), 2 Sterne, Chūnxiù Lù 10 春秀路, Tel. 64 16 78 10. Verkehrsgünstig nahe der U-Bahn Ringlinie (Linie 2) gelegenes Mittelklassehotel mit großzügig bemessenen und gut ausgestatteten Räumen.

▶ ›Youyi Youth Hotel‹ (Yǒuyì Qīngnián Jǐudiàn 友谊青年酒店), 1 Stern, Běisānlǐtún 43 北三里屯, Tel. 64 17 26 32, www.poachers.com.cn. Einfach und laut, aber unschlagbar zentral.

›Bamboo Village Bay Fung Tang Restaurant‹ (Xiānggǎng Zhújiāzhuāng Bìfēngtáng 香港竹家庄避风塘), Dōngzhíménwài Dàjiē 46, 东直门外大街, Tel. 84 60 87 78, tägl. 10–6 Uhr. Eines der wenigen erschwinglichen und dennoch guten kantonesischen Restaurants der Hauptstadt. Vor allem die Dim Sum sind empfehlenswert.

▶ ›Café Pause‹, Jǐuxiānqiáo Lù 2 酒仙桥路, Tel. 64 31 62 14, tägl. 10–21 Uhr. Eines der vielen Cafés, die in den letzten Jahren in Dàshānzì aufgemacht haben, angenehme Atmosphäre.

▶ ›La Mansarde‹ (Fǎlánxiāng Xīcāntīng 法兰香西餐厅), Hǎoyūn Jiē 29 好运街, Tel. 58 67 02 55, tägl. 11–14, 18–22.30 Uhr. Fast könnte man glauben, in Frankreich zu sein – dann kommen die Crêpes zum Nachtisch und man ist wirklich dort! Empfehlenswert.

▶ ›Paulaner Brauhaus‹ (Pǔlánà Píjiǔfáng 普拉那啤酒坊餐厅), Liàngmǎqiáo Lù 50, im ›Kempinski Hotel‹ (亮马桥路/凯宾斯基饭店), Tel. 64 65 33 88, tägl. 11.30–1 Uhr. Für alle, die das Heimweh packt und die einmal Chinesinnen im Dirndl erleben wollen. Dies allerdings zu Preisen, die selbst dem Münchner Tränen in die Augen treiben.

▶ ›Pazi Hot Pot City‹ (Huǒbāzǐ Huǒguō 火巴子火锅), Xīnyuán Jiē 13 新源街, Tel. 84 51 05 05, tägl. 24 Stunden geöffnet. Äußerst beliebtes und lebhaftes Hot-Pot-Restaurant, ideal für große Gruppen und späte Gelage.

▶ ›Three Guizhou Men‹ (Sāngè Guìzhōurén 三个贵州人), 1. Jiànwài Soho Bulding 7, Dōngsānhuàn Zhōng Lù 39 东三环中路, 建外 Soho 7 楼, Tel. 58 69 05 98, tägl. 10–14, 17–22 Uhr. Äußerst beliebte und sehr empfehlenswerte Kette von Restaurants, die sich auf die Küche der Südprovinz Guizhou spezialisiert hat. Vor allem die sauerscharfe Fischsuppe (Sūantángyú 酸糖鱼) ist eine Sünde wert! Ein weiteres Restaurant dieser Kette befindet sich im Westtor des Workers' Stadium (oberhalb Coco Banana), Gōngtǐ Xīmén Nèi 工体西门内, Tel. 65 51 85 17, rund um die Uhr geöffnet.

 ›Bar Blu‹ (Lán Bā 蓝吧), Sānlǐtún Hòujiē 三里屯后街, im 4. Stock des Tongli-Studios 同里 4 层, Tel. 64 17 41 24, So–Do 16–2, Fr, Sa 16–4 Uhr. Angenehme Atmosphäre und ein schöner Blick über Peking bei Nacht. Eine Oase in der Hektik der Großstadt.

▶ ›The Tree ‹ (Yǐnbì de shù 隐蔽的树), Sānlǐtún Běijiē 43 三里屯北街, Tel. 64 15 19 54, www.tree-beijing.com, Mo–Sa 11–open end, So 13–open end. Einst als ›Hidden Tree‹ in der legendären Sānlǐtún-Südstraße gelegene Institution, die auch unter neuem Namen und an anderer Stelle eine der angenehmsten Kneipen der Stadt ist. Belgisches Bier und Holzofenpizza sind die Highlights.

▶ ›Yan Rén‹ 仁, Dàshānzì Art District 798 大山子艺术区, Jiǔxiānqiáo Lù 4 酒仙桥路, Tel. 84 57 35 06, www.yanclub.com, tägl. 10–18 Uhr. Der chinesische Rockstar Cui Jian hat hier gespielt, und Udo Lindenberg kam auf seiner China-Tournee im Yan vorbei. Neben wechselnden Ausstellungen gibt es hier auch gelegentlich Live-Konzerte und andere Veranstaltungen am Abend.

 Dàshānzì Art District (Dàshānzì Yìshù Qū 大山子艺术区), Jiǔxiānqiáo Lù 2 und 4 酒仙桥路, www.798art.org.

▶ Minoritäten-Park (Zhōnghúa Mínzúyúan 中华民族园), Mínzúyúan Lù 1 民族园路, Tel. 62 06 36 46, Eintritt 90 RMB, tägl. 8.30–18 Uhr, www.emuseum.org.cn. Bus T2, 21 oder 380, Haltestelle Mínzúyúan.

▶ Ostberg-Tempel (Dōngyùe Mìao 东岳庙), Cháowài Dàjie 潮外大 141, Tel. 65 51 01 51, tägl. 8.30–16 Uhr, Eintritt 10 RMB, Metro Cháoyángmén 潮阳门 (Linie 2).

Panjiayuan-Antiquitätenmarkt (Pānjīayúan Jiùhùo Shìchǎng 潘家园旧货市场), Pānjīayúan Qíao 潘家园桥, Mo–Fr 8.30–18, Sa, So 4.30–18.30 Uhr. Der traditionelle Antiquitätenmarkt der Hauptstadt. Über 3000 Händler bieten vor allem an Wochenenden an, was sie im Land an echten Antiquitäten oder in den Fabriken des Landes an Imitationen gefunden haben.

▶ Seidenmarkt (Xìushǔi Jīe 秀水街), Jìangúomén Wàidàjie 建国门外大街, Xìushǔi Dōngjīe 8 秀水东街. Legendärer Seidenmarkt im Pekinger Botschaftsviertel. Auf Chinesisch immer noch als Straße (Jīe) bezeichnet, residieren die kleinen Geschäfte nun in einem sechsstöckigen Gebäude. Man kann schöne Sachen finden, die Preise sind überzogen – auch nach hartnäckigem Handeln.

Avantgarde im heutigen China

Langhaarige Chinesen, die sich bei einem Joint über Beuys unterhalten und dazu chinesische Rockmusik hören. Gibt es nicht? Weit gefehlt. Mit der wirtschaftlichen Reform und Öffnung seit 1978 sind, wie Deng Xiaoping sich auszudrücken pflegte, auch ›die Fliegen durch das Fenster gekommen.‹

Moderne chinesische Künstler befinden sich in einem seltsamen Dilemma. Einerseits können sie aus einem weiten Schatz an Maltechniken, Liedgut und Literatur schöpfen sowie aus einer Kultur, die auf mehrere Jahrtausende Kontinuität zurückblicken kann. Zusätzlich ist politisch motivierte Kunst kein Fremdwort in China, im gesamten 20. Jahrhundert drehte sich die chinesische Kunst und die sie begleitende Diskussion um so gut wie nichts anderes. Andererseits nahm dies den chinesischen Künstlern der 1980er und frühen 1990er Jahre lange Zeit jede Möglichkeit der Entfaltung.

Die althergebrachten Techniken waren als angestaubt verpönt und expliziete Kritik an den bestehenden Verhältnissen von der Zensur her unmöglich. Der Aufbruchstimmung Ende der 1970er Jahre, begleitet von der Gründung diverser Kunstgruppen, die sich an der westlichen Avantgarde orientierten, folgte Ratlosigkeit und Depression. In einem Land, das entweder klassische Landschaftsmalerei oder politische Aussage als Maßstab der künstlerischen Qualität ansah, taten sich vor allem die selbsternannten Avantgardemaler schwer, sich mit neuen Ideen durchzusetzen, die gleichzeitig vom Ästhetizismus und Zynismus geprägt waren.

›Zynischer Realismus‹ nannte sich die Kunstform, die sich in der chinesischen Kunstszene um 1990 durchsetzte, und in der Künstlerkommune ›Yuanming Yuan‹, unweit des alten Sommerpalastes in Peking, ihre deutlichste Ausprägung fand. Die feisten Glatzköpfe Feng Lijuns gingen um die Welt und erzielen auf dem internationalen Kunstmarkt inzwischen Traumpreise. Die zynische Darstellung chinesischer Realität wurde zum Warenzeichen einer Malergeneration, technisch perfekt gemalt und dennoch seltsam leer und orientierungslos. Von der chinesischen Bevölkerung ignoriert, der Regierung bekämpft (die Künstlerkolonie wurde Ende 1995 mit Gewalt geräumt) und vom Westen hofiert, wurden viele der chinesischen Künstler reich und berühmt, führen in China aber weiterhin eine künstlerische Schattenexistenz.

Ganz anders die Musiker und die Literaten, die zwar mit ähnlichen Problemen zu kämpfen hatten, mit ihren Werken aber einen weitaus größeren Teil der chinesischen Bevölkerung erreichen. Die Lieder Cui Jians, dem Vater der chinesischen Rockmusik, haben es inzwischen bis in die Karaoke-Bars gebracht, und das,

Avantgarde im heutigen China [193]

obwohl sein bekanntestes Lied, ›Yi kuai hongbu‹ (Ein totes Tuch) allegorisch die Partei kritisiert und ›Yiwusuoyou‹ (Ich habe nichts) die Hymne der 1989er-Bewegung war und Cui mit diesem Lied auf dem besetzten Platz des Himmlischen Friedens auftrat.

Rockmusik ist in den chinesischen Großstädten inzwischen eine alltägliche Angelegenheit, von der politischen Führung nicht gerade geliebt, aber toleriert, und drückt das Lebensgefühl einer Generation aus, die jenseits von politischer Indoktrinierung und wirtschaftlichen Sorgen aufwächst und sich dem musikgewordenen Weltschmerz hingibt. Seit ein paar Jahren schwappt eine Punkwelle durch die chinesischen Metropolen und scheint genau den Nerv der Großstadtjugend zu treffen.

Was die Rockmusik langsam erreicht, ist der Literatur schon lange gelungen. Es war Wang Shuo, Wortführer einer literarischen Strömung, die man (ungewollt von deren Exponenten) ›Herumtreiberliteratur‹ nannte, der Mitte der 1980er Jahre mit seinen Figuren – betrunkene Antihelden mit loser Zunge und ungezügeltem Hauptstadtidiom – einen Stil der Literatur prägte, der sich bis heute fortsetzt. Nicht die Helden des sozialistischen Aufbaus standen im Mittelpunkt seiner Geschichten, sondern die zerrissenen Charaktere der Reformzeit, jenseits jeder Orientierung und politischer Einstellung. Seine Romane waren stilbildend, selbst die vor allem im Westen gefeierten Romane von Mian Mian und Wang Hui, beide Chronistinnen des Shanghaier Nachtlebens, zwischenzeitlich verboten und nun wieder frei in China erhältlich, sind in dieser Tradition zu sehen.

Die perfekteste Synthese zwischen Avantgarde, sozialer und politischer Akzeptanz sowie kommerziellem Erfolg ist sicherlich den Filmemachern gelungen. Zhang Yimou, Regisseur gefeierter Filme wie ›Rotes Kornfeld‹ und ›Judou‹, war einst in seinem Heimatland verpönt, während er auf den Filmfestivals zwischen Cannes und Berlin geehrt wurde. Mit seinem letzten Werk ›Hero‹ konnte er auch in China große Erfolge feiern und ist längst Teil des chinesischen Mainstreams. Zumindest insofern, daß er die Turandot-Aufführung in der Verbotenen Stadt inszenieren durfte.

Das moderne China schließt langsam Frieden mit seiner Avantgardekunst, auch wenn es noch lange dauern wird, bis ein chinesischer Politiker wie einst Bill Clinton an einer Rocksession teilnehmen wird. Jiang Zemin war als begeisterter Karaoke-Sänger in ganz China berühmt und berüchtigt. Immerhin, ein Anfang.

Ausflüge rund um Peking

Im Verwaltungsbezirk der chinesischen Hauptstadt findet man hohe Berge, tiefe Schluchten, wüstenähnliche Gegenden und sogar ein einst von mongolischen Nomaden bewohntes Grasland. Der tiefste Punkt liegt auf Meereshöhe, die höchste Erhebung, der Líng Shān 灵山, bringt es immerhin auf 2303 Meter. Neben der han-chinesischen Bevölkerungsmehrheit leben immerhin 250 000 Mandschuren, 235 000 Hui-Chinesen und 38 000 Mongolen im Bezirk Peking.

Die Chinesische Mauer durchzieht das Verwaltungsgebiet der Hauptstadt auf mehreren hundert Kilometern und kann an einem guten Dutzend Stellen offiziell besichtigt werden. Neben den oft besuchten Ming-Gräbern locken unzählige Tempel, Naturschutzgebiete und, oft etwas vernachlässigt, die weitaus sehenswerteren Qing-Gräber. Von am Stadtrand gelegenen Ausflugszielen wie der Marco-Polo-Brücke einmal ganz zu schweigen. Wer mehr als eine Woche für den Peking-Besuch einplant, für den lohnt sich auch der Blick über die Stadtgrenzen. Die Sommerfrische Chéngdé 承德 in der Nachbarprovinz Héběi 河北 ist auf jeden Fall zumindest einen Tagesausflug wert. Wer es während seines Chinaurlaubs nicht bis nach Guilin schafft, findet zudem in Shídù 十渡 (Zehn Furten) eine ähnlich malerische Karstlandschaft en miniature.

Viele der Sehenswürdigkeiten außerhalb des eigentlichen Stadtgebietes lassen sich gut auf eigene Faust erkunden und sind zum Teil sogar mit öffentlichen Verkehrsmitteln zu erreichen. Zu abgelegeneren Zielen wie der Chinesischen Mauer bei Húanghūa oder den Qing-Gräbern empfiehlt es sich unbedingt, ein Taxi zu mieten oder den Ausflug über das Hotel zu organisieren. Chéngdé erreicht man ohne große Probleme mit dem Zug oder Bus. Hierfür sollten Sie aber, auch wenn dieses Ziel als Tagesausflug möglich ist, mindestens eine Übernachtung einplanen.

Die Chinesische Mauer

Nein, sie ist nicht vom Mond aus zu sehen, es gelang im Jahre 2003 noch nicht einmal Herrn Yang, dem ersten chinesischen Raumfahrer, sie von der Umlaufbahn seines Raumschiffes auszumachen – sehr zum Leidwesen der chinesischen Öffentlichkeit. Auch wenn das auf Chinesisch ›Lange Mauer‹ (Chángchéng 长城) genannte Monument fast 6300 Kilometer lang ist, hat es nur eine durchschnittliche Breite von wenigen Metern, besteht zuweilen nur aus Erdwällen und ist, vor allem im westlichen Teil des Reiches, teilweise nur noch als ein Haufen Steine zu sehen. Bereits der Kaiser Qinshi Huangdi ließ im 3. Jahrhundert vor unserer Zeitrechnung bestehende Teilmauern verbinden, zum Schutz vor den Nomaden des Nordens und

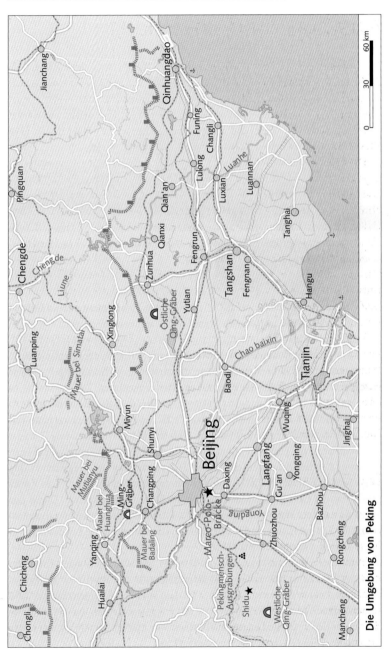

Die Stelle, an der die Chinesische Mauer ins Meer mündet, wird ›Alter Drachenkopf‹ (Laolong Tou) genannt

zum Zeichen der Reichseinigung. Diese historische Mauer, meist nur ein Erdwall, hat mit der heute noch sichtbaren Mauer weder architektonisch noch von ihrem Verlauf her etwas zu tun.

Es war die Ming-Dynastie (1368–1644), die nach Verlegung der Hauptstadt nach Peking ab dem 15. Jahrhundert versuchte, die am Rande des Nomadengebietes gelegene Hauptstadt durch den Bau einer neuen Mauer zu schützen. Dennoch gelang es den Mandschus im 17. Jahrhundert, Peking und später das ganze Reich der Mitte zu erobern. Nachdem eine Bauernarmee unter Li Zicheng die Ming gestürzt hatte, ließ ein loyaler General, in der Hoffnung mit Hilfe der Mandschus die Ming-Dynastie zu restaurieren, die Tore der Festung Shānhǎiguān 山海关 am Ostende der Mauer öffnen und ebnete den mandschurischen Truppen hiermit den Weg nach Peking. Diese setzten sich in der Stadt fest und gründeten die Qing-Dynastie. Ihren Zweck erfüllt hat die Chinesische Mauer jedoch als Kommunikationslinie. Durch den engen Abstand der Wach- und Signaltürme konnten einfache Nachrichten innerhalb kürzester Zeit via Rauch- und Lichtsignal von den entlegendsten Landesteilen bis in die Hauptstadt transportiert werden.

Trotz ihrer Länge und ungeachtet der Tatsache, daß allein im Hundert-Kilometer-Umkreis von Peking fast ein Dutzend Mauerstücke für den Tourismus freigegeben sind, drängen sich die meisten Besucher auf dem etwa drei Kilometer langen, 1979 restaurierten Stück bei Bādálǐng 八达岭. Dies liegt auch daran, daß Bādálǐng verkehrstechnisch am besten angebunden ist und ein Ausflug dorthin gut mit einem Besuch der Ming-Gräber kombiniert werden kann.

Badaling

Seit 1999 führt eine Autobahn von Peking in das 60 Kilometer entfernte Bādálǐng, so daß dieser Abschnitt von der Hauptstadt aus in einer guten Stunde erreichbar ist – Nationalfeiertag und 1. Mai ausgenommen, wenn aus der Autobahn ein Staudamm wird. Die Busse halten etwas unterhalb der Mauer, den letzten Kilometer muß man zu Fuß zurücklegen. Auf der Mauer hat man, vom Eingang aus gesehen, die Wahl zwischen einem weniger steilen Stück auf der rechten, und einem sehr steilen Stück auf der linken Seite. Auf der rechten Seite wandeln Sie auf den Spuren von Helmut Kohl und Ronald Reagan, auf der linken Seite erreichen Sie nach etwa 45 Minuten das Ende der restaurierten Mauer und bekommen einen guten Eindruck, wie die Mauer vor ihrer Restaurierung ausgesehen hat.

Eine interessante Variante ist die Besichtigung dieses Mauerabschnittes bei Nacht, wenn die Mauer spektakulär, wenn auch für westlichen Geschmack allzu bonbonfarben, erleuchtet ist und sich die Touristenströme in Grenzen halten. Dieses Spektakel läßt sich inzwischen jedoch nur in den ›Goldenen Wochen‹ rund um den 1. Mai und den 1. Oktober erleben. Es empfiehlt sich jedoch, die nächtlichen Öffnungszeiten noch einmal nach Ankunft in Peking zu erfragen.

 Mauer bei Bādálǐng 八达岭, Tel. 69 12 22 22, in den Goldenen Wochen rund um den 1. Mai und den 1. Oktober rund um die Uhr geöffnet, ansonsten 6.30–18 Uhr, Eintritt Sommer 80 RMB, Winter 60 RMB.

 Bādálǐng erreicht man mit einer organisierten Tour (meist in Verbindung mit einem Besuch der Ming-Gräber) oder mit dem Ausflugsbus Nr. 1 (游1) vom Qiánmén 前门, Haltestelle des Busses Nr. 17. Ebenso mit dem Ausflugsbus Nr. 2 (游2) vom alten Bahnhof (Běijīng Zhàn 北京站), Haltestelle des Busses Nr. 103. Den Bus Nr. 919 vom Déshèngmén 德胜门 sollte man meiden, da er auf dem Weg nach Bādálǐng an fast jeder Straßenecke hält.

 ›Bādálǐng Hotel‹ (Bādálǐng Fàndiàn 八达岭饭店), 2 Sterne, Tel. 69 12 14 86. Übernachtungsmöglichkeit direkt am Fuße der Mauer. Für das Gebotene übertreuert.

Mutianyu

Neben Bādálǐng ist dies der am besten restaurierte Abschnitt der Mauer. Architektonisch ist Mùtiányù 幕田峪 aufgrund seiner aufwendig restaurierten, von der Standardform abweichenden Wachtürme interessant. Wem die über 1000 Stufen

[198] Ausflüge rund um Peking

bis zur Mauerkrone zu anstrengend sind, der kann zwischen einem Sessellift und einer Kabinenbahn wählen, um die Mauer zu erreichen. Von der Mauerkrone führt eine Sommerrodelbahn ins Tal. Leider ist Mùtíanyù inzwischen ähnlich überlaufen wie Bādálǐng und hat, vor allem im Eingangsbereich, die Atmosphäre eines Jahrmarktes.

 Mauer bei Mùtíanyù 慕田峪, Tel. 61 62 65 05, tägl. 7–18.30 Uhr, Eintritt 35 RMB, Sessellift 35 RMB, Gondel und Sommerrodelbahn jeweils 50 RMB.

 Nach Mùtíanyù besteht keine direkte öffentliche Busverbindung, es empfiehlt sich, ein Taxi für den ganzen Tag zu mieten (kostet ca. 400 RMB) oder an einem organisierten Ausflug teilzunehmen.

 Die Garküchen und Restaurants am Fuße der Mauer sind nur bedingt zu empfehlen.

Simatai und Jinshanling

Sīmǎtái 司马台 ist sicherlich eines der spektakulärsten Teilstücke der Mauer. An den besonders exponierten Stellen fällt der Bergkamm an beiden Seiten fast 800 Meter senkrecht ab. Bis vor einigen Jahren noch ein Geheimtip, ist Sīmǎtái inzwischen ebenfalls touristisch erschlossen und in Teilen restauriert. Dennoch ist es hier – sieht

An der Mauer bei Simatai

man von den chinesischen Verkäufern ab, die jeden Besucher begleiten und ›Water, Coca, Beer, Postcard!‹ anbieten – selbst in der Hochsaison wenig überlaufen. Bis 1999 konnte man noch bis zum 16. Wachturm auf knapp 1200 Meter Meereshöhe laufen, heute ist die Mauer ab dem zwölften Wachturm aus Sicherheitsgründen gesperrt. Nur die ersten Meter sind restauriert, deshalb sollten Sie unbedingt festes Schuhwerk mitnehmen.

Eine interessante Variante ist eine Wanderung von Sīmǎtái in das etwa zwölf Kilometer entfernte Jīnshānlíng 金山岭. Da es von hier aus keinen öffentlichen Transport zurück nach Peking oder Sīmǎtái gibt, sollten Sie den Rückweg jedoch im voraus organisieren oder eine Übernachtung in Jīnshānlíng einplanen.

 Mauer bei Sīmǎtái 司马台, Tel. 69 03 50 30, Eintritt 30 RMB (Ticket gilt für Sīmǎtái und Jīnshānlíng).
▶ Jīnshānlíng 金山岭, Tel. 03 14/ 88 30 2 22, rund um die Uhr geöffnet, Eintritt 30 RMB.

 Der Ausflugsbus Nr. 12 (游12) vom Xuānwǔmén 宣武门 und Dōngsìshítíao 东四十条 fährt zweimal täglich nach Sīmǎtái und zurück. Tagesausflüge werden von vielen Hotels für ca. 200 Yuan pro Person organisiert.
▶ Jīnshānlíng ist mit dem öffentlichen Nahverkehr nicht zu erreichen. Es empfiehlt sich, bereits in Peking ein Taxi zu mieten oder einen Ausflug im Hotel zu buchen. Das ›Jinshan Hotel‹ kann auf Nachfrage den Transfer zurück nach Sīmǎtái organisieren.

 ›Simatai International Youth Hostel‹ (Sīmǎtái Chángchéng Gúojì Qīngnían Lüshè 司马台长城国际青年旅舍), Tel. 69 03 56 55. Die Idee, ein Hotel im traditionellen Stil direkt am Eingang der Mauer zu bauen ist gut, die Umsetzung nur bedingt. Für eine Übernachtung aber auf jeden Fall in Ordnung.
▶ ›Jinshan Hotel‹ (Jīnshān Bīnguǎn 金山宾馆), Tel. 03 14/8 83 89 71. Einfaches, aber nettes Hotel direkt am Fuß der Mauer in Jīnshānlíng.

 Das ›Simatai International Youth Hostel‹ bietet einfaches und etwas überteuertes Essen. Ähnliches gilt für die kleinen Garküchen im Eingangsbereich der Mauer.
▶ In Jīnshānlíng gibt es gutes, wenn auch einfaches Essen im ›Jinshan Hotel‹, Snacks am Parkplatz.

Huanghua

Lange Zeit als die ›Wilde Mauer‹ bezeichnet, wurde dieser 60 Kilometer nördlich von Peking gelegene Abschnitt in den Jahren 2003 bis 2006 teilweise restauriert

Befestigungsturm an der Chinesischen Mauer

und ist nach kurzfristiger Schließung heute wieder für Besucher freigegeben. Die Mauer bei Húanghūa 黄花城 galt zu Bauzeiten als der perfekteste Abschnitt der Chinesischen Mauer. Ein etwa ein Kilometer langer Abschnitt ist beidseitig der Straße restauriert, der Rest ist offiziell gesperrt, wenn auch begehbar. An den nichtrestaurierten Stellen wachsen Pfirsich- und Kakibäume auf der Mauerkrone, und man bekommt einen guten Eindruck von der Bauweise des Jahrhundertwerkes. Aus konservatorischen und Sicherheitsgründen sollte man jedoch auf unnötige Kletterpartien verzichten.

Einmal in Húanghūa, sollte man die Gelegenheit nutzen, sich ein wenig umzuschauen. Ein Spaziergang durch das Dorf gibt dem Besucher einen ausgezeichneten Einblick in das chinesische Landleben. Auf den Wegen rund um die Mauer versuchen jedoch einige Dorfbewohner, sich etwas dazuzuverdienen, indem sie behaupten, der Weg zur Mauer ginge durch ihren Vorgarten. Dies mag zuweilen der Fall sein, und man sollte auf größeren Streit verzichten. Mehr als 1 bis 3 RMB sollte die Passage jedoch nicht kosten.

Mauer bei Húanghūa 黄花城, 8–17.30 Uhr, Eintritt 25 RMB.

 Bus Nr. 961 (vom Busbahnhof Dōngzhímén 东直门) fährt zweimal täglich nach Húanghūa Chéng 黄花城. Vorsicht: Steigen Sie nicht in Húanghūa Zhèn 黄花镇 aus, von hier sind es noch vier Kilometer zur Mauer. Da der letzte Bus von Húanghūa bereits um 14.50 Uhr nach Peking fährt, empfiehlt es sich, ein Taxi für den Tag zu mieten oder eine Übernachtung einzuplanen.

 ›Jintang Hotel‹ 金汤山庄, Húanghūa Shǔikù 1 黄花城水库, Tel. 6165 11 04. Ehemalige Kaderschmiede, 2007 zur dringend notwendigen Renovierung geschlossen, die Wiedereröffnung als Drei-Sterne-Hotel ist für 2008 geplant.

▶ ›Kúipō Jǐujīa‹ 奎酒家, Húanghūa Chéng Chángchéng 黄花城长城, Tel. 61 65 22 78. Nettes familiengeführtes kleines Hotel.

▶ Viele der kleinen Restaurants am Eingang der Mauer haben auch einfache Gästebetten.

 In Húanghūa kann man kaum etwas falsch machen, was das Essen angeht. Ein gutes Dutzend kleiner Restaurants bieten nordchinesische Bauernküche zu angemessenen Preisen. Meistens gibt es auch eine einfache Speisekarte auf Englisch. Das am Aufgang zum westlichen Mauerabschnitt gelegene gemütliche Restaurant (Tel. 61 61 85 93) ohne Namen bietet eine phantastische Aussicht auf die Mauer und ausgezeichnetes Essen. Vor allem die gebackene Regenbogenforelle ist empfehlenswert!

Die Ming-Gräber

Besucht man die Chinesische Mauer bei Bādálǐng, Mùtiānyù oder Húanghūa, so läßt sich ein Abstecher zu den Ming-Gräbern (Shísānlíng 十三陵) gut organisieren. In dem etwa 40 Kilometer nördlich von Peking gelegenen Tal, wegen seines guten Fengshuis als Grabstelle der Ming-Kaiser ausgesucht, sind 13 der 16 Ming-Kaiser begraben. Nur die ersten beiden Kaiser, von denen der Dynastiegründer Zhu Yuanzhang in der alten Hauptstadt Nanjing begraben ist und der zweite Kaiser nach seiner Absetzung durch Yongle verschollen blieb, sowie der siebte Ming-Kaiser, bei seiner Familie aufgrund der Unfähigkeit, mit aufständischen Bauern fertig zu werden, in Ungnade gefallen, fanden hier nicht ihre letzte Ruhe.

Drei der Gräber sind inzwischen touristisch erschlossen, wobei nur das Ding-Grab (Dìnglíng 定陵) geöffnet wurde.

Ausstellungshalle

Die Grabkammern des Ding-Grabes kann man besichtigen, da diese allerdings bis auf die Nachbildungen der Särge des Kaisers und seiner Gemahlinnen leer sind, empfiehlt sich eher der Besuch des Chang-Grabes (Chánglíng 长陵), dessen architektonisch beeindruckende Haupthalle nun als Ausstellungshalle der im Ding-Grab gefundenen Grabbeigaben dient. Ausgestellt werden goldenes und silbernes Eßgeschirr, alte Münzen, Jadeschmuck sowie Nachbildungen der Gewänder und Kronen des Kaisers und der Kaiserin. In der Mitte der Halle steht eine Bronzestatue des Yongle-Kaisers, dessen Grab das Changling ist. Diese ist allerdings neueren Datums. Die architektonisch an die Halle der höchsten Harmonie angelehnte Ausstellungshalle (Halle der Himmlischen Gnade) mit ihren 32 aus Edelholz gefertigten, jeweils über zehn Meter hohen Säulen und der filigranen Kassettendecke ist allein den Besuch wert. Vom Seelenturm im hinteren Teil der Anlage, unter dem der Eingang zum noch ungeöffneten Grab vermutet wird, hat man einen ausgezeichneten Blick auf die anderen Gräber, die auf beiden Seiten an die Hänge des Tales gebaut sind.

Seelenstraße

Im Süden des Tales befindet sich der eigentliche Eingang zu den Grabanlagen, eine 700 Meter lange ›Seelenstraße‹ (Shéndào 神道), deren steinerne Menschen- und Tierfiguren sowohl Schutz- als auch Ehrenwache sind. Um einerseits ihren Wachaufgaben zu genügen, andererseits den Kaisern postum ihre Erfurcht erweisen zu können, hat man die Tierfiguren jeweils paarweise kniend und aufrechtstehend dargestellt. Neben Elefanten, Kamelen, Löwen und Pferden finden sich auch Darstellungen zweier Fabelwesen, des Xiezhi und des Qilin, die als Seelenwächter dienen. Im letzten Drittel der Seelenstraße wachen sechs paarweise aufgestellte Menschen, Militärs und Würdenträger, über die letzte Ruhe der Kaiser.

Zwischen Seelenstraße und den Grabanlagen fährt man am Ming-Gräber-Stausee Shísānlíng Shuǐkù 十三陵水库 vorbei. Seit den 1950er Jahren, als neben Mao Zedong und dem Politbüro auch ausländische Diplomaten Schaufel und Spaten

Figur an der Seelenstraße

beim Bau des Staudammes in die Hand nahmen, ist dies eine der wichtigsten Wasserreservate der Hauptstadt. Auffallen werden Ihnen sicherlich auch die vielen kleinen Obststände am Wegesrand. Die Gegend um die Ming-Gräber ist eines der größten Obstanbaugebiete Pekings. Die feilgebotenen Pfirsiche und Birnen sind in ganz China bekannt und köstlich!

 Die Ausflugsbusse Nr. 1 und Nr. 5 (游 1, 游 5) vom Qiánmén 前门 bzw. Nr. 3 (游 3) vom Pekinger Zoo (Dòngwùyuán 动物园) fahren an den Ming-Gräbern vorbei.

 ›Best Hotel‹ (Fùháo Bīnguǎn 富豪宾馆), 2 Sterne, Tel. 0 10/60 71 68 88. Gutes Mittelklassehotel etwas unterhalb des Ostufers des Ming-Gräber-Stausees. Mit Swimmingpool und Wellnessbereich.

 Direkt an den Gräbern gibt es keine Restaurants, dafür aber unzählige Obststände.

Die Qing-Gräber

In der Tradition ihrer Vorgänger hat auch die letzte chinesische Dynastie ihren Kaisern sowie deren Frauen, Konkubinen und Familienangehörigen eine würdevolle letzte Ruhestätte gegeben. Ähnlich wie bei den Ming-Gräbern suchte man für die Kaisergräber ein Tal mit günstigem Fengshui und wurde an zwei Stellen 120 Kilometer westlich bzw. nordöstlich der chinesischen Hauptstadt fündig. Insgesamt sind neun der zehn Qing-Kaiser samt kaiserlichem Anhang in den Östlichen und Westlichen Qing-Gräbern bestattet, der letzte Kaiser, Puyi, mußte mit einer weitaus bescheideneren, wenn auch sehr ehrenvollen Grabstätte vorlieb nehmen: Die Urne mit seiner Asche liegt, dank seiner späten Wandlung vom absoluten Monarchen zum einfachen Bürger, seit seinem Tod 1967 auf dem Revolutionsfriedhof Babaoshan.

Während an den Ming-Gräbern während der dreihundert Jahre währenden Herrschaft der Qing der Zahn der Zeit nagen durfte – bei Republikgründung im Jahre 1912 waren diese fast vollständig zerfallen – wurden die Qing-Gräber gehegt und gepflegt und überlebten so auch die revolutionären Jahre um einiges unbeschadeter als die Nekropole im Norden Pekings. Die ungewöhnliche Splittung der Grabstätte auf zwei fast 300 Kilometer von einander entfernte Begräbnisorte geht im übrigen auf den Kaiser Yongzheng zurück, der sich über die Erbfolge hinwegsetzte und seinen Bruder, den rechtmäßigen Thronfolger, umbringen ließ. Aus Angst vor seinem Vater wollte er nicht in dessen Nähe begraben sein und ließ die Gegend für die Westlichen Qing-Gräber als Grabstätte erschließen.

Dank der etwas komplizierten Anreise sind die Qing-Gräber nicht so überlaufen wie ihre Vorgänger der Ming-Dynastie. Da die Westlichen Qing-Gräber nicht gut erreichbar und in weitaus schlechterem Zustand sind, empfiehlt sich von Peking aus vor allem der Besuch der Östlichen Qing-Gräber (Qīng Dōnglíng 清东陵), die heute wieder im alten Glanz erstrahlen und in ihrer Monumentalität fast an die Verbotene Stadt erinnern. Da, anders als bei den Ming-Gräbern, auch die Kaiserinnen eigene Grabstellen bekamen, ist die Qing-Nekropole weitaus dichter belegt als ihre Vorgängerin. Vom Grabturm des Ding-Grabes (Dìnglíng 定陵), dem Mausoleum des siebten Qing-Kaisers Xianfeng, blickt man so über ein gutes Dutzend kaiserlichgelber Walmdächer, die sich dicht an dicht entlang des Talhanges aufreihen.

 Östliche Qing-Gräber (Qīng Dōnglíng 清东陵), Tel. 03 15/6 94 54 71, 8–17.30 Uhr (Sommer), 9–16.30 Uhr (Winter), Eintritt (gesamte Grabanlage) 120 RMB.

  Aufgrund der Entfernung empfiehlt es sich auf jeden Fall, ein Taxi für den kompletten Tag zu buchen (ca. 400 RMB). Alternativ ist die Anreise mit einem Ausflugsbus möglich, der von einer Haltestelle am Nordwestausgang der Metrostation Xūanwǔmén 宣武门 (Linie 2) um 7.30 Uhr abfährt und ca. drei Stunden für die einfache Strecke braucht.

 ›Imperial Gardens Mountain Villa‹ (Yùyùan Shānzhūang 御苑山庄), Tel. 03 15/6 94 53 48. Nominell ein 3-Sterne-Hotel, hat die Mountain Villa schon weitaus bessere Tage gesehen – allerdings nicht in diesem Jahrhundert.

 Das mandschurische Restaurant in der ›Imperial Gardens Mountain Villa‹ ist, anders als das Hotel, sein Geld wert, tägl. 11–13 und 17–21 Uhr.

Ausflüge in den Südwesten der Stadt

Idealerweise läßt sich die Besichtigung der Sehenswürdigkeiten im Südwesten der Stadt zu einem ein- bis zweitägigen Ausflug verbinden. Für die Marco-Polo-Brücke, die Ausgrabungsstätte des Pekingmenschen und die Wanping-Festung sollte man einen halben Tag einplanen, kombiniert man diese Besichtigungen mit einem Abstecher in die Karstlandschaft von Shidu, sollte man sich hier eine Übernachtung gönnen. Auf dem Rückweg kann man zudem einen Abstecher zum Dorf Dongjialin machen, in dessen Nähe Reste der fast 3000 Jahre alten ersten Stadtmauer Pekings erhalten sind.

Marco-Polo-Brücke und Wanping-Festung

Auf Chinesisch eigentlich Lúgōuqiáo 卢沟桥 (Schilfgrabenbrücke) genannt, zieht die imposante, 266,50 Meter lange und 9,30 Meter breite Marmor-Brücke ihren westlichen Namen aus der Tatsache, daß der Überlieferung nach der berühmte venezianische Reisende im 13. Jahrhundert äußerst angetan von dem Bauwerk war und es ›eines der feinsten Bauwerke auf Erden‹ nannte. Errichtet wurde die Brücke Ende des 12. Jahrhunderts und überstand in der Folgezeit als eines der wenigen Bauwerke seiner Art Jahrhunderte von Kriegen, Aufständen und Unruhen. Selbst der nach der Brücke benannte ›Zwischenfall an der Marco-Polo-Brücke‹ am 7. Juli 1937, der den offiziellen Beginn der japanischen Invasion in China markiert, konnte dem Bauwerk wenig anhaben.

Wie so viele historische Bauwerke der chinesischen Hauptstadt wurde auch die Marco-Polo-Brücke in den letzten Jahren restauriert und erstrahlt heute in größerem Glanz als jemals zuvor. Praktischen Nutzen, von ihrer Existenz als Touristenmagnet einmal abgesehen, hat die Marco-Polo-Brücke heute nicht mehr. In Sichtweite erstreckt sich eine moderne vierspurige Autobahnbrücke über den Yongding-Fluß, der zudem meist kaum oder kein Wasser führt.

Es empfiehlt sich, den Ausflug zur Marco-Polo-Brücke mit einer Besichtigung der am östlichen Brückenkopf gelegenen Wanping-Festung (Wǎnpíng Chéng 宛平城) zu verbinden. Auch diese historische Feste ist ausgezeichnet erhalten, sprich, in den späten 1980er Jahren von Grund auf ›restauriert‹ worden. Von hier hat man einen ausgezeichneten Blick auf die Marco-Polo-Brücke und den idealen Fotowinkel. Ebenfalls nicht weit entfernt sind die heute allerdings nur noch zu erahnenden historischen Anfänge der Stadt, die verwitterten Lehmmauern der Siedlung Ji beim Ort Dōngjiālín 董家林 im Nachbarbezirk Fángshān 房山.

Ein Blick in die Frühgeschichte: der Pekingmensch

In Zhōukǒudiàn 周口店 hat der ›Sinanthropus Pekinensis‹, der Pekingmensch, seine Heimat, und das nachgewiesenerweise seit mehr als 460 000 Jahren. Bereits seit einigen Jahrhunderten war der Ort in China bekannt für seine Höhlen, die Fundort vieler sogenannter ›Drachenknochen‹ waren, die in der traditionellen chinesischen Medizin als Wunderheilmittel beliebt waren. Der schwedische Geologe Johan Gunnar Andersson, seit 1914 Bergbauberater der chinesischen Regierung, vermutete weit profanere, aber nicht weniger bedeutende Dinge hinter den Knochen und führte von 1918 an zusammen mit dem Österreicher Otto Zdansky Nachforschungen in der Gegend durch. Offizielle Ausgrabungen, die 1927 begannen, förderten neben tierischen Fossilien auch menschliche Überreste und 1929 schließlich einen gut erhaltenen Schädel des schon bald als ›Pekingmenschen‹ bezeichneten

Homo-Sapiens-Vorgängers zutage. Bis heute zählt Zhōukǒudiàn zu den bedeutendsten archäologischen Fundstellen der Menschheitsgeschichte und ist seit 1987 Teil des UNESCO-Weltkulturerbes. Sowohl die didaktisch gut aufgearbeitete Fundstelle als auch das angeschlossene Museum sind auch für den archäologischen Laien ein Gewinn und lohnen den relativ weiten Weg.

Shidu

Wozu in die Ferne schweifen, wenn das Gute so nah ist, wird sich der eine oder andere Hauptstädter denken und statt nach Guilin in das Tal des Juma-Flusses (Jùmǎhé 拒马河) reisen. Inmitten einer von bizarren Karstkegeln bestimmten Landschaft windet sich der Fluß durch ein enges Tal, historisch von zehn Furten durchzogen, auf Chinesisch Shídù 十渡. Heute erleichtern längst zehn Brücken die Reise entlang des Flusses, der Name Shídù ist jedoch geblieben. Wenn man nicht unbedingt zur Hauptsaison nach Shídù fährt, ist das malerische Tal eine Wohltat nach der Hektik der Stadt, grün, smogfrei und – nach chinesischen Maßstäben – einsam. Am Wochenende wird es schon voller in Shídù, und die Hotelpreise schießen proportional zur Besucherzahl in die Höhe. Wer es sich aussuchen kann, sollte folglich unter der Woche hinfahren.

 Marco-Polo-Brücke (Lúgōuqiáo 卢沟桥) und die Wanping-Festung (Wǎnpíng Chéng 宛平城), Tel. 83 89 39 19, 7–19 Uhr, Eintritt 20 RMB.
▶ Fundstätte des Pekingmenschen (Zhōukǒudiàn 周口店), Tel. 69 30 12 78, 8–17.30 Uhr, Eintritt 30 RMB.

 Bus 917 ab Tiānqiáo 天桥 (Nähe Himmelstempel).
▶ Shídù ist mit dem Taxi oder ebenfalls mit dem Bus 917 ab Tiānqiáo 天桥 zu erreichen.
 ›Lóngshān Lüdìan‹ 龙山旅店, Shídù, Tel. 61 34 00 98, www.shidu.net.cn. Einfache, aber schöne und saubere Zimmer.

Chengde

Als die Mandschus Mitte des 17. Jahrhunderts China eroberten und die Qing-Dynastie gründeten, verlegten sie ihren Lebensmittelpunkt um einige hundert Kilometer nach Süden und verließen hiermit das gemäßigte Klima des chinesischen Nordostens. Wer einmal einen Sommer in der Hauptstadt verbracht hat, weiß, wie

[208] Ausflüge rund um Peking

unerträglich es dort sein kann. Die einfachen Leute verlagern bis heute das Leben auf die Straße, die Herrschenden fliehen in die Sommerfrische. Das Politbüro verbringt die Sommer in Beidaihe, die Qing-Kaiser zogen sich in der heißen Jahreszeit nach Chéngdé 承德 zurück, wo sie sich einen Kaiserpalast en miniature errichteten. Obwohl nur 250 Kilometer nördlich von Peking gelegen, hat Chéngdé selbst in

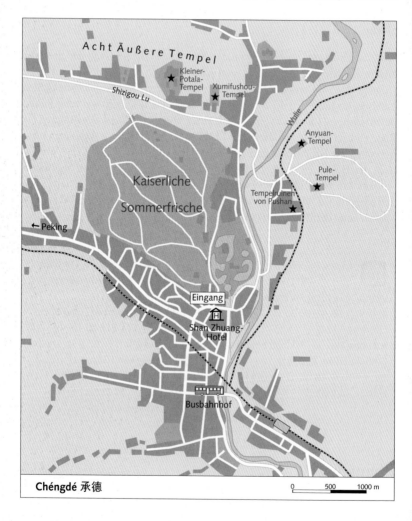

Schönes Mitbringsel: chinesische Lampions
Werbemädchen; Dampfnudelkücche auf der Straße

Ausflüge rund um Peking [213]

Der Kleine Potalatempel in Chengde

den heißen Monaten Juli und August ein angenehmeres Klima als die Hauptstadt. Mit Expreßbussen in weniger als vier Stunden zu erreichen, ist Chéngdé auch ein beliebter Ausflugsort der ausländischen Gemeinde Pekings.

Abgesehen von den aufgeführten Sehenswürdigkeiten bietet Chéngdé mit seinen 200 000 Einwohnern auch die Möglichkeit, einen Blick in das chinesische Alltagsleben jenseits der Hauptstadt zu werfen. Abseits der Sehenswürdigkeiten werden Sie kaum Touristen treffen, da Chéngdé meist nur als Tagesausflug angesteuert wird.

Villa der Sommerfrische

Die Hauptattraktion Chéngdés ist die Villa der Sommerfrische (Bìshǔ Shānzhuāng 避暑山庄). Nach der Erweiterung unter den Qing-Kaisern Kangxi und Qianlong im 18. Jahrhundert war die Anlage größer als die Verbotene Stadt. Mit Beginn der heißen Jahreszeit zog der gesamte Hofstaat nach Chéngdé, und die Kaiser verrichteten die Regierungsgeschäfte von dort. Die offiziellen Teile der Sommerfrische wirken vergleichsweise bescheiden, die großzügig angelegte Park- und Seenanlage hinter dem Audienzbereich weist jedoch auf den eigentlichen Zweck der Sommerfrische

Teeladen; Freundliche Verkäuferinnen
Straßenreiniger-Fahrrad in Shanghai

hin, die Erholung, die Jagd und das Lustwandeln. Leider wurde die kaiserliche Sommerfrische in der Kulturrevolution fast bis auf die Grundmauern zerstört, so daß viele der Hallen und Pavillons nur notdürftig restauriert sind.

Die Acht Äußeren Tempel

Die Acht Äußeren Tempel (Wài Bāmìao 外八庙) sind in ihrer architektonischen Eigenheit einmalig in China. Die Mandschus förderten den Lamaismus, um sich so die Unterstützung der herrschenden Eliten in Tibet und der Mongolei zu sichern. Als Referenz an die Gesandten aus den Außenprovinzen ließen sie in Sichtweite der kaiserlichen Sommerresidenz acht über das nördliche Tal verteilte buddhistische Tempel errichten, drei davon dem Lamaismus gewidmet. Vor allem der zumindest von außen dem Potalatempel in Lhasa nachempfundene Kleine Potalatempel (Pǔtúozōngshèng Zhīmìao 普陀宗圣之庙) ist ein Beispiel für den architektonischen Eklektizismus der Qing und erinnert ein wenig an ein Potemkinsches Dorf, da nur die Fassade einem tibetischen Tempel gleicht, das Innere aber unverkennbar han-chinesischen Stils ist. Auch der dem Stammsitz des Panchen Lamas in Shigatse nachempfundene Xumi-Fushou-Tempel (Xūmífúshòu Zhīmìao 须弭福寿之庙) und der Pule-Tempel (Pǔlē Sì 普乐寺) mit seiner dem Himmelstempel nachempfundenen zentralen Kuppel sind einen Besuch wert.

 Busse nach Chéngdé fahren alle 20 Minuten von der Überlandbusstation am Dongzhimen (Dōngzhímén Chángtu Chēzhàn 东直门长途车站, Metrolinie 2), die Fahrzeit beträgt knapp vier Stunden.

 ›Mountain Resort Hotel‹ (Shānzhuāng Bīnguǎn 山庄宾馆), 3 Sterne, Tel. 03 14/2 02 35 01. Das in einer Mischung aus sozialistischem Zuckerbäckerstil und chinesischen Stilelementen gebaute Haus ist ein gehobenes Mittelklassehotel mit einer originellen Mischung aus sozialistischem Charme und westlichem Service. Es befindet sich direkt gegenüber dem Haupteingang der Villa der Sommerfrische.

 Villa der Sommerfrische (Bìshǔ Shānzhuāng 避暑山庄), tägl. 7–17 Uhr (Palast), 5.30–18.30 Uhr (Park), Eintritt 90 RMB (Sommer), 50 RMB (Winter).

▶ Xumi-Fushou-Tempel (Xūmífúshòu Zhīmìao 须弭福寿之庙), tägl. 8–17.30 Uhr (Sommer), 8.30–17 Uhr (Winter), Eintritt 30 RMB.

▶ Pule-Tempel (Pǔlē Sì 普乐寺), tägl. 8–18 Uhr (Sommer), 8.30–17 Uhr (Winter), Eintritt 30 RMB.

▶ Kleiner Potala-Tempel (Pǔtúozōngshèng Zhīmìao 普陀宗圣之庙), tägl. 8–18 Uhr (Sommer), 8.30–17 Uhr (Winter), Eintritt 40 RMB.

Peking-Informationen von A bis Z

Ärztliche Versorgung

Die medizinische Versorgung in Chinas Hauptstadt ist aufgrund der großen Ausländergemeinde ausgezeichnet. Einige Kliniken haben sich auf ausländische Patienten spezialisiert und haben englischsprachiges Personal. Auch mit Auslandskrankenversicherung muß die Rechnung jedoch vor Ort selbst bezahlt werden (Kreditkarte ist möglich) und kann dann nach Rückkehr bei der Versicherung eingereicht werden.

■ Kliniken

▶ China-Japan Friendship Hospital
Běijīng Zhōng-Rì Yǒuhǎo Yīyuàn 北京中日友好医院, Yīnghuā Dōnglù 樱花东路, Hépíng Jīe 和平街, Tel. 64 22 11 22 (Chaoyang-Bezirk).

▶ International Medical Center (IMC)
Běijīng Gúojì Yīliáo Zhōngxīn 北京国际医疗中心, Lufthansa Center (Běijīng Yànshā Zhōngxīn 北京燕莎中心) 1. Stock, Raum S106, Liangmǎhé Lù 50 亮马河路, Tel. 64 65 15 61/2/3 (Chaoyang-Bezirk).

▶ Peking Union Medical College Hospital
北京协和医院, Shùaifǔyuán 1 帅府园, (Seitenstraße der Wángfǔjǐng 王府井, die Ausländerabteilung ist linker Hand hinter dem Haupteingang), Tel. 65 29 52 84, www.pumch.ac.cn (Dongcheng-Bezirk).

■ Zahnkliniken

▶ Arrail Dental Clinic
Rùi'ěr Chǐkē 瑞尔齿科, CITIC Building (Gúojì Dàshà 国际大厦), Zimmer 208, Jìangúoménwài Dàjīe 19 朝阳区建国门外大街, Tel. 65 00 64 72/3, Mo–Do 9–20, Fr–So 9–17 Uhr, www.arrail-dental.com (Chaoyang-Bezirk).

▶ Elite Dental Clinic
精致口, New Start Garden Xīnqǐdǐan Jīayuán 新起点家园, Gebäude 2, Zimmer 206, Chángchūnqiáo Lù 5 长春桥路, Tel. 82 56 25 66, www.bjelitedental.com, Mo–Sa 9–17 Uhr (Haidian-Bezirk).

■ Traditionelle Chinesische Medizin (TCM)

Vor allem bei vielen Pauschalreisen gehört der Besuch einer Klinik für Traditionelle Chinesische Medizin inzwischen zum Standardbesuchsprogramm. Hier ist Vorsicht angebracht, denn oft werden unter der Vorspiegelung ernsthafter Erkrankungen teure Medikamente verkauft. Folgende Kliniken sind in dieser Hinsicht unbedenklich:

▶ Traditional Chinese Medicine Clinic
Běijīng Tóngréntáng Shīxǐaomò Zhōngyīgǔan 北京同仁堂施小墨中医馆, Soho Block 7, Nr. 15, Sānhúan Zhōnglù 39 三环中路, Tel. 58 69 11 71/2, tägl. 9–18 Uhr (Chaoyang-Bezirk).

▶ Ping Xin Tang Clinic
Píngxīntáng Zhěnsǔo 平心堂诊所, Wángfǔjǐng Dàjīe 218-2 王府井大街,

3. und 4. Stock, Tel. 65 23 55 66, Mo–Sa 8.30–17.30, So 8.30–12 Uhr.

Anreise mit dem Flugzeug
Peking ist mit allen größeren chinesischen und asiatischen Städten per Direktflug verbunden. Von Deutschland aus fliegen Lufthansa und Air China mehrmals täglich von Frankfurt und München. China Eastern unterhält zudem eine direkte Verbindung zwischen Frankfurt und Shanghai mit Anschluß nach Peking. Das zentrale Buchungsbüro für Flugtickets befindet sich im Aviation Building (Mínháng Dàshà 民航大厦) in der Xī Cháng'ān Jiē 西长安街 15, Tel. 66 01 33 36 (Inland) und 66 01 66 77 (International). Viele chinesische Fluglinien haben kleine Reisebüros in der Innen-

Werbung für telefonische Gesundheitsberatung

stadt, in denen man auch Tickets anderer Fluglinien kaufen kann. Die durchschnittliche Flugzeit ab Deutschland, Österreich oder aus der Schweiz beträgt neun Stunden.

■ Fluggesellschaften

▶ Air China
Zhōngguó Guójì Hángkōng 中国国际航空, Jingxin Buiding (Jīngxìn Dàshà 京信大厦), Dōngsānhuán Běilù A2 东三环北路, Tel. 64 66 16 97, 64 66 16 98, www.airchina.cn (Chaoyang-Bezirk).

▶ Air France
Fǎguó Hángkōng 法国航空, Kuntai International Mansion (Kūntài Guójì Dàshà 昆泰国际大厦), Building 1, 16. Stock, Zimmer 1606–1611, Cháoyángmén Wàidàjiē 12A 潮阳门外大街, Tel. 65 88 13 88, 40 08 80 88 08 (kostenlose Reservierungshotline innerhalb Chinas), www.airfrance.de (Chaoyang-Bezirk).

▶ ANA
Quán Rì Kōng 全日空, Beijing Fortune Building (Běijīng Fāzhǎn Dàshà 北京发展大厦), 1. Stock, Dōngsānhuán Běilù 5 东三环北路, Tel. 65 90 91 91, www.anaskyweb.com (Chaoyang-Bezirk).

▶ Austrian Airlines
Aodìlì Hángkōng 奥地利航空, Lufthansa Center (Běijīng Yànshā Zhōngxīn 北京燕莎中心), Zimmer C215, Liàngmǎhé Lù 50 亮马河路, Tel. 64 62 21 61, www.aua.com (Chaoyang-Bezirk).

▶ Dragon Air
Gǎng Lóng Hángkōng 港龙航空, Henderson Center (Héngjī Zhōngxīn 恒基中心), Office Tower 1, Zimmer 1710, Jiànguómén Nèidàjiē 18 建国门内大街, Tel. 65 18 25 33, www.dragonair.com (Chaoyang-Bezirk).

▶ JAL
Rì Háng 日航, Changfuggong Office Building (Chángfúgōng Zhōngxīn 长福宫中心), 1.Stock, Jiànguómén Wàidàjiē 26 建国门外大街, Tel. 65 13 08 88, 40 08 88 08 08 (Reservierungshotline innerhalb Chinas), www.de.jal.com (Chaoyang-Bezirk).

▶ KLM Royal Dutch Airlines
Hélán Hángkōng 荷兰航空, China World Trade Center (Zhōngguó Guójì Màoyì Zhōngxīn 中国国际贸易中心), West Wing Zimmer W501, Jiànguómén Wàidàjiē 1 建国门外大街, Tel. 65 05 35 05, www.klm.de (Chaoyang-Bezirk).

▶ Lufthansa
Déguó Hànshā Hángkōng 德国汉莎航空, Lufthansa Center (Běijīng Yànshā Zhōngxīn 北京燕莎中心), Zimmer 101, Liàngmǎhé Lù 50 亮马河路, Tel. 64 68 88 38, www.lufthansa.de (Chaoyang-Bezirk).

▶ SAS
Ruìdiǎn Hángkōng 瑞典航空, Henderson Centre (Héngjī Zhōngxīn 恒基中心), Office Tower 1, Zimmer 1403, Jiànguómén Nèidàjiē 18 建国门内大街, Tel. 65 18 37 38, www.sas.se (Chaoyang-Bezirk).

▶ Singapore Airlines
Xīnjiāpō Hángkōng 新加坡航空, China World Trade Centre (Zhōngguó

Gúojì Màoyì Zhōngxīn 中国国际贸易中心), Tower 2, Zimmer 801, Jiànguómén Wàidàjiē 建国门外大街 1, Tel. 65 05 22 33, www.singaporeair.com (Chaoyang-Bezirk).

■ Flughafen
Alle internationalen und nationalen Flüge kommen am Beijing Capital Airport (Běijīng Shǒudū Jīchǎng 北京首都机场) an. Aktuelle Informationen über die Flughäfen gibt es im Web unter www.bcia.com.cn.
Allgemeine Informationen:
Tel. 64 56 64 24, 64 56 32 20.
Gepäckverlust: Tel. 64 59 95 23, 64 59 95 24.
Flugauskunft: Tel. 96 25 80.
Beschwerde-Hotline: Tel. 64 57 16 66.

■ Verbindungen Flughafen–Innenstadt:
▶ Mit der Metro
Die Airport-Linie soll ab Mitte 2008 den Flughafen an die Innenstadt anbinden und verkehrt zwischen dem Flughafen und der Metrostation Dōngzhímén 东直门 (Umsteigemöglichkeit zur Ringlinie Nr. 2). An der Station Sānyuán Qiáo 三元桥 besteht zudem Anschluß an die Linie 10.
▶ Mit dem Taxi
Vom Flughafen bis zur Innenstadt sind es zirka 45 Minuten Fahrzeit, die Kosten betragen um die 120 RMB (12 Euro).
▶ Mit dem Bus
Der Preis für eine einfache Fahrt beträgt auf allen Linien 16 RMB. 24-Stunden-Hotline: Tel. 6 45 94 37-5, -6. Mehrere Flughafenbuslinien fahren durchschnittlich im 15-Minuten-Takt auf folgenden Routen:
– Linie 1: Capital Airport–Fāngzhuāng 方庄, Hält am World-Trade-Center (Jiànguómén Wài 建国门外).
7.30–22.30 Uhr (vom Flughafen)
6–19.30 Uhr (zum Flughafen)
– Linie 2: Capital Airport–Xīdān 西单, Mit Halt am Dōngzhímén 东直门.
7–2 Uhr (vom Flughafen)
5.40–21 Uhr (zum Flughafen)
– Linie 3: Capital Airport–Beijing Railway Station (Běijīng Zhàn 北京站).
7.30–2 Uhr (vom Flughafen)
6–19.30 Uhr (zum Flughafen)
– Linie 4: Capital Airport–Gōngzhǔfén 公主坟, Fährt entlang des nördlichen und westlichen Dritten Ringes.
7–23 Uhr (vom Flughafen)
5.40–21 Uhr (zum Flughafen)
– Linie 5: Capital Airport–Zhōngguāncūn 中关村.
8.30–21.30 Uhr (vom Flughafen)
7–19 Uhr (zum Flughafen)

Anreise mit dem Zug
Peking hat Direktverbindungen mit allen chinesischen Provinzhauptstädten. Shanghai erreicht man in 14, Guangzhou in 24 und Hongkong in 28 Stunden, Vor allem die Nachtzüge nach Xi'an (12 h) und Qingdao (10 h) sind zu empfehlen. Achtung: In Peking gibt es zwei Hauptbahnhöfe, den alten Bahnhof (Běijīng Zhàn 北京站), etwas südöstlich der Wángfǔjīng, und den neuen Westbahnhof (Běijīng Xīzhàn 北京西站), in der Nähe des Lianhuachi-Parks (Liánhuāchí Gōngyuán 莲花池公园). Die

Werbeplakat

Transsibirische Eisenbahn kommt am alten Bahnhof an, die meisten innerchinesischen Züge fahren vom Westbahnhof ab. Beide Bahnhöfe haben Fahrkartenschalter für Ausländer, an denen Englisch gesprochen wird. Im alten Bahnhof befindet sich der Schalter im Wartesaal der ›Weichen Klasse‹ (Rǔanzùo Hòuchētīng 软座候车厅), im Westbahnhof im zweiten Stock.

Anreise mit dem Bus

Angesichts der ausgezeichneten Eisenbahnanbindung Pekings empfiehlt sich der Bus nur für kürzere Strecken. Interessant sind die Verbindungen nach Tiānjīn 天津 und Chéngdé 承德 sowie die Ausflugsbusse zur Großen Mauer. Die meisten der Ausflugslinien (游 1 bis 10), die unter anderem zum Sommerpalast, zu den Ming-Gräbern und zur Großen Mauer fahren, haben ihre Haltestellen am Qiánmén 前门. Die zwei wichtigsten Busbahnhöfe befinden sich am Dōngzhímén (Dōngzhímén Chángtú Qìchēzhàn 东直门长途汽车站) und am Xīzhímén (Xīzhímén Chángtú Qìchēzhàn 西直门长途汽车站). Als Faustregel gilt: Busse zu Destinationen im Osten fahren ab Dōngzhímén, unter anderem nach Chéngdé, Busse in Richtung Westen ab Xīzhímén. Vom alten Bahnhof fährt ein Expreßbus nach Tiānjīn.

Auto fahren

Selbst Auto zu fahren ist nur mit stahlharten Nerven oder Suizidabsichten

Am Busbahnhof

empfehlenswert. Im Fall der Fälle: Avis, Dōngzhímén Nèidàjīe 16 东直门内大街, Tel. 84 06 33 43, www.avischina.com.

Apotheken
Die gängigen westlichen Medikamente finden sich auch in jeder gut sortierten chinesischen Apotheke. Hier ist es jedoch hilfreich, den Beipackzettel dabeizuhaben, da kaum ein Apothekenangestellter Englisch spricht. Apotheken gibt es in Peking fast mehr als Restaurants, eine der größten ist die Wangfujing-Apotheke (Wángfǔjǐng Yīyào Shāngdìan 王府井医药商店) in der Wángfǔjǐng Dàjīe 267 王府井大街 (Tel. 65 24 01 22).

Behinderte
Auch wenn die Pekinger Stadtregierung das gerne anders darstellt: Peking ist keine behindertenfreundliche Stadt. Die mag sich mit den Paralympics 2008 ändern, eine wesentliche Verbesserung ist aber nicht zu erwarten. Immerhin wurden der Flughafen und einige Metrostationen behindertengerecht ausgebaut. Da ein Stadtrundgang jedoch schon für einen nichtbehinderten Besucher zuweilen zu einem Hindernislauf ausartet, haben es Rollstuhlfahrer hier doppelt schwer. Busse und Taxis in Peking sind definitiv nicht behindertengerecht, und auch viele alte Gebäude und Hotels stellen ein Problem dar. Hinzu kommt die unverhohlene Neugier der Chinesen, die einen behinderten Ausländer gleich in zweierlei Hinsicht zum Starr-Objekt machen.

Weitere Informationen gibt es auf der Website der Chinese Disabled Persons' Federation www.cdpf.org.cn.

Botschaften

Die meisten Botschaften befinden sich entweder nördlich der Jiànguómén Wàidàjiē 建国门外大街 oder im Botschaftsviertel Sānlǐtún 三里屯.

▶ Deutsche Botschaft
Déguó Shǐguǎn 德国使馆, Dōngzhímén Wàidàjiē 17 东直门外大街, Tel. 85329000, www.peking.diplo.de.

▶ Österreichische Botschaft
Àodìlì Shǐguǎn 奥地利使馆, Xiùshuǐ Nánjiē 5 秀水南街, Tel. 65322061, www.austriaembassy.cn.

▶ Schweizer Botschaft
Ruìshì Shǐguǎn 瑞士使馆, Dōngwǔ Jiē 3 东五街, Tel. 65322736, www.edaadmin.ch/beijing.

▶ Goethe-Institut Peking
Cyber Tower (Shùmǎ Dàshà 数码大厦), Building B, 17. Stock, Zhōngguāncūn Nándàjiē 2 中关村南大街, Tel. 82512909, www.goethe.de/peking.

Fahrradfahren

Peking ist trotz Luftverschmutzung und chaotischen Verkehrs eine Fahrradstadt mit autobahnbreiten Fahrradwegen. Fahrräder können in allen größeren Hotels und bei folgender Adresse ausgeliehen werden (20 bis 60 RMB am Tag):
Bicycle Kingdom (Zìxíngchē Wángguó 自行车王国), im Oriental Plaza (Dōng-

Rikscha-Taxi

fāng Gŭangchǎng 东方广场) North Garden Office B402, Wángfŭjīng 王府井, Tel. 85 49 45 41, www.bicyle-kingdom.com.

Geld

Alle größeren Hotels tauschen Bargeld und Reiseschecks. Die ›Bank of China‹ hat Filialen über die ganze Stadt verteilt, unter anderem im Oriental Plaza (Dōngfāng Gŭangchǎng 东方广场), dem großen Einkaufszentrum am Nordende der Wángfŭjīng-Fußgängerzone. In größeren Läden und in Einkaufszentren sowie in vielen Hotels und Restaurants ist es möglich mit Kreditkarte zu bezahlen. An vielen Geldautomaten kann man mit der Euroscheckkarte (›Maestro‹) Geld abheben. Der Umtauschkurs ist etwa 1:10, d.h. für einen Euro bekommt man 10 RMB.

Internet

▶ www.peking.de
Deutschsprachige Pekinginformation.
▶ www.ebeijing.gov.cn
Die offizielle englische Website der Stadt.
▶ www.thebeijingguide.com
Interaktive Website, auf der sich die Sehenswürdigkeiten der Hauptstadt teilweise in 3D erleben lassen.
▶ www.bjsubway.com
Die (auch englischsprachige) Website der Pekinger Metro.
▶ www.thatsbj.com
Die Website der Programmzeitschrift

Postfahrrad

›That's Beijing‹ mit dem aktuellen Kulturprogramm.
▶ www.cityweekend.com.cn/beijing/
Ähnlich wie das Angebot von ›That's Beijing‹ voll mit guten Ausgehtips.

Klima

Normalerweise lassen die Pekinger nichts auf ihre Stadt kommen, beim Wetter sind sie bereit, zuzugeben, daß Peking nicht mit dem besten Klima gesegnet ist. Im Winter (November bis Anfang März) ist es klirrend kalt und trocken, im Sommer (Juni bis August) heiß und schwül mit viel Niederschlägen. Einzig die Übergangszeiten, der kurze Frühling (Mitte März bis Mai) und der Herbst (September/Oktober) bringen angenehmes Wetter mit wenig Regen und Durchschnittstemperaturen um die 20 Grad.

Notrufnummern

Polizei: 110.
Feuerwehr: 119.
Krankenwagen: 120.

Post

Das Internationale Postamt liegt im Dongcheng-Bezirk an der Jiànguómén Běidàjiē 建国门北大街, Tel. 65 12 81 20, www. bibto.com. DHL hat Filialen im ›Kempinski Hotel‹ und im World Trade Center. Hotelrezeptionen nehmen gerne auch Postkarten und Briefe entgegen.

Reisebüros

▶ China Swan International Tours
Longhui Building (Lónghuī Dàshà 龙辉大厦), 4. Stock, Nóngguāng Nánlǐ 1 农光南里, Tel. 67 31 69 14/49 50, www.china-swan.com (Chaoyang-Bezirk).
▶ CnAdventure
Tàihé Lǚxíngshè 太和旅行社, Daxiang Investment Building (Dàxiàng Tóuzī Dàshà 大象投资大厦), 5. Stock, Dōngbīnhé Lù A1 东滨河路, Tel. 86 21 62 78, www.cnadventure.com (Dongcheng-Bezirk).
▶ Wild China
Oriental Place (Dōngfāng Gúojì Dàshà 东方国际大厦), Zimmer 801, Dōngfāng Dōnglù 9 东方东路 Tel. 64 65 66 02, www.wildchina.com (Chaoyang-Bezirk).

Umwelt

Peking gehört zu den verschmutztesten Städten der Welt. Vor allem die Luftqualität läßt an windstillen Tagen sehr zu wünschen übrig. Längere Spaziergänge und sportliche Anstrengungen sind dann möglichst zu unterlassen.

Visumsverlängerungen

Wer gerne länger im Reich der Mitte bleiben möchte, als ursprünglich geplant, kann sein Visum hier verlängern lassen: Beijing Municipal Public Security Bureau (Běijīng Shì Gōng'ānjú 北京市公安局), Dōngdàjiē 9 东大街 (Dongcheng-Bezirk), Tel. 84 02 01 01, tägl. 8.30–12 und 13–17 Uhr.

Wissenswertes über Shanghai

Chinesische Zukunftsvisionen

Noch vor 200 Jahren schien es völlig unmöglich, daß aus der kleinen chinesischen Küstenstadt Shanghai einst eine glitzernde Metropole, ein internationaler Trendsetter in Sachen Wirtschaft, Mode und Kultur werden könnte. Selbst in den 1980ern konnte die graue Stadt, abgesehen von der verstaubten Bund-Promenade, wenige Attraktionen bieten, die nicht den Nachgeschmack von Mottenmittel hinterließen. Während sich der Rest des Landes bereits fleißig in der Disziplin Marktwirtschaft übte, verharrte Shanghai in alten sozialistischen Strukturen, die

Shanghai ist die größte Baustelle der Welt

wenig Platz für Eigeninitiative vorsahen. Quasi über Nacht wurde aus dem grauen Koloß in den 1990ern das Zugpferd Chinas. So viele Jahrzehnte hatten die Shanghaier auf ihre Chance gewartet, daß selbst Taxifahrer in ihrer Pause Bücher über Marketing verschlangen, Hausfrauen über Nacht zu Unternehmerinnen mutierten und dabei auch noch so erfolgreich waren, daß der Rest des Landes vor Neid erblaßte.

Heute ist Shanghai die Personifizierung des chinesischen Traums von schnellem Reichtum, Glamour und Macht. Kaum eine andere Stadt der Welt verändert sich so rasant schnell wie Shanghai und zieht dabei so viele Wanderarbeiter und Glücksritter an.

Die Kombination aus Geld und Dynamik hinterläßt aber auch Spuren: Einerseits werden viele alte Gebäude restauriert oder renoviert, andererseits schlägt der ungebremste Aktivismus regelrechte Schneisen in das Stadtbild. Ganze Straßenzüge, ja Stadtviertel verschwinden dabei über Nacht und hinterlassen temporäre Baulücken, die sich kaum mehr zu Fuß umrunden lassen. Schon der letztjährige Stadtplan kann sich als völlig veraltet erweisen, gar nicht zu reden von Nightlife-Empfehlungen oder Restaurantadressen.

Wer Shanghai auch nur ansatzweise verstehen will, muß sich wahrscheinlich vom europäischen Chinabild lösen. Westliche Touristen suchen im ehemaligen Südenpfuhl Shanghai oft nur die Vergangenheit, während die Metropole im Reich der Mitte die Zukunft symbolisiert. So wie hier soll es nach dem Willen der meisten Chinesen bald in ganz China aussehen. Obwohl diese Vorstellung auf absehbare Zeit erst einmal illusorisch bleibt, gibt es keine Zweifel, daß Shanghai das Schaufenster Chinas und der Impulsgeber für die gesamte Küste ist. Lediglich das südliche Perlfluß-Delta rund um Kanton und Hongkong kann hier mithalten.

Die durchschnittliche touristische Besuchsdauer von 2,5 Tagen wird der Stadt noch nicht mal ansatzweise gerecht. Allein um die historischen Höhepunkte zu erkunden braucht es mehrere Tage, ganz zu schweigen von den Märkten, Boutiquen, Restaurants, Bars und Kneipen und all den anderen Angeboten, die Shanghai zu dem machen, was es ist: eine der größten und faszinierendsten Städte der Welt.

Geographie

Gälte es, die Geographie Shanghais zu benoten, wäre das Ergebnis höchst zwiespältig: Die exzellente Verkehrslage läßt sich kaum übertreffen, als Baugrund ist die Stadt freilich eine Katastrophe. Daß Chinas größte Stadt gerade hier in der Jiangsu-Ebene entstand, ist jedenfalls kein Zufall. Hier mündet der Yangzi, Chinas größter Strom und immerhin drittgrößter Fluß weltweit, ins südchinesische Meer. Die Getreideernten der ›Kornkammer‹ Sichuan, tausende Kilometer stromaufwärts gelegen, wurden mangels rentabler Alternativen seit Jahrhunderten über den gefährlichen Yangzi in die Ebene gebracht. Aber auch das Umland der Stadt selbst war seit der Eingliederung in das chinesische Reich während der Qin-Dynastie (221–206 vor Christus) eine der Schlüsselregionen Chinas. Seide, Reis, Tee und Gewürze gibt es im Yangzi-Delta im Überfluß, seine Bewohner gehören seit jeher zu den reichsten Chinas.

Mit viel Schweiß und Erfindungsgabe machten sich die Bewohner des Deltas daran, die Landschaft in ein wahres Venedig zu verwandeln. Mithilfe von Kanälen und Entwässerungsgräben wurde der feuchte, aber fruchtbare Boden bebaubar gemacht, Wasser gleichmäßig verteilt und im gleichen Zug auch noch der Transport per Boot sichergestellt. Schon im 7. Jahrhundert ließ der Pekinger Kaiserhof daher den Kaiserkanal bauen, der den Norden mit dem ›Land von Fisch und Reis‹ verband und den Nachschub an Luxusgütern aus dem Süden sichern sollte.

Shanghais günstige Lage am Meer jedoch blieb lange ein zweitrangiger Faktor: Nachdem sich das Reich der Mitte im 16. Jahrhundert nach außen abgeschottet hatte, war es ab 1525 nicht nur generell verboten, das Land zu verlassen, sondern auch, überhaupt seetüchtige Boote mit mehr als einem Mast zu bauen. Erst die Ankunft der Ausländer sollte dieses nicht immer akribisch verfolgte Verbot kippen.

Als die Briten nach dem Ende des Opiumkrieges von 1842 nach einem Siedlungsgebiet suchten, schien die optimale Verkehrslage und maritime Anbindung ausschlaggebend. Schnell verwandelte sich Shanghai nicht nur in einen der größten Häfen Chinas, sondern auch in die wichtigste Handelsstadt in Fernost. Heute rangiert der Shanghaier Hafen weltweit an dritter Stelle. Gut 400 Millionen Tonnen Waren werden hier jährlich umgeschlagen, mit dem geplanten Tiefhafen von Yangshan außerhalb der Stadt soll Shanghai bis 2020 an die Weltspitze vorrücken.

Auf Sand gebaut

All die positiven geographischen Faktoren haben aber eine Kehrseite, denn dort wo sich heute eine der größten Städte der Welt erhebt, plätscherte vor einigen tausend Jahren (historisch gesehen geradezu ein Klacks) noch das Meer. Der Shanghaier Untergrund, ein sandiger Alluvialboden, wurde erst in den letzten Jahrtausenden vom Fluß angespült. Mit seiner lockeren Konsistenz ist er eine Herausforderung für jeden Architekten. Ausgerechnet hier eine so gigantische Skyline wie die des Stadtteils Pudong hochzuziehen, ist gewagt, denn Shanghai sinkt. 12 bis 15 Millimeter im Jahr senkt sich Pudong unter der Betonlast, mittlerweile wird sogar Wasser unter die Stadt gepumpt, um den Untergrund zu stabilisieren. Gebäude wie der Jinmao Tower sind daher extrem tief im Boden verankert. Wie ernst die Lage ist, zeigt die Tatsache, daß sogar die Prunkbauten am Bund (gemessen an den modernen Wolkenkratzern vergleichsweise kleine Gebäude) von diesem Phänomen betroffen sind.

Rasantes Wachstum

Dem Wachstum der Stadt tun die geologischen Probleme allerdings keinen Abbruch. Heute beherbergt Shanghai gut 18 Millionen Menschen, von denen um die drei

Chinesische Zukunftsvisionen [229]

Das neue Shanghai: der Stadtteil Pudong

Millionen zu den nicht registrierten Wanderarbeitern zählen. Die Stadt ist offiziell 6341 Quadratkilometer groß und in 18 Bezirke sowie einen Landkreis unterteilt. Je nachdem, auf welcher Seite des Huangpu sie liegen, werden die Bezirke zu Puxi (Westlich des Flusses) oder Pudong (östlich des Flusses) gezählt.

Der pulsierende Koloß Shanghai war übrigens lange Zeit ein Zwangs-Hinterbänkler. Obwohl große Teile Chinas bereits in den 1980ern von der Öffnungspolitik profitierten, mußte Shanghai recht lange warten, bis es aus seinem Dornröschenschlaf wachgeküßt wurde – mit weitreichenden Folgen: Im Zustand der späten 1940er Jahre quasi eingefroren, war die Shanghaier Bausubstanz in miserablem Zustand. Obwohl die Stadt in dieser Zeit von rund 4,9 Millionen auf mehr als 7,6 Millionen Bewohner angewachsen war, war die Zahl der Wohnungen annähernd gleich geblieben. Auch die Infrastruktur blieb ausnehmend schlecht. Klapperige Busse und vergammelte Taxis zogen im Schneckentempo durch die Straßen. Erst Anfang der 1990er wurde die Stadt offiziell ›geöffnet‹, zur regierungsunmittelbaren Stadt erklärt und die Wirtschaftssonderzone Pudong geschaffen.

Angesichts der Chance, mit Selbstverantwortung ihr Schicksal in die Hand zu nehmen, griffen die Shanghaier zu. Heute ist Shanghai eine der reichsten Städte Chinas und kann mit einem jährlichen Bruttoinlandsprodukt von mehr als 7500 US-

[230] Chinesische Zukunftsvisionen

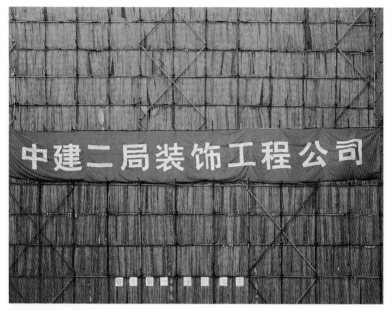

Baugerüst aus Bambus

Dollar pro Einwohner durchaus mit etlichen Ländern Europas mithalten (zum Vergleich: Rumänien liegt bei zirka 8000 US-Dollar, die Türkei bei rund 8400 US-Dollar). Dieser kometenhafte Aufstieg ist natürlich nicht ohne Nebenwirkungen zu haben. Wenn im Sommer die privaten Klimaanlagen gegen die feuchte Hitze kämpfen, geht der Industrie der Strom aus. Obwohl der Besitz eines Autos für die meisten Shanghaier noch lange unerreichbarer Traum bleiben wird, kriecht der Verkehr in der Rush-Hour nur noch zäh über die achtspurigen Ring- und Ausfallstraßen, während bläuliche Abgaswolken den Passanten den Atem rauben.

Dem rasanten Wachstum, in wirtschaftlicher wie architektonischer Hinsicht, tut dies keinen Abbruch. Um die 1,5 Millionen Menschen werden jedes Jahr umgesiedelt, um für gigantische Bauprojekte Platz zu machen, mehr als eine Millionen Bauarbeiter schuften, meist als illegale Migranten, auf den Baustellen Shanghais. Ganze Satellitenstädte wurden auf dem grünen Feld geplant, wie zum Beispiel Anting und Luchao Harbour City. Beide stammen aus deutscher Feder: Anting, auch als ›Germantown‹ bekannt, wurde vom Frankfurter Büro Albert Speer und Partner GmbH geplant, Luchao hingegen ist ein Entwurf der Hamburger Architekten Gerkan, Marg und Partner und soll nach Fertigstellung im Jahr 2020 zirka 800 000 Einwohner beherbergen.

Shanghai – Stadt am Meer

Ihren Namen verdankt die Stadt nur indirekt ihrer Position am Meer: Shàng 上 bedeutet zwar auf, oben, Ober-, und Hái 海 ist das Meer, beides bezog sich jedoch ursprünglich auf einen kleinen Kanal. »Wenn es ein Shanghai gibt, muß es doch auch ein Xiàhái 下海 geben, ein Unter-Meer« vermutete einst Mao Zedong und lag damit gar nicht so falsch: Der Suzhou River war vormals der größte Nebenfluß des Taihu-Sees, und da er ins Meer mündete, wurde er sorgfältig instand gehalten.

In der Nördlichen Song-Dynastie (960–1127) ließ man alle fünf Kilometer einen Seitenarm (Pu 浦) graben, um eventuelle Fluten abzufangen. Um die 36 Pu soll es gegeben haben, und die letzten beiden davon hießen Shànghái Pu 上海浦 und Xiàhái Pu 下海浦. Der Shanghai-Pu floß dort, wo heute der Huangpu fließt, also zwischen Bund und Shiliupu Ferry.

Im 13. Jahrhundert schließlich sedimentierte der Suzhou River immer mehr zu und verlor an Bedeutung. Nun verkehrten die meisten Boote auf dem Shanghai Pu, der immer mehr erweitert wurde. Der eigentliche Name des kleinen Kanals Shanghai Pu geriet in Vergessenheit, heute ist er als Huangpu bekannt, während der Suzhou River in den Huangpu entwässert. Zur Verwirrung aller Touristen wird er abwechselnd als Wusong, Suzhou Creek oder Suzhou River bezeichnet. Gemeint ist aber immer dasselbe Gewässer. Der kleine Xiahai-Kanal wurde übrigens vergessen und dümpelte einige Jahrhunderte vor sich hin, bis ihn die Stadt im 20. Jahrhundert zuschütten ließ. Heute verläuft dort die Háimén Lù. Lediglich der kleine, immer noch aktive, Xiahai-Tempel erinnert noch an die Existenz dieses Kanals.

Kleines Fischerboot auf dem Yangzi

Die Geschichte Shanghais

Um das moderne Shanghai zu verstehen, braucht es im Grunde nur oberflächliche Kenntnisse der frühen Stadtgeschichte. Nicht daß Shanghai keine hätte – wie der Westen oft irrtümlich annimmt –, es ist nur einfach nicht mehr viel davon übrig.

Von der Fischersiedlung zur Hafenstadt

Bereits in der Östlichen Jin-Dynastie (317–420) existierte die kleine Siedlung Hu Du 沪 渎, deren Name sich aus den Zeichen Hu ›Reuse‹ und dem Wort Du ›Kanal‹ zusammensetzt. Diese ländliche Idylle sucht man heute vergebens, die Silbe Hu 沪 steht jedoch noch immer als Kürzel für Shanghai. Damals war Shanghai aber noch eine recht unbedeutende Siedlung im Schatten der Provinzhauptstadt Suzhou. Im 8. Jahrhundert wurde es in die Gemeinde Huating eingegliedert. Erst in der zweiten Hälfte des 10. Jahrhunderts gewann das heutige Shanghai zunehmend an wirtschaftlicher Bedeutung, wohl weil der etwas weiter flußaufwärts gelegene Hafen Qinlong verschlammte. Die kleine Siedlung am Kanal jedenfalls prosperierte, so daß sie während der Song-Dynastie im Jahr 1074 zur Stadt erhoben und 1291, in der Zeit der Mongolenherrschaft, sogar zur Kreisstadt befördert wurde. Konfuzianische Schulen wurden nun errichtet, wie es sich für eine Kreisstadt gehörte, und ein Zentrum für Beamtenprüfungen.

Die wirtschaftliche Blüte der jungen Stadt blieb jedoch nicht unbemerkt: Immer wieder brandschatzten in den folgenden zwei Jahrhunderten japanische und chinesische Piraten die Stadt. Nach einer Folge von verheerenden Angriffen im Jahr 1553 schließlich wurde die Stadtmauer geplant und 1555 erbaut. Bereits zu Beginn des 16. Jahrhunderts hatte der Kaiserhof nicht nur ein Verbot von Auslandsreisen und Überseefahrten erlassen, sondern auch die Konstruktion meerestüchtiger Schiffe mit mehr als zwei Masten unter Strafe gestellt. Als diese Anordnung 1681 widerrufen wurde, begann für Shanghai eine Zeit des wirtschaftlichen Aufschwungs, eignete die Stadt sich doch ideal als Warenumschlagplatz. Bald entstanden vor der Stadt Anlegestellen und Warenhäuser.

Der Opiumkrieg: Shanghai wird geöffnet

Der internationale Handel lief vor allem über Kanton im Süden des Reiches. Zwar war es theoretisch gestattet, auch in Ningbo, Xiamen und Shanghai ausländische Waren an Land zu bringen, doch wegen der exorbitant hohen Einfuhrzölle kamen diese Städte als Landeplatz kaum in Frage. 1759 schließlich beschränkte eine kaiserliche Order den internationalen Handel offiziell auf Kanton. Da es Ausländern nicht einmal mehr hier gestattet war, die Stadt zu betreten, mußten alle Geschäfte über lizensierte chinesische Mittelsmänner abgewickelt werden. Diverse Versuche der Briten Ende des 18. und Anfang des 19. Jahrhunderts, reguläre diplomatische Beziehungen nach westlichen Vorstellungen zum Reich der Mitte aufzubauen, scheiterten, denn der Kaiserhof war nicht interessiert.

Zeitgleich hatte der Tee seinen Weg nach England gefunden und entwickelte sich innerhalb weniger Jahrzehnte zum britischen Nationalgetränk. Enorme Mengen

Tai Ji an der Uferpromenade Bund

wurden importiert, so daß sich die Handelsbilanz zu Ungunsten der Briten entwickelte, zeigte man doch in China kaum Interesse an ausländischen Waren. Findige Kaufleute der East India Company kamen jedoch bald auf die Idee, im Gegenzug Opium aus den indischen Kolonien nach China zu verschiffen. Legal war das nicht, zumindest nicht im Reich der Mitte. In Anbetracht der enormen Profite war man auf britischer Seite jedoch gerne bereit, über dieses Detail hinwegzusehen. Schnell wuchs die Zahl der Abhängigen, genauso wie die Importmenge. Als das China-Handelsmonopol der East India Company 1834 abgeschafft wurde, steigerte sich der Opiumimport noch um das Vierfache. Nun konnte theoretisch jeder Kaufmann die Droge nach China verschiffen – eine Chance, die viele nutzten. Zirka zwei bis zehn

Die Geschichte Shanghais

Junge Shanghaier in der Nanjing Donglu

Millionen Süchtige soll es Ende der 1830er Jahre gegeben haben, mit verheerenden wirtschaftlichen Folgen. Zudem hatte die Handelsbilanz längst zugunsten der Briten umgeschlagen: In atemberaubendem Tempo verschwanden die staatlichen chinesischen Silbervorräte in britischen Taschen.

Als der Hof den weiteren Import der Droge verhinderte und 1839 in Kanton die gesamten Vorräte der Briten verbrennen ließ, drangen englische Kriegsschiffe über den Yangzi bis nach Nanjing vor und drohten die Stadt zu zerstören. Überrascht von der militärischen Stärke der Briten und wohl auch von der Tatsache, daß es überhaupt ein Land wagte, sich dem Reich der Mitte entgegenzustellen, kapitulierte China im Jahr 1842 und unterzeichnete den ›Vertrag von Nanjing‹. Dieser sah unter anderem 21 Millionen Silberdollar als Entschädigung für die Briten, die Abtretung der Insel Hong Kong sowie die zwangsweise Öffnung diverser Küstenstädte für den internationalen Handel vor. Auch Shanghai gehörte dazu - was sich für die Bewohner genauso wie für den internationalen Handel als weltbewegender Fakt erweisen sollte.

Fast 400 000 Bewohner hatte Shanghai zu dieser Zeit, für damalige Verhältnisse war es also bereits eine echte Großstadt. 1843 gründete der erste britische Konsul, George Balfour, mit einigen wenigen Männern das British Settlement nördlich der

›Chinesenstadt‹, die Amerikaner folgen 1848 in Form einer Missionsstation im etwas nördlicher gelegenen Hongkou. Ein Jahr später entstand die Französische Konzession zwischen der chinesischen Altstadt und der britischen Konzession.

Zahlreiche kleinere Konflikte um die Umsetzung des Vertrages von Nanjing führten dazu, daß Großbritannien und Frankreich im Jahr 1858 20 000 Soldaten von Tianjin nach Peking marschieren ließen. Die Machtdemonstration endete mit dem ›Vertrag von Tianjin‹, der unter anderem den Briten die Exterritorialität garantierte, weitere Vertragshäfen zur Öffnung vorsah und zudem allen westlichen Mächten freie Fahrt auf dem Yangzi gewährte. Nicht zuletzt beinhaltete er weitere territoriale Zugeständnisse an die westlichen Mächte: Die französische Konzession wurde auf 10 Quadratkilometer im Südwesten Shanghais und die britisch-amerikanische Siedlung auf 22 Quadratkilometer erweitert. 1863 schlossen sich die benachbarten und ohnehin in enger Zusammenarbeit verbliebenen Briten und Amerikaner zum ›International Settlement‹ zusammen.

Das Reich der Taiping

Shanghai stand derweil wie eine einsame Insel im Chaos. Nur wenige Jahre vorher, 1851, war in Südchina die Taiping-Rebellion entbrannt, deren Truppen innerhalb kürzester Zeit große Teile Südchinas eroberten. Schon lange hatte es im Reich der Mitte gebrodelt: Seit Beginn des 19. Jahrhunderts war die Bevölkerung enorm gewachsen, längst war es nicht mehr möglich, die Menschen ausreichend zu ernähren. Auch die Zahl der Tagelöhner, Bettler und anderer gesellschaftlicher Verlierer war extrem angestiegen.

Als der gescheiterte Beamten-Kandidat Hong Xiuquan die Taiping-Bewegung gründete und sich als zweiten Sohn Gottes propagierte – ein Umstand, der sich auf schlecht verdaute Lektüre einiger christlicher Missionspamphlete zurückführen ließ –, gelang es ihm, innerhalb kürzester Zeit, große Teile Südchinas unter seine Kontrolle zu bringen.

Seine Mischung aus alttestamentarischer und geradezu kommunistischer Ideologie, gepaart mit einem gehörigen Dachschaden, verwandelte er in ein strenges Gesellschaftsmodell. Männer und Frauen lebten völlig getrennt, Nahrungsmittel und andere Alltagsgüter wurden zentral verteilt. Der strenge moralische Code der Taiping sah für Unzucht und Ehebruch, Drogenbesitz und Blasphemie die Todesstrafe vor, während Hong Xiuquan selbst in Polygamie lebte. Trotz seiner für China sehr ungewöhnlichen gesellschaftlichen Vorstellungen schaffte er es innerhalb weniger Jahre, von der Provinz Guangxi aus bis Nanjing vorzudringen und 1853 dort die Hauptstadt des ›Reichs des Himmlischen Friedes‹ zu errichten. Hier und da kollaborierte er auch mit Geheimgesellschaften, wie beispielsweise der Gesellschaft der

Kleinen Schwerter, die bereits 1853 im Handstreich die Chinesenstadt Shanghais unter ihre Kontrolle gebracht hatte.

Fluchtpunkt Shanghai

Fast eine halbe Million Chinesen suchten in Shanghai Schutz vor den Kämpfen zwischen kaiserlichen Truppen und der Taiping-Armee oder versuchten sich vor dem skurrilen Lebensmodell von Hong Xiuquan in Sicherheit zu bringen. Anfangs traf Hong durchaus noch auf das Wohlwollen der Ausländer, denn schließlich berief er sich auf christliches Gedankengut. Zudem band er die kaiserlichen Truppen, die den westlichen Vorstößen daher wenig entgegenzusetzen hatten. Nachdem er sich in Nanjing niedergelassen hatte, gab es wiederholt Kontaktversuche von westlicher Seite. Selbst als die den Taiping lose verbundenen ›Kleinen Schwerter‹ im September 1853 das chinesische Zollhaus am Bund plünderten, konnte dies den Briten im Grunde nur recht sein: Sie übernahmen nun selbst die Zollverwaltung, so daß der Kaiserhof bis zum Ende der Monarchie auf die ausländische Zolleintreiber angewiesen blieb.

Als sich die Taiping 1861 jedoch anschickten, auch Shanghai zu erobern, stellten Briten, Franzosen und Amerikaner eiligst eine internationale Truppe zusammen, die

Der Jing'an-Tempel stammt aus dem 3. Jahrhundert, die heutigen Gebäude entstanden aber erst in 1880er Jahren

der regulären kaiserlichen Armee letztlich zum Sieg verhalf. Die Bilanz des Taiping-Aufstands war erschreckend: 20 bis 30 Millionen Tote, ganz Südchina verwüstet, die einst prosperierenden Delta-Städte wie Hangzhou waren praktisch dem Erdboden gleichgemacht. Einzig Shanghai stand noch unversehrt – und profitierte davon. Während die umliegenden Städte noch mit dem Wiederaufbau beschäftigt waren, wuchs der Handel über Shanghai enorm an, nicht zuletzt, weil der chinesische Geldadel in die einzige unzerstörte Stadt des Yangzi-Deltas investierte.

In architektonischer Hinsicht waren die 1860er und 1870er ebenfalls wegweisend für Shanghai: So viele Flüchtlinge hatte die Stadt aufnehmen müssen, daß dringend neue Wohnungen geschaffen werden mußten. Die slumartigen Holzhäuser der zahllosen Flüchtlinge stellten ein enormes Feuerrisiko wie auch eine hygienische Herausforderung für die Stadt dar, die bis 1920 keine öffentliche Kanalisation besaß. In den 1870ern wurden daher die ersten ›Lilong-Siedlungen‹ gebaut: Die ›Shanghaier Reihenhäuser‹ (siehe Seite 338 im Kapitel Jing'an) sollten für die nächsten Jahrzehnte typisch für Shanghai bleiben.

Industrialisierung

Doch während sich Shanghai weiter zur Handelsmetropole entwickelte, braute sich im Norden Chinas Unheil zusammen: 1894 entschieden die Japaner den japanisch-chinesischen Krieg zu ihren Gunsten und konnten sich mit dem ›Frieden von Shimonoseki‹ nicht nur ihren Einfluß in Korea sichern, sondern auch das Recht, ›in allen Vertragshäfen Handel zu betreiben und Fabriken zu errichten‹.

Aufgrund der Meistbegünstigungsklausel, die jedes einer fremden Macht gewährte Recht automatisch auch den Briten zugestand, entwickelte sich Shanghai verstärkt zum Industrie-Standort. Ohnehin war Shanghai das Zentrum der chinesischen Baumwollverarbeitung gewesen, dank technischer Neuerungen entstanden nun vor allem in Hongkou zahlreiche Fabriken und Spinnereien, in denen bald tausende von Chinesen unter erbärmlichsten Bedingungen beschäftigt waren. Zeitgleich erlebte die Stadt einen wahren Bau-Boom: Fast alle großen Handelshäuser des weltweiten Handels ließen sich in Shanghai nieder, und auch der Bund entwickelte sich langsam zur Prachtmeile. Die Gebäude dieser ›europäischen Renaissance‹ prägen bis heute das Stadtbild.

Der Boxeraufstand

Von 1899 bis 1901 stürzten die Boxer-Unruhen das Land in Chaos. Eigentlich war die Rebellion des Bundes der ›Fäuste für Rechtschaffenheit und Einheit‹

Die Geschichte Shanghais

Blick auf den Bund und den Huangpu-Fluß

(daher der Kurzname ›Boxer‹) vorrangig gegen die herrschende Qing-Dynastie gerichtet. Doch die Kaiserinwitwe wußte die Wut der Bevölkerung geschickt gegen die Fremdmächte umzulenken und schlug sich auf die Seite der Boxer. Zahlreiche ausländische Handelsniederlassungen in Nordchina wurden niedergebrannt, Missionare verfolgt und vor allem getaufte Chinesen massakriert. Entgegen den kaiserlichen Hoffnungen reagierten die ausländischen Mächte jedoch schnell und entsandten bereits im August 1900 eine alliierte Armee. Ein Jahr später kapitulierte die Qing-Regentin. Zwar blieb Shanghai selbst von den Unruhen verschont, doch abermals flüchteten sich Abertausende von Menschen in die ausländische Enklave. Erstmals zählte Shanghai nun mehr als eine Million Einwohner.

Das Ende des Kaiserreichs

Keine Dekade später wurde die Monarchie in China gestürzt. Mit dem Amtsantritt des Präsidenten Sun Yat-sen, dem Führer der Guomindang-Partei, verwandelte sich China theoretisch in eine Republik. De facto jedoch war sie nicht stark genug, wirklich die Macht zu übernehmen. Regionale Warlords herrschten nun nach Gutdünken, während die Guomindang-Partei von Kanton aus die Rückeroberung Chinas plante.

Da erschien selbst das Sündenbabel Shanghai noch als sicherer Hafen. 1,5 Millionen Menschen lebten mittlerweile in Shanghai – in nur 15 Jahren war die Einwohnrzahl um eine halbe Million angewachsen! Unter den Neuzugängen befanden sich auch mindestens 40 000 Russen, die während der russischen Revolution 1917 vor der Roten Armee nach China geflohen waren. Erstmals lebten nun europäische Flüchtlinge in Shanghai, ›Weiße‹ also, die genauso wie ihre chinesischen Leidensgenossen gezwungen waren, mit Gelegenheitsjobs oder durch Prostitution zu überleben. Für das Image des unbesiegbaren Europäers ein echter Rückschlag!

Im Ersten Weltkrieg schlug sich China auf die Seite der Alliierten und sollte dafür nach Ende des Krieges die deutschen Kolonialgebiete auf der Shandong-Halbinsel wieder zurückerhalten. Doch im Vertrag von Versailles 1919 wurde dieses Versprechen völlig übergangen, schlimmer noch, der Erzfeind Japan erhielt den Zuschlag und besetzte mit dem Einverständnis der Siegermächte das Gebiet um Qingdao. Als am 4. Mai 1919 in Peking die ersten Studentenproteste losbrachen, war dies der Beginn einer Bewegung, die als Vierte-Mai-Bewegung in die Geschichtsbücher einging und mit starken nationalistischen, anti-westlichen Bestrebungen der Modernisierung einherging.

Shanghai als politischer Brennpunkt

Viele Intellektuelle und Oppositionelle hatten in Shanghai Zuflucht gefunden, wo sie in den exterritorialen Gebieten vergleichsweise sicher agieren konnten. Zwar waren sie auch von den Briten und Franzosen nicht immer gerne gesehen – schließlich richteten sich viele von ihnen gegen die geradezu koloniale Fremdherrschaft – meist blieben sie aber unbehelligt. In Anbetracht des immensen Elends der Arbeiter (mehr als 100 000 Chinesen, darunter viele Kinder, schufteten in den britischen und japanischen Spinnereien) und des gewaltigen Heeres von Tagelöhnern und Kulis, wundert es wenig, daß gerade in Shanghai sozialistisches Gedankengut Anklang fand: 1921 wurde hier die Kommunistische Partei Chinas (KPCh) gegründet. Auch wenn es sich noch um eine sehr kleine und junge Bewegung handelte, machte sich die Agitation unter den Arbeitern durchaus bemerkbar. Streiks, Gewerkschaftsgründungen und Protestkundgebungen wurden immer häufiger. Auch um die Frage, in welcher Form die mittlerweile 2,5 Millionen Einwohner umfassende Stadt kontrolliert werden sollte, kam es immer wieder zu öffentlichen Diskussionen. Der Shanghai Municipal Council des International Settlement und der Stadtrat der Französischen Konzession waren wahrlich keine demokratischen Institutionen und ganz sicher keine repräsentativen Stadtparlamente: Kein einziger Chinese war dort vertreten, obwohl die Bevölkerung der ausländischen Konzessionen noch immer zu 95 Prozent aus Einheimischen bestand. 1925 schließlich eskalierte die Situation: Während einer Demonstration vor der Laozha-Polizeiwache ließ die britische Polizei in die Menschenmenge schießen, wobei 13 chinesische Demonstranten getötet wurden. Der darauffolgende, monatelange Generalstreik bewirkte schließlich, daß einige Sitze in den jeweiligen Konzessionsregierungen an Chinesen vergeben wurden. Wichtiger jedoch waren die indirekten Auswirkungen auf die chinesische Arbeiterbewegung: Aus einem losen Haufen wurde eine gut organisierte, kampferfahrene politische Kraft. Sie sammelte Erfahrungen, die bald überlebenswichtig werden sollten.

Das Ende des städtischen Kommunismus

In den ersten Jahren hatte die junge KPCh noch mit der etablierteren Guomindang, der Partei Sun Yat-sens, kollaboriert. Doch mit dem Tode Suns 1925 rückte Chiang Kai-shek, ein glühender Kommunisten-Hasser, auf den Posten des Parteichefs vor. Während er 1926 im ›Nordfeldzug‹ einen regionalen Warlord nach dem anderen besiegte und große Teile Chinas einen konnte, entschloß er sich, sich auch ein für allemal der kommunistischen Konkurrenz zu entledigen. Als 1927 ein weiterer von den Kommunisten ins Leben gerufener Streik mit mehr als einer Million Teilnehmer die Stadt erschütterte, marschierte der vermeintlich verbündete Guomindang-General mit den republikanischen Truppen in Shanghai ein. In einer regelrechten Menschenjagd ließ er mehr als 5000 Kommunisten, Sympathisanten und zahllose weitere, meist grundlos Verdächtigte hinrichten. Für die KPCh bedeutete dies erst einmal das Ende ihrer Arbeit in Shanghai. Sie zogen sich ins Bergland der Provinz Jiangxi zurück, wo Mao Zedong 1931 die ›Bauernrepublik Jiangxi‹ gründete.

Die Lebensbedingungen der Chinesen blieben erbärmlich, während sich Shanghai zum ›Sündenbabel‹ der Welt entwickelte. Nirgendwo sonst auf der Welt gab es so viele Huren wie in Shanghai, das mit einer Rate von einer Prostituierten pro 130 Einwohner ›glänzte‹. Zahllose Mafiabanden, sogenannte Triaden, trieben im geradezu rechtsfreien Shanghai ihr Unwesen, blieben aber von den Kolonialmächten meist unbehelligt, solange sie sich nicht an Europäern vergriffen. Mehr als 100 000 aktive Bandenmitglieder soll es zeitweise in Shanghai gegeben haben. Huang Jinrong, der berühmte Mafia-Boss und Chef der ›Grünen Bande‹ fungierte sogar eine Zeitlang ganz offiziell als Polizeichef der französischen Konzession!

Shanghai unter japanischer Besatzung

Bereits 1931 waren die Japaner in der Mandschurei eingefallen und hatten dort den Marionettenstaat Mandschukuo errichtet. 1937 setzte Japan an, auch den Rest des

Landes zu erobern. Am 14. August 1937 erreichte der Krieg Shanghai. Tragischerweise waren es nicht nur die japanischen Bomber, die der Stadt die größten Schläge versetzten, sondern verwirrte chinesische Piloten, die versehentlich ihre Bomben zu früh abwarfen und das Cathay Hotel trafen. 1500 Flüchtlinge und Ausländer verloren allein am Bund das Leben. Im November schließlich waren alle chinesischen Gebiete Shanghais fest in japanischer Hand. Nur wenige Wochen später, am 12. Dezember, gelang es ihnen auch, die Hauptstadt Nanjing zu erobern. Die Nationalregierung war schon in Richtung Wuhan geflohen. Verärgert metzelten die japanischen Truppen innerhalb weniger Tage 300 000 Menschen dahin – ein Drittel der Einwohner Nanjings überlebte die Eroberung der Stadt nicht. In Shanghai schien das Leben erst einmal weiterzugehen. Die nächsten Jahre blieben die ausländischen Konzessionen einsame Inseln im japanisch besetzten Gebiet, während die chinesische Bevölkerung unter dem Terror der japanischen Geheimpolizei Kempetei litt.

Mit dem Angriff auf Pearl Harbour im Dezember 1941 wurden auch die ›Nachbarn‹ des International Settlements und der Französischen Konzession über Nacht zu Feinden: Bis 1943 verschwand ein Großteil der Europäer in Internierungslagern im Shanghaier Hinterland, für die chinesische Bevölkerung wurde das Leben noch eine Spur härter, zudem in den nächsten Jahren auch der zweite Weltkrieg seine zerstörerischen Spuren hinterließ.

Zeitungskiosk

Erst im September 1945, mit dem Ende des zweiten Weltkrieges, endete auch in Shanghai die japanische Besatzung. Obwohl die kommunistischen Truppen näher an Shanghai stationiert waren als ihre nationalistischen Konkurrenten, gelang es der Guomindang Chiang Kai-sheks mit amerikanischer Hilfe, die japanische

Kapitulation in Shanghai entgegenzunehmen. Während in China der Bürgerkrieg zwischen den beiden verfeindeten Lagern tobte, blieb Shanghai das Zentrum der amerikanischen Truppen. Noch einmal lebte für kurze Zeit das wilde Nachtleben auf. Bereits 1948 jedoch war die Lage für Chiang verloren. Anfang 1949 zogen sich die Guomindang und ihre Anhänger nach Taiwan zurück, wo sich bereits die chinesischen Goldreserven der Shanghaier Bank of China befanden: In einer Nacht- und Nebelaktion hatte Chiang im Februar gut 500 000 Unzen Goldbarren von Shanghai auf die Insel bringen lassen. Am späten Abend des 24. Mai 1949 marschierte die Rote Armee in Shanghai ein.

Der Sieg der Kommunisten

Nach dem Ende des Bürgerkrieges und dem Sieg der Kommunisten 1949 verlor Shanghai schlagartig an Bedeutung. Die ausländischen Landbesitzer wurden enteignet und des Landes verwiesen, nur eine Handvoll Ausländer durfte in der Stadt bleiben. Der internationale Handel verlagerte sich fortan nach Hongkong, das bis dato immer im Schatten von Shanghai gestanden hatte. Von einem Tag auf den anderen verschwanden Prostituierte, Bettler, Mafiosi und Kinderarbeiter. Zurück blieb eine Großstadt, deren Bewohner nun zwar weniger extremes Elend

Heute gibt es die Mao-Bibeln auf dem Flohmarkt

Nachbarschaftsplausch

kannten, dafür aber in einer der langweiligsten Großstädte der Welt wohnten. Vorsichtshalber hatte die KPCh die Stadt dem ideologisch gefestigten Veteranen Marschall Chen Yi unterstellt, der bis 1958 als Bürgermeister fungierte. Für die Industrie jedoch blieb Shanghai eines der wichtigsten Zentren des Landes. Wohl auch deshalb wuchs die Zahl der Einwohner kontinuierlich. Waren es 1949 noch 5 Millionen, wohnten 1957 schon 7,2 Millionen Menschen in der Stadt. Architektonisch veränderte sich jedoch erst einmal wenig, zumindest nicht zum Positiven, denn es kamen kaum Neubauten hinzu. Auch in infrastruktureller Hinsicht wurde Shanghai vernachlässigt.

Kulturrevolution

Besonders verheerend wirkte sich die ›Große proletarische Kulturrevolution‹ von 1966 bis 1976 aus, die in Shanghai ihren Anfang hatte – eine Tatsache, die viele Reformer der Stadt später geradezu persönlich übelnehmen sollten. Im Grunde genommen handelte es sich weniger um eine ideologische Kampagne als um einen

Machtkampf zwischen den beiden großen Lagern der kommunistischen Führung. Bereits wenige Jahre nach Gründung der Volksrepublik 1949 spaltete sich die kommunistische Partei in zwei ideologische Richtungen: Zum einen die Gruppe um Mao Zedong, zum anderen die Pragmatiker Deng Xiaoping und Liu Shaoqi, die vor allem den wirtschaftlichen Fortschritt im Auge hatten.

Wie sehr diese Kampagnen den Kampf der zwei Lager widerspiegelten, zeigt die Plenarsitzung des Zentralkomitees von 1959 in Lushan: Der ›Große Sprung nach vorne‹ war längst in vollem Gange und schon als wirtschaftliches Desaster zu erkennen. Doch kaum ein Teilnehmer wagte es, dem großen Vorsitzenden mit der Wahrheit zu konfrontieren. Lediglich der Verteidigungsminister Peng Dehuai fand den Mut, einen offenen Brief an Mao zu schreiben und die Politik des Großen Sprunges anzuprangern – ein Schritt, der ihn alle politischen Ämter kostete. Nur dem Pekinger Vize-Bürgermeister und Historiker Wu Han war es zu verdanken, daß er nicht in der Bedeutungslosigkeit verschwand. In einem Artikel des Parteiorgans Renmin Ribao (Volkszeitung) griff er den Fall Peng Dehuai indirekt wieder auf, indem er auf die Geschichte des Hofbeamten Hai Rui anspielte. Dieser war in der Ming-Dynastie wegen seiner ehrlichen Haltung dem Kaiser gegenüber entlassen worden. Für gebildete Chinesen war die Anspielung nicht zu übersehen. Wenige Jahre später schrieb Wu Han sogar ein Theaterstück zu diesem Thema, das unter dem Titel ›Die Amtsenthebung des Hai Rui‹ in Peking aufgeführt und gedruckt wurde. Als 1965 die Realo-Faktion scheinbar die Oberhand gewann, lehnte sich Mao noch einmal mit aller Kraft auf. Mit einer Kritik just dieses Theaterstücks aus der Feder vom Yao Wenyuan, die am 10. November 1965 in der Shanghaier Literaturzeitschrift Wenhui Bao erschien, leitete er die Kulturevolution ein.

Der Terror der Roten Garden

Die ›Große proletarische Kulturrevolution‹ sollte ein für alle Mal mit den ›bourgeoisen‹ und ›reaktionären‹ Elementen in der Gesellschaft abrechnen. Die Jugendlichen des Landes rief er auf, als ›Rote Garden‹ alle Feinde des Sozialismus zu verfolgen. Daß dabei anfangs vor allem Maos Gegenspieler ins Visier gerieten, war natürlich kein Zufall. Schnell breitete sich Angst und Schrecken aus: Schon der Besitz einer Beethoven-Schallplatte oder eines westlichen Klassikers konnte den Zorn der Roten Garde heraufbeschwören, die willkürlich private Wohnungen durchsuchten und deren Bewohner für weitere Verhöre verschleppten.

Blick über Shanghai-Pudong, rechts der Oriental Pearl Tower
U-Bahn-Plan Shanghai

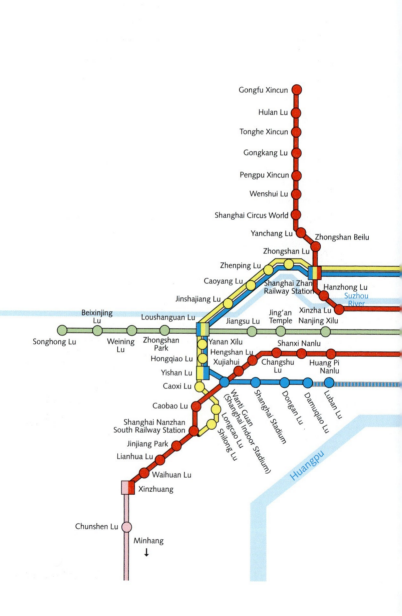

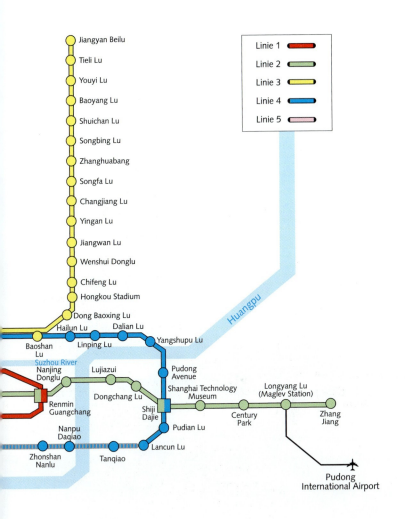

Alles Westliche, alles Alte, alles was in irgendeiner Form an das alte China erinnern konnte (nicht nur in Shanghai) oder von religiöser Natur war, wurde gnadenlos zerschlagen – kaum ein Tempel blieb verschont. Schulen und Universitäten blieben geschlossen, schließlich waren Schüler und Studenten mit der Jagd auf ›Reaktionäre Elemente‹ beschäftigt. Innerhalb kürzester Zeit versank das Land im Chaos, selbst Mao hatte die ›Roten Garden‹ nicht mehr unter Kontrolle. Erst mit Hilfe der Armee gelang es ihm, die Jugendlichen zur Ordnung zu rufen.

Wie viele Opfer die Kulturrevolution wirklich forderte, ist ungewiß, es sind jedoch etliche Millionen. Selbst über die Dauer der Kulturrevolution sind sich die Historiker nicht einig. Sicher ist, daß nach einer ›heißen‹ Phase von 1966 bis 1969 nach und nach wieder mehr Alltag eintrat. Wirklich beendet jedoch war die Kulturrevolution erst, als Mao Zedong 1976 starb und der ›Viererbande‹ der Prozeß gemacht wurde. Gemeint sind damit Maos Ehefrau Jiang Qing und drei weitere Kader aus Maos engstem Kreis, die als eigentliche Drahtzieher galten.

Deng Xiaoping überlebte die Kulturrevolution bekanntermaßen, für Shanghai konnte er sich freilich zeitlebens nicht mehr begeistern.

Der politische Neubeginn

Nach dem Ende dieser turbulenten politischen Phase lag das Land wirtschaftlich darnieder. Erst die Öffnungspolitik, die 1978 eingeläutet wurde, sollte China wieder auf Kurs bringen. Shanghai jedoch war erst einmal nicht unter den Städten, denen diese Politik zugute kam.

Erst im Jahr 1984, als die Stadt für ausländische Investitionen geöffnet wurde, machte Shanghai die ersten zögerlichen Schritte in Richtung Marktwirtschaft. Das Joint-Venture ›Shanghai Volkswagen‹ beispielsweise nutzte die neue Chance und produziert seither mit deutschem Knowhow Autos für den chinesischen Markt. Ein Jahr später wurde Jiang Zemin Parteisekretär und Bürgermeister von Shanghai. Von hier aus wurde er nur zwei Jahre später in die Parteispitze befödert, 1989 sogar zum Generalsekretär der KPCh. Sicher nicht ganz zufällig entschloß sich der damalige Premierminister Li Peng im Jahr 1990, den Stadtteil Pudong zur Entwicklung freizugeben. Auch Jiang Zemins Nachfolger, Zhu Rongji, der von 1987 bis 1990 als Bürgermeister fungierte, schaffte es bis in die höchsten Ämter – 1998 wurde er Ministerpräsident, so daß ein weiterer Reformer auf allerhöchster Ebene den Öffnungskurs fortsetzte.

U-Bahn-Plan Shanghai
Alt und Neu in Shanghai: Hochhaus hinter dem Jing'an-Tempel

Religion in Shanghai

Shanghais wichtigste Religion? Das Geld natürlich. Zumindest unterstellt man dies den Shanghaiern gerne in China. Dahinter mag eine gehörige Portion Neid auf den vergleichsweise hohen Lebensstandard der Stadt liegen – und ein Körnchen Wahrheit. Geld verdienen und sich etwas leisten, nicht zuletzt auch, den Wohlstand zur Schau stellen, das nimmt in der Tat einen wichtigen Platz ein. Aber wer einen Blick in die Seitengassen wirft, wird immer wieder auf kleine Tempel stoßen, Kirchen und andere Gotteshäuser. Ganz ohne Jenseits kommt eben auch das reiche Shanghai nicht aus.

Dank der wechselhaften und internationalen Geschichte ist die Auswahl an Religionen groß; selbst Synagogen und Moscheen gibt es hier. Trotz alledem sind die einheimischen Religionen natürlich am besten vertreten. Allen voran die Tempel, die oft erst auf den zweiten Blick verraten, ob sie nun buddhistischer, daoistischer oder konfuzianischer Natur sind. Bunt sind sie alle, generell gilt aber, daß die großzügige Verwendung von Rot und Gelb auf Buddhismus schließen läßt, während schwarze Elemente wie Säulen und Balken meist in daoistischen Tempeln vorkommen. Konfuzianische Tempel sind dagegen vergleichsweise leicht zu erkennen, da sie meist den originellen Namen ›Konfuziustempel‹ tragen und im Inneren bis auf ein Bild des Meisters auf Götter oder Heilige verzichten.

Hin und wieder haben sich die Religionen auch zusammengetan und bieten allen Gläubigen die Möglichkeit zur Andacht und Opferung. Daß sie dies tun, liegt weniger an inhaltlicher Übereinstimmung als an einer generell toleranten Haltung gegenüber anderen Religionen. Sowohl Buddhismus als auch Daoismus betrachten den Glauben als eine höchst persönliche Sache, in der jeder seinen eigenen Weg finden und erarbeiten muß; der Konfuzianismus ist im Grunde genommen noch nicht einmal eine echte Religion, da er weder transzendentale Vorstellungen noch Götter kennt. Missionierung ist in allen chinesischen Schulen sinnlos, basiert doch das individuelle Fortkommen auf dem individuellen Einsatz und der persönlichen Einsicht. Auch der universalistische Ansatz, daß alles zusammenhängt und nichts isoliert betrachtet werden kann, ist Buddhismus wie Daoismus gemein, genauso wie das Bestreben, sich (vereinfacht gesprochen) letztlich von allem Irdischen zu lösen und sich mit dem Kosmos zu vereinen. Warum also nicht gleich etwas enger zusammenrücken, dann haben es die Tempelbesucher, die ohnehin oft beiden Religionen gleichzeitig anhängen, etwas einfacher.

Auch wenn Shanghai nicht zu den herausragenden Zielen in Sachen sakraler Architektur gehört, einige der Gotteshäuser sind definitiv einen Besuch wert, und es sei nur, um einen Einblick in den Alltag der Menschen zu werfen oder (dies gilt vor allem für die christlichen und jüdischen Gotteshäuser) die historische Dimension der Stadt zu verstehen.

Buddhistische Tempel

▶ Jadebuddha-Tempel (Yùfó Sì 玉佛寺), Ānyuán Lù 170 安源路, Jing'an-Bezirk (S. 342).

Buddhafigur in einem Shanghaier Tempel

▶ Jing'an-Tempel (Jìng'ān Sì 静安寺), Nánjīng Xīlù 1686 南京西路, Jing'an-Bezirk (S. 335).
▶ Longhua-Tempel, (Lónghuá Sì 龙华寺), Lónghuá Lù 2853 龙华路, Xuhui-Bezirk (S. 329).

Daoistische und konfuzianische Tempel

▶ Baiyun-Tempel (Báiyún Guān 白云观), Dàjìng Lù 239 大境路, Altstadt (S. 298).

▶ Tempel des Stadtgottes (Chénghuáng Miào 城隍庙), Fāngbang Zhōnglù 249 方浜中路, Altstadt (S. 297).
▶ Konfuzius-Tempel (Wén Miào 文庙), Wénmiao Lu 215 文庙路, Altstadt (S. 299).

Christliche und jüdische Gotteshäuser

▶ St.-Ignatius-Kathedrale (Xújiāhuì Tiānzhǔtáng 徐家汇天主教堂), Puxi Lù 158 浦西路, Xuhui-Bezirk (S. 328).
▶ Moore Memorial Church (Mù'ēn Táng 沐恩堂), Xīzàng Zhōnglù 316 Ecke Jiǔjiāng Lù 西藏中路/九江路, Huangpu-Bezirk (S. 291).
▶ Ohel-Moshe-Synagoge (Móxī Huìtáng 莫西会堂), Chángyáng Lù 长阳路, Hongkou-Bezirk (S. 358).
▶ Dongjiadu-Kathedrale (Dǒngjiādù Tianzhutáng 董家渡天主堂), Dǒngjiādù Lù 185 董家渡路, Altstadt (S. 300).
▶ Etwas außer der Reihe steht die orthodoxe St.-Nicolas-Kirche in der Gàolán Lù 皋兰路 im Luwan-Bezirk (S. 307). Hier ist mittlerweile das französische Restaurant ›Ashanti Dome‹ (Āxiāngdù Cāntīng 阿香蒂餐厅) untergebracht.

Moscheen

▶ Kleine Pfirsichgarten-Moschee (Xiǎo Táoyuán Qīngzhēnsì 小桃园清真寺), Xiǎo Táoyuán Jiē 52 小桃园街, Altstadt (S. 298).

Unterwegs in Shanghai

Kaum eine Stadt in China macht es dem Ausländer so leicht, sich schnell zum gewünschten Ziel zu bewegen. Touristen sind jedoch nicht die einzigen, die Tag und Nacht durch die Stadt eilen. Shanghais Hauptverkehrszeit ist daher gefürchtet, egal mit welchem Transportmittel man sich ihr stellt. Noch bevor hier die einzelnen Möglichkeiten erwähnt werden, eine Empfehlung der Autoren: Gehen Sie einfach essen, wenn alle anderen sich auf dem hektischen Weg nach Hause befinden. Zwischen 17 und 19 Uhr ist sowohl auf den Straßen als auch in den Bussen und Bahnen die Hölle los.

■ Öffentlicher Nahverkehr

Am bequemsten ist es sicher, sich per Taxi transportieren zu lassen, aber für Touristen ist auch die U-Bahn eine gute Wahl. Die Shanghaier U-Bahn beeindruckt insgesamt mit einer Sauberkeit und Effizienz, die europäische Konkurrenten mitunter alt aussehen läßt. Was sie wahrscheinlich vergleichsweise auch sind, denn Shanghais erste U-Bahnstrecke wurde erst 1995 eröffnet. Wer sich mit dem Bus auf den Weg macht, sollte entweder mit einer Prise Abenteuergeist gesegnet sein oder die Strecke genau kennen, denn Fahrpläne und Beschriftung aller Linien sind ausschließlich in Chinesisch.

■ Taxi

Praktisch überall lassen sich Taxis (zūchū qìchē 租出汽车) per Handzeichen heranwinken (mittlerweile sind es mehr als 45000!), und an den

Trotz der zahlreichen Stadtautobahnen steht zur Rush Hour der Verkehr

internationalen Hotels lauert sowieso immer ein ganzer Pulk. Weitaus günstiger als in Europa beträgt die Taxigrundgebühr tagsüber 10 RMB, ab 23 Uhr 13 RMB für 3 Kilometer, jeder weitere Kilometer schlägt mit 2 RMB (nachts 2,60 RMB) zubuche, ab zehn Kilometer Strecke sind wieder 3 RMB pro Kilometer (nachts 3,90) zu zahlen. Der noch vor wenigen Jahren grassierende Touristennepp hat erheblich nachgelassen. Die Taxameter funktionieren, und beim Aussteigen erhalten Sie eine automatische Quittung, auf der der Preis noch einmal vermerkt ist.

Grandiose Englischkenntnisse darf man im Taxi nicht erwarten, wer sich sein Ziel auf dem Stadtplan oder in chinesischen Zeichen vermerken läßt, dürfte aber immer gut ans Ziel kommen. Bei komplexeren Arrangements achten Sie einfach auf die Anzahl der Sterne auf der Fahrer-Plakette am Armaturenbrett: Zwei Sterne verheißen nur rudimentäre Englischkenntnisse (was man getrost mit ›keine‹ übersetzen darf), drei Sterne bedeuten Grundkenntnisse, und vier Sterne stehen theoretisch dafür, daß sie das Fahrtziel auch auf Englisch angeben können. Verlassen sollte man sich darauf allerdings nicht.

Wenn der Wetterbericht Regen ankündigt, sollten Sie sich sicherheitshalber schon einmal eine Alternative zum Taxi überlegen. Dann nämlich ist bei Büroschluß meist kein einziges leeres Taxi mehr unterwegs. In diesem Fall kann es helfen, sich beim nächstgelegenen internationalen Hotel mit in die Taxischlange zu schmuggeln. Trinkgelder sind im Taxi übrigens nicht üblich und könnten als beleidigend empfunden werden.

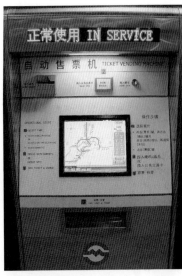

Elektronischer Linienplan der Shanghaier U-Bahn

■ **U-Bahn**

Inzwischen ist das System der U-Bahn (dìtiě 地铁) auf 5 Linien angewachsen, weitere sind zur Zeit im Bau. Die Preisspanne der Tickets reicht von 3 bis 6 RMB, und die Fahrkartenautomaten sind dank englischsprachiger Menüs recht einfach zu bedienen. Auch das U-Bahnnetz selbst ist gut ausgeschildert (Netzplan im Farbteil S. 246/247).

Die Fahrtintervalle sind kurz, so daß

sich der Blick auf den Fahrplan erübrigt: Linie 1 fährt zirka alle 5 Minuten, Linie 2 und 4 alle 7 Minuten und Linie 3 (S-Bahn Pearl Line) alle 11,5 Minuten. Nachtschwärmer profitieren allerdings kaum von der U-Bahn, denn ab 22 oder 23 Uhr (je nach Station) wird der Verkehr eingestellt.

■ Bus

Die Tickets der älteren Busse (gōnggòng qìchē 公共汽车) kosten 1 RMB bzw. 1,5 RMB, für die moderneren mit Klimaanlage werden 2 RMB berechnet. An Preisgünstigkeit ist dies wohl kaum zu übertreffen, birgt aber für den des Chinesischen nicht kundigen Reisenden so manch eine Hürde. Das Fahrtziel ist nur auf Chinesisch angeschrieben, und auch die Fahrpläne sind nur schwer zu verstehen.

■ PT-Card

Die Shanghai Public Transportation Card (Shanghai Gōnggòng Jiāotōng Kǎ 上海公共交通卡) ermöglicht es, alle oben genannten Verkehrsmittel bargeldlos zu nutzen. Gegen ein Pfand von 30 RMB gibt es die Karte an jedem U-Bahn-Fahrkartenschalter. Die Karte kann dann beliebig aufgeladen werden. Beim Betreten und Verlassen der Stationen wird der Fahrpreis an den Schleusen automatisch von den Karten abgebucht. Vor Abreise geben Sie die Karte wieder an einer Verkaufsstelle zurück und erhalten den Restbetrag sowie das Pfand zurück. Theoretisch gilt diese Karte auch in Bussen und im Taxi, allerdings haben nicht alle der älteren Fahrzeuge die nötige technische Ausstattung.

■ Auto fahren

Selber zum Steuer zu greifen, sollten Sie als Tourist schleunigst vergessen. Ohnehin braucht man dazu einen chinesischen Führerschein und natürlich die Stahlnerven chinesischer Verkehrsteilnehmer. Wer die totale Flexibilität liebt, sollte sich lieber ein Taxi für den ganzen Tag mieten oder über eine Reiseagentur einen Chauffeur vermitteln lassen.

Für Sprachunkundige ein Problem: Busfahrpläne in Shanghai

Shanghaier Delikatessen

Ein wenig Dekadenz sagt man den Shanghaiern in China generell nach, und in puncto Kulinaria mag sogar etwas dran sein: Essen ist wahrlich nicht nur bloße Kalorienzufuhr, sondern Leidenschaft, Hobby und Wissenschaft zugleich. Kein Wunder, daß das Verzeichnis der Shanghaier Restaurants und Imbisse so schwer ist wie in Deutschland nur das Telefonbuch von Berlin. Und dabei sind all die Stände am Straßenrand gar nicht mitgerechnet, die mangels fester Öffnungszeiten oder Telefonnummern mit einem Eintrag ohnehin wenig anfangen könnten. Reiche und Neureiche, Geschäftsleute und schnelle Außer-Haus-Esser gibt es in Shanghai jedenfalls genug, so daß das gigantische Heer lokaler Köche garantiert rund um die Uhr beschäftigt ist.

■ **Lokale Spezialitäten**

Generell zeichnet sich die Shanghaier Küche durch dezente Geschmacksnoten aus, zumindest wenn man sie mit anderen Regionalküchen vergleicht. Ihr geht die brennende Schärfe des Südwestens ab, die dem ungeübten Europäer die Geschmacksnerven raubt, und auch die schwere Fett-Knoblauch-Zwiebel-Note des Nordens wird man in Shanghai vergeblich suchen. Die Shanghaier Küche ist geradezu dafür geschaffen, auch dem unerfahrenen Ausländer auf Anhieb zu schmecken. Schonende Garmethoden wie Dämpfen, Schmoren und schnelles Braten sorgen für leichte Kost, deren Zutaten teils vorher eingelegt wurden. Eine besonders typische Marinade ist die als hóngshāo 红烧 (›Rot-Geschmortes‹) bekannte Mischung aus Sojasoße und Reiswein, die ihren Namen von der intensiven roten Farbe des Fleischs ableitet. Auch der großzügige Griff zur Essigflasche gilt als typisch für Shanghai: Von der sauer-scharfen Suppe bis zur süß-sauren Soße gibt es hier auf der Speisekarte besonders viele leicht säuerliche Gerichte. Mit dem Meer vor der Haustür und dem Seenland Jiangsus im Rücken, verwenden die Shanghaier Köche gerne Meeresfrüchte oder Süßwasser- und Meeresfische. Besonders schmackhaft (und teuer!) sind die ›Hairy Crabs‹ (Shànghǎi Máoxiè 上海毛蟹, auch als Dàzhá Xiè 大闸蟹 bekannt), die nur in den Monaten Oktober bis Dezember angeboten werden und für an Stäbchen nicht gewöhnte Ausländer eine wahre Herausforderung darstellen.
Die salzigen Teigtaschen und Dampfnudeln der zahllosen kleinen Straßenstände und Snackläden wie Jiǎozi 饺子 (gedämpft, mit Fleischfüllung), Guōtiē 锅贴 (gebraten, mit Fleischfüllung) oder Xiǎolóngbāo 小笼包 (gedämpft mit Fleisch- und Gelatine-Füllung) runden das Angebot ab. Es wäre schade, sie nicht zu probieren, auch wenn diese typischen Gerichte in Deutschland kaum bekannt sind.

[256] Shanghaier Delikatessen

■ Food Streets

Wer köstlich speisen will, vielleicht sogar besonders viele neue und authentische Gerichte auf einmal kennenlernen möchte, braucht jedoch nicht unbedingt ein gediegenes Restaurant: Wenn die Marketender und Köche der ›Food Streets‹ abends ihre Grills anschmeißen, versammeln sich alle kulinarischen Regionen auf engstem Raum. Zwischen 18 und 23 Uhr ist hier die Hölle los, denn viele der zahlreichen Angestellten Shanghais stellen sich nach langen Arbeitsstunden nicht mehr selbst zu Hause vor den Herd. Rund um die Innenstadt liegen die Huanghe Food Street (Huánghé Lù Měishíjiē 黄河路美食街, S. 293), die Yunnan Nanlu (Yúnnán Lù Měishíjiē 云南路美食街, S. 293) und die Wujiang Lu (Wújiāng Lù Měishíjiē 吴江路美食街, S. 341). Die Zhàpu Lù 乍浦路 (S. 352), einst auch eine reine Food-Straße mit sehr hochwertigem Angebot, ist mittlerweile ein wenig ins Horizontale gekippt. Essen kann man hier noch immer gut, eine Familien-Destination ist die Zhapu Lu aber nicht mehr.

Vom Äußeren darf man sich in Shanghai nicht immer leiten lassen: Auch all die anderen kleinen Restaurants der Seitengassen müssen, trotz einfacher Resopal-Ausstattung und verkachelter Wände, nicht schlechter sein als ihre hochpreisige Konkurrenz. Wichtiger noch als Anstrich und Ambiente ist die Zahl der Besucher. Sitzt zur besten Essenzeit gar niemand im Speisesaal, gibt es oft einen guten Grund dafür. Vielleicht ist das Lokal überteuert oder eben nicht so gut, wie es sich der anspruchsvolle Shanghaier wünscht.

■ Internationale Einflüsse

Von der lokalen Küche ganz abgesehen, rühmt sich Shanghai ganz zu Recht, eine der buntesten Städte zu sein – auch in kulinarischer Hinsicht: Spezialitäten-Restaurants aller Regionen Chinas gibt es hier genauso an jeder Ecke wie Lokale mit internationaler Küche. Erstaunlich viele ausländische Spitzenköche haben sich in Shanghai niedergelassen und kreieren, jenseits der üblichen Labels, erstklassige Menüs. Ein wenig mag es daran liegen, daß Shanghai, mehr noch als andere Regionen Chinas, schon früh mit ausländischen Einflüssen konfrontiert war. Selbst heute lassen sich die Shanghaier Köche mit Leidenschaft und Kreativität auf die westliche Konkurrenz ein. Egal ob als ›Fusion-Food‹ oder ›Neu-Interpretation‹ des kulinarischen Erbes, meist ist das Ergebnis nicht nur wohlschmeckend sondern auch innovativ.

Auch wenn es fast unmöglich ist, in der Unmenge von guten Restaurants die besten zu wählen – einige Restaurants bieten selbst für Shanghai außergewöhnliche Kost und/oder Location. Hier also einige hervorragende Adressen:

Shanghaier Delikatessen [257]

Verkauf von Teigtaschen in der Altstadt

▶ ›Three on the Bund‹ (Whampoa Club Huángpu Huì 黄浦会), Zhōngshān Dōngyīlù 3 中山东一路, Tel. 63 21 37 37, 11.30–14.30 und 17.30–22.00 Uhr, www.threeonthebund.com. Der Besitzer und Chefkoch Jereme Leung zählt als ›Bocuse Asiens‹ und steht meist noch selbst in der Küche. Selbst Mick Jagger wurde in diesem Restaurant am Bund (S. 274) schon gesichtet. Kein Wunder, die Neuinterpretationen alter Shanghaier Rezepte sind exquisit. Unbedingt reservieren!

▶ ›M on the Bund‹ (Mǐshì Xīcāntīng 米氏西餐厅), Zhōngshān Dōngyīlù 5 中山东一路, Tel. 63 50 99 88, tägl. 11.30–14.30 und 18.00–22.30 Uhr, So auch 15.30–17.30 Afternoon Tea, www.m-onthebund.com. Wer nicht wegen der Küche kommt, tut es wegen der Aussicht: Von der Terrasse des Restaurants aus bietet sich der berühmte nächtliche Blick über den Bund (S. 274) – jeder anständige Fernsehreporter berichtet irgendwann einmal von hier aus. Und das stets wechselnde mediterrran-nordafrikanisch-europäische Menü ist allererster Klasse.

▶ ›Canton‹ (55.Stock) und ›Club Jinmao‹ (86. Stock), im ›Grand Hyatt Hotel‹, Jinmao Tower (Jīnmào Dàshà 金茂大厦), Shìjì Dàdào 88 世纪大道, www.jinmao88.com, Tel. 50 49 12 34, tägl. 11.30–14.30, 17.30–22.00,

Wissenswertes über Shanghai

www.shanghai.grand.hyatt.com. Billig sind sie beide nicht, und ohne Reservierung stehen die Chancen auf einen Platz äußerst schlecht. Die exquisite kantonesische beziehungsweise Shanghaier Küche vor einer aufregenden Skyline mitten im neuerbauten Stadtteil Pudong (S. 366), ist aber ganz sicher ein Erlebnis fürs Tagebuch.

▶ ›Revolving 28‹, im ›Ocean Hotel‹ (Yuǎnyáng Bīnguǎn 远洋宾馆), Dōng Dàmíng Lù 1171 东大名路, Tel. 65 45 88 88. Nicht ganz so hoch wie die Konkurrenz im Jinmao Tower, dafür aber preislich unschlagbar günstig ist das ›Revolving Restaurant‹ im 28. Stock des ›Ocean Hotel‹ im Hongkou-Viertel (S. 358). Die Einrichtung der rotierenden Kuppel mag ostalgisch wirken, doch das chinesische Essen ist gut und die wechselnde Aussicht über das hell erleuchtete Shanghai gratis. Da ohnehin viele deutsche Gruppen hier absteigen, lohnt es sich, abends zum Essen hier vorbeizuschauen.

▶ ›Xīntiāndì‹ 新天地. Sehr gut, schick und preislich eher am oberen Ende orientiert sind die zahlreichen Restaurants des restaurierten Xintiandi-Viertels (S. 316). Wer auf sich hält, diniert in Xintiandi, bevor er sich ins gehobene Nachtleben stürzt. Und die eher strammen Preise haben auch Vorteile: Böse Überraschungen gibt es hier nicht, hier wird garantiert Qualität geboten. Und mit einem westlichen Portemonnaie ist auch Xintiandi noch erschwinglich.

Angesichts dieser Speisekarte hilft nur in die Töpfe gucken

Einkaufen in Shanghai

Keine Stadt Chinas hat so viele Märkte, Shopping-Malls, Kramläden und Straßenhändler wie Shanghai. Und nirgendwo sonst ist Einkaufen eine so anerkannte Sportart, ja geradezu Lebenszweck und Religion. Die Angebotsspanne reicht dabei von (echten!) Markenwaren wie Gucci, Rolex oder Vuitton in den Boutiquen der Luxus-Hotels und an der Huaihai Zhonglu bis zu allerfeinstem Ramsch aus der Copy-Werkstatt.

Dem ›Gucci, Gucci, cheap, cheap‹- Lockruf der Straßenhändler sollte man aber nur unter Beachtung zweier grundlegender Wahrheiten folgen: Erstens ist der Import von gefälschten Markenwaren in die Bundesrepublik prinzipiell illegal. Zwar drückt der Zoll bei kleinen, persönlichen Mengen ein Auge zu, zwanzig identische Hosen beispielsweise stellen jedoch eine Handelsmenge dar, die der Zoll dem kopierten Markenhersteller mitteilt (und konfisziert). Alles weitere geht dann eventuell den Weg der Justiz. Zweitens sind die gefälschten Produkte nicht umsonst ein ganzes Stück billiger. Manches T-Shirt mutiert bei der ersten Maschinenwäsche zu Kinderkleidung, während Taschenimitate ihre billige Herkunft gerne nach wenigen Wochen durch Risse und Brüche verraten. Und auch die Lolex-Uhren, Sugo-Soss-Hemden oder Lacosta-Polo-Shirts zeichnen sich nicht durch Langlebigkeit aus.

Der berühmteste aller Fälschermärkte, der gigantische Xiangyang-Markt im Luwan-Bezirk, wurde im Sommer 2006 geschlossen – allzu offensichtlich war die illegale Herkunft der Waren. Gelegenheiten, spektakulär günstig einzukaufen gibt es natürlich trotzdem. Kleidung, nicht nur die gefälschte, ist vielerorts erheblich günstiger als in Europa, und auch die Auswahl an hochwertigen Stoffen, vor allem Seidenstoffe und Leinen, ist enorm groß. Ab drei Tagen Aufenthalt kann es auch lohnenswert sein, sich das eine oder andere Stück maßschneidern zu lassen. Wer in großem Rahmen Seide ersteht, sollte einen genauen Blick auf den Stoff werfen und im Zweifelsfalle den Händler am Rand mit dem Feuerzeug einen Echtheitstest führen lassen: Während die chemischen Imitate sofort lichterloh abbrennen, erlischt die Glut bei echter Seide nach wenigen Sekunden.

Teeliebhaber kommen in Shanghai ebenfalls erheblich günstiger weg als in Deutschland. Seriöse Geschäfte bieten die Möglichkeit, die verschiedenen Sorten zu probieren – eine Gelegenheit, die man nutzen sollte, denn nicht immer sind chinesischer und europäischer Geschmack deckungsgleich.

■ Handeln, handeln, handeln

Egal ob auf dem Markt oder in der privat geführten Boutique: Ein Preisnachlaß ist eigentlich immer möglich. Nur die staatlichen Läden weichen von dieser Regel ab (und selbst hier

Einkaufen in Shanghai

sollen hartgesottene Einkäufer schon erfolgreich gehandelt haben). Je touristischer das Geschäft, desto eher ist auch ein Ausländeraufschlag im Preis inbegriffen. Besonders am Longhua-Tempel, auf Straßenmärkten und bei fliegenden Händlern sind bis zu 70 Prozent Rabatt möglich, vorausgesetzt man handelt mit viel Einsatz und Eloquenz. 20 Prozent sollten immer drin sein. Falsche Scham ist dabei nicht angesagt, die Preisfeilscherei hat einen fast sportlichen Charakter. Jeder weiß, daß die fünf hungernden Kinder des Marketenders im Land der Ein-Kind-Ehe wahrscheinlich ein Produkt der Phantasie sind, und auch dem Ausländer wird man das vermeintlich knappe Budget kaum abnehmen. Trotzdem, ein wenig Show gehört dazu, und auch auf chinesischer Seite weiß man eine gute Verhandlung zu schätzen. Nur eines ist verpönt: Wer ernsthaft anfängt zu handeln, sollte es sich nicht grundlos auf halber Strecke anders überlegen.

■ Shanghais Einkaufsstraßen

Zum Überblick hier die wichtigsten Einkaufsstraßen und Gegenden Shanghais. Details und Einzeladressen finden sich in den jeweiligen Kapiteln.

Nanjing Donglu 南京东路 (Huangpu-Bezirk, S. 288)

Die Mutter aller Einkaufsstraßen in China und eine der ersten (und größten!) Fußgängerzonen des Landes. Besonders nach Einbruch der Dunkelheit ist die wild erleuchtete Nanjing

Einkaufsparadies Shanghai

Donglu mit ihren bunten Reklamelichtern ein echtes Erlebnis. Wer sonst keine Zeit für andere Shopping-Ausflüge findet, sollte zumindest diese Straße gesehen haben, denn die Kaufhäuser und Boutiquen der Nanjing Donglu geben landesweit den Ton an.
Preisklasse: günstig bis teuer.
Handeln: nur in den kleinen, offensichtlich privaten Boutiquen.

Fuzhou Lu 福州路 (Huangpu-Bezirk, S. 292)
Die ›Kulturstraße‹ Shanghais: Mehr als 30 Buchläden und Schreibwarenläden, darunter auch der Fremdspachen-Buchladen Wàiwén Shūdiàn 外文书店 und die achtstöckige, gigantische Book City Shūchéng 书城. Kalligraphien (natürlich erheblich günstiger als in den Touristenshops), Malereibedarf (darunter auch die beliebten Pinsel in allen Größenklassen), klassische Noten, originelle Papierwaren und Kalender aller Art und natürlich Bücher gibt es hier in rauhen Mengen.
Preisklasse: moderat.
Handeln: nein.

Huaihai Zhonglu 淮海中路 (Luwan-Bezirk, S. 312)
Chanel, Gucci, Vuitton und andere westliche Luxusmarken haben sich hier niedergelassen. Und auch die chinesische Konkurrenz steht dem in nichts nach. Schnäppchen gibt es auf den ›Champs-Elysées‹ von Shanghai sicher nicht, dafür aber einen Einblick in das Portemonnaie der neuen Reichen.

Preisklasse: exklusiv.
Handeln: Nur wenn Sie sich extrem blamieren wollen.

Boutique in Xintiandi

Boutiquen-Viertel (Luwan-Bezirk, S. 310)
Gleich eine ganze Reihe von kleinen Straßen haben sich in der ehemaligen Französischen Konzession als Mode- und Accessoire-Trendsetter etablieren können. In den kleinen Boutiquen stehen oft noch die Designer selbst hinter der Verkaufstheke, fast alle Waren sind Einzelstücke. Zu finden in der Tàikāng Lù 泰康路, Shǎnxī Nánlù 陕西南路 und Seitengassen, Chánglè Lù 长乐路,

Einkaufen in Shanghai

Straßenmarkt in der Dongtai Lu

Tàicāng Lù 太仓路, Fùxìng Lù 复兴路.
Preisklasse: günstig bis mittel.
Handeln: moderat aber angemessen.

Shanghai Old Street 上海老街 (Altstadt-Bezirk, S. 296)

Klassische Mitbringsel, Touristen-Nepp und viele kleine, mehr oder minder echte Antiquitäten. Ein echter Ausländer-Himmel, der zu stundenlangem Kramen einlädt.
Preisklasse: günstig bis mittel.
Handeln: Auf jeden Fall! Alle Preise beinhalten garantiert schon den doppelten Ausländer-Aufschlag.

Sìchuan Beilu 四川北路 (Hongkou-Bezirk S. 352)

In der Huaihai Lu oder auf der Nanjing Xilu wird gebummelt und geschaut, wirklich einkaufen gehen viele Chinesen doch in der Sichuan Beilu. Die Kaufhäuser und Boutiquen mögen hier nicht ganz so schick sein, dafür aber erheblich günstiger.
Preisklasse: günstig bis mittel.
Handeln: moderat, nur in den privaten Geschäften.

Dongjiadu-Stoffmarkt 董家渡织品市场 (Nanshi-Bezirk, S. 300)

In der Lùjiābang Lù, Ecke Náncāng Jiē 陆家浜路, 南仓街. Drei Stockwerke mit Stoffen in Hülle und Fülle, Seidenwaren, fertiger Kleidung und mobilen Schneidern, die in nur drei Tagen ganze Garderoben schneidern.
Preisklasse: günstig.
Handeln: unbedingt.

Dongtai-Lu-Antiquitätenmarkt 东台路 (Luwan-Bezirk, S. 313)

Ein Muß für jeden Touristen: Ramsch, Second-Hand-Waren, Kunstobjekte und Mao-Buttons, also alles, was der Tourist sonst für teures Geld im Souvenirladen ersteht. Auch die Teeläden sind empfehlenswert und trotz der Touristenflut immer noch recht günstig.
Preisklasse: günstig.
Handeln: unbedingt.

Gubei-Blumenmarkt 花鸟市场, Hóngqiáo Lù 1778 红桥路

Eher eine Quelle schöner Fotomotive als wahre Einkaufsstätte. Oder brauchen Sie wirklich frische Blumen oder lebende Tiere? Shanghais größter Blumenmarkt wurde erst 2003 in traditionellem Stil errichtet. Er liegt im Bezirk Chángníng 长宁区 und ist am besten per Taxi zuerreichen oder per U-Bahn: Linie 1, Station Hóngqiáo Nánlù 虹桥南路, dann zirka 20 Minuten die Hóngqiáo Lù 虹桥路 entlang.
Preisklasse: günstig.
Handeln: ja.

Blumen- und Tiermarkt 万商花鸟鱼虫交易市场, Xīzàng Lù 西藏路 (Luwan-Bezirk, S. 313)

Nur wenige Schritte von der Dongtai Lu entfernt liegt die überdachte Anlage des Wànshāng Huā Niǎo Yú Chóng Jiāoyì Shìchǎng – wörtlich übersetzt ›Zehntausend-Waren Blumen-, Vögel-, Fisch- und Insektenmarktes‹.
Preisklasse: günstig.
Handeln: ja.

Laden mit Opfergaben und Devotionalien

Nachtleben in Shanghai

Noch Anfang der 1990er bestand das Shanghaier Nachtleben aus einigen Geheimadressen und langweiligen Hotelbars. Dann kam die Öffnungspolitik auch nach Shanghai und riß die Stadt in einen Strudel von Erlebnishunger und Amusement, der seinesgleichen sucht. Anders als im ernsthaften Peking, wo Bohème, Subkultur und Kunst einen großen Einfluß ausüben, stehen in Shanghai Spaß und Prestige im Vordergrund. Für eine gute Party braucht es keinen Anlaß, es genügt, sie sich leisten zu können und dabei gut auszusehen. Shanghais Mittelschicht ist jung und verdient gut. Natürlich ist auch hier ein wenig Rebellion dabei, die sich aber eher in gewagten Modekreationen entlädt. Politisch Subversives wird man in Shanghai selten finden. Wie es sich für ›coole‹ Adressen und angesagte Clubs gehört, startet das Nachtleben erst zu vorgerückter Stunde: Vor 22 Uhr lohnt es sich für den Nachtschwärmer kaum, den Fuß vor die Tür zu setzen, und wenn, dann gilt es, erst einmal die Bar-Szene zu erkunden. Ab Mitternacht wird es dann auch in den Clubs und Diskotheken voller.

Praktischerweise konzentriert sich das Nachtleben Shanghais größtenteils auf einige bestimmte Straßenzüge und Gegenden. Und das ist gut so, denn bis auf einige Klassiker wechseln die In-Etablissements mit atemberaubender Geschwindigkeit. Was heute noch die allercoolste Disko ist, kann morgen schon wieder völlig abgemeldet sein, zwischendrin erledigt die eine oder andere Razzia manch ein

In Xintiandi ist die Kneipendichte besonders hoch

Längst hat die Werbeindustrie die jungen, hippen Shanghaier entdeckt

vielversprechendes Lokal. Im Handumdrehen entsteht an derselben Stelle natürlich ein andere Bar oder Disko, so daß der vergnügungssuchende Reisende trotzdem fündig wird.

■ Maoming Nanlu und Hengshan Lu

Unter den Bar-Straßen ist die Màomíng Nánlù 茂名南路 (S. 311) eine der ältesten. Mitten im Lúwān-Viertel gelegen, scheint sie tagsüber eine ›normale‹ Wohnstraße. Erst nach Sonnenuntergang verrät sie ihren wahren Charakter: Hier warten Bars, Diskos und Restaurants der ersten Stunde (vor allem ab Hausnummer 150 aufwärts), darunter Klassiker wie die ›Buddha Bar‹ (Nr. 172), ›Judy's Too‹ (Nr. 176), ›Babyface‹ (Nr. 180) oder ›Blue Frog‹ (Nr. 207). In den letzten Jahren verhärteten sich allerdings die Gerüchte, die Màomíng Nánlù würde im Rahmen diverser Neubau-Projekte abgerissen. Ganz unwahrscheinlich ist das nicht, schließlich verschwinden in Shanghai immer wieder mal ganze Straßenzüge über Nacht. Sicherheitshalber haben viele der Gastronomen deshalb bereits eine Dependance in der etwas nördlicher gelegenen Tóngrén Lù 铜仁路 im Jìng'ān-Bezirk gegründet. Heute sind hier bereits mehr als zwanzig Bars vertreten, Tendenz steigend. In der Héngshān Lù 衡山路 (S. 327) des Xúhuì-Bezirks geht es ähnlich zu: Viele Cafés und Bars locken hier vor allem Ausländer ab dem späten Nachmittag.

Fuxing-Park

Ein weiteres Zentrum des Nachtlebens in Luwan ist der Fuxing-Park (Fùxīng Gōngyuán 复兴公园) an der Gāolán Lù 皋兰路. Mit ›Park 97‹ und ›Guāndǐ 官邸‹ sind hier gleich zwei große Komplexe vertreten, in denen sich problemlos der ganze Abend verbringen läßt. Beide sind Restaurant, Bar und Disko in einem. Auch ein Blick in die umliegenden Gassen lohnt sich, wo sich die eine oder andere innovative Bar versteckt (S. 307).

Bund

Nicht zuletzt hat sich auch der Bund als gehobene gastronomische Ecke gemausert: Billig geht es hier garantiert nicht zu, dafür bieten die ›Bar Rouge‹ (Bund 18), der Komplex ›Three on the Bund‹ oder ›M on the Bund‹ und ›Glamour Bar‹ an der Ecke Bund, Guangdong Lù garantiert stilvolles Ambiente. In löcherigen Jeans sollte man allerdings nicht einlaufen, hier ist gute Garderobe gefragt (S. 274).

Xintiandi

Ähnlich gehoben zeigt sich auch Xīntiāndì 新天地 (S. 316), das kleine restaurierte Viertel im Nordosten Luwans. Besonders wenn es nur darum geht, einen kurzen Blick ins Shanghaier Nachtleben zu werfen, ist Xīntiāndì ideal, schließlich liegen alle Kneipen, Bars und Restaurants nur wenige Schritte voneinander entfernt.

Musik

Auch wenn die Shanghaier Musikszene lange nicht so innovativ ist wie die Pekinger, kann man auch in Shanghai das eine oder andere lohnenswerte Konzert genießen. Oft sind Pekinger Rockbands in der Stadt, und auch die lokale Ausländerszene steuert die eine oder andere musikalische Attraktion bei. Neben dem ›Cotton-Club‹ (Xuhui), der vor allem Live-Jazz-Musik bietet und zu den renommiertesten Musikbars der Stadt gehört, bieten vor allem das ›4 Live‹ (Luwan) und das ›Piccone‹ (Xuhui) regelmäßig gute Live-Acts.

Chinesische Wellness

Sich etwas Gutes tun, genießen, das muß in Shanghai aber nicht unbedingt immer mit lauter Musik oder Alkohol zu tun haben. Seit sich die Zahl der Gutverdiener so drastisch erhöht hat, ist in Shanghai auch Wellness zu einem festen Begriff geworden – wenn auch in anderer Auslegung als im Westen. Traditionelle Massagen sind ausnehmend günstig für den europäischen Geldbeutel, sofern man sich nicht in die High-Society Salons begibt.

Preislich schmerzfrei und auch für westliches Empfinden angenehm eingerichtet sind die Salons der Dragonfly-Kette (www.dragonfly.cn.net), deren Filialen fast überall in der Stadt anzutreffen sind. So zum Beispiel das

›Dragonfly Massage Center‹ im Lúwān-Bezirk (S. 315) oder in Xúhuì (S. 333) Wer das völlig originale Vergnügen sucht, inklusive Neonlicht und Resopaltisch-Ambiente, ist bei der Blindenmassage richtig. Allzu viel Ambiente-Trallala darf man hier freilich nicht erwarten. Im Gegenteil – wäre der Salon zu schick eingerichtet, wären die Liegen weich gepolstert und die Einrichtung zu luxuriös, duftete es zu verführerisch, die Kundschaft bliebe am Ende weg. Dem Begriff des Wohlbefindens, des Reinigens haftet etwas geradezu Asketisches an. Die Angestellten sollen sich auf das wesentliche konzentrieren und sich nicht von allerhand Schnickschnack einlullen lassen. Säuselt im Hintergrund die Musik allzu verlockend vermutet manch ein Ostasiate Schmu – ganz offensichtlich geht es hier nicht mehr um Qualität!

Hin und wieder erweist sich die Massage sogar als recht schmerzhaft. Denn gerade da, wo es weh tut, stimmt was nicht, und der Masseur muß regulierend eingreifen. Die Behandlung basiert auf der Vorstellung des ›Qi‹, eines unsichtbaren Lebenshauchs, der entlang der sogenannten Meridiane durch den menschlichen Körper fließt und die Organe mit lebensnotwendiger Energie versorgt, oder eben nicht. Einmal aus dem Gleichgewicht gebracht, kann der Qi-Fluß blockieren oder stocken, so daß die Organe entlang des betroffenen Meridians erkranken. Eventuelle Blockaden räumt der gekonnte Masseur daher aus dem Weg.

Schamhafte Charaktere sind bei der traditionellen chinesischen Massage gut aufgehoben, denn hier wird oft auf Stoff massiert. Der Kunde findet dann auf der Liege eine Art Nachthemd vor. Ist dies der Fall, gilt: Runter mit der Straßenkleidung und rein ins Büßerhemd, den Rest erledigt die Belegschaft.

Ansonsten bieten fast alle Hotels ab 3 Sterne aufwärts eine Massage-Abteilung, je teurer, desto luxuriöser. In einfachen Salons mit traditioneller Massage kostet die Stunde Körper- oder Fußmassage zwischen 50 und 80 RMB (ca. 5–8 Euro), in guten Hotels gerne auch mal das Dreifache.

Günstige (und seriöse!) Salons sind beispielsweise:

▶ Chengcheng Massage (Chéngchéng Měishēngguān 橙橙美生官), Fùmín Lù 51 富民路, Jìng'ān-Bezirk, Tel. 62 89 32 10, tägl. 11–2 Uhr.

▶ Feining Pressure Point Massage Center of Blind People (Fēiníng Mángrén Anmó Bǎojiàn Zhōngxīn 飞宁盲人按摩保健中心), Fùxīng Zhōnglù 597 复兴中路, Lúwān-Bezirk, Tel. 64 37 83 78, tägl. 12–24 Uhr.

▶ Samos Foot & Body Massage (Shuǐxiùfāng Bǎojiàn Tuīná 水秀坊保健推拿), 462 Chánglè Lù 长乐路, Jìng'ān-Bezirk, Tel. 62 56 65 11.

▶ Hézhōng Táng Zúdào 和中堂足道, Huāyuán Shíqiáo Lù 166 花园石桥路, Pǔdōng-Bezirk, Tel. 58 78 88 39, tägl. 11–2 Uhr, www.hezhongtang.com.

Nur nicht ins falsche Etablissement

Dem ersten Eindruck nach müßten die Chinesen das bestfrisierteste und entspannteste Volk der Welt sein. Quasi an jeder Ecke lockt ein Massagesalon oder ein plüschig eingerichtetes Haarstudio. Gar nicht zu reden von den verbraucherfreundlichen Öffnungszeiten, die sich bis in die Morgenstunden ziehen. Das weibliche, junge und meist hübsche Personal winkt freundlich und ist auch in der Kundenakquise auffallend aktiv. Wer in diesen Etablissements Schneiden-Fönen oder eine keusche Fußmassage verlangt, dürfte allerdings Gelächter ernten. Eine Massage ist natürlich auch im Reich der Mitte eine Massage – und ein Euphemismus für die stinknormale Prostitution, die theoretisch illegal ist und daher nicht als solche etikettiert werden darf. Außerdem – ganz ehrlich – Haare schneiden klingt ja irgendwie auch viel sauberer. Doch wie lassen sich die seriösen Angebote von den eher erotisch orientierten trennen?
Die Arbeitskleidung gibt erste Hinweise: Rote Miniröcke, überhaupt rote, knappe Kleidung lassen auf einen nichtmedizinischen Beruf schließen. Echte Masseure tragen meist einen weißen Kittel, um sich optisch von der horizontalen Konkurrenz abzugrenzen. Blindenmassage hat praktisch immer einen seriösen Hintergrund, auch wenn sich die Öffnungszeiten bis in die Nacht ziehen. Auch der kritische Blick auf die Kundschaft hilft. Handelt es sich ausschließlich um angeheiterte Geschäftsmänner und sind die Servicekräfte allesamt weiblich, dann ist Rückzug angesagt. Und selbstverständlich findet echte Massage immer im Salon statt. Zwar gibt es durchaus auch sehr seriöse Unternehmen, die Massage im Hotelzimmer

Werbung für einen seriösen Massagesalon

anbieten, doch die Übergänge sind hier fließend. Nicht zuletzt gibt auch der Preis klare Hinweise: Wer sich auf Haareschneiden für 800 RMB einläßt, bringt eventuell nicht nur eine neue Frisur mit nach Hause.

Hotels in Shanghai

Übernachtungsmöglichkeiten gibt es in Shanghai zuhauf. Praktisch alle internationalen Hotelketten sind in der Metropole vertreten – schon allein um die Heerscharen von ausländischen und chinesischen Businessleuten zu beherbergen, die rund ums Jahr in Shanghai einfallen. Im Drei- bis Fünfsterne-Bereich gibt es daher meist keine Probleme, eine Unterkunft zu finden. Für chinesische Verhältnisse sind diese Hotels allerdings recht hochpreisig, und auch der westliche Besucher fühlt sich angesichts des Preisniveaus gleich zuhause. Um so wichtiger ist es daher, das Hotel bereits von Deutschland aus buchen. Die Mär, es sei günstiger, vor Ort direkt an der Rezeption nachzufragen, gilt vielleicht in Billig-Herbergen, sicher aber nicht für internationale Hotels. Wer über Reiseveranstalter bereits ab Deutschland bucht, kann bis zu 50 Prozent der sogenannten Walk-In-Rate sparen, die normalerweise für Direktbuchungen an der Rezeption gelten. Eine Liste der China-Spezialveranstalter, die dabei behilflich sein können, finden Sie in den allgemeinen Reisetips von A bis Z ab Seite 402. Eine Alternative sind Internetbuchungen über die Websites der Hotelketten, die oft ebenfalls mit interessanten Preisen locken.

Wirklich günstige Unterkünfte sind in Shanghai übrigens recht rar gesät. Saubere Einzel- und Doppelzimmer bieten einige kleinere Häuser wie die ›Captain's Hostels‹ in Huangpu und Pudong (siehe S. 292 und 368).

An Luxushotels herrscht in Shanghai kein Mangel

oder das 1-Sterne-Haus ›Astor House Hotel‹ (auch als ›Pujiang Hotel‹ bekannt, siehe S. 359). In den letzten Jahren ist die Zahl der Hostels, die sich vor allem an junge Rucksacktouristen richten und oftmals Schlafsaal-Unterkünfte anbieten, allerdings gestiegen. Unter www.hostelbookers.com findet sich eine relativ große Auswahl von Hostels, die allesamt online gebucht werden können.

Für alle, die etwas Besonderes ausprobieren möchten, sind die Boutique-Hotels wie das ›Old House Inn‹ oder ›InnShanghai‹ im Jing'an-Bezirk (siehe S. 344) eine echte Alternative. Auch hier gilt: Vorbuchen ist Pflicht, denn gerade diese stilvollen und oft dennoch preisgünstigen Zimmer sind oft Monate im voraus belegt.

Die wichtigsten Sehenswürdigkeiten

Gut zwei Tage planen die meisten Reisenden für Shanghai ein – viel zu wenig für Chinas größte Stadt! Wer dennoch nicht mehr Zeit aufwenden kann, findet hier die (höchst subjektive und dicht gepackte) Liste der wichtigsten Höhepunkte, die unbedingt auf den Reiseplan gehören. Wie und mit wem man die Stadt erkundet, ist Geschmackssache. Viele Hotels bieten organisierte Tages- und Halbtagestouren an. Es spricht natürlich nichts dagegen, sich diesen anzuschließen, notwendig ist es jedoch nicht. Günstiger sind individuelle Touren allemal. Dank guter Verkehrsanbindungen und der modernen U-Bahn, ist Shanghai problemlos auch im Alleingang zu entdecken. Notorische Stadtplan-Falsch-Leser und Menschen mit wenig Sinn für Abenteuer lassen sich an der Rezeption eine Visitenkarte mit der chinesischen Adresse des Hotels mitgeben und fahren im Notfall (oder Shopping-Extrem-Fall) per Taxi nach Hause. Wer den individuellen Luxus sucht, kann sich in den meisten Hotels auch einen Taxifahrer mit zumindest rudimentären Englisch-Kenntnissen vermitteln lassen, und so eine bequeme Tagestour zusammenstellen.

Tag 1

▶ Spaziergang am Bund (Zhōngshān Dōngyīlù 中山东一路), auch Wàitān 外滩 genannt und/oder abendliche Hafenrundfahrt (Huángpǔ, S. 274, Karte S. 275).

▶ Bummel über die Nánjīng Dōnglù 南京东路 (Huángpǔ, S. 288, Karte S. 275).

▶ Bund Tourist Tunnel (Wàitān Guānguāng Suìdào 外滩观光隧道) (Pǔdōng, S. 360, Karte S. 363).

▶ Jinmao Tower (Jīnmào Dàshà 金茂大厦) und Word Financial Centre (Shànghái Guójì Huánqiú Jīnróng 上海国际环球金融) (Pǔdōng, S. 366, Karte S. 363).

▶ Yu-Garten (Yùyuán 豫园) und Altstadtbummel (Nánshí, S. 295, Karte S. 295).

Hotels in Shanghai [271]

Touristenfreundlicher Wegweiser

Tag 2
▶ Jadebuddha-Tempel (Yùfó Sì 玉佛寺) (Jíng'ān, S. 342, Karte S. 337).
▶ Food Street Wújiāng Lù (Jíng'ān, S. 341, Karte S. 337).
▶ Xīntiāndì-Viertel 新天地 (Xīntiāndì, S. 316, Karte S. 316).
▶ Glamourmeile Huáihái Zhōnglù 淮海中路 (Luwan-Bezirk, S. 312, Karte S. 306).
▶ Sīnán Lù 思南路 (Luwan-Bezirk, S. 308, Karte S. 306).
▶ Antiquitätenmarkt Dōngtái Lù 东台路 (Luwan-Bezirk, S. 313, Karte S. 306).

Extra-Tag 1
▶ Duolun-Lu-Kulturstraße (Duōlún Wénhuà Jiē 多轮路文化界) (Hóngkǒu, S. 353, Karte S. 353).
▶ ehemaliges jüdisches Getto (Tílánqiáo 提篮桥) (Hóngkǒu, S. 357, Karte S. 353).
▶ Amüsiermeile Héngshān Lù 衡山路 (Xúhuì, S. 327, Karte S. 327).
▶ Lónghuá-Tempel 龙华寺 (Xúhuì, S. 329, Karte S. 327).
▶ Urban Planning Centre (Chéngshī Guīhuà Shìguǎn 城市规划示馆) (Volksplatz/Huángpǔ, S. 289, Karte S. 275).
▶ Shanghai Museum (Shànghái Bówùguǎn 上海博物馆) (Volksplatz/Huángpǔ, S. 290, Karte S. 275).

Extra-Tag 2
▶ Ausflug in eines der Wasserdörfer vor den Toren Shanghais (S. 371, Karte S. 373).

Spaziergänge
in Shanghai

Huangpu-Bezirk

Zwischen dem Westufer des Huangpu und dem Volksplatz, dem Suzhou River und der Altstadt liegt der Bezirk Huángpǔ 黄浦, das historische und kommerzielle Herz des modernen Shanghai. Hier, am gleichnamigen Fluß gründeten die ersten britischen Siedler Shanghais ihren Stützpunkt. Sie ließen sich zwar 1843 provisorisch in der Chinesenstadt nieder, erwirkten jedoch bald, daß ihnen am sumpfigen Ufer des Huangpu Bauplätze zuwiesen wurden. Das vermeintliche Zugeständnis war den chinesischen Behörden nicht unrecht, blieben die Ausländer damit doch eindeutig getrennt von der einheimischen Bevölkerung, so daß sich kein automatischer Kontakt zwischen ›Barbaren‹ und Chinesen ergab. Die Ländereien am Huangpu blieben zwar im Besitz des chinesischen Kaiserhofs, den Ausländern wurde jedoch ein ewiges Nutzungsrecht zugesprochen.

Obwohl es Ausländern ursprünglich nicht gestattet war, sich länger als 24 Stunden außerhalb dieser Konzession aufzuhalten, ließ sich die Einhaltung dieser Vorschrift kaum überprüfen. Längere Ausflüge in die Umgebung waren bald gang und gäbe unter den britischen Bewohnern, die wenige Jahre nach Gründung der Siedlung eine Straße zur ›Bubbling Well‹ bauen ließen, einem sprudelnden Erdgasbrunnen und beliebten Ausflugsort. Der Grundstein für die ›Bubbling Well Road‹, die heutige Nanjing Lù, war damit gelegt. Einige Jahre später wurde das Ausmaß der britischen Konzession genau festgelegt: Sie reichte vom Suzhou River im Norden bis zum Yangjingbang-Kanal im Süden und erstreckte sich im Westen bis zur heutigen Xīzàng Lù.

Am Bund (Wàitān 外滩), der heutigen Zhōngshān Dōngyīlù 中山东一路, entstanden nach und nach wuchtige Gebäude, die die kolonialen Repräsentanten angemessen darstellen sollten. Waren es anfangs nur einige britische Verwaltungsgebäude und Schiffsanlegestellen, verwandelte der Boom des 20. Jahrhunderts den Bund in die Zentrale des europäischen Asiengeschäfts. Parallel dazu wurde die britische Konzession sukzessive erweitert und im Jahr 1863 schließlich mit dem Amerikanischen Gebiet nördlich des Suzhou Rivers zum International Settlement zusammengelegt.

Der Bund

Wer den Huangpu-Bezirk erkunden will, wird wahrscheinlich an der Uferpromenade Bund entlang der Zhōngshān Dōngyīlù (中山东一路) beginnen. Nach Ende des Bürgerkrieges 1949 galt der Bund als Symbol der Kolonialherrschaft. Die ausländischen Besitzer wurden des Landes verwiesen, die Gebäude vom chinesischen Staat übernommen. Lange Zeit schien die Promenade samt Prunkbauten dem schleichenden Verfall anheimgegeben, bis die wirtschaftliche Öffnungspolitik in den 1990ern auch Shanghai erreichte. Plötzlich war der Bund wieder begehrt und eine der ersten Adressen Chinas, wenn nicht die Adresse schlechthin. Seither wird

Legende

1 Museum für Stadtentwicklung
2 Shanghai-Museum
3 Shanghai-Kunstmuseum/Bar ›Kathleen's‹
4 Shanghai Grand Theatre
5 Museum of Contemporary Art Shanghai (MOCA)
6 Great World
7 Bund-Museum/Signalturm
8 ›M on the Bund‹/›Glamour Bar‹/ ›Five‹
9 Book City
10 Naturkundemuseum
11 ›Three on the Bund‹/›Whampoa Club‹
12 Buchladen für ausländische Bücher
13 Yunhong Chopsticks Shop
14 Shanghai Story
15 Zentrum für Pekingoper
16 Bund 18/›Bar Rouge‹

Shanghais Prachtboulevard: der Bund

renoviert, angebaut und modernisiert was das Zeug hält. Bereits generalüberholte Adressen wie der Bund Nr. 3 oder 18 zeigen den Trend: internationale Marken und hochklassige Gastronomie auf Weltniveau. So ist es kein Wunder, daß sich die Mieten am Bund mit den besten Lagen New Yorks messen können. Aber es genügt, einige Meter in die Seitengassen abzubiegen, zum Beispiel in die kleine Gasse Yuánfāng Lù 元芳路 zwischen Bund Nummer 6 und 7: Günstige Chinesen-Pensionen, kleine Restaurants und Straßenstände, und nicht zuletzt der eine oder andere Bewohner im Rattan-Liegestuhl lassen keinen Zweifel, daß Huangpu (noch) kein steriler Vorzeige-Bezirk geworden ist.

Bei aller architektonischer Pracht entlang der Westseite des Bund empfiehlt es sich jedoch auch, hin und wieder die Straßenseite zu wechseln. Und dies nicht nur wegen des spektakulären Blicks auf Pudong. Auf der Uferpromenade tummeln sich verliebte Pärchen, staunende Wanderarbeiter, Touristen und Einheimische beim Spaziergang genauso wie Händler und Marketender. Besonders abends, wenn Pudongs Wolkenkratzer in buntem Licht erstrahlen, lohnt sich der Spaziergang über die Bund-Promenade.

Am nördlichen Ende liegt der Huangpu-Park (Huángpǔ Gōngyuán 黄浦公园). Er wurde bereits 1868 angelegt und blieb ausschließlich westlichen Besuchern vorbehalten. Das in Europa so berüchtigte Schild ›Für Hunde und Chinesen verboten‹ hat es jedoch wohl in dieser Form nicht gegeben. Am Nordende des Parks steht das Denkmal der Volkshelden (Rénmín Yīngxióng Jìniántǎ 人民英雄纪念塔), direkt unter dem Obelisken liegt das Bund-Geschichtsmuseum (Wàitān Lìshǐ Bówùguǎn 外滩历史博物馆), dessen Ausstellung sich ganz der Geschichte dieser Straße widmet.

Etwas weiter südlich, gegenüber dem ›Peace Hotel‹, blickt das Denkmal des Marschalls Chen Yi über den Bund: Seine ›Neue vierte Armee‹ hatte Ende der 1940er maßgeblich zur Vertreibung der nationalchinesischen Truppen des Chiang Kai-shek nach Taiwan beigetragen. Von 1949 bis 1958 wirkte er als Bürgermeister von Shanghai, zuletzt war er bis zur Kulturrevolution als Außenminister Chinas tätig.

Ganz im Süden des Bund liegt die Wettersignalstation (Wàitān Qìxiàng Xìnhàotǎ 外谈气象信号塔), in der unter anderem das recht unspektakuläre Bund-Museum (Wàitān Bówùguǎn 外滩博物馆) untergebracht ist.

Die Gebäude am Bund

Die Uferpromenade des Huangpu zwischen Waibaidu-Brücke und Zhōngshān Dōngyīlù ist das Symbol schlechthin für die koloniale Vergangenheit Shanghais. Hier versuchten sich die diversen Kolonialherren und Firmen gegenseitig zu übertreffen, hier standen die Zentralen des europäischen Asiengeschäfts. Mitte der 1990er Jahre wurde die Promenade übrigens umfassend renoviert und neu gepflastert. Für einen Gesamtüberblick empfiehlt sich die Dachterrasse des ›Peace Hotels‹ 和平饭店 (Ecke Nanjing Lu), lohnender jedoch ist es, die Häuser einzeln in Augenschein zu nehmen. Von Norden aus gesehen liegen hier folgende Gebäude:

33–31, Britisches Zollhaus/Peninsula Hotel

Der erste Komplex am nördlichen Ende des Bund beherbergte einst das britische Konsulat. Der Bau wurde noch in der Amtzeit des ersten Konsuls Balfour begonnen, brannte aber 1870 ab. Erst 1873 ließen ihn die Briten wieder aufbauen. Nach Ende der kolonialen Epoche ging das Konsulat in den Besitz der Stadtverwaltung über. Heute steht das Gebäude leer. Zusammen mit dem benachbarten freien Grundstück soll hier bis 2009 für mehr als 350 Millionen USD das Peninsula Hotel Shanghai entstehen. Auch das folgende Gebäude, die ehemalige Nummer 31 und einstiges Büro der japanischen Schiffahrtsgesellschaft Nippon Yusen Kaisha, wird derzeit nicht genutzt.

29, 28 Everbright Bank

Im Anschluß daran liegt das ehemalige Gebäude der Banque de l'Indochine, im Stil der französischen Klassik. Heute wird es von der Everbright Bank genutzt.

Als nächstes folgt das neoklassizistische ehemalige Glen Line Building der Glen Line Steamship Company aus dem Jahr 1922. In den 1930ern beherbergte es zeitweilig auch das deutsche Generalkonsulat, heute wird es ebenfalls von der Everbright Bank genutzt.

27, Foreign Trade Building

Die Nummer 27 ist aufgrund der vier Säulen am Eingang besonders gut zu erkennen. Anfang der 1920er wurde es im Neo-Renaissance Stil gebaut und diente einst als Hauptsitz von Jardine, Matheson & Co., einer mächtigen britischen Handelsfirma, die unter anderem mit Opiumhandel sehr erfolgreich war. Heute finden sich hier unter dem Namen Shanghai Foreign Trade Building die Shanghai Foreign Trade Company sowie diverse andere Gesellschaften.

Teure Adresse: Bund 18

26, 24, Agricultural Bank of China und Industrial & Commercial Bank of China

Das ehemalige Stammhaus der Yangtse Insurance Company wurde 1916 erbaut und nach 1949 von der China Food Import & Export Corporation genutzt. Seit 1998 gehört es der Agricultural Bank of China.

Auch in der benachbarten Nr. 24 ist heute eine Bank zu Hause, die Industrial & Commercial Bank of China. Das neoklassizistische Gebäude mit japanischen und ägyptischen Elementen gehörte einst der Yokohama Specie Bank.

23, Bank of China

Auf dem Gelände, auf dem ursprünglich der 1937 abgerissene deutsche Club Concordia stand, erhebt sich die Bank of China im Art-déco-Stil, eines der wenigen Gebäude, das sich noch im Besitz der Original-Erbauer befindet. Bei Drucklegung wurde es gerade renoviert.

20, ›Peace Hotel‹

Einst war dies die beste Adresse Shanghais: Bei seiner Eröffnung 1929 war das Cathay Hotel mit 77 Metern das höchste Gebäude der Stadt. 1949 wurde der Eigentümer Victor Sassoon enteignet und das Hotel erst 1956 wieder unter dem Namen ›Peace Hotel‹ als Vier-Sterne-Haus geöffnet. Seither gehört der abendliche Besuch der ›Peace Hotelbar‹ samt Live-Aufführung durch die chinesische und höchst betagte Jazz-Combo wieder zum klassischen Touristenprogramm.

19, Ehemaliges ›Palace Hotel‹

Obwohl zwischen Hausnummer 20 und 19 die Nanjing Lu verläuft, gehört die Nummer 19 heute ebenfalls zum ›Peace Hotel‹. Als es 1906 als ›Palace Hotel‹ eröffnet wurde, galt es ebenfalls als Top-Adresse. Sun Yat-sen, 1911 zum Präsidenten der Republik ernannt, ließ hier sogar die Feierlichkeiten seiner Amtsübernahme ausrichten.

18, Bund 18

Die 1923 eröffnete Filiale der Chartered Bank of India, Australia and China wurde im neoklassizistischen Stil erbaut. Auch sie wurde 1949 enteignet und hat seitdem eine ganze Reihe von Behörden beherbergt. Von 2002 bis 2005 schließlich wurde das Gebäude für mehr als 15 Millionen USD umfassend renoviert und in eine der teuersten Edeladressen der Stadt verwandelt. Neben Boutiquen von Cartier, Patek Philippe, Bree, Boucheron, Ermenegildo Zegna und anderen Marken weit jenseits des durchschnittlichen chinesischen Budgets, findet sich hier im siebten Stock die ›Bar Rouge‹, sicher eine der ›heißesten‹ Adressen Shanghais. Direkt darunter liegt Chinas einziges Michelin-Restaurant ›Sens & Bund‹.

17, AIA Building

Düster präsentiert sich die American Insurance Association (AIA). Das Gebäude im Stil der Spätrenaissance wurde 1923 errichtet und bis zum Beginn der Volksrepublik von der AIA zusammen mit der North China Daily News genutzt. Die AIA ist damit einige der wenigen Firmen, die an ihren ursprünglichen Shanghaier Firmensitz zurückgekehrt ist.

16, 15, China Merchants Bank und Shanghai Gold Exchange

Der ehemalige Sitz der japanischen Bank of Taiwan wurde 1924 fertiggestellt – damals war Taiwan von Japan besetzt. Heute ist hier die China Merchants Bank zu finden.

Das nächste Gebäude, die Russisch-Chinesische Bank, sorgte 1903 für allerhand Trubel, denn die wuchtige Konstruktion des deutschen Architekten Heinrich Becker galt als höchst verwegen. Heute sind hier die Shanghaier Devisenbörse und die Shanghai Gold Exchange zu Hause.

14, Bank of Shanghai

Das Gebäude auf diesem Grundstück ist ein relativ neu. Es wurde wurde erst 1947 für die Bank of Communications fertiggestellt. Vorher stand auf dem Gelände das Gebäude der Deutsch-Asiatischen Bank, die in den 1940ern abgerissen wurde. Heute ist hier unter anderem die Bank of Shanghai zu finden.

13, Britisches Zollamt

Das Gebäude wurde 1927 als britisches Zollhaus im neoklassizistischen Stil erbaut. Es galt als Symbol der Demütigung Chinas durch die Kolonialmächte. 1854, als die Taiping-Rebellion ganz Südchina erschütterte, hatte der chinesische Kaiser die Zollverwaltung den Briten übertragen. Im Grunde genommen eine absolute Schmach für China, für den Kaiserhof jedoch letztlich sehr profitabel: Erstmals verschwand der Großteil der Zolleinnahmen nicht in den Taschen korrupter Beamter! Die Uhr des Zollamts, der ›Big Ching‹, stammt übrigens noch aus dem Vorgängergebäude. Angeblich verwirrt sein Geläut den Feuergott, der die viertelstündlichen Glockenschläge für Feueralarm hält und deshalb selbst keine Feuer in der Stadt mehr zündet. Heute sind im Zollhaus diverse Firmen und Behörden zu Hause. Es ist nicht öffentlich zugänglich, ein Blick in die düstere Lobby zeigt jedoch ein sehr schönes Deckenmosaik.

12, Shanghai Pudong Development Bank

Die Hongkong and Shanghai Banking Corporation, einst die führende Bank Asiens, bezog den neoklassizistischen Bau 1923. Die Mosaiken in der Lobby (Darstellungen aller Standorte der Bank, der menschlichen Tugenden und der Sternzeichen) waren übrigens 1949 nach der Machtübernahme der Kommunisten von Unbekannten unter einer Schicht Kalkputz versteckt worden und wurden erst 1997 bei Renovierungsarbeiten wieder entdeckt. Von 1955 bis 1995 war hier das Rathaus untergebracht, seit 1997 nutzt die Shanghai Pudong Development Bank das prachtvolle Gebäude. Die Lobby samt Kuppel ist dem Publikum zugänglich – es lohnt sich,

Das neue Shanghai: der Stadtteil Pudong bei Tag und bei Nacht
In der Nanjing Donglu, Shanghais wichtigster Einkaufstraße

Exklusive Küche im ›Whampoa Club‹

einen Blick hineinzuwerfen. Im zweiten Stock ist das ›Bund 12 Café‹ untergebracht, es ist über einen separaten Eingang neben dem Haupteingang erreichbar. Den beiden Bronzelöwen vor dem Haupteingang Nase oder Pfoten zu reiben soll Glück bringen, und so glänzen die beiden Tiere stets wie frisch gewienert.

9, 7/8, China Merchants Building und Bank of Bangkok

Mit dem Baujahr 1901 gehört es zu den ältesten Gebäuden der Promenade und repräsentiert mit den umlaufenden Balkonen den typischen Compradoren-Stil des 19. Jahrhunderts. Seit 1998 sitzt hier die China Merchants Holding.

1908 ließ die Great Northern Telegraph Company ihren Hauptsitz in der Nummer 7 errichten. Der verspielte Stil sollte an die Loire-Schlösser erinnern. Heute sind die Bank of Bangkok und das thailändische Generalkonsulat unter dieser Adresse zu finden.

Chinas derzeit höchstes Gebäude, der Jinmao-Turm in Shanghai
Leuchtreklame in der Nanjing Donglu

6, ›Six on the Bund‹

Die Ursprünge dieses Gebäudes im gotischen Stil sind erstaunlich nebulös: Wahrscheinlich wurde es schon vor 1890 erbaut, so ganz genau scheint es jedoch niemand zu wissen. In den ersten Jahren beherbergte es die amerikanische Firma Russell & Co., wurde 1897 von der Great British Bank übernommen und ging nur ein Jahr später bereits an die erste chinesische Bank von Shanghai, die Commercial Bank of China. Unter der Ägide des fortschrittlichen Beamten Sheng Xuanhuai (1844–1916) sollte sie Gelder für Modernisierungsprojekte bereitstellen. Erfolgreich war sie freilich nicht. 1952 übernahm die Shanghai Yangtze River Steamship Company das Gebäude. Im Zuge der Renovierungen wurden 1989 zwei weitere Etagen aufgestockt. Heute lockt Dolce & Gabbana im Erdgeschoß, weitere teure Marken sollen folgen.

5, Huaxia Bank/›M on the Bund‹

Die jetzige Huaxia Bank aus dem Jahr 1925 gehörte einst der japanischen Nissin Kisen Kaisha Shipping Company. Daß diese Adresse unter Nachtschwärmern gut bekannt ist, liegt an ›M on the Bund‹ im obersten Stockwerk. Das Restaurant der gehobenen internationalen Gastronomie bietet von der Dachterrasse einen wunderbaren Ausblick über den Bund. Im Unterschoß lockt die die Bar ›Five‹.

3, ›Three on the Bund‹

Geradezu typisch für den ›neuen‹ Bund ist die Hausnummer 3. Unter dem gemeinsamen Namen ›Three on the Bund‹ haben sich hier die gastronomischen Topadressen ›Laris‹, ›Jean-Georges‹, ›Whampoa Club‹ und ›New Heights‹ versammelt. Im Erdgeschoß lockt ein Armani Shop die betuchte Kundschaft, Entspannung gibt's bei Evian Spa im ersten Stock, auf der dritten Etage hat sich die Shanghai Gallery of Art eingemietet. Das ehemalige Union Building der der Union Insurance Company aus dem Jahr 1915 wurde bei der Renovierung 2002 komplett entkernt und für gut 70 Millionen US-Dollar renoviert.

2, Shanghai Club

Der Shanghai Club in Haus Nummer 2 hingegen hat seine besten Tage bereits hinter sich: Ab 1910 bezog der britische Club dieses Gebäude und machte die ›Long Bar‹ (mehr als 33 Meter lang) zum inoffiziellen Machtzentrum der Stadt. Nach 1949 wurde das Gebäude erst als Seemanns Club und dann vom Dongfeng Hotel genutzt. Heute steht das Gebäude leer.

1, McBain Building

Das letzte Gebäude des Bund, die kolossale Nummer eins mit barocker Fassade, wurde 1913 als Büro für die McBain Company fertiggestellt, dann aber an die Asiatic Petroleum Company verkauft und zuletzt von Shell genutzt. Derzeit steht das Gebäude leer.

Shanghai huldigt dem Kommerz wie kaum eine andere Stadt Chinas

Chinas wichtigste Einkaufsstraße: die Nanjing Donglu

Vom Bund aus geht es über die Nánjīng Lù 南京路, Chinas wichtigste Einkaufsstraße, ins Herz des Huangpu-Bezirks. Zur besseren Orientierung wird die Nanjing Lu in eine Ost-Sektion (Nánjīng Dōnglù 南京东路) vom Bund bis zum Volksplatz (Rénmín Guāngchǎng 人民广场) und eine West-Sektion (Nánjīng Xīlù 南京西

In der Nanjing Donglu

路) vom Volksplatz bis zum westlichen Ende geteilt. Bei der Orientierung hilft es zu wissen, daß Straßen im rechten Winkel zum Bund meist Städtenamen tragen (Běijīng Lù etc.), während die Parallelstraßen nach chinesischen Provinzen benannt wurden (Hénán Lù etc.).

Zu Recht sind die Shanghaier stolz auf diese Konsummeile – hier präsentiert die Volksrepublik auf über fünf Kilometern Länge den neuen Überfluß: Fast 1000 Kaufhäuser, Boutiquen und Einkaufsmärkte im Stil der amerikanischen Shopping-Malls konkurrieren bis spät in die Nacht um den gefüllten Geldbeutel der neuen Mittel- und Oberschicht. Nach Einbruch der Dunkelheit flackern in bester Hongkong-Manier die Leuchtreklamen auf, und bis der letzte Rolladen heruntergelassen wird, kann es Mitternacht werden.

Bereits 1908 wurde die Straße erstmals mit einem festen Straßenbelag versehen, im Jahr 2000 wurde sie nach Plänen des französischen Architekten Jean-Marie Charpentier zwischen Xīzàng Lù und Hénán Lù in eine Fußgängerzone verwandelt. Zwischen 9 und 18 Uhr verkehrt hier auch eine kleine Bummelbahn, die eine gute Möglichkeit bietet, für 2 Renmimbi einige Minuten nach echter Touristen-Manier zu entspannen.

Auch nach Ladenschluß bleibt die Nánjīng Dōnglù belebt: Verblüffte Ausländer müssen oft zweimal hinschauen, wenn in den heißen Sommernächten ganze Familien im besten Pyjama wie Schlafwandler durch die Fußgängerzone flanieren. Seit die Straße modernisiert wurde, sind die Holzbänke ein beliebter Treff für nachbarschaftliche Schachduelle und ausgedehnte Schwätzchen im Nachtgewand.

Über die gesamte Länge der Nanjing Donglu bis zum Volksplatz ist es ein mindestens 30-minütiger Spaziergang, Schaufensterbummel und den ein oder anderen Zwischenstop vor besonders imposanten Leuchtreklamen nicht mitgerechnet.

Volksplatz und Volkspark

Egal, mit welchen Vorstellungen man sich dem Areal rund um den Volksplatz (Rénmín Dàdào 人民大道) nähert, es ist immer eine Überraschung. Inmitten der brodelnden Großstadt wurde auf dem Gelände der ehemaligen britischen Rennbahn eine echte grüne Oase geschaffen, die auch der überstrapazierten Ausländerseele nach vielen Stunden Shoppen und Sightseeing ein wenig Erholung verschafft. Mit dieser Meinung steht der Tourist nicht allein da, und so tummeln sich vor allem zur Mittagszeit zahllose Angestellte und Pärchen auf den Wegen und Wiesen der Grünfläche. Dennoch ist der Volkspark (Rénmín Gōngyuán 人民公园) im nördlichen Teil eine entspannende Angelegenheit. Der Besuch lohnt sich, zumal der kulturbeflissene Shanghai-Besucher ohnehin nicht um den südlich davon gelegenen Volksplatz herumkommt. Gleich eine ganze Handvoll absolut sehenswerter Museen und Gebäude finden sich hier, die unbedingt zum Besuchsprogramm gehören

Urban Planning Center (Museum für Stadtentwicklung)

Wie geht es weiter mit Shanghai? Wie sehen die Pläne der Stadtregierung aus? Und wie entstand die Stadt am Huangpu? Die hyper-moderne Ausstellung des Urban Planning Centre (Chéngshī Guīhuà Shìguǎn 城市规划示馆) an der Kreuzung Rénmín Dàdào und Xīzàng Zhōnglù räumt mit vielen Vorurteilen auf und zeigt die Vision einer modernen Großstadt. Besonders das maßstabsgetreue Modell Shanghais im Obergeschoß hilft, sich ein komplettes Bild zu verschaffen. Der Buchladen im Erdgeschoß bietet umfassende englische Literatur über die Stadtentwicklung.

Shanghai-Museum

Die ständige Ausstellung des Shanghai-Museums (Shànghái Bówùguǎn 上海博物馆) am südlichen Ende des Volksplatzes mit ihren mehr als 120 000 Objekten gehört zu den Höhepunkten der chinesischen Museumswelt. Der Bronze-Sammlung bescheinigen Experten sogar Weltniveau. Von 1952 bis 1996 war sie in einem Gebäude am Bund untergebracht und erhielt nur wenig internationale Aufmerksamkeit. Heute gehört ein Besuch des Museums zu fast allen Tourverläufen. Das auffällige Gebäude soll an die Form eines antiken chinesischen Kessels erinnern.

Shanghai-Kunstmuseum

Das Shanghai-Kunstmuseum (Shànghái Měishùguǎn 上海美术馆) ist im ehemaligen Clubhaus des Shanghai Racing Club am westlichen Ende des Volksplatzes untergebracht, dem letzten Relikt der Rennbahn-Vergangenheit des Areals. Das Gebäude stammt aus dem Jahr 1934. In der Ausstellung finden sich sowohl traditionelle als auch moderne Objekte. Obwohl das Museum durchaus einen Besuch lohnt, gehört es nicht zur Top-Liga der Stadt, zumal die englischen Erläuterungen eher mager ausfallen. Im Obergeschoß des Clubhauses liegt ›Kathleen's 5‹, eine beliebte, minimalistische Bar mit guter Aussicht über den Volksplatz.

Architektonische Mischung am Volkspark

Shanghai Grand Theatre

Besichtigen muß man das Shanghai Grand Theater (Shànghái Dà Jùyuàn 上海大剧院) nicht unbedingt, es sei denn, es findet gerade eine interessante Darbietung statt. Trotzdem erfüllt das Opernhaus mit dem durchhängenden Dach aus der Feder des französischen Architekten Jean-Marie Charpentier die Shanghaier mit Stolz. Es wurde 1998 eröffnet und verfügt über eine besonders gute Akustik, die drei Bühnen bieten insgesamt 1800 Zuschauern Platz.

Museum of Contemporary Art Shanghai (MOCA)

Schon der moderne Glasbau des privaten Museum of Contemporary Art Shanghai (Shànghǎi Dāngdài Yìshùguǎn 上海当代艺术观) an sich lohnt einen Besuch, die ständig wechselnden Ausstellungen sind zudem peppig aufgemacht und räumen mit dem China-Muff auf, der noch in so manch einem europäischen Kopf herrscht. Ein oder zwei Stunden ist dieses Museum auf alle Fälle wert.

Moore Church

Die Moore Church (Mu'en Tang 沐恩堂) an der Ecke Xīzàng Zhōnglù und Hànkǒu Lù wurde 1887 von amerikanischen methodistischen Missionaren erbaut. Der Entwurf stammt vom ungarischen Architekten Ladislaus Hudec. Die Kirche faßt seit den Erweiterungsarbeiten 1931 mehr als 1000 Gläubige.

Great World

Am südlichen Ende des Volksparks, an der Kreuzung Xīzàng Nánlù und Yán'ān Dōnglù, liegt der Vergnügungscenter Great World (Dà Shìjiè 大世界), leicht erkennbar an seinem spitzen Türmchen. 1916 vom Drogerie-Millionär Huang Zhujiu eröffnet, sollte es vor allem die männliche Unterschicht anziehen und wurde 1931 vom Mafiaboss Huang Jinrong übernommen.

Die Moore Church

Die Ansammlung von Massagesalons, Bordellen, Spielsalons, Schießständen, Restaurants und Majong-Tischen war geradezu ein Konzentrat des verdorbenen Shanghai, nicht zuletzt verdienten sich hier knapp bekleidete ›Singsong Girls‹ ihren Lebensunterhalt. Heute geht es ungleich gesitteter zu, gespielt wird an elektronischen Geräten – sehenswert ist die ›Große Welt‹ trotzdem geblieben.

Park Hotel

Die Ähnlichkeit mit dem Empire State Building ist nicht zu übersehen – und wahrscheinlich auch gewollt. Lange war das ›Park Hotel‹ (Guójí Fàndiàn 国际饭

店) im Art-déco-Stil am nördlichen Ende des Volksparks (auf Chinesisch eigentlich ›International Hotel‹) das absolute Vorzeigehotel der Stadt. 1934 nach Plänen des Architekten Ladislaus Hudec erbaut, blieb es mit seinen 83 Metern bis in die 1980er Jahre das höchste Gebäude Asiens – ein heute kaum mehr nachvollziehbarer Fakt! 1998 wurde das Hotel umfassend renoviert. Ein wenig Atmosphäre ging zwar verloren, allerdings auch der staubige Muff, so daß sich das ›Park Hotel‹ wieder mit Fug und Recht vier Sterne an die Tür heften darf.

Fuzhou Lu

Für den Weg zurück, vom Volksplatz zum Bund, bietet sich die Fúzhōu Lù 福州路 an, eine der Parallelstraßen der Nánjīng Dōnglù. Hier haben traditionell viele Verlage, Buchhandlungen und Fachgeschäfte für Malereibedarf ihren Sitz. Von der gigantischen Book City bis zu den kleinen verstaubten Papierwarenläden findet sich hier alles, was mit Kunst, Literatur und Malerei zu tun hat. Vor allem Reisende, die noch lange Strecken in China vor sich wissen, sollten hier die Gelegenheit nutzen, ein letztes Mal den Bestand an englischsprachiger Lektüre aufzustocken.

 ›Sofitel Hyland‹ (Háilún Bīnguǎn 上海海仑宾馆), 4 Sterne, Nánjīng Dōnglù 505 南京东路, Tel. 63 20 58 88, Fax 63 20 40 88, www.accorhotels.com. Sehr zentral gelegen, in Laufnähe des Bund und direkt auf der Shoppingmeile Nánjīng Dōnglù.
▶ ›Park Hotel‹ (Guójí Fàndiàn 国际饭店), 4 Sterne, Nánjīng Xīlù 170 南京西路, Tel. 63 27 52 25, www.parkhotel.com.cn. Schon des Ambientes wegen ein lohnendes Hotel.
▶ ›Captains Hostel‹ (Chuáncháng Qīngnián Jiǔdiàn 船长青年酒店), Fúzhōu Lù 37 福州路, Tel. 63 23 50 53, www.captainhostel.com.cn, Preise im Internet, Bett im Schlafsaal ab 70 RMB, Zimmer ab 450 RMB, teils Preisnachlässe für Online-Buchungen. Saubere Alternative für den kleinen Geldbeutel in zentraler Lage und mit schöner Dachterrasse mit Aussicht auf den Huangpu.

›Whampoa Club‹ (Huángpǔ Huì 黄浦会), Three on the Bund, Zhōngshān Dōngyīlù 3 中山东一路, Tel. 63 21 37 37, 11.30–14.30 und 17.30–22 Uhr, www.threeonthebund.com. Der ›Bocuse Asiens‹ kreiert Neuinterpretationen alter Shanghaier Rezepte – exquisit!
▶ ›M on the Bund‹ (Mǐshì Xīcāntīng 米氏西餐厅), Guāngdōng Lù 20 广东路, Ecke Bund, Tel. 63 50 99 88, tägl. 11.30–14.30 und 18–22.30 Uhr, So auch 15.30–17.30 Afternoon Tea, www.m-onthebund.com. Das mediterrran-nordafrikanisch-europäische Menü ist allererste Klasse.

▶ ›Wáng Jiā Shā‹ 王家沙, Nánjīng Xīlù 805 南京西路, Untergeschoß, tägl. 7–21 Uhr. Die günstige Alternative: Das Restaurant im Fast-Food-Stil bietet Teigtaschen mit verschiedenen Füllungen, Nudelsuppen und Vorspeisen. Am Tresen wird erst bestellt und bezahlt, am Sitzplatz holt eine Bedienung dann den Kassenzettel ab und bringt das gewünschte Menü.

▶ ›Kathleen's 5‹, Shanghai Art Museum (Shànghái Měishùguǎn 上海美术馆), 5. Stock, Nánjīng Xīlù 325 南京西路, Tel. 63272221, www.kathleens5.com.cn, tägl. 11.30–24 Uhr. Minimalistische Bar mit wunderbarem Blick über den Volksplatz.

▶ Food Streets: Schlägt der Hunger beim Besuch des Volksparks zu, bietet sich die Huánghé Food Street 黄河路美食街 an, eine Seitenstraße der Nánjīng Xīlù. Ähnlich auch die Yúnnán Nánlù 云南禄美食街 im Süden Huangpus, die ebenfalls als ausgewiesene Food-Street zahlreiche Restaurants beherbergt, allerdings ein wenig günstiger als die Huánghé Lù.

Selbst nachts um zehn ist auf der Nánjīng Dōnglù und am Bund noch die Hölle los. Wer einfach nur einen netten Abendspaziergang in der Menge sucht, ist hier absolut richtig.

▶ ›Bar Rouge‹, Bund 18, 7. Stock, Zhōngshān Dōngyīlù 18 中山东一路, Tel. 63391199, So–Do 18.3–1.30, Fr, Sa 18.30–4 Uhr. Sehr gestylt und ›in‹ – nichts für die alte Jeans, dafür aber gute Cocktails mit grandioser Aussicht.

▶ ›Glamour Bar‹, Guāngdōng Lù 20 广东路, Ecke Bund, 6. Stock, Tel. 63509988, tägl. 17–2 Uhr. Die Art-déco-Bar rühmt sich eines reichen Kulturprogramms und bietet zudem auch noch einen bestechenden Blick über den Bund. Gepflegte Kleidung ist ein Muß.

▶ ›Five‹, Guāngdōng Lù 20 广东路, Ecke Bund, Untergeschoß, Tel. 63294558, www.numberfive.cn, tägl. 10–2 Uhr. Lockere Atmosphäre – eine echte Bar zum Entspannen.

 Bund-Geschichtsmuseum (Wàitān Lìshí Bówùguǎn 外滩历史博物馆), Zhōngshān Dōngyīlù 中山东一路, Huangpu Park 黄浦公园, Tel. 53088987, tägl. 9–16 Uhr, Eintritt frei.

▶ Bund-Museum (Wàitān Bówùguǎn 外滩博物馆), im Meteorological Signal Tower, Zhōngshān Dōngyīlù, Ecke Yán'ān Lù 中山东一路/延安路, Tel. 33130871, tägl. 9–12 und 13–17 Uhr, Eintritt frei.

▶ Naturkundemuseum (Zìrán Bówùguǎn 自然博物馆), Yán'ān Dōnglù 260 延安东路, Tel. 63213548, Di–So 9–17 Uhr, Eintritt 5 RMB.

▶ Urban Planning Centre (Chéngshì Guīhuà Shìguǎn 城市规划示馆), Rénmín Dàdào 100 人民大道, Volksplatz 人民广场, Tel. 63722077, www.supec.org, Mo–Do 9–17 Uhr, Fr–So 9–18 Uhr, Eintritt 30 RMB.

▶ Shanghai-Museum (Shànghái Bówùguǎn 上海博物馆), Rénmín Dàdào 201 人民大道, Volksplatz 人民广场, Tel. 63723500, www.shanghaimuseum.net, tägl. 9-17 Uhr, Eintritt 30 RMB.

▶ Shanghai Art Museum (Shànghái Měishùguǎn 上海美术馆), Nánjīng Xīlù 325 南京西路, Volksplatz 人民广场, Tel. 63274030, www.sh-artmuseum.org.cn, tägl. 9-16.45 Uhr, Eintritt 20 RMB.

▶ Museum of Contemporary Art Shanghai (MOCA) Shànghái Dāngdài Yìshùguǎn 上海当代艺术观, Nánjīng Xīlù 231 南京西路, Volkspark 人民公园, Tel. 63279900, www.mocashanghai.org, Di-Mo 10-18, Mi 10-22 Uhr, Eintritt 20 RMB.

▶ Great World (Dà Shìjiè 大世界), Xīzang Nánlù 1 西藏南路. Der einst so berüchtigte Vergnügungscenter ist im Umbau und daher geschlossen.

▶ Moore Church (Mù'ēn Táng 沐恩堂), Xīzàng Zhōnglù 316 西藏中路, Ecke Hànkǒu Lù 汉口路, Tel. 63225069.

Yifu-Theater, Tianchan Zentrum für Pekingoper (Tiānchán Jīngjù Zhōngxīn Yìfū Wútái 天蟾京剧中心 - 逸夫舞台), Fúzhōu Lù 701, Tel. 63514668, Vorstellungen um 13.30 und 19.15 Uhr, ww.tianchan.com. Authentischer geht's nicht, ein wenig Nerven braucht man aber schon, um eine komplette Aufführung zu überstehen.

▶ Shanghai Grand Theater (Shànghái Dà Jùyuàn 上海大剧院), Huángpi Lù 200 黄陂路, www.shg-theatre.com, Kartenvorverkauf in der Rénmín Dàdào 300 人民大道, Tel. 63728701, oder online bei www.piao.com.cn.

 Shanghai Book City (Shànghái Shūchéng 上海书城), Fúzhōu Lù 465 福州路, tägl. 9.30-21 Uhr. Der größte Buchladen Shanghais.

▶ Buchladen für ausländische Bücher (Wàiwén Shūdiàn 外文书店), Fúzhōu Lù 390 福州路, So-Do 9.30-18 Uhr, Fr, Sa 9.30-19 Uhr. Große Auswahl nicht nur an Romanen, sondern auch an chinabezogener Literatur.

▶ Shāshì Erlù Straßenmarkt (Zhōngyāng Shāngchǎng 中央商场), tägl. bis ca. 19 Uhr auf der kleinen Parallelstraße 沙市二路 der Nánjīng Dōnglù, die von der Sichuan Zhonglu 四川中路 abgeht: gut für CDs, Bücher, Kleidung und Nippes.

▶ Yunhong Chopsticks Shop (Yùnhóng Kuàizi Diàn 韵泓筷子店), Nánjīng Dōnglù 387 南京东路, tägl. 9-23.30 Uhr. Stäbchen in allen Formen und Farben, vom echten Schnäppchen bis zu wertvollen, 1000 RMB teuren Ausgaben. Prima Mitbringsel!

▶ Shanghai Story (Shànghái Gùshi 上海故事), Nánjīng Dōnglù 132 南京东路, tägl. 9-23 Uhr. Seidenaccessoires, ausgefallene Schals und Schirme und allerhand anderer hübscher Kram zu sehr günstigen Preisen.

Die Altstadt

Wenn die modernen Hochhausbauten Shanghais alles daran setzen, mit dem Chinabild des Westens aufzuräumen, dann bewirkt die Altstadt das exakte Gegenteil. Genau so sieht China in den Vorstellungen der meisten Europäer aus. Und ein bißchen recht haben sie allemal, denn Nánshì 南市 (wörtlich Südstadt) ist in der Tat der älteste Teil der Stadt, das wirkliche Shanghai, wie es schon lange vor der Ankunft der Europäer existierte. Auch in der Ära der ausländischen Konzessionen blieb die Altstadt fest in chinesischer Hand. Theoretisch unterstand sie erst dem Kaiserreich und später der republikanischen Nationalregierung. De facto aber regierten die diversen chinesischen Mafiabanden mit strenger Hand. Kein Wunder, daß sich kaum ein Ausländer hierher wagte und die Altstadt bald ein wenig abfällig als Chinesenstadt betitelt wurde. Auf der Landkarte läßt sich auch heute noch erkennen, daß das ehemalige Fischerdorf und die spätere Hafenstadt einst von einer runden

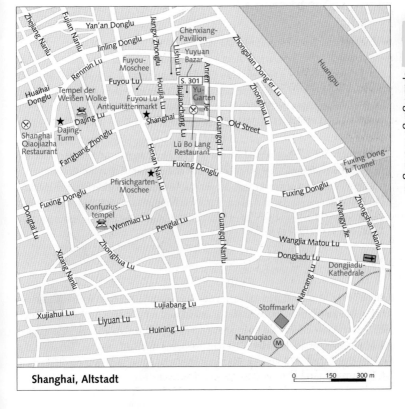

Shanghai, Altstadt

Stadtmauer umgeben war. Nach dem Ende der Kaiserzeit 1911 wurde diese jedoch als Zeichen des Neubeginns komplett abgerissen und durch eine Ringstraße ersetzt, die heutige Rénmín Lù 人民路 und Zhōnghuá Lù 中华路.

Betritt man die Altstadt, beginnt schlagartig eine andere Welt: verwinkelte, enge, teils auch schäbige Gassen, die zwar dem Fremden beim ersten oberflächlichen Blick als gar zu malerisch erscheinen, aber keineswegs nur Touristenattraktion sind. Wer hier wohnt, hat in der Regel wenig Geld, sind doch die meisten Häuser bar jeglicher Sanitäranlagen und zudem permanent vom Abriß bedroht. Viele der schiefen Gebäude sind in so marodem Zustand, daß eine Sanierung kaum mehr möglich ist. Und falls doch – sie werden trotzdem oft einfach abgerissen, denn die Modernisierung per Abrißbirne ist allemal billiger. Wer das andere, ganz und gar nicht glamouröse Shanghai der kleinen Leute kennenlernen möchte, sollte einfach ein wenig ziellos durch die Altstadt spazieren und auch die schmalen Gassen erkunden.

Shanghai Old Street

Während viele Touristengruppen die Altstadt von Norden her betreten, um möglichst schnell zum Yu-Garten, dem touristischen Zentrum, zu gelangen, lohnt es sich, eventuell den etwas weniger überlaufenen Eingang von Westen über die Fāngbāng Zhōnglù 方浜中路 zu nehmen. Dank der zahllosen Antiquitäten- und Schnickschnackläden im Stil der Ming- und Qing-Dynastie ist sie ab der Kreuzung mit der Hénán Lù 河南路 auch als Old Street (Shànghái Lǎojiē 上海老街) bekannt. Auch ohne konkrete Kaufabsichten (und im Wissen um Plagiat und Nepp) ist der Markt eine lohnende Angelegenheit. An der Old Street angekommen, liegen fast alle großen Sehenswürdigkeiten der Altstadt nur noch wenige Schritte entfernt.

Über vier Etagen erstreckt sich der Fuyou-Antiquitätenmarkt (Fúyòu Shìchǎng 福佑市场), eine gigantische Ansammlung von Nippesläden und Antiquitätenhändlern. Vor allem am Sonntagmorgen lohnt es sich, einen Blick hineinzuwerfen.

Lishui Lu und Yu-Yuan-Basar

Gleich neben dem Yu-Garten ist es mit der Ruhe vorbei: Quasi jeder Shanghai-Besucher, sei es aus dem In- oder Ausland, drückt und schiebt sich irgendwann durch den Shopping-Komplex (Yù Yuán Shāngshà 豫园商厦) in traditionell chinesischer Architektur. Mehr als 100 kleine Geschäfte locken mit Seidenwaren, Touristennippes, Büchern, Perlen, Schmuck, Kalligraphien und allem anderen, was irgendwie als typisch chinesisch durchgehen könnte. Auch die benachbarte Lìshuǐ Lù 丽水

Die Altstadt [297]

In der Fangbang Zhonglu

路, eine restaurierte Ladengasse im Stil der Qing-Dynastie, bietet dem weitgereisten Touristen genügend Möglichkeiten, sich ein substantielles Loch in die Reisekasse reißen zu lassen.

Tempel des Stadtgottes

Mitten im Yu-Yuan-Basar liegt der daoistische Tempel des Stadtgottes Qin Yubo (Chénghuáng Miào 城隍庙) – ein ehemaliger Beamter aus der Yuan-Dynastie. Kaiser Hongwu aus der Ming-Dynastie erwählte ihn kurz nach dessen Tode zum Stadtgott Shanghais, wohl weil er als recht mutig galt. Bereits 1403 erbaut, wurde der Tempel, wie so viele andere Bauwerke, in der Kulturrevolution zerstört, teils als Fabrik genutzt und erst in den 1990ern wieder aufgebaut. Der ›Hausherr‹ selbst ist übrigens erst in der hinteren Haupthalle zu finden, die Figur in der vorderen Halle stellt Huo Guang dar, einen General der Han-Dynastie.

Chenxiang-Pavillon

Das auch heute noch bewohnte aktive buddhistische Kloster (Chénxiānggé 沉香阁) stammt aus dem Jahr 1600 und wurde von Pan Yunduan erbaut, der auch den Yu-

Garten in Auftrag gab. Auch dieses Kloster war lange Jahre geschlossen und wurde erst 1994 renoviert und als Gebetsstätte wiedereröffnet. Die erste Halle ist den Vier Himmelskönigen gewidmet, in der zweiten Halle des ›Großen Helden‹ (Dàxióng Bǎodiàn) befindet sich die Buddha-Statue (der Name spielt auf Buddhas Macht über die Dämonen an), in der letzten steht eine Statue der Boddhisattva Guanyin aus Adlerholz (Chénxiāng), von der sich auch der Name des Tempels ableitet.

Fuyou-Moschee

Die älteste Moschee Shanghais (Fúyòu Qīngzhēnsì 福佑清真寺), in der gleichnamigen Fúyòu Lù 福佑路 gelegen, wurde bereits 1870 erbaut und relativ früh nach Ende der Kulturrevolution, nämlich im Jahr 1979, wiedereröffnet. Auch wenn sie recht versteckt liegt, lohnt sich ein Blick in den Eingangsbereich, schließlich ist die Moschee recht typisch für die an chinesische Traditionen angelehnte Bauweise islamischer Gotteshäuser.

Kleine Pfirsichgarten-Moschee

Etwas südlich der touristischen Shanghai Old Street, an einer kleinen Seitenstraße der Fùxīng Dōnglù 复兴东路, kurz vor der Kreuzung mit der Hénán Lù 河南路, liegt Shanghais größte Moschee aus dem Jahr 1917 (Xiǎo Táoyuán Qīngzhēnsì 小桃园清真寺). Mit ihren vier grünen Kuppeln und einem Minarett auf dem Vorplatz repräsentiert sie klar islamische Architektur, obwohl die Besucher meist der Hui-Ethnie angehören, es sich also um ethnische Chinesen moslemischen Glaubens handelt. In der Haupthalle finden mehrere hundert männliche Gläubige Platz, eine Seitenhalle ist für Frauen reserviert.

Dajing-Turm

Einen kleinen Spaziergang in westliche Richtung entfernt, die Dàjìng Lù 大境路 entlang, steht das letzte verbleibende Teilstück der Stadtmauer, der Dajing-Turm (Gùchéngqiáng Dàjìng Gé 故城墙大境阁). Das kleine Museum darin ist jedoch kein Muß auf dem Tagesplan eines jeden Shanghai-Besuchers, schon allein weil die Ausstellung über das Leben in der Altstadt nur unzureichend englisch beschriftet ist.

Tempel der Weißen Wolke

Manch ein Shanghai-Besucher, der die Stadt von früher kennt, mag sich wundern: Dieser Tempel ist ihm früher in der Dàjìng Lù 239 大境路 garantiert nicht aufgefallen. Konnte er auch nicht, denn der Tempel der Weißen Wolke (Báiyún Guàn 白云观) zog erst im Jahr 2004 hierher. Ursprünglich war er 1863 in der nahe gelegenen Xīlínhòu Lù erbaut worden, mußte aber einem Hochhausprojekt weichen. Wie sein Namensvetter in Peking (der allerdings ungleich größer ist) nennt dieser Tempel eine mehrere tausend Bände umfassende Sammlung daoistischer Schriften aus der Ming-Zeit sein eigen, von denen allerdings viele während der Kulturrevolution zerstört wurden.

Konfuzius-Tempel

Etwas weiter im Süden der Altstadt, an der Wénmiào Lù 文庙路 nahe der Kreuzung mit der Zhōnghuà Lu 中华路, liegt der Konfuziustempel (Wénmiào 文庙). Bereits Ende des 13. Jahrhunderts, in der Zeit der mongolischen Yuan-Dynastie, wurde hier die erste Tempelanlage errichtet und eine Beamtenschule untergebracht. Die aktuelle Anlage stammt aber zu großen Teilen aus dem Jahr 1855. Seither wurde der Tempel immer wieder schwer in Mitleidenschaft gezogen, zuletzt in der Kulturrevolution, als Rote Garden durch den Komplex marodierten. Später wurde das Areal unter anderem als Vergnügungspark genutzt. Erst Ende der 1990er Jahre wurde der Tempel – übrigens der letzte Konfuzius-Tempel Shanghais – umfassend renoviert, wobei letztlich nur der 20 Meter hohe Kuixing-Turm als einziges Originalgebäude blieb.

Der Dongjiadu-Stoffmarkt

Gebetet wird hier eher selten, lediglich vor den Aufnahmeprüfungen zur Universität binden Schüler rote Bänder an die Bäume am Eingang und bitten so um gute Prüfungsergebnisse; schließlich gilt Konfuzius als der Bildungsexperte im chinesischen Pantheon schlechthin.

Sonntags findet vor dem Tempel ein großer Bücher-Flohmarkt statt, auf dem auch hin und wieder fremdsprachige Bücher angeboten werden.

Dongjiadu-Kathedrale und Dongjiadu-Stoffmarkt

Etwas außerhalb der ehemaligen Stadtmauern, im Süden des Nanshi-Bezirks, liegen zwei weitere große Sehenswürdigkeiten: Die katholische Dongjiadu-Kathedrale (Dǒngjiādù Tiānzhǔtáng 董家渡天主堂) in der Dǒngjiādù Lù 董家渡路 wurde 1853 von spanischen Jesuiten erbaut, und auch heute noch verrät der verspielte Stil auf den ersten Blick die Herkunft des Gotteshauses. Diese älteste Kirche der Stadt wurde erst kürzlich restauriert und lohnt definitiv einen Besuch – und sei es nur, um sich hinterher stundenlang dem Shopping hinzugeben.

Ganz in der Nähe der Kathedrale, an der Lùjiābāng Lù, Ecke Náncāng Jiē 陆家浜路/南仓街 liegt der Dongjiadu-Stoffmarkt (Dǒngjiādù Lù Zhīpǐn Shìcháng 董家渡路织品市场). Vier Etagen voller opulenter Stoffe lassen Profi-Shopper in Verzückung geraten: Seide in allen Variationen, Leinen, Brokat und Samt, fertige Stücke, dazu eine ganze Armada von flinken Schneidern, die innerhalb von drei Tagen eine komplette Garderobe erstellen. Der Markt südlich des Bunds ist nicht nur ein Muß für Schnäppchenjäger, sondern auch dank der quirligen Atmosphäre eine Sehenswürdigkeit an sich.

Yu-Garten

Der Yu-Garten (Yù Yuán 豫园) ist eine der wichtigsten Sehenswürdigkeiten Shanghais, und das ganz zu Recht. Der klassische chinesische Garten schlechthin stammt aus dem Jahr 1559 und wurde von Pan Yunduan erbaut, dem Gouverneur von Sichuan und Sohn eines sehr wohlhabenden kaiserlichen Beamten. Nach seinem Tod geriet der Garten allerdings in Vergessenheit und wurde erst im 18. Jahrhundert dank diverser Spenden restauriert und dem Tempel des Stadtgottes angegliedert. Kurze Zeit diente er sogar als Gangster-Quartier, als 1853 die Geheimgesellschaft der ›Kleinen Schwerter‹ den Pavillon des Frühlings bezog und von dort aus gegen den Kaiserhof agierte. Wohl auch deshalb wurde er in der Kulturrevolution nicht zerstört, denn die Roten Garden ehrten das Andenken an diese (ihrer Auslegung nach) Anti-Monarchisten.

Der Aufbau des Yù Yuán ist typisch für den klassischen chinesischen Garten: Auf geringstem Raum wird durch Wände und Partitionierungen die Illusion von Größe erzeugt. Wer den Spaziergang durch die verschiedenen kleinen Gärten, Wege und Teiche absolviert hat, mag daher kaum glauben, daß die Anlage nur zwei Hektar groß ist. Wie auch andere klassische Gärten soll der Yù Yuán den Kosmos im Kleinen abbilden: Die Gegensätze von Fels und Wasser sind das zentrale Thema, denn sie stehen in der Fengshui-Geomantik für die Knochen und Adern der Erde. Nur wenn beide Komponenten ausgeglichen plaziert wurden, herrscht vollkommene Harmonie. Es geht also weniger darum, eine echte räumliche Weite zu schaffen, die man physisch ablaufen könnte, als eine ideelle Weite, die der Geist erwandern kann. Kleine Bänke oder Türmchen gehören daher auch dazu, und natürlich die seltsam zerfurchten Felsen aus dem Tai-See (Tàihú 太湖). Um dem Ausblick immer auch den passenden Rahmen zu geben, wurden die

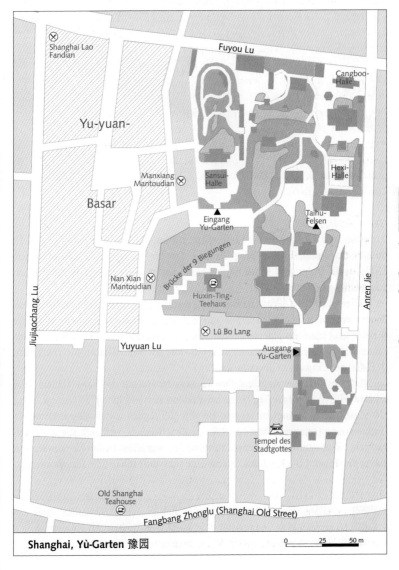

Shanghai, Yù-Garten 豫园

Das Teehaus im Yu-Garten

Türöffnungen der Mauern oft ausgefallen geformt. Selbst die Pflanzen sind nicht zufällig ausgewählt: Bambus beispielsweise steht für Ausdauer und Standhaftigkeit, Hibiskus für Ruhm und Reichtum, während Kiefer, Chrysantheme und Pfirsich Langlebigkeit darstellen.

Vielleicht ist der Yù Yuán deshalb, trotz nie versiegender Besucherströme, noch immer eine vergleichsweise erholsame Sehenswürdigkeit. Dämonen und böse Geister trifft man hier jedenfalls garantiert nicht: Da sie prinzipiell nur geradeaus laufen können, gelingt es ihnen nicht, die ›Brücke der Neun Biegungen‹ (Jiǔqū Qiáo 九曲桥) am Eingang zu überwinden.

Noch vor dem Eingang liegt das ›Teehaus im Herzen des Sees‹ (Húxīn Tíng Cháshì 湖心亭茶室), dessen hölzerner Pavillon aus dem Jahr 1784 stammt. Trotz der gigantischen Menschenmengen, die sich hier täglich vorbeiwälzen, bleibt das Teehaus eine (relative) Oase der Ruhe, wahrscheinlich, weil sich die wenigsten Besucher Zeit nehmen, hier länger zu verweilen. Vor allem in den Morgenstunden bietet der Tee mit Blick auf den Garten eine sehr atmosphärische Einstimmung.

 ›Old Shanghai Teahouse‹ (Lǎo Shànghǎi Cháguǎn 老上海茶馆), Fāngbāng Zhōnglù 385 方浜中路, Tel. 53 82 12 02, 8–22 Uhr. Teehaus im Stil der verruchten 1930er Jahre.

▶ ›Huxin-Ting-Teehaus‹ (Húxīn Tíng Cháshì 湖心亭茶室) am Yu-Garten, tägl. 8–22 Uhr.
▶ ›Lü Bō Láng‹ 绿波廊, Yùyuán Lù 115 豫园路, 7–10, 11–14 und 17–21 Uhr. Allerfeinste Shanghaier Küche, gleich neben der Brücke gelegen.
▶ ›Shànghái Lǎo Fàndiàn‹ 上海老饭店, Fúyòu Lù 242 福佑路, Tel. 63 55 22 75, 11–14 und 17–21 Uhr. Klassische Shanghaier Küche zu moderaten Preisen. Hier wird seit 1875 gekocht.
▶ ›Nán Xiáng Mántoudiàn‹ 南翔馒头店, Yùyuán Lù 85 豫园路, tägl. 7–21 Uhr. Gedämpfte Baozi (gefüllte Teigklöße), Jiaozi-Teigtaschen und andere Maultaschen und Dampfnudel-Spezialitäten.
▶ ›Shànghái Qiáojiāzhà‹ 上海乔家栅, Xīzàng Nánlù 289 西藏南路, Tel. 63 28 29 48, 6–20 Uhr. Günstiges Restaurant mit typischen Shanghai-Gerichten, einige Minuten vor den Toren der Altstadt.

 Yu-Garten (Yù Yuán 豫园), Anrén Jiē 128 安仁街, tägl. 8.30–17 Uhr, Eintritt 30 RMB.
▶ Tempel des Stadtgotts (Chénghuáng Miào 城隍庙) Fāngbāng Zhōnglù 249 方浜中路, Tel. 63 86 57 00, www.shchm.org, tägl. 8.30–16.30 Uhr, Eintritt 5 RMB.
▶ Chenxiang-Pavillon (Chénxiānggé 沉香阁), Chénxiānggé Lù 29 沉香阁路, an der Lìshuǐ Lù, Tel. 63 28 78 84, tägl. 8–16 Uhr, Eintritt 5 RMB.
▶ Dajing-Turm (Gùchéngqiáng Dàjìnggé 故城墙大境阁), Dàjìnggé Lù 269 大境阁路, tägl. 8–16 Uhr, Eintritt 5 RMB.
▶ Tempel der Weißen Wolke (Báiyún Guàn 白云观), Dàjing Lù 239 大境阁路, tägl. 8–16.30 Uhr, Eintritt 5 RMB.
▶ Konfuzius-Tempel (Wénmiào 文庙), Wénmiào Lù 215 文庙路, Tel. 63 77 91 01, tägl. 9–16.45 Uhr, Eintritt 10 RMB.
▶ Kleine Pfirsichgarten-Moschee (Xiǎo Táoyuán Qīngzhēnsì 小桃园清真寺), Xiǎo Táoyuán Jiē 52 小桃园街, Tel. 63 77 54 42, von Sonnenaufgang bis Sonnenuntergang.
▶ Fuyou-Moschee (Fúyòu Qīngzhēnsì 福佑清真寺), Fúyòu Lù 378 福佑路, von Sonnenaufgang bis Sonnenuntergang.
▶ Dongjiadu-Kathedrale (Dǒngjiādù Tiānzhǔtáng 董家渡天主堂), Dǒngjiādù Lù 185 董家渡路.

 Shanghai Old Street (Shànghái Lǎojiē 上海老街), eigentlich Fāngbāng Zhōnglù 方浜中路. Kuriositäten, Krimskrams, echte und weniger echte Antiquitäten.
▶ Dongjiadu-Stoffmarkt (Dǒngjiādù Zhīpǐn Shìcháng 董家渡路织品市场), Lùjiābāng Lù, Ecke Náncāng Jiē 陆家浜路/南仓街. Einer der größten Stoffmärkte Chinas: gigantische Auswahl, gute Preise. Neben den Rohmaterialien gibt es allerhand fertige Kleidung, Kurzwaren und natürlich Schneider.
▶ Fuyou-Antiquitätenmarkt (Fúyòu Shìcháng 福佑市场), Antiquitäten und Kitsch in Händlermengen.

Luwan-Bezirk

Spätestens nach drei Tagen im turbulenten Shanghai wird es Zeit für einen Spaziergang durch den Lúwān-Bezirk 卢湾区. Von Hektik und Streß ist auf den breiten, von Platanen gesäumten Alleen der ehemaligen Französischen Konzession auch heute noch vergleichsweise wenig zu spüren, sieht man einmal vom kommerziellen Herzstück, der Huáihái Zhōnglù 淮海中路, ab. Großzügige Gartenanlagen zeichnen die Villenviertel rund um die Sīnán Lù und Ruìjīn Lu aus, und weil es sich hier vorzüglich zentral wohnen läßt, hat die neue Oberschicht die moderigen Bauten aus den 1920er und 1930er Jahren längst wieder entdeckt – jetzt wird hier renoviert und repariert.

Ein bißchen Bohème ist auch immer dabei, ganz so, als wollte man sich nicht völlig vom französischen Erbe trennen. Die eine oder andere schicke Boutique, Kunstgalerie oder alternative Kneipe findet sich auf jedem Spaziergang, und rund um die Tàikāng Lù 泰康路 im Süden des Bezirks hat sich gleich eine ganze Reihe interessanter kleiner Designerläden und Boutiquen niedergelassen. Alles in allem sind es in Lúwān nicht einzelne imposante Sehenswürdigkeiten, die den Besucher locken, sondern das harmonische Ganze – wie geschaffen eben für einen ausgedehnten Nachmittagsbummel mit kleinen Abstechern, ganz vergessend, daß Lúwān mitten in China liegt.

So wenig Lúwān in das westliche Chinabild paßt, der wahre Schocker für das europäische Auge ist die Huáihái Zhōnglù 淮海中路. Rechts und links von imposanten Hochhäusern und Ladenarkaden gesäumt, zieht sie sich durch den Norden Lúwāns, vom Nordende der Altstadt bis zum Viertel Xúhuì. Das ist die Welt der Kreditkartenbesitzer, der städtischen Generation, die nach der Kulturrevolution geboren wurde und die das China der Entbehrungen nur noch aus Erzählungen kennt. In den Edelboutiquen, deren Preise auch kauffreudigen Ausländern den Atem stocken lassen, werden nicht nur Armani und andere Nobelmarken verkauft, sondern auch getragen. Schnäppchen gibt es hier sicher nicht, aber gehobene Lebensweise und einen (kostenlosen) Blick in den Alltag der neuen Reichen. Für alle die, die sich die neuen Markenwaren nicht im Original leisten konnten, lag bis vor kurzem an der Ecke Xiāngyáng Lù 襄阳路 und Huáihái Zhōnglù der legendäre Xiāngyáng-Markt mit seinen zahllosen Plagiaten. Auf internationalen Druck wurde er jedoch im Sommer 2006 geschlossen.

Abends zeigt sich der Bezirk von seiner anderen Seite: Dann zieht es vor allem junge Shanghaier nach Lúwān, denn der Bezirk lockt mit diversen Bar-Straßen, in denen bis in die Morgenstunden mit viel Einsatz gefeiert wird. In Anbetracht der Lebensfreude wundert es kaum, daß Lúwān auch in gastronomischer Hinsicht Maßstäbe setzt.

Geschichte

Kurz nachdem sich die ersten Briten 1843 in Shanghai niedergelassen hatten, erwachte auch von französischer Seite das Interesse an einer Konzession in Shanghai. 1849 wurde Frankreich das Areal zwischen Chinesenstadt und Britischer Konzession zugewiesen, das in den folgenden Jahrzehnten immer wieder gen Westen und Südwesten erweitert wurde. Bis zu Beginn des Ersten Weltkrieges nahm sich das französische Gebiet dabei noch recht bescheiden aus, wurde aber am 20. Juli 1914 verfünffacht, so daß es sich schließlich über das heutige Lúwān, Xīntiāndì und große Teile Xúhuìs erstreckte.

Während Briten und Amerikaner von Anfang an eng zusammenarbeiteten und 1863 schließlich sogar ihre Gebiete zum International Settlement vereinten, waren die Franzosen darauf bedacht, selbständig zu bleiben. Eine Fusion mit den anderen Konzessionsgebieten kam daher nicht in Frage. Wohl auch deshalb zeichnet sich Lúwān auch heute noch durch ein ganz eigenes Flair aus. Selbst die Platanen wurden einst aus Frankreich importiert. Alle Straßen waren mit französischen Namen versehen, die sich nur schwer ins Chinesische übertragen ließen, so daß sie unter den Einheimischen in ihrer phonetischen Umschreibung bekannt waren.

Das Herzstück, die Huáihǎi Lù, wurde übrigens erst zu Beginn des 20 Jahrhunderts angelegt und zuerst nach dem Vorsitzenden des Französischen Stadtrats

Auch das ist Luwan

Luwan-Bezirk

Paul Brunat benannt, nach einem Shanghai-Besuch des Marschalls Joffre jedoch in Avenue Joffre umgetauft.

Neben den französischen Bewohnern der Konzession, die natürlich wie in den anderen ausländischen Gebieten nur einen Bruchteil der Bevölkerung stellten, zogen zu Beginn des 20. Jahrhunderts um die 30 000 Russen in die französischen Gebiete. Meist handelte es sich um Flüchtlinge der Russischen Revolution, die zwar in der Heimat einst wohlhabend gewesen sein mochten, meist aber nur wenige Besitztümer

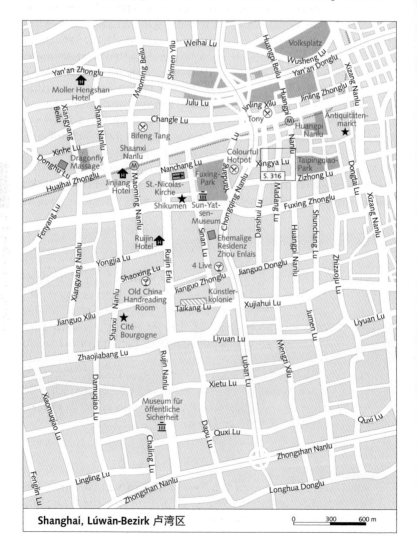

Shanghai, Lúwān-Bezirk 卢湾区

nach Shanghai retten konnten. Sie waren gezwungen, auch die einfachsten Arbeiten anzunehmen, viele der Frauen landeten schließlich in der Prostitution. Unter den wohlhabenden Mitgliedern der alteingesessenen Ausländergemeinde sorgte dies für Unbehagen, fürchteten sie doch, das Image der Weißen könnte permanenten Schaden nehmen.

Ging es um Drogenhandel oder andere illegale Aktivitäten, gab man sich in der Französischen Konzession weniger pingelig. Chinesische Geheimgesellschaften und Ableger der Marseiller Mafia walteten quasi unbehelligt – zumindest die, die dem Polizeichef genehm waren. Zeitenweise bekleidete sogar der Pate der führenden Geheimgesellschaft Hong Bang, der ›pockennarbige Huang‹ (Huang Jinrong), diesen Posten. Im Conseil Municipal, dem Stadtrat der Konzession, machte derweil der Gangsterchef Du Yuesheng (Großohren-Du) seinen Einfluß geltend, denn er besaß einen portugiesischen Paß, der ihm nicht nur Immunität vor dem chinesischen Gesetz verschaffte, sondern eben auch einen Sitz im Stadtparlament ermöglichte. Solange das Leben der französischen Elite von den verbrecherischen Aktivitäten nicht betroffen war, kümmerte man sich kaum um die chinesische Unterwelt.

Mit der japanischen Invasion 1943 ging die französische Herrschaft in Lúwān zu Ende. Zwar waren Frankreich unter der Vichy-Regierung und Japan theoretisch nicht verfeindet, doch auf Druck Deutschlands übergaben auch die Franzosen den japanischen Besatzern offiziell die Kontrolle über Lúwān.

Ein Spaziergang durch Luwan

Kaum ein Stadtviertel läßt sich so gut zu Fuß erkunden wie Lúwān. Von Osten kommend, also beispielsweise von Xīntiāndì 新天地 aus, bietet es sich an, die Chóngqìng Zhōnglù 重庆中路 entlangzulaufen und dann den Fuxing-Park (Fùxīng Gōngyuán 复兴公园) zu durchqueren. Hier, inmitten des im französischen Stil gehaltenen Parks, liegt übrigens eines der bekanntesten Vergnügungsviertel mit den Komplexen ›Park 97‹ und ›Guandi‹.

Am westlichen Ende des Parks ragt die russisch-orthodoxe Kirche St. Nicolas aus dem Jahr 1934 empor. Andächtige Stimmung mag im Inneren allerdings nicht mehr recht aufkommen, es sei denn, der Koch hat sich ganz besondere Mühe gegeben: Mittlerweile residiert hier das ›Ashanti Dome Restaurant‹.

Yandang Lu

Eine fünfminütige Exkursion vom Fuxing-Park gen Norden führt zur Yàndàng Lù 雁荡路. Hier hat sich die Stadt viel Mühe gegeben, die französische Atmosphäre wieder aufleben zu lassen. Die Yàndàng Lù wurde vor wenigen Jahren in eine

Fußgängerzone verwandelt, mit Kopfsteinpflaster gedeckt und allerhand kleine Cafés und Restaurants angesiedelt. Mit den passenden kleinen ›Accessoires‹ wie Straßenlaternen und Mülleimer im Stil der Konzessionszeit verwandelte sich die Yàndàng Lù in eine erholsame Schlenderstraße, ideal für einen kurzen abendlichen Spaziergang.

Sinan Lu

Der weitere Weg durch Lúwān jedoch beginnt westlich des Fuxing-Parks, in der Sīnán Lù 思南路, der ehemaligen Rue Molière. Die ruhige, von imposanten Villen gesäumte Allee bietet genau den richtigen Mix aus musealer Atmosphäre (und den damit einhergehenden Sehenswürdigkeiten) und einem Hauch von Realität: Auch wenn sich die Sīnán Lù längst wieder in eine teure Wohngegend verwandelt hat,

In der Sinan Lu

ist vielen Villen anzusehen, daß sie noch von normalen Familien bewohnt werden. Ungewohnt ruhig ist es hier, und wenn nicht gerade eine Gruppe chinesischer oder japanischer Touristen durch die Tore einer sehenswerten Residenz stürmt oder eine schnatternde Schulklasse vorbeizieht, gehört die Sīnán Lù zu den wenigen Straßen mit ausgeprägtem Vogelgezwitscher. Zugegeben, viele der Sehenswürdigkeiten erscheinen dem Fremden eher banal, zumindest auf dem Papier. De facto jedoch kommt jede Gelegenheit recht, die spektakulären Villen zu betreten – auch wenn es sich um die ehemaligen Wohnhäuser von im Westen eher unbekannten Politgrößen handelt.

Ehemalige Residenz Sun Yat-sens

An der Ecke Sīnán Lù und Xiāngshān Lù 香山路 liegt das ehemalige Wohnhaus Sun Yat-sens Sūn Zhōngshān Gùjū 孙中山故居. Er gilt als Begründer des modernen China und Revoluzzer der ersten Stunde. In dieser Hinsicht sind sich ausnahmsweise sogar die Volksrepublik und Taiwan einig. Dementsprechend glühend wird er verehrt. 1866 in der Provinz Guangdong geboren, folgte Sun (damals noch unter seinem ursprünglichen Namen Sun Yixing) mit 13 Jahren seinem Bruder nach Hawaii, wo er eine christliche Erziehung erhielt. Nach seiner Rückkehr nach China engagierte er sich bereits als Student politisch und geriet dabei immer wieder ins Visier der Polizei. 1905 gründete er im japanischen Exil den Revolutionsbund Tongmenhui und warb unter wohlhabenden Auslandschinesen um Geld und Unterstützung für eine Revolution. Nach mehreren erfolglosen Versuchen gelang es ihm, 1911 die Monarchie zu stürzen und die Republik auszurufen. Bereits im folgenden Jahr mußte er jedoch die Präsidentschaft an den Marschall Yuan Shikai abtreten, der seine Machtposition prompt mißbrauchte und sich beinahe selbst zum neuen Kaiser ausgerufen hätte. Der Versuch mißlang aus banalen Gründen, denn der Marschall starb noch vor der Inthronisierung. China zerfiel, und Sun selbst erlebte den Triumph seiner Partei nicht mehr. Er starb 1925, bevor das Land wieder vereint wurde. Die letzten Jahre seines Lebens, zwischen 1918 und 1925, verbrachte er zusammen mit seiner Frau Soong Ching Ling in diesem Haus, das ihm ein reicher Übersee-Chinese überlassen hatte.

Riskiert man einen Blick in Suns Schriften, wird schnell deutlich, warum es ihm gelang, so viele gegensätzliche Kräfte auf seine Seite zu bringen. Seine Visionen von ›Nationalismus, Mitbestimmung und Volkswohlfahrt‹ waren genauso sympathisch wie naiv. Nichtsdestotrotz war Sun eine der wichtigsten Figuren der neueren chinesischen Geschichte. Ohne sein erfolgreiches ›Marketing‹ für eine demokratische Vision wäre es 1911 wahrscheinlich nicht zur Revolution gekommen.

Fast gegenüber der Residenz liegt übrigens die Fuxing-Gasse (Fùxīng Fāng 复兴坊), eine sehenswerte Lilong-Anlage mit malerischen Shikumen-Häusern (chinesischen Reihenhäusern) aus unterschiedlichen Epochen, der Zugang erfolgt über die Fùxīng Zhōnglù 553 复兴中路.

Ehemalige Residenz Zhou Enlais

Einige Gehminuten weiter südlich, in der Sīnán Lù 73, befindet sich die ehemalige Residenz Zhou Enlais (Zhōu Gōngguǎn 周公馆). Obwohl auch er es im Westen nur zu begrenztem Ruhm gebracht hat, handelt es sich bei diesem Politiker um eine höchst interessante Figur des modernen China. Als Teilnehmer des Langen Marsches und Vertrauter Mao Zedongs stieg er nach dem Sieg der Kommunisten 1949 schnell in die obersten Etagen der Politik auf. Er bekleidete 26 Jahre lang das Amt des Ministerpräsidenten, war zeitgleich viele Jahre auch chinesischer Außenminister und blieb bis zu seinem Tode 1976 Vorsitzender der Politischen Konsultativkonferenz. Sogar die Kulturrevolution überstand Zhou unbeschadet, obwohl er immer wieder versuchte, mildernd Einfluß zu nehmen. Gerade deshalb war er im Volk überaus beliebt, so daß sein Shanghaier Wohnhaus geradezu als Wallfahrtsstätte gilt. Da das Haus zeitweise auch als Shanghaier Büro der Kommunistischen Partei fungierte, ist es auch unter dem Titel Zhōngguó Gòngchǎndǎng Dàibiǎutuán Zhùhù Bànshìchù 中国共产党代表团驻沪办事处 bekannt.

Künstlerkolonie Taikang Lu

Folgt man der Sīnán Lù nach Süden, über die Jiànguó Zhōnglù 建国中路 hinaus, zweigt rechter Hand die Tàikāng Lù 泰康路 ab. In dieser kleinen Straße haben sich zahlreiche Ateliers und originelle Boutiquen niedergelassen, in denen größtenteils die Designer noch selbst ihre Waren an den Mann bringen. Am Ende der Tàikāng Lù geht es über die Ruìjīn 瑞金二路 wieder gen Norden zurück. An der Kreuzung mit der Jiànguó Xīlù 建国西路 angekommen, bietet sich ein Abstecher in eine typische Lilong-Siedlung an.

Bugaoli (Cité Bourgogne)

Die Siedlung Bùgāolǐ 步高里 an der Ecke Shǎnxī Nánlù 陕西南路 und Jiànguó Xīlù 建国西路 ist eine typische Vertreterin der Lilong-Anlagen, die einst überall in Shanghai errichtet wurden. Die ›Cité Bourgogne‹, so der damalige französische Name, wurde 1930 erbaut und ist heute weniger wegen ihrer architektonischen Eigenheiten sehenswert (obwohl sie damals durchaus als modern galt), sondern einfach aufgrund der Tatsache, daß so viele der Lilongs in den letzten Jahren abgerissen wurden oder dringend einer Renovierung bedürfen. Bùgāolǐ ist da eine angenehme Ausnahme. Ursprünglich für 78 Familien ausgelegt, bietet die

Der ›Old China Hand Reading Room‹ in der Shaoxing Lu ist eine Oase der Ruhe

Siedlung heute 450 Haushalten eine beengte Heimat. (Zur Geschichte der Lilong-Anlagen siehe auch Seite 338). Zurück auf der Ruìjīn Èrlù, geht es nun wieder gen Norden.

Das Morris-Anwesen

Das heutige ›Ruijin Hotel‹ (Ruìjīn Bīnguǎn 瑞金宾馆) in der Ruìjīn Èrlù 118 瑞金二路 wurde 1920 als Wohnanlage für H.E. Morris Junior erbaut, den Sohn des Zeitungsmagnaten H.E. Morris. Ihm gehörte nicht nur die North China Daily News, sondern auch eine der drei Shanghaier Hunderennbahnen. Die vier Villengebäude in kolonialem Stil beherbergen heute nicht nur besagtes Hotel (und sind damit zugänglich), sondern auch die ›Face Bar‹, ein idealer Zwischenstop während eines abendlichen Spaziergangs.

Maoming Nanlu

Soll der Bummel direkt in einen Abstecher ins Shanghaier Nachtleben münden, bietet sich die Parallelstraße Màomíng Nánlù 茂名南路 an. Tagsüber eine eher ruhige Straße, erwacht die Màomíng Nánlù nach Sonnenuntergang und verwandelt sie sich in eine lebhafte Gegend für Nachtschwärmer. Seit Jahren wird ihr allerdings das baldige Ende per Abrißbirne prophezeit.

Die Moller-Villa

Tagsüber lohnt es sich auf alle Fälle, in die westlich parallel verlaufende Shǎnxī Nánlù 陕西南路 zu wechseln. In der Nummer 30 liegt das ehemalige Moller-Haus aus dem Jahr 1936, die heutige Nobelherberge ›Hengshan Villa‹ (Héngshān Mālēi Biéshù Fàndiàn 衡山马勒别墅饭店). Der Schwede Moller schaffte es, in Shanghai vom mittellosen Einwanderer zu einem der reichsten Männer der Stadt zu werden. Teils verdankte er die neuen Reichtümer dem Pferderennen, eine Bronzestatue seines Lieblingspferdes ›Exploit Hero‹ im Garten erinnert heute noch daran. Das märchenschloßartige Anwesen paßt auch heute besser in die Karpaten als nach Shanghai – kein Wunder, wurde es doch nach den Wünschen seiner kleinen Tochter erbaut.

Die Glamourmeile Huaihai Zhonglu

Von der Shǎnxī Nánlù aus geht es nun wieder nach Norden zur Huáihái Zhōnglù 淮海中路. Für alle die, deren Chinabild noch aus den 1970ern stammt, wartet auf der Huáihái Zhōnglù eine wirklich erschütternde Erkenntnis: Shanghai ist reich und sauber, pompös und gigantisch und so atemberaubend modern, daß man die Bilder seiner Heimatstadt wirklich nicht mehr aus der Tasche ziehen mag. In Jeans und T-Shirt völlig ›underdressed‹, mischt sich der Reisende in den Coffee-Shops unter die waschechten Yuppies, die ganz bestimmt keinem Ausländer mehr verwundert hinterherschauen, sondern wahrscheinlich gerade selbst noch den Jetlag der letzten Interkontinentalreise verarbeiten. Von der Ecke Xiāngyáng Lù bis zur Kreuzung mit der Xīzàng Lù zieht sich dieser Glamourstreifen, der sich wunderbar zum Schauen und Staunen eignet, zum Einkaufen freilich weniger, es sei denn, man verfügt über eine strapazierfähige Kreditkarte.

Bevor Sie sich jedoch ins Getümmel der Huáihái Zhōnglù stürzen, ergibt sich noch eine Gelegenheit, einen Blick auf die russisch-orthodoxe Missionskirche aus dem Jahr 1931 in der Xīnlè Lù 新乐路 55 zu werfen. Sie liegt direkt hinter dem Xiangyang-Park (Xiāngyáng Gōngyuán 襄阳公园). Nach 1949 war hier eine Maschinenfabrik untergebracht, dann zog 2003 schließlich das Luxusrestaurant ›The Grape‹ ein. Bei Drucklegung jedoch stand die Kirche wieder leer und war nicht zugänglich. Ein Blick von außen lohnt sich aber allemal.

Wer den folgenden langen Spaziergang über die Huáihái Zhōnglù absolviert, wird am Ende des Weges übrigens noch einmal mit Kaufgelegenheiten im Dongtai-Lu-Antiquitätenmarkt belohnt.

Luwan-Bezirk [313]

Dongtai-Lu-Antiquitätenmarkt

Der Name täuscht: Touristenhimmel oder Souvenirmeile wäre angemessener – dies übrigens ganz ohne negativen Unterton. Der Straßenmarkt auf der Dōngtái Lù 东台路 bietet eben alles, was der normale Tourist gerne mit nach Hause nimmt, und noch einiges dazu. Von (fast) echten Antiquitäten bis zu Minoritätenschmuck, von sozialistischen Andenken und traditionellem Geschirr bis zu marmornen Konfuzius-Statuen werden hier alle Chinaklischees von der Tang-Dynastie bis Mao bedient.

Von der Huáihái Zhōnglù kommend, biegt man rechts in die kleine Liǔlín Lù 柳林路 kurz vor der Xīzàng Nánlù 西藏南路 ein, sie mündet automatisch in die Dōngtái Lù. Alternativ läßt sich der Markt natürlich auch gut mit einem Besuch Xīntiāndìs oder der Altstadt verbinden. Ein Muß ist er allemal, auch Einkaufsmuffel werden hier weich.

Museum für Öffentliche Sicherheit

Etwas abseits der üblichen Wege, am südlichen Ende der Ruìjīn Erlù, liegt das Museum für Öffentliche Sicherheit (Museum of Public Security, Shànghǎi Gōng'ān Bówùguǎn 上海公安博物馆). Das Museum ist kein Muß auf dem Tourverlauf, wer sich jedoch für Polizeigeschichte und die Hintergründe der heutigen Polizeiarbeit interessiert, der findet hier sozialistisch angehauchte, aber gut verpackte Informationen.

 ›Ruijin Hotel‹ (Ruìjīn Bīnguǎn 瑞金宾馆), 3 Sterne, Ruìjīn Erlù 118 瑞金二路, Tel. 64725222, Fax 64732277, www.shedi.net.cn/outEDI/Ruijin. Das ehemalige Morris-Anwesen besticht durch viel Atmosphäre und liegt in Laufnähe zur Huáihái Zhōnglù. Es besteht aus vier Villen, umgeben von einem japanischen Garten.

▶ ›Jinjiang Hotel‹ (Jǐnjiāng Fàndiàn 锦江饭店9, 4 Sterne, Màomíng Nánlù 59 茂名南路, Tel. 62582582, Fax 64725588. In diesem historischen Gebäude der Kolonialzeit unterzeichneten Richard Nixon und Zhou Enlai 1972 das Shanghai Communiqué und brachten die beiden Großmächte wieder auf Annäherungskurs.

▶ ›Moller Hengshan Villa‹ (Héngshān Mǎlēi Biéshù Fàndiàn 衡山马勒别墅饭店), Shǎnxī Nánlù 30 陕西南路, Tel. 62478881, www.mollervilla.com. Stilvoll kitschig, mit geradezu königlichem Interieur im etwas teureren Haupthaus.

Yàndàng Lù 雁荡路. In der Fußgängerzone befinden sich zahlreiche Restaurants und Cafés, darunter auch der ›Colourful Hotpot‹, Yàndàng Lù 99, Tel. 51579999, tägl. 11–3 Uhr. Sauberes, traditionelles Hotpot-Restaurant mit angenehmer Atmosphäre.

▶ ›Tony Restaurant‹ (Duōlì Chuān Càiguǎn 多利川菜馆), Huáihái Zhōnglù 344 淮海中路, 2. Stock, Tel. 63842883, tägl. 11–15 Uhr und 17–23 Uhr. Auch wenn der Name eher westlich anmutet: Diese Kette serviert gute Sichuanküche zu moderaten Preisen.

▶ ›Old China Hand Reading Room‹ (Hànyuán Shūwū 汉源书屋), Shàoxīng Lù 27 绍兴路, Tel. 64732526, tägl. 9.30–24 Uhr. Hell, ruhig und luftig – das Café ist quasi alles das, was Shanghai auf den ersten Blick nicht ist. Für einen entspannenden Nachmittagskaffee eine der besten Adressen. Für Lektüre ist übrigens gesorgt, vor Ort sind hunderte von Werken über China in Englisch und Chinesisch verfügbar.

▶ ›Bìfēng Táng‹ 避风塘, Chánglè Lu 175长乐路, rund um die Uhr geöffnet. Kantonesische Küche in einfacher Umgebung, viele Dim-Sum-Spezialitäten. Dank der chinesisch-englischen Speisekarte auch für Ausländer einfach zu bewältigen.

▶ ›Ashanti Dome‹ (Axiāngdài Cāntīng 阿香蒂餐厅), Gāolán Lù 16 皋兰路, Tel. 53061230, tägl. 18.30–23 Uhr. Das französische Restaurant in der ehemaligen orthodoxen Kirche St. Nicolas ist schon wegen der Lage einen Besuch wert.

▶ ›Dōngběirén‹ 东北人, Shǎnxī Nánlù 1 陕西南路, Tel. 52288288, www.dongbeiren.com.cn. Mandschurische Küche mit ländlicher Dekoration und Live-Vorführungen typischer Sing- und Tanzspiele.

 Rund um die Màomíng Nánlù 茂名南路, Shǎnxī Nánlù, Ruìjīn Erlú und den Fùxīng-Park liegen zahlreiche Bars und Clubs – mehr, als sich hier je aufzählen ließen. Die folgenden zählen zu den Highlights:

▶ ›YY Club‹, Nánchāng Lù 南昌路, Tel. 64664098, tägl. 14–4 Uhr. Eine der ersten alternativen Bars Shanghais und noch immer eine Institution.

▶ ›Buddha Bar‹, Màomíng Nánlù 172 茂名南路, Tel. 64152688, 21–2 Uhr. Techno, House und Trance Disco.

▶ ›Park 97‹, Gāolán Lù 2 皋兰路, Fuxing-Park (Fùxīng Gōngyuán 复兴公园), Tel. 53832328, So–Do 20–2, Fr, Sa 20–open end. Gepflegter Club und Bar in einem, kein Einlaß in kurzen Hosen!

▶ ›Guandi‹, Gāolán Lù 2, Fuxing-Park (Fùxīng Gōngyuán 复兴公园), Tel. 53836020, So–Do 20.30–2, Fr, Sa 20.30–4 Uhr. Angesagter Hip-Hop-Club.

▶ ›Face Bar‹, Gebäude 4, im ›Ruìjīn Hotel‹ 瑞金宾馆, Ruìjīn Erlu 118 瑞金二路, Tel. 64664328, täglich 12–2 Uhr. Kombination aus Bar und Restaurant (Indisch und Thai)

mitten in der ehemaligen Französischen Konzession: stilvoll und lecker.
▶ ›Madame Zung Róng Fūrén‹ 容夫人, Xiāngshān Lù 4 香山路, Tel. 53820738, Do 17-2, Fr, Sa 17-4 Uhr. Bar und Club in einem, sehr stilvoll und klassisch chinesisch.
▶ ›4 Live‹ (Ex ›Fabrique‹), Jiànguó Zhōnglù 8-10 建国中路, Tel. 13774244008 (Mobil), tägl. 21 Uhr-open end, www.4liveunderground.com. Live-Musik, lokale Bands, sehr sehr in!

 Ehemalige Residenz Sun Yatsens (Sūn Zhōngshān Gùjū 孙中山故居), Xiāngshān Lù 7 香山路, Ecke Sīnán Lù 思南路, Tel. 64372954, 9-11.30 und 13-16.30 Uhr, Mo und Di vormittags geschlossen, Eintritt 8 RMB.
▶ Ehemalige Residenz Zhou Enlais (Zhōu Gōngguǎn 周公馆), Sīnán Lù 73 思南路, Tel. 64730420, 9-16.30 Uhr, Eintritt 2 RMB. Das Haus ist auch unter dem Namen Memorial House of Shanghai Office of the Delegation of Communist Party of China (Zhōngguó Gòngchǎndǎng Dàibiǎotuán Zhùhù Bànshìchù 中国共产党代表团驻沪办事处) bekannt.
▶ Morris-Anwesen, ›Ruijin Hotel‹ (Ruìjīn Bīnguǎn 瑞金宾馆), Ruìjīn Erlù 118 瑞金二路.
▶ Moller-Hengshan-Villa (Héngshān Mǎlēi Biéshù Fàndiàn 衡山马勒别墅饭店), Shǎnxī Nánlù 30 陕西南路. Keine offiziellen Öffnungszeiten, das Hotel ist aber öffentlich zugänglich.

▶ Museum für Öffentliche Sicherheit (Shànghǎi Gōng'ān Bówùguǎn 上海公安博物馆), Ruìjīn Erlù 瑞金二路 518, Tel. 64720256, 9-16.30 Uhr, Eintritt 8 RMB.

 ›Teapot‹ (Chá Gāng 茶缸), Fùxīng Lù 复兴路, Seitengasse bei Nummer 299 弄. Einfache Designmode und Haushaltswaren im Stil der chinesischen 1970er.
▶ ›Liu Duojia Kalligraphien‹ (Liù Duōjiā Shūfǎ 刘多佳书法), Nánchāng Lù 134 南昌路, 11.30-17.30 Uhr. Kalligraphien, Traditionelle Bildrollen und andere Kunst zu günstigen Preisen.
▶ Tàikāng Lù 泰康路. Direktverkauf der einheimischen Designer und Boutiquen.
▶ Antiquitätenmarkt Dōngtái Lù 东台路. Nippes, Souvenirs, Schmuck und das eine oder andere echte alte Stück – der klassische Markt für alle Shanghai-Besucher.

 Dragonfly Massage Center, Xīnlè Lù 206 新乐路, www.dragonfly.net.cn, tägl. 11-2 Uhr, Reservierungen auf Englisch per Telefon möglich.
▶ Double Rainbow Massage House, Yǒngjiā Lù 47 永嘉路, Tel. 64734000. Traditionelle Massage zu günstigen Preisen.
▶ Feining Pressure Point Massage Center of Blind People (Fēiníng Mángrén Anmó Bǎojiàn Zhōngxīn 飞宁盲人按摩保健中心), Fùxīng Zhōnglù 597 复兴中路, Tel. 64378378, tägl. 12-24 Uhr.

Xintiandi

Ein Blick auf die gewaltige Baulücke im Norden Xīntiāndìs 新天地 zeigt, welches Schicksal dem Stadtteil beschieden war. Außer Sand und Bauschutt ist wenig von den engen Gassen des nördlichen Luwan-Bezirks übriggeblieben. Das Viertel ›Neuer Himmel, neue Erde‹, so die wörtliche Übersetzung von Xīntiāndì, liegt zwischen Huángpí Nánlù 黄陂南路, Mǎdāng Lù 马当路, Tàicāng Lù 太仓路 und Zìzhōng Lù 自忠路 am Rande der ehemaligen französischen Konzession und damit in allerbester Lage. Nur wenige Gehminuten entfernt locken auf der Glamourmeile Huáihǎi Zhōnglù 淮海中路 Chanel, Cartier und Versace mit (echten) Waren weit jenseits des chinesischen Durchschnittsgehalts. So ist es kein Wunder, daß in dieser Gegend fast alle traditionellen Wohnviertel gewagten Hochhausbauten weichen mußten. Für Xīntiāndì freilich schien dies keine geeignete Alternative. Mittendrin, an der Gasse, die den Nord- vom Südblock trennt, liegt die Gründungsstätte der Kommunistischen

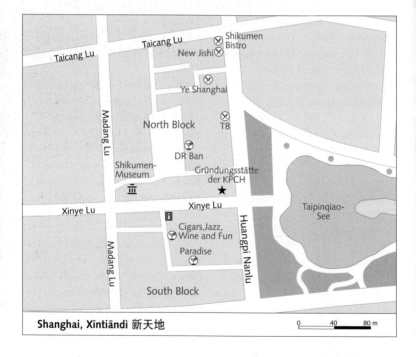

Fächertanz im Morgengrauen an der Uferpromenade Bund; Teerösterei
Im Wasserdorf Zhouzhuang bei Shanghai

Partei Chinas. Politisch diffiziles Erbe also, das dem drei Quadratkilometer großen Terrain die nötige Gnadenfrist verschaffte. Dieses ideologisch wichtige Gebäude von Wolkenkratzern überschatten zu lassen, kam schon aus Gründen der politischen Symbolik nicht in Frage.

Als 1996 die Hongkonger Immobiliengruppe Shui On 52 Hektar Land rund um Xīntiāndì erstand, war daher Kreativität gefragt. Mit Hilfe des Bostoner Architektenbüros Wood and Zapata wurden die traditionellen Shikumen-Häuser neu geplant und auf dem Papier mehr oder minder behutsam in zwei gemischte Wohn- und Entertainment-Blocks verwandelt. 2300 Haushalte mußten umgesiedelt werden, dann ließ Shui On das Viertel sprichwörtlich auseinandernehmen. Stein für Stein wurden die erhaltenswerten Gebäude unter enormen Kosten ab- und wieder aufgebaut, teils mit erheblichen Änderungen. Allein die Arbeiten am Nordblock summierten sich bis zur Eröffnung im Juni 2001 auf mehr als 480 Millionen (etwa 48 Millionen Euro). Die Finanzierung blieb über die gesamte Planungs- und Bauzeit der schwierigste Aspekt: Freiluft-Cafés, Outdoor-Dining, teure Boutiquen? Für die Banken schien dies denkbar unchinesisch und damit nicht rentabel.

Heute geben sich Immobilien-Profis und Stadtplaner die Klinke in die Hand, um das Projekt genau zu studieren, während Xīntiāndì mit internationalen Auszeichnungen überhäuft wird. Aus den stickigen und verfallenen Massenunterkünften wurde eine luftige, begrünte Fußgängerzone, deren Cafés und Gourmet-Restaurants es längst auf die Hip-Listen der lokalen Schickeria geschafft haben. Selbst bei ausländischen Reisegruppen zählt die Adresse mittlerweile zum obligatorischen Programm. Trotzdem, und das ist das Besondere, um Touristen geht es im Grunde genommen nicht: Es ist die neue, chinesische Mittelschicht junger aufstrebender Yuppies mit entsprechend gefülltem Portemonnaie, die erstmals in so großem Stil gezielt angesprochen wird.

Kritiker sehen in Xīntiāndì keinen geeigneten Weg, die traditionellen Shikumen-Siedlungen zu retten. Von der ursprünglichen Nutzung als ›normales‹ Wohngebiet ist nichts mehr zu spüren, denn die früheren Bewohner wurden in entfernte Bezirke umgesiedelt. Authentische Shikumen-Atmosphäre des letzten Jahrhunderts darf man also nicht erwarten, dafür aber eine interessante Variante, die Shanghaier Vergangenheit mit der Moderne zu verbinden und dabei auch noch viel Geld zu verdienen.

Wenn sich in den engen Gassen rund um die Hauptstraße Jugendliche lächelnd an die Schaufensterscheiben schmiegen, dann handelt es sich nicht um ein skurriles Ritual, sondern einfach nur um ein ganz besonders glamouröses Fotomotiv. Gerade erfolgreiche jüngere Besucher identifizieren sich mit dem Lebensstil

In Zhouzhuang
Ruderer in Suzhou; Radfahrer in Shanghai

Xīntiāndìs – ein wunderbarer Hintergrund also für gestellte Aufnahmen. Abends ist dieselbe Schicht wieder in Xīntiāndì unterwegs, dann allerdings ausgestattet mit Kreditkarte und allerneuesten Mode-Accessoires. ›Billig‹ gibt es in Xīntiāndì nicht, weder bei den Restaurants noch in den Bars, dafür aber Qualität von Weltklasse. Im Internet findet man das Viertel unter www.xintiandi.com.

Sehenswürdigkeiten

Die Tasse Kaffee in einem der zahlreichen Cafés nicht mitgerechnet, ist Xīntiāndì recht schnell besichtigt. Vor allem der Nordblock mit seinen engen Gassen lockt chinesische Touristen genauso wie ausländische Besucher. Von der Taicang Lu kommend, führt der Weg über die Fußgängerzone an diversen Bars, Cafés und Boutiquen vorbei. Wer schon länger nicht mehr in den Genuß eines starken, ordentlich gebrühten Kaffees gekommen ist, sollte hier einkehren: ›Starbucks‹ (Xīnbākè Kāfēi 新巴克咖啡), ›The Coffee Bean & Tea‹ (Xiāngfēibīn 香啡缤) und andere westlich orientierte Etablissements bieten dem ausländischen Geschmack gewohnte Ware in gemütlicher Atmosphäre.

Gründungsstätte der Kommunistischen Partei Chinas

Mittendrin, an der Xīngyè Lù 兴业路, die den Nordblock vom Südblock trennt, liegt die Gründungsstätte der Kommunistischen Partei Chinas (Zhōnggòng Yīdà Huìzhǐ 中共一大会此). Hier trafen sich vom 23. bis zum 30. Juli 1921 eine handvoll junger chinesischer Kommunisten und gründeten die KPCh. Auch Mao Zedong, war als Repräsentant der Provinz Hunan schon dabei, spielte aber politisch noch eine untergeordnete Rolle, auch wenn die chinesische Geschichtsschreibung

In Xintiandi

dies zuweilen anders sieht. Daß das Treffen ausgerechnet hier stattfand, war kein Zufall: Die exterritoriale französische Konzession bot Schutz vor Verfolgung durch die chinesische Polizei. Dank guter Kontakte zum Hausmeister konnten die auswärtigen Gesandten im Schlafsaal der Mädchenschule nächtigen, die während der Ferien geschlossen war. Dennoch wurde das Treffen verraten, so daß die Beratungen am letzten Tag auf einem Hausboot auf dem knapp 100 Kilometer westlich gelegenen Südsee (Nánhú 南湖) bei Jiaxing fortgeführt werden mußten.

Shikumen-Museum

Wenige Schritte weiter, im Haus 25 an der Tàicāng Lù 181 太仓路, liegt das Wūlǐxiāng Shikumen-Museum (Wūlǐxiāng Shíkùmén Bówùguǎn 屋里厢石库门博物馆). Im Inneren dieses Shikumen-Hauses wurde nicht nur die Entstehung Xīntiāndìs dokumentiert, sondern auch das Leben einer typischen chinesischen Mittelklasse-Familie der 1920er nachgestellt.

 ›New Jishi Restaurant‹ (Xīn Jíshì 新吉士), Nord-Block 北里, Haus 2 号楼, Gasse 181 Tàicāng Lù 太仓路 181 弄, Tel. 63 36 47 46. Shanghaier Küche in gehobener Atmosphäre.

▶ ›Shikumen Bistro‹ (Fǎlánjípin 法蓝极榀), Nord-Block 北里, Haus 5 号楼, Gasse 181 Tàicāng Lù 太仓路 181 弄, Tel. 63 86 71 00. Alte Mauern mit modernem Design. Dazu mediterrane Bistroküche.

▶ ›T8‹, Nord-Block 北里, Haus 8 号楼, Gasse 181 Tàicāng Lù 太仓路 181 弄, Tel. 63 55 89 99. Allerfeinste Fusion-Küche in stilvollem Interieur.

▶ ›Yè Shànghǎi‹ 夜上海, Nord-Block 北里, Haus 6 号楼, Gasse 181 Tàicāng Lù 太仓路 181 弄, Tel. 63 11 23 23. Dinieren im Stil des alten Shanghai.

 ›Cigars, Jazz, Wine and Fun‹ (CJW Xīngjì Cāntīng 星际餐厅), Süd-Block 南里 Haus 2 号楼, Gasse 123 Xīngyè Lù 兴业路 123 弄, Tel. 63 85 66 77. Sehr gestylte Bar, gehobene Atmosphäre.

▶ ›DR Bar‹, Nord-Block 北里, Haus 15 号楼, Gasse 181 Tàicāng Lù 太仓路 181 弄, Tel. 63 11 03 58. Leise, dämmerig und gepflegt.

▶ ›Paradise‹ (Lèyuán Jiǔbā 乐园酒吧), Nord-Block 南里, Haus 5 号楼, Gasse 123 Xīngyè Lù 兴业路 123 弄, Tel. 63 87 78 18. Bunte Lichter, bunte Cocktails.

 Gründungsstätte der Kommunistischen Partei Chinas (Zhōnggòng yīdà Huìzhǐ 中共一大会此), Xīngyè Lù 76 兴业路, 9–16 Uhr.

▶ Shíkùmén-Museum (Wūlǐxiāng Shíkùmén Bówùguǎn 屋里厢石库门博物馆), Haus 25, Tàicāng Lù 181 太仓路, 10–22 Uhr, Eintritt 20 RMB.

Xuhui-Bezirk

Wenn Touristen im südwestlich gelegenen Xúhuì-Viertel 徐汇区 landen, dann meist, weil ein Besuch des buddhistischen Longhua-Tempels auf dem Plan steht. Für die Einheimischen jedoch bedeutet Xúhuì vor allem bezahlbares Shopping, Nachtleben und universitäres Leben: Hier liegen Teilbereiche der beiden renommierten Universitäten Fùdàn Dàxué 复旦大学 und Jiāotōng Dàxué 交通大学, zahlreiche Bars und Kneipen, Boutiquen und Kaufhäuser und nicht zuletzt auch ausländische Großunternehmen wie Ikea oder der französische Supermarkt Carrefour.

Der Name Xúhuì 徐汇 sorgt im übrigen bei ausländischen Besuchern hin und wieder für Verwirrung – heißt es denn nicht Xújiāhuì 徐家汇, wie auf vielen Stadtplänen vermerkt? Auch wenn beide Ortsnamen gerne synonym verwendet werden, beinhaltet Xúhuì das gesamte Stadtviertel zwischen Huángpǔ und Hóngqiáo im Südwesten Lúwāns. Xújiāhuì hingegen heißt der kleine Teil Xúhuìs rund um die gleichnamige U-Bahn-Station etwas nördlich des Shanghai Stadiums, in alten Quellen auch in der Shanghaier Dialekt-Bezeichnung als ›Siccawei‹ oder ›Zikawei‹ eingetragen.

Geschichte

Bis zur Ming-Dynastie (1368–1644) war Xújiāhuì ein kleines und unbedeutendes Dorf vor den Toren Shanghais. Ihren Weg in die Geschichtsbücher verdankt die Siedlung den europäischen Jesuiten. Bereits 1574 hatten die ersten Ordensmitglieder China erreicht und dank exzellenter wissenschaftlicher Kenntnisse am Kaiserhof für Furore gesorgt. Auch wenn es den Jesuiten vorrangig um die Missionierung Chinas ging, verfolgten sie ihr Anliegen diskret und geschickt. Nicht Konfrontation, sondern Assimilierung hatten sie sich auf die Fahnen geschrieben. Prominente Vertreter wie die Italiener Matteo Ricci und Michele Ruggieri oder der Deutsche Adam Schall von Bell beschäftigten sich intensiv mit der chinesischen Sprache und den konfuzianischen Klassikern, ja selbst in Kleiderfragen paßten sie sich ihrer Umgebung an. Besonders Ricci ging es darum, eine Brücke zwischen Konfuzianismus und Christentum zu schlagen und so die Menschen zum katholischen Glauben zu bekehren. Alles in allem war die Mission der Jesuiten durchaus erfolgreich. In wenigen Jahren gelang es ihnen, gut 2000 Konvertiten in den höheren Gesellschaftsschichten zu gewinnen, darunter auch den kaiserlichen Beamten und Mathematiker Xu Guangqi (1562–1633). Dieser trat fortan als Paul Xu auf und stiftete der katholischen Kirche in seiner Heimat, dem heutigen Xújiāhuì, bedeutende Ländereien, wo unter anderem auch Gottesdienste abgehalten wurden. Im Namen des Viertels zeigt sich dies heute noch: Wörtlich übersetzt bedeutet Xújiāhuì 徐家汇 ›Versammlungsstätte der Familie Xu‹.

Mit dem Ritenstreit des 18. Jahrhunderts jedoch schwand der jesuitische Einfluß im Reich der Mitte. Nach Riccis Tod war in der katholischen Kirche Streit über die Integration konfuzianischer Riten in den Katholizismus ausgebrochen. Ricci hatte die Ansicht vertreten, daß es sich bei der Verehrung der Vorfahren lediglich um soziale Bräuche handle, die auch einem Konvertiten nicht verboten werden sollten. Die konkurrierenden Dominikaner und Franziskaner (denen der chinesische Erfolg der Jesuiten sicher ein Dorn in Auge war) plädierten jedoch für die vehemente Ausrottung dieser heidnischen Gebräuche. Als Papst Benedikt XIV. sich 1742 offiziell zugunsten der konservativ-katholischen Auslegung entschied und die Ahnenverehrung verurteilte, ließ der chinesische Kaiserhof erbost die christliche Missionierung verbieten. Ohnehin wurde der Jesuiten-Orden 1773 für einige Jahrzehnte aufgelöst, so daß das jesuitische Engagement in China erst einmal ein Ende fand. In Xújiāhuì blieb freilich eine kleine katholische Gemeinde bestehen, und auch die Familie Xus blieb dem neuen Glauben fest verhaftet.

In der Konzessionszeit knüpften die Jesuiten wieder an das katholische Erbe an und erwarben 1847 erneut ein Grundstück in Xújiāhuì, wo sie eine kleine Kapelle errichteten. Als Teil der französischen Konzession entwickelte sich Xujiahui schnell in eine wohlhabende Villengegend mit großzügigen Gartenanlagen. Nach 1949 war

Zentrum des studentischen Nachtlebens: Xuhui

es vorbei mit der exklusiven Abgeschiedenheit, teils wurden sogar Industrieanlagen inmitten der von Platanen- und Phönixbäumen gesäumten Straßen errichtet.

In den 1990er Jahren erfolgte ein weiterer, wichtiger Umschwung: Offiziell zum ›Erholungs- und Unterhaltungsgebiet‹ erklärt, verwandelte sich die Héngshān Lù innerhalb kürzester Zeit in ein Zentrum des Nachtlebens, während sich an der zentralen Kreuzung von Xújiāhuì zahlreiche Einkaufspaläste niederließen.

Ein Spaziergang durch Xuhui

Das soziale Herzstück Xúhuìs, die Héngshān Lù 衡山路, zieht sich von der Huáihái Zhōnglù 淮海中路 bis nach Xújiāhuì und war in kolonialen Zeiten als Avenue Pétain bzw. Beidang Road (die chinesische phonetische Übertragung) bekannt. Unter den Phönixbäumen wandelten einst die französischen Bewohner, heute haben zahlreiche Cafés auf den breiten Trottoirs ihre Terrassen eingerichtet. Vor der restaurierten Fassade europäisch-chinesischer Mischarchitektur der 1920er und 1930er Jahre zeigt Shanghai hier wieder sein romanisches Gesicht – sogar die Straßenlaternen wurden, wenn auch nicht mehr ganz original, passend dazu entworfen. Abends verwandelt sich die Héngshān Lù in eine große ›After Work Party‹ für die Angestellten der benachbarten Bürotürme in der Huáihái Lù. Um die Gegend rund um die Héngshān Lù zu genießen, muß man jedoch nicht bis nach Sonnenuntergang warten. Gerade tagsüber warten in Xúhuì etliche Sehenswürdigkeiten, die meisten in Fußnähe zur Héngshān Lù.

Shanghaier Musikkonservatorium

Rucksacktouristen kennen die Adresse als eine günstige, wenn auch ständig ausgebuchte Übernachtungsgelegenheit: Das Shanghaier Musikkonservatorium (Shànghǎi Yīnyuè Xuéyuàn 上海音乐学院) in der Fényáng Lù, nahe der Huaihai Zhōnglù, bietet auf seinem idyllischen Gelände jedoch nicht nur billige Schlafsaalplätze, sondern auch koloniale Villenarchitektur und das Museum für asiatische Musikinstrumente (Yuèqì Bówùguǎn 乐器博物). In den nächsten Jahren soll das Konservatorium allerdings umziehen. Was dann aus dem Komplex wird, ist noch unbekannt.

Museum für Handwerkskunst

Gleich in der Nähe, in der Fényáng Lù 79, befindet sich das Museum für Handwerkskunst (Shànghǎi Gōngyì Měishù Bówùguǎn 上海工艺美术博物馆). Zeitweise wohnte hier in den 1950ern der Shanghaier Bürgermeister Chen Yi, in den 1960ern wurde die Villa jedoch zum Museum umfunktioniert. Neben Stickereien und Schnitzereien finden sich hier diverse traditionelle Kostüme sowie Miniaturmalereien.

›Hengshan Hotel‹

Auf der Héngshān Lù angekommen, geht es weiter nach Süden, vorbei am ›Hengshan Hotel‹ (Héngshān Bīnguǎn 衡山宾馆). Die 15-stöckigen ehemaligen Picardie-

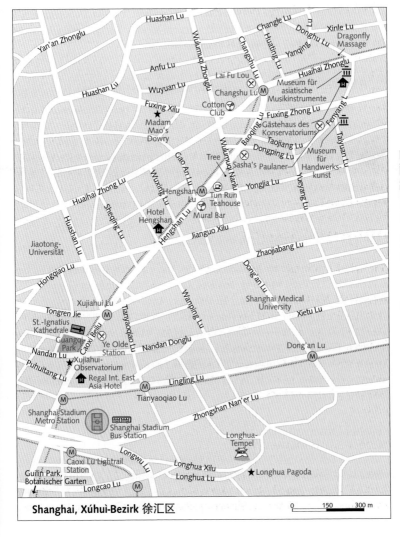

Appartements in der Héngshān Lù 534 sind typisch für die Appartement-Anlagen, wie sie in den 1930ern modern wurden. Heute ist in dem Art-déco-Gebäude ein hochklassiges Business-Hotel untergebracht.

Xujiahui Circle

Bevor die geballte Ladung Kultur auch in Xujiahui zuschlägt, läßt sich wunderbar noch ein wenig triviales Shopping einschieben: Der Xujiahui Circle, eine unterirdische Shoppingmeile auf der B-Ebene der gleichnamigen U-Bahn-Station am Ende der Héngshān Lù strotzt vor billigen Boutiquen, kleinen Ständen und allem, was der Reisende vielleicht irgendwann brauchen könnte.

St.-Ignatius-Kathedrale

Seit dem 17. Jahrhundert, als Xu Guangqi das Areal der katholischen Kirche schenkte, befinden sich auf dem Gelände der St.-Ignatius-Kathedrale (Xújiāhuì Tiānzhǔtáng 徐家汇天主教堂) an der Ecke Pǔxī Lù und Cáoxī Běilù diverse Gotteshäuser. Die Kathedrale selbst wurde 1906 bis 1910 im neogotischen Stil erbaut. Die Haupthalle ist mehr als 83 Meter lang und faßt gut 3000 Besucher, die beiden Türme sind jeweils 60 Meter hoch. Einst lagen auf dem Gelände auch ein Waisenhaus, eine Schule und Bibliothek – lediglich letztere ist heute noch vorhanden.

Guangqi-Park und das Grab des Xu Guangqi

Nur wenige Schritte weiter liegt das Grab des konvertierten Spenders und Mathematikers: Xu Guangqi wurde im heutigen Guangqi-Park (Guāngqí Gōngyuán 光启公园) an der Nándān Lù 南丹路 bestattet. Auch wenn von der imposanten Ausstattung nicht mehr alle Elemente vorhanden sind – das steinerne Tor und die Allee der Tierfiguren, die einst das Grab bewachten, wurden wahrscheinlich in den Bürgerkriegswirren der 1940er zerstört – zeigt die Stätte, wie sehr der Mathematiker Xu verehrt wurde. Unter anderem übersetzte er zusammen mit Matteo Ricci 1607 als erster überhaupt ein westliches mathematisches Grundlagenwerk, Euklids ›Die Elemente‹, ins Chinesische.

Xujiahui-Observatorium

Fast gegenüber, ebenfalls in der Nándān Lù, liegt eine weitere katholische Sehenswürdigkeit – das Observatorium (Xújiāhuì Guānxiàngtái 徐家汇观象台). Es wurde 1873 von Jesuiten erbaut und bis 1949 von ihnen genutzt, allerdings weniger für astronomische Zwecke, wie der Name vermuten ließe, sondern für meteorologische

Das Shanghai Stadium

Forschungen. Von hier aus wurden die Wetterberichte an den Gutzlaff-Signalturm am Bund gesendet, der wiederum die Daten an die ein- und auslaufenden Schiffe weitergab. Heute wird das Observatorium vom Shanghaier Wetterdienst genutzt.

Longhua-Tempel

Obwohl die lokale Jiaotong-Universität sogar einen Studiengang in Tempel-Management anbietet, gibt es in Shanghai selbst nur zwei Tempel mit angeschlossenem vollständigem Klosterbetrieb, darunter auch der Lónghuá Sì 龙华寺, der älteste Tempel Shanghais. Schon 242 stand erstmals eine buddhistische Andachtsstätte an dieser Stelle, die heutigen Gebäude allerdings stammen aus der Qing-Dynastie und mußten nach den Zerstörungen durch die Truppen der Taiping-Rebellion zwischen 1854 und 1864 neu aufgebaut werden. Auch in der Zeit der Kulturrevolution wurde der Tempel stark in Mitleidenschaft gezogen, als marodierende Rote Garden 1966 fast das gesamte Interieur zerschlugen. 1967 wurde die Tempelanlage sogar an eine Im- und Exportfirma vermietet, die das Areal als Lager nutzte. Erst 1981 wurde der Longhua-Tempel wieder offiziell geöffnet und die diversen Gebäude sukzessive wieder instandgesetzt. Es handelt sich also lediglich bei der benachbarten siebenstöckigen Pagode des Tempels (wahrscheinlich) um das Originalgebäude aus dem 10. Jahrhundert, dieses ist jedoch nicht zugänglich.

Insgesamt zählt die Anlage vier Haupthallen:

Die erste, die Maitreya-Halle (Mílè Diàn 弥勒殿), wurde 1884 wieder aufgebaut, nachdem sie den Kämpfen gegen die Taiping-Rebellion zum Opfer gefallen war. Sie ist dem Milefo gewidmet, dem dicken, lachenden Buddha der Zukunft.

Dahinter befindet sich die Halle der Vier Himmelkönige (Sì Tiānwang Diàn 四天王殿), in der die vier Himmelskönige dargestellt sind. Jeder von ihnen bewacht eine Himmelrichtung.

Weiter im Inneren der Anlage folgt die Halle des Großen Helden (Dàxióng Bǎodiàn 大雄宝殿) – gemeint ist Buddha, der siegreich gegen die Dämonen kämpft. Hier residiert eine vergoldete Buddhastatue des sitzenden Sakyamuni, rechts und links von 18 Arhats gesäumt, buddhistischen Heiligen, die das Nirwana erlangt haben, von Buddha aber beauftragt wurden, seine Lehre zu bewahren und weiter zu verbreiten. Hinter ihm wird auf Tafeln der Reinkarnationsprozeß dargestellt. Täglich zwischen 8 und 11 Uhr und von 13 bis 15 Uhr beten hier die Mönche für die Verstorbenen, deren Fotos auf dem Altar zu sehen sind.

Zuletzt folgt die Halle der drei Götter (Sānshén Diàn 三神殿). Die drei goldenen Statuen im Inneren stellen von links nach rechts die Bodhisattva der Stärke, den Amitabha Buddha (Omitofo) und die Guanyin Bodhisattva (Göttin der Barmherzigkeit) dar. Der dahinterliegende kleine Garten mit einer fünften Halle dient den Mönchen als Quartier und ist nicht zugänglich.

Im Westen der Tempelanlage befindet sich mittlerweile auch ein echter Neuzugang aus dem Jahr 2002: Die Halle der Arhats (Luóhàn Diàn 罗汉殿) beherbergt 500 buddhistische Heilige, die dem Buddha Sakyamuni zu Lebzeiten dienten und auf Erden verweilen, bis die nächste Inkarnation auftritt.

Bei chinesischen Besuchern besonders beliebt ist der benachbarte Glockenturm (Zhōnglóu 钟楼) mit seiner zwei Meter großen und fünf Tonnen schweren Kupferglocke, deren Klang besonders glückverheißend sein soll. Besonders am Abend des 31. Dezember, wenn die Glocke mit großer Zeremonie 108 mal geschlagen wird, ist der Tempel übervoll.

Longhua Tourist City

Spätestens vor dem Tempel ist von der buddhistischen Abgeschiedenheit (der Tempel lag einst weit vor den Toren der Stadt) ohnehin heute nicht mehr viel zu spüren. Das gesamte Gelände mit all den umliegenden Einkaufszentren wird auch als Longhua Tourist City (Lónghuá Lüyóuchéng 龙华旅游城) vermarktet. Wie es sich für eine echte Touristen-Destination gehört, wird hier gehandelt und verkauft, was

Noch vor zehn Jahren hätten Frisur und Outfit für Probleme in der Schule gesorgt

das Zeug hält: Souvenirs, Polit-Kitsch und natürlich traditionelle Waren, eben alles, was der ausländische oder chinesische Tourist gerne mal aus Shanghai mitbringt.

Was in Deutschlands Dörfern die Kirchweih, ist in Shanghai übrigens die Longhua Temple Fair (Lónghuá Miàohuì 龙华庙会). Jedes Jahr am dritten Tag des dritten Monats des Mondkalenders, meist also im April/Mai des westlichen Kalenders, wird eine große buddhistische Zeremonie abgehalten, und auch sonst ist am Tempel die Hölle los. Sozusagen. Von Eßständen bis zur Straßenoper wird alles geboten, was zu einem anständigen chinesischen Familienausflug gehört.

Botanischer Garten

Erheblich malerischer geht es ganz im Süden Xúhuìs zu: Der Botanische Garten (Zhíwùyuán 植物园), übrigens der größte Chinas, bietet der gestreßten Ausländerseele über 80 Hektar echte Rückzugsmöglichkeiten. Besonders sehenswert ist die Bonsai-Sektion (Pénjǐng Yuán 盆景园) mit Hunderten von Bäumen. Einen kleinen Nachteil hat der Botanische Garten natürlich auch, denn er liegt weit außerhalb der Stadt und am besten per Taxi zu erreichen oder aber über die U-Bahnlinie 3, Endstation Shanghai Südbahnhof (Shànghǎi Nánzhàn Zhàn 上海南站站) und dann zirka 15 Minuten über die Liǔzhōu Lù 柳州路 und Lóngchuān Lù 龙川路.

Xuhui-Bezirk

Guilin-Park

Es waren die zahlreichen Osmanthi, also Zimtbäume, die dem Park (Guilín Gōngyuán 桂林公园) ihren Namen gaben – so übersetzt sich Guilín 桂林 als Zimtwald. Für sich allein ist er nicht unbedingt den weiten Weg wert, für alle, die eine Stunde Ruhe suchen, jedoch ein schöner Abstecher. Ursprünglich handelt es sich um den privaten Garten des Kriminellen Huang Jinrong, der hier Ende der 1920er einen traditionellen chinesischen Garten errichten ließ. In den 1950ern fiel das 3,5 Hektar große Gelände im Westen der Stadt an den Staat und wurde der Öffentlichkeit zugänglich gemacht. Am besten kommt man per Taxi hin. Oder man nimmt einen ca. 30-minütigen Fußmarsch ab U-Bahn-Station Cáobǎo Lù 漕宝路 der Linie 1 in Kauf

 Gästehaus des Shanghaier Musikkonservatoriums (Shànghǎi Yīnyuè Xuéyuàn Zhāodàisuǒ 上海音乐学院招待所), Fényáng Lù 20 汾阳路, Tel. 64372577. Eine der malerischsten Möglichkeiten, besonders günstig unterzukommen. Leider ist das Gästehaus meist ausgebucht und soll in den nächsten Jahren eventuell umziehen.

▶ ›Regal International East Asia Hotel‹ 上海富豪东亚酒店, 4 Sterne, Línglíng Lù 800 零陵路, Tel. 64266888, Fax 64265888, www.regalshanghai.com. Guter Service, schöne Zimmer. Etwas südlich des Xujiahui-Kreisels gelegen.

▶ ›Shanghai Hengshan Hotel‹ (Héngshān Bīnguǎn 衡山宾馆), 4 Sterne, Héngshān Lù 534 衡山路, Tel. 64377050, www.hengshanhotel.com. Gehobenes Business-Hotel mit Art-déco-Atmosphäre.

 ›Lái Fú Lóu‹ 来福楼, Huáihǎi Zhōnglù 1416 淮海中路, Ecke Fúxīng Xīlù 复兴西路. Geöffnet 11–4 Uhr. Hotpot – das chinesische Fondue – in gepflegter Atmosphäre und trotzdem nicht zu teuer.

▶ ›Ye Olde Station‹ (Lǎo Huǒchēzhà Cānguǎn 老火车站餐馆), Cáoxī Běilù 201 漕溪北路, Tel. 64272233, tägl. 11.30–14.30 und 17.30–21.30 Uhr. Shanghaier Küche im Flair der 1920er auf dem Gelände eines ehemaligen katholischen Klosters. Im Innengarten werden diverse Dampfloks ausgestellt – daher der Name des Restaurants.

▶ ›Paulaner Brauhaus‹ (Bǎoláinà 宝莱纳), Fényáng Lù 150 汾阳路, Tel. 64745700, tägl. 17.30–2 Uhr. Wenn das Heimweh zuschlägt: Hier gibt's traditionell deutsche Kost.

▶ ›Tun Run Teahouse‹ (Tángyùn Cháfáng 唐韵茶坊), Héngshān Lù 199 衡山路, Tel. 64710787, tägl. 10–2 Uhr, www.tunrun.com. Sehr stilvolle und ruhige Teestube für Teekenner.

▶ ›Sasha's‹ (Sàshā 萨莎), Dōngpíng Lù 9 东平路, Ecke Héngshān Lù 衡山路, Tel. 64746628, tägl. 10–14 und 19–23.30 Uhr, www.sashasshanghai.com. Stilvolles internationales Restaurant mit malerischem Garten in alter Kolonialvilla – eine echte Shanghaier Institution.

 Entlang der Héngshān Lù und in den Seitengassen liegen um die 200 Restaurants und Bars, von denen hier nur einige herausgegriffen werden.

▶ ›Cotton Club‹ (Miánhuā Jùlèbù 棉花俱乐部), Huáihái Zhōnglù 1428 淮海中路, Tel. 64377110, Di–So 11–2 Uhr. Die Adresse für Jazz- und Blues-Liebhaber, lebhafte Live-Szene.

▶ ›Mural Bar‹ (Móyàn Jiǔbā 摩砚酒吧), Yǒngjiā Lù 697 永嘉路, Tel. 64335023, www.muralbar.com, tägl. 18.30–2 Uhr. Bar und Restaurant, dekoriert im Stil der buddhistischen Grotten des Alten China – gemütlich und trendy.

 Museum für Handwerkskunst (Shànghǎi Gōngyì Měishù Bówùguǎn 上海工艺美术博物馆), Fényáng Lù 79 汾阳路, Tel. 64311431, tägl. 9–16 Uhr, Eintritt 8 RMB.

▶ Museum für asiatische Musikinstrumente (Yuèqì Bówùguǎn 乐器博物), Fényáng Lù 20 汾阳路, Tel. 64312157, Mo–Fr 9–11 Uhr und 13.30–17 Uhr, Eintritt 10 RMB.

▶ St.-Ignatius-Kathedrale (Xújiāhuì Tiānzhǔtáng 徐家汇天主教堂), Pǔxī Lù 158 蒲西路 Ecke Cáoxī Běilù 漕溪北路, Tel. 64384632, tägl. 6–17 Uhr, Eintritt frei, sonntags Gottesdienst 6.30, 7.30 und 10 Uhr.

▶ Guangqi-Park (Guāngqǐ Gōngyuán 光启公园), Nándān Lù 17 南丹路, Eintritt frei.

▶ Xujiahui-Observatorium (Xújiāhuì Guānxiàngtái 徐家汇观象台), Nándān Lù 1 南丹路, nicht begehbar.

▶ Longhua-Tempel (Lónghuá Sì 龙华寺), Lónghuá Lù 2853 龙华路, Tel. 64566085, tägl. 7–17 Uhr, Eintritt 30 RMB.

▶ Botanischer Garten (Zhíwùyuán 植物园), Lóngwù Lù 1110 龙吴路, www.shbg.net.cn, tägl. 7–16.30 Uhr, Eintritt 15 RMB, Bonsai-Garten 7 RMB.

▶ Guilin-Park (Guìlín Gōngyuán 桂林公园), Guìlín Lù 1 桂林路, 5–18 Uhr, Eintritt 2 RMB.

 ›Tree‹ (Shù 树), Wūlǔmùqí Nánlù 126 乌鲁木齐南路, tägl. 10–22 Uhr. Taschen, Schuhe und andere Lederwaren in schlichtem Design.

▶ ›Madame Mao's Dowry‹ (Máo Tài Shèjì 毛太设计), Fùxīng Xīlù 70 复兴西路, Tel. 64371255, tägl. 10–19 Uhr. Chinesischer Fusion-Look: chinesische Materialien und Schnitte in schicker Adaptation.

▶ Xujiahui Circle (Xújiāhuì Yuán 徐家汇圆), Xujiahui U-Bahn-Station 徐家汇站, ca. 10–22 Uhr (individuelle Öffnungszeiten der Läden). Um die 200 kleine Geschäfte und Boutiquen.

 Dragonfly Massage Center (Yōutíng Bǎojiàn Huìsuǒ 悠庭保健会所), Dōnghú Lù 20 东湖路, Tel. 54050008, tägl. 11–02 Uhr, Reservierungen auf englisch per Telefon möglich.

Jing'an-Bezirk

Der Jíng'ān-Bezirk 静安区 erstreckt sich vom Volkspark im Osten bis zur Zhènníng Lù 镇宁路 im Westen. Im Süden bildet die Chánglè Lù 长乐路 die Grenze zwischen Jíng'ān und Lúwān, im Norden begrenzt die Anyuǎn Lù 安远路 den Bezirk.

Unter dem Namen ›Jíng'ān‹ taucht der Bezirk selten in den Reiseunterlagen auf. Als Teil des ehemaligen International Settlement gilt Jíng'ān auch heute noch als Britische Konzession. Die Shanghaier Geschichte ist hier gut nachvollziehbar. Mehr noch – die Spannung zwischen kolonialem Shanghai und moderner Wirtschaftskraft ist in Jíng'ān ganz besonders deutlich. Als ›Business-Bezirk‹ hat Jíng'ān natürlich eine gehörige Portion Stahl und verspiegelte Glassfassaden abbekommen, und tagsüber eilen Scharen von Anzugträgern über die breiten Alleen des Viertels. Trotzdem gibt es hier ganz besonders viele Shikumen-Anlagen und herrschaftliche Villen. Und gerade weil in Jíng'ān Prestige viel zählt, sind diese in der Regel auch gut hergerichtet und renoviert. Der Name des Bezirks leitet sich vom Jíng'ān-Tempel am westlichen Ende der Nánjīng Xīlù ab, einer unbedingt sehenswerten Anlage. Nur wenige Taxi-Minuten entfernt lockt mit dem Jadebuddha-Tempel ein weiterer sakraler Höhepunkt der Stadt.

Die Lebensader Jíng'āns ist natürlich die Nánjīng Xīlù, die westliche Fortsetzung der Nánjīng Dōnglù hinter dem Volkspark. Auch wenn sie (noch) nicht in eine Fußgängerzone verwandelt wurde, gehört sie zu den wichtigsten Einkaufsstraßen Chinas. Nicht zuletzt ist der Bezirk auch in Sachen Nachtleben interessant: Die Tóngrén Lù 铜仁路 und die Jùlù Lù 巨鹿路 zählen zu den beliebten Szenetreffpunkten.

Geschichte

Bereits 1850, also wenige Jahre nach Gründung der britischen Siedlung, verband eine unbefestigte Straße die ausländischen Gebiete mit dem Erdgasbrunnen ›Bubbling Well‹ vor den Toren des Jíng'ān-Tempels. 1862 wurde die Bubbling Well Road (heute Nánjīng Xīlù) zwischen dem heutigen Volksplatz und dem Tempel befestigt. Schnell verwandelte sie sich in eine beliebte Wohngegend reicher Briten, obwohl sie damals theoretisch noch außerhalb der britischen Gebiete lag. Doch gerade mit der Politik, den Straßenbau bis weit in die nicht konzessionierten Gebiete hineinzutreiben, gelang es den Briten und Amerikanern, letztlich auch Erweiterungen der internationalen Gebiete zu forcieren. Die Anwohner der neuen Straßen wurden vom Shanghai Municipal Council sofort steuerlich in die Pflicht genommen, erhielten im Gegenzug dafür allerdings auch denselben polizeilichen und militärischen Schutz wie die eigentlichen Konzessionsbewohner. Diese De-Facto-Erweiterungen wurden sukzessive und unter Druck von den chinesischen Behörden anerkannt. 1899 hatte das International Settlement schließlich seine maximale Ausdehnung erreicht und bedeckte weitaus mehr als die Fläche des heutigen Jíng'ān-Bezirks.

Zwischen Business und Tempelpracht

Wie auch Lúwān, lädt der Jíng'ān-Bezirk zu langen Spaziergängen ein. Der Wechsel zwischen engen Gassen und breiten Hochhausschluchten wird besonders deutlich, wenn man entlang der Nánjīng Xīlù rechts und links immer wieder in die Seitenstraßen eintaucht und einige Strecken parallel zur Hauptverkehrsstraße läuft.

Jing'an-Tempel

Wer den Bezirk etwas ausführlicher in Augenschein nehmen möchte, beginnt am besten am Jíng'ān-Tempel (Jíng'ān Sì 静安寺), dem Namensgeber des Bezirks, am westlichen Ende der Nánjīng Xīlù. Er stammt noch aus der Zeit der drei Königreiche im dritten Jahrhundert, seinen heutigen Namen erhielt er jedoch erst im Jahr 1008. Da die Anlage in der Zeit des Taiping-Aufstands Ende der 1850er komplett zerstört wurde, stammen die meisten Gebäude des heutigen Komplexes aus den 1880ern der Qing-Dynastie. Mehr noch als seine Konkurrenz ist er heute ein echter, von Gläubi-

Alltag in einer Seitenstraße

Der Jing'an-Tempel

gen gut besuchter Tempel mit viel Tohuwabohu, aber (nach europäischem Gusto) wenig kontemplativer Atmosphäre. Dennoch ist der Jíng'ān-Tempel sehenswert, auch wenn er derzeit grundlegend renoviert wird, was der Authentizität nicht unbedingt zuträglich ist. Wer wirklich eine Ruhe braucht, findet davon genug im gegenüberliegenden Jíng'ān-Park (Jíng'ān Gōngyuán 静安公园). Die namensgebende Quelle ›Bubbling Well‹ gibt es übrigens nicht mehr, sie wurde 1919 zugepflastert.

Vom Tempel aus sind es nur einige Schritte zur Jíng'ān Fußgängerzone Jíng'ān Sì Bùxíngjiē 静安寺步行街in der benachbarten Chángdé Lù 常德路: Hier wird nichts Weltbewegendes geboten, aber eine Gelegenheit für einen Café-Stop gibt es hier allemal, bevor der Weg gen Osten zurück ins Zentrum führt.

Shanghaier Kinderpalast

Vorher lohnt es sich jedoch, einen Blick nach Westen zu werfen, wo auf der anderen Seite der Wànhángdù Lù 万航渡路 der Shanghaier Kinderpalast liegt (Shì Shǎonián Gōng 市少年宫l). 1924 ließ Ellis Kadoorie dieses opulente Wohngebäude unter dem Namen ›Marble Hall‹ errichten. Interessanter noch als das zugegeben hübsche Gebäude ist die Person Kadoorie selbst: Der sephardische Jude war 1880 als Angestellter der Familie Sassoon von Bombay nach Shanghai übersiedelt und hatte sich sich schnell selbständig gemacht. Innerhalb weniger Jahre gelang es ihm,

Jing'an-Bezirk [337]

zu einem der reichsten Männer des Fernen Ostens zu werden. Unter anderem befanden sich das ›Palace Hotel‹ und das ›Astor Hotel‹ im Besitz der Kadoorie-Familie. 1953 wurde das Wohnhaus der Familie in den Kinderpalast umgewandelt. Heute werden hier begabte Kinder in allerhand künstlerischen Disziplinen unterrichtet.

Der Paramount-Tanzpalast

Direkt nördlich des Jǐng'ān-Tempels liegt das Paramount (Bǎilèmén 百乐门) an der Yùyuán Lù 愚园路, Ecke Wànhángdù Lù 万航渡路. Es war einst der bekannteste Tanzpalast Shanghais. Bis zu tausend Tänzer faßte der größte Ballsaal, Männer ohne Begleitung mieteten sich kurzerhand eines der ›Dance Girls‹, deren Dienste, je nach Tarif, auch etwas mehr als Tanzen beinhalten konnten. Nach 1949 wurde diese ›Ausgeburt des imperialistischen Shanghai‹, unter dem Namen ›Rote Hauptstadt‹ zum politisch korrekten Kino umfunktioniert. Seit Ende der Renovierungsarbeiten 2001 ist das Paramount jedoch wieder als Tanzpalast im Rennen. Manch einer der Senioren, die heute dort vor Art-déco-Kulissen zwischen den jüngeren Tänzern über das Parkett schwofen, kennt das Paramount sicher noch aus alten Tagen!

Shanghai, Jǐng'ān-Bezirk 静安区

Reihenhaus Fernost

Obwohl in Shanghai schneller abgerissen wird, als es die Kartographen dokumentieren können, fallen überall

Typische Shanghaier Wohnsiedlung

im Stadtgebiet die typischen Shíkùmén-Häuser 石库门 ins Auge. Fast wie Reihenhäuser stehen sie fischgrätenartig Mauer an Mauer und bieten viel Wohnraum auf geringer Fläche. Besonders auffallend ist der steinerne Torbogen (Shikumen) mit westlichen Motiven, kombiniert mit einem chinesischen Holztor.

Entstanden sind die Shikumen in den 1860ern, als die Taiping-Rebellion nicht nur Abertausende von Chinesen aus den umliegenden Provinzen nach Shanghai trieb, sondern auch aus der Chinesenstadt in die ausländischen Gebiete. Allein zwischen 1855 und 1862 stieg die Zahl der chinesischen Bewohner der Konzessionen von 500 auf gut 300 000! Schnell wurde der Wohnraum knapp, so daß die Stadtregierung mit neuen Siedlungsformen experimentierte. Besonders der britische Konsul Harry Smith Parkes engagierte sich für bessere Wohnbedingungen. Im Grunde genommen ging es jedoch auch darum, auf engem Raum möglichst viele Menschen unterzubringen und dadurch hohe Mieten zu erzielen. Entlang gerader Straßen wurden nun Lilongs geschaffen, kleine parallele Gassen mit wiederum abzweigenden Wohnanlagen, die jeweils durch Mauern von der Umgebung abgetrennt waren und nur durch ein oder zwei große Eingangstore betreten werden konnte. Sie verfügten nach chinesischem Stil über einen kleinen Innenhof, Erdgeschoß und einen ersten Stock. Oft waren die Räume hintereinander gereiht. Schon in den 1930ern bestand mehr als die Hälfte des städtischen Baulandes aus Shikumen-Häusern. Eine kleine Besonderheit der Shikumen sollte es sogar zu literarischem Ruhm schaffen: Oftmals wurde der kleine Raum über der Küche (Tingzijian), eine Art abgetrennte Zwischenetage, an Studenten oder arme Künstler vermietet. Da besonders viele moderne Werke der 1920er und 1930er in dieses Räumchen entstanden, spricht man in China auch von Tingzijian-Literatur.

Julu Lu und Changle Lu

Zurück auf der Nánjīng Xīlù bietet sich nun die Möglichkeit zu einem kleinen Abstecher in die Welt der Reichen und Berühmten der Konzessionszeit: Wenige Schritte südlich liegen die Huàshān Lù 华山路, Jùlù Lù 巨鹿路 und Chánglè Lù 长乐路 mit ihren imposanten alten Villen und großzügigen Gartenanlagen. Obwohl einige Häuser ganz besonders sehenswert sind, ist es vor allem der Gesamteindruck, der diese Gegend so einzigartig macht. In der Chánglè Lù sticht vor allem die Nummer 668 hervor, das ehemalige Wohnhaus des Generaldirektors der Jincheng Bank, einer der größten Banken Nordchinas der 1930er Jahre, genauso wie die Nummer 788, in der einst der bekannte Pekingopern-Sänger Zhou Xinfang residierte. In der Jùlù Lù lohnt sich vor allem die Villa in der Nummer 675–681, der imposante, ehemalige Wohnsitz des Liu Jisheng. Dieser war der Bruder des Kohle- und Zementmagnaten Liu Hongsheng, einer Wirtschaftsgröße der 1920er Jahre, der ganz offensichtlich auch seine Familie am Überfluß teilhaben ließ. Heute ist hier die Shanghaier Schriftstellervereinigung untergebracht.

Tongren Lu

Wieder zurück auf der Nánjīng Xīlù, geht es Richtung Osten. Die Seitenstraße Tóngrén Lù 铜仁路, parallel zur Chángdé Lù 常德路, ist vor allem abends sehenswert, denn hier haben zahlreiche Bars und Clubs eine zweite Heimat gefunden, seit die Màomíng Nánlù des Lúwān-Bezirks immer wieder als potentielles Abrißgebiet diskutiert wird.

Shanghai Exhibition Center

Fast gegenüber erinnert das Shanghai Exhibition Center (Shànghǎi Zhǎnlǎn Zhōngxīn 上海展览中心) an die Zeiten der sowjetisch-chinesischen Völkerfreundschaft. Der Architekt Andreyev hinterließ mit dem 1955 fertiggestellten Gebäude ein unübersehbar stalinistisches Andenken. Allein die vergoldete Spitze ist 106 Meter hoch, der gesamte Turm mißt 199 Meter. Leider ist das Gelände nicht öffentlich zugänglich. Bei Gelegenheit lohnt aber auch der Blick auf die opulent-sowjetische Ausstattung im Inneren.

Golden Triangle

Für westliche Besucher mag die Gegend um die Shopping-Zentren Plaza 66 (bei Drucklegung das höchste Gebäude in Puxi, also westlich des Huangpu), Westgate Mall und CITIC Square Ecke Nánjīng Xīlù und Shanxi Běilù nur begrenzt beeindruckend sein, für chinesische Besucher ist das ›Golden Triangle‹ der Beweis, daß Shanghai den Sprung in die Mode-Weltspitze geschafft hat. Hier werden vor allem teure Import-Luxuswaren und internationale Markenkleidung verkauft.

Ohel-Rachel-Synagoge

Einige Gehminuten nördlich entlang der Shǎnxī Běilù 陕西北路, Ecke Xīnzhà Lù 新闸路, liegt eine der wenigen erhaltenen Synagogen Shanghais, die Ohel-Rachel-Synagoge (Lāxīěr Yóutài Jiàotáng 拉西尔犹太教堂). 1920 ließ Sir Jacob Sassoon die Synagoge im Gedenken an seine Frau Rachel bauen. Bis 1952 blieb sie nicht nur das bedeutendste Gotteshaus der sephardischen Juden Shanghais, sondern auch die größte Synagoge Asiens. Lediglich während der Zeit der japanischen Besatzung wurde das Gebäude als Pferdestall genutzt. Nachdem die letzten sephardischen Juden Shanghai verlassen hatten, verwandelte die Stadtregierung Ohel Rachel in ein Warenlager. Erst 1998 wurde die Synagoge renoviert und restauriert – gerade rechtzeitig für einen Besuch der damaligen US-amerikanischen First-Lady Hillary Clinton. Der Eingang des außergewöhnlichen Gebäudes im griechischen Stil zeigt übrigens nach Jerusalem. Heute wird das Gebäude, genauso wie die benachbarte ehemalige jüdische Schule aus dem Jahr 1932, vom Shanghai Education Bureau genutzt. Besichtigungen sind nur nach vorheriger Anmeldung sporadisch möglich, für die meisten Interessenten bleibt es daher bei einem diskreten Blick am Wach-

Der Jing'an-Bezirk ist eine beliebte Einkaufsgegend für die Shanghaier

mann vorbei. Doch auch ohne ihn wäre von außen nur wenig zu sehen, denn die Synagoge ist über und über mit Efeu bewachsen.

Die Shikumen des Jing'an-Anwesens

Zurück auf der Nánjīng Xīlù trifft der Spaziergänger direkt auf die engen Gassen des denkmalgeschützten und restaurierten Shikumen des Jǐng'ān-Anwesens (Jǐng'ān Biéshù 静安别墅) in den Seitengassen der Hausnummer 1025 南京西路 auf der Höhe der Jiāngníng Lù. Es handelt sich hier um eine sehr späte Variante der Shikumen: Die steinernen Tore sind bereits durch Gittertüren ersetzt, alle Häuser sind mindestens zweistöckig angelegt. Wer sich besonders für die Architektur der Shikumen interessiert, sollte auch den kleinen Abstecher nach Süden zu den Gäßchen an der Wēihái Lù 590 威海路, Nr. 40-56 弄 nicht verpassen.

Wujiang Lu Food Street

Nur wenige Meter westlich des Jǐng'ān-Anwesens zweigt rechts die Wújiāng Lù Wújiāng Lù Měishíjiē 吴江路美食街ab. Für Touristen ein echtes Muß, nicht nur der Atmosphäre wegen! Schon vormittags bauen zahlreiche Garküchen ihre Grills auf, während fliegende Händler allerhand Nippes anbieten. Um ausländische Reisende geht es hier jedoch nicht – unter Shanghaiern gilt die Wújiāng Lù als eine der besten Snack-Adressen (darunter viele Stände mit Spezialitäten der westlichen Provinz Xinjiang), und so tummeln sich im Gedränge kleine Angestellte genauso wie Manager im feinen Anzug und Hausfrauen auf Einkaufstour. Wie lange die Wújiāng Lù noch existieren wird, ist allerdings unklar, bei Drucklegung gab es erste Gerüchte, daß auch sie der Modernisierung anheimfallen soll. Am Ende der Wújiāng Lù biegt rechtwinklig die Qīnghái Lù 青海路 ab, eine neuerschaffene Fußgängerzone mit zahlreichen Cafés. Auch hier bieten sich viele Gelegenheiten für eine kurze Pause.

Shikumen und Sozialismus

Eilige Reisende erreichen von der Qīnghái Lù aus innerhalb weniger Gehminuten den Volkspark (s. Kapitel Huangpu S. 289). Wer etwas mehr Zeit mitbringt, sollte jedoch nach Norden in die Chéngdū Běilù 成都北路 abbiegen. In der Seitengasse der Chéngdū Běilù Nummer 7, Haus 30 成都北路7弄30号 (13) befinden sich einige sehr schön renovierte Shikumen. Daß es sich dabei auch um den Ort des Zweiten Nationalkongresses der KPCh von 1922 handelt, mag für den westlichen Besucher nicht so sehr ins Gewicht fallen, denn die gut erhaltenen Shikumen sind auch ohne politischen Hintergrund sehenswert. Ein gutes Stück weiter nördlich liegt das ehemalige Hauptquartier der Chinesischen Gewerkschaftsbewegung (Zhōngguó Láodòng Zǔhé Shūjìbù Jiùzhǐ 中国劳动组合书记部旧址), in der Chéngdū Běilù 893, Seitengasse 3-7. Auch hier gilt: Für eingefleischte Sozialisten politisch interessant, für alle anderen eine Gelegenheit, renovierte Lilong-Anlagen zu besichtigen.

Die St.-Teresa-Kirche

In der parallel verlaufenden Dàtián Lù 大田路 schließlich liegt ein wenig versteckt das rote Backsteingebäude der katholischen St.-Teresa-Kirche (Xiǎo Délésa Tiānzhǔtáng 小德勒撒天主堂). Inmitten der Wohnhäuser wirkt die Kirche geradezu eingeklemmt. Das gotische Äußere erinnert fast ein wenig an eine Burg, im Inneren ist das Gotteshaus aber eher schlicht gehalten.

Kangfuli und Taixing Lu

Biegt man in die Xīnzhà Lù 新闸路 ab, führt der Weg wieder an zahlreichen Lilong-Anlagen vorbei. Ein typischer Vertreter der frühen Variante der Shikumen sind die Häuser des Kangfuli-Komplexes 康福里 in den Seitengassen an der Nummer 906. Sie sind jeweils um einen kleinen Innenhof (die ›Himmelsquelle‹) gruppiert. Ebenfalls eine sehr frühe Variante mit vielen chinesischen architektonischen Elementen ist der Shikumen an der Tàixīng Lù 泰兴路, Gasse bei Nr. 481弄.

Der Jadebuddha-Tempel

Die letzte, aber sicher nicht unwichtigste Attraktion Jíng'āns liegt weit im Nordwesten des Bezirks, gut 20 Minuten zu Fuß oder eine kurze Taxifahrt entfernt. Im Vergleich zu vielen anderen Tempeln der Stadt ist der Jadebuddha-Tempel (Yùfó Sì 玉佛寺) an der Ānyuán Lù 安源路, Ecke Shánxī Běilù 陕西北路 eher neueren Datums. Bereits im Jahr 1882 hatte der Mönch Hui Geng die Darstellungen des historischen Buddha Sakyamuni, eine Schenkung eines reichen Übersee-Chinesen, von einer Pilgerreise aus Burma mitgebracht. Beide wurden aus einem einzigen Stück Jade gefertigt. Doch erst 1918 begann man mit dem Bau der Tempelanlage, um den zwei weißen Jadebuddhas eine angemessene Heimat zu ermöglichen; bis dato waren sie in einem kleinen Kloster im Vorort Jiangwan untergebracht. Daß der Tempel trotzdem einen sehr historischen Eindruck macht, liegt daran, daß er im Stil der Song-Dynastie erbaut wurde. Zudem ist der Jadebuddha-Tempel einer der wenigen, die während der Kulturrevolution nicht verwüstet wurden. Angeblich ließ der Abt von außen Mao-Portraits auf die Eingangstüren kleben, so daß die Roten Garden es nicht wagten, die Türen aufzutreten.

In der großen Haupthalle im Erdgeschoß befinden sich drei vergoldete Buddha-Statuen: in der Mitte Sakyamuni, zu seinen beiden Seiten Amitava, der transzendale

Ideal für den Hunger zwischendurch: Garküche in der Wujiang Lu

Buddha des westlichen Paradieses und der Medizinbuddha, Bhaisajyaguru. Neben der üblichen Darstellung der 18 Luohan an den beiden Seitenwänden thront auf der Rückseite des Altars eine überlebensgroße Figur der Göttin der Barmherzigkeit, Guanyin. Die umgebenden Schnitzereien sind durchaus einen genaueren Blick wert und erzählen eine Reihe von buddhistischen Legenden. Im nächsten Hof steht die Yùfó-Halle, die im ersten Obergeschoß den sitzenden Jadebuddha beherbergt. Dieser mißt immerhin 1,95 Meter und wiegt drei Tonnen. Der etwas kleinere, aber immer noch imposante liegende Jadebuddha geht leider in einer Seitenhalle im westlichen Tempelflügel zwischen Verkaufsständen unter. Gegenüber befindet sich jedoch eine Replik aus Marmor. Der Besuch des Tempels empfiehlt sich vor allem in den Morgenstunden oder am frühen Abend, da er in der übrigen Zeit meist von Touristengruppen überlaufen ist.

Kunst in der Moganshan Lu

Vom Jadebuddha-Tempel aus lohnt sich der Abstecher zum Galerie- und Künstlerviertel der Mògānshān Lù 莫干山路 am Ufer des Suzhou Rivers, das eigentlich schon außerhalb Jìng'ans im Pǔtuó-Viertel 普陀区 liegt. In einer ehemaligen Industrieanlage haben sich etliche moderne und alternative Galerien niedergelassen, darunter auch Klassiker wie ShanghART des Schweizers Lorenz Helbing.

›Jíng'ān Hotel‹ (Jíng'ān Bīnguǎn 静安宾馆), 4 Sterne, Huàshān Lù 370 华山路, Tel. 62 48 18 88, Fax 62 48 26 57. Grün und erholsam, trotz der Nähe zu vielen Bars und Kneipen.

▶ ›Shanghai JC Mandarin‹ (Jǐncāng Wénhuà Dàjiǔdiàn 锦沧文化大酒店), 5 Sterne, Nánjīng Xīlù 1225 南京西路, Tel. 62 79 18 88, Fax 62 79 18 22. Absolut zentral gelegener Luxus.

▶ ›InnShanghai‹, Wēihái Lù 727 威海路, Tel. 54 65 73 22, www.inn-shanghai.com. Stilvolle Apartements zu erstaunlich bezahlbaren Preisen, Reservierungen unbedingt nötig. Mindestaufenthalt eine Woche.

▶ ›Old House Inn‹ (Lǎoshíguāng Jiǔdiàn 老时光 酒店), Huàshān Lù 华山路 Gasse bei 351 弄, Haus Nr. 16 号, Tel. 62 48 61 18, www.oldhouse.cn. Boutique-Hotel mit nur 12 Zimmern in klassischem Stil. Bei Kennern sehr beliebt und daher schnell ausgebucht.

 Hunderte von chinesischen wie auch ausländischen Restaurants aller Preisklassen drängen sich in der Wújiāng Lù Měishíjiē 吴江路美食街, einer Seitenstraße am östlichen Ende der Nánjīng Xīlù die von der Jiāngníng Lù 江宁路 bis zur Qīnghái Lù 青海路 reicht, die ebenfalls zur Fußgängerzone mit diversen Cafés und Restaurants umfunktioniert wurde.

▶ ›Méilóngzhèn‹ 梅龙镇, Nánjīng Xīlù, Seitengasse an Nummer 1081, Haus 22 南京西路 1081 弄 20 号, Tel. 62 56 66 88, tägl. 11-14 Uhr und 17-22 Uhr. Gewaltiges chinesisches Dekor und opulente Speisekarte mit Gerichten der lokalen und Sichuaner Küche. Eines der bekanntesten Restaurants der Stadt und daher kein Schnäppchen.

▶ ›Wáng Jiā Shā‹ 王家沙, Nánjīng Xīlù 805 南京西路, Tel. 62 58 63 73, tägl. 7-21 Uhr. Teigtaschen in allen Variationen und Füllungen, und zudem besonders günstig! Das System jedoch ist für Ausländer nicht ganz einfach: Zuerst wird ausgesucht, dann an der Kasse bezahlt. Die Serviererin holt den Kassenzettel ab und bringt die passenden Speisen an den Tisch. Romantische Atmosphäre ist hier, zwischen Neonlicht und Resopaltisch, nicht zu erwarten, dafür aber sehr gutes Essen.

▶ ›Gǔ Yì‹ 古意, Fùmín Lù 87 富民路, Tel. 62 49 56 28, tägl. 11-14 und 17.30-22.30 Uhr. Kernige Hunan-Küche mit viel Chili und Knoblauch!

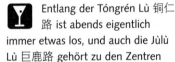 Entlang der Tóngrén Lù 铜仁路 ist abends eigentlich immer etwas los, und auch die Jùlù Lù 巨鹿路 gehört zu den Zentren des Nachtlebens.

▶ ›Paramount‹ (Bǎilèmén 百乐门), Yúyuán Lù 218 愚园路, Ecke Wànhángdù Lù 万航渡路, Tel. 62 53 06 28, tägl. 13-1 Uhr, www.sh-paramount.com. Gepflegte Abendunterhaltung und Ballroom Dancing im Stil der 1930er.

▶ ›The New Factories‹ (Tōnglèfāng 同乐坊), Yúyáo Lù 34 余姚路 nahe

Jing'an-Bezirk [345]

Xīkāng Lù 西康路, tägl. 9 Uhr–open end, www.thenewfactories.com, www.museshanghai.com. Restaurants, Bars wie die ›Elite Bar‹ oder der Tanz-Club ›Muse Club‹ und diverse Boutiquen haben sich in diesem Fabrik-Komplex der 1920er niedergelassen. Sehr angesagt.

▶ ›Judy's Too‹, Tóngrén Lù 78–80 铜仁路, Tel. 62 89 37 15, tägl. 17–5 Uhr. Eine der ersten Bars Shanghais und immer noch gut im Geschäft!

▶ ›Mint‹, Tóngrén Lù 333 铜仁路, Tel. 62 47 96 66, Mo–Do 18–2, Fr, Sa 21–6 Uhr, www.mintclub.com.cn. Klassischer Club mit breitem Repertoire von House bis Techno, hauptsächlich ausländisches Publikum.

▶ ›Underlounge‹ (Fēnghuáng 凤凰), Tóngrén Lù 60 铜仁路, Tel. 62 89 45 38, tägl. 20–2 Uhr, www.underlounge-sh.com. Hiphop, House, und eine so schräge, ausgefallene Einrichtung, daß man den Club selbst gesehen haben muß.

Jing'an-Tempel (Jìng'ān Sì 静安寺), Nánjīng Xīlù 1686, Tel. 62 48 63 66, 7.45–15.30 Uhr.

▶ Shanghaier Kinderpalast (Shì Shǎonián Gōng 市少年宫), Yán'ān Xīlù 64 延安西路 nahe Wànhángdù Lù 万航渡路, Tel. 62 48 18 50, Sa, So 10.30–16 Uhr.

▶ Jadebuddha-Tempel (Yùfó Sì 玉佛寺), Ānyuán Lù 170 安源路, Tel. 62 66 36 68, tägl. 8–12 und 13–17 Uhr, Eintritt 30 RMB, plus Eintritt zur Jadebuddha-Halle 10 RMB.

▶ Galerie-Viertel, z.B. shanghART, Mògānshān Lù 50 莫干山路, Gebäude 16 und 18, http://china.shanghartgallery.com.

Anders als die Nánjīng Dōnglù mit ihren Kaufhäusern und Angeboten für das breite Volk, ist die Nánjīng Xīlù eindeutig auf den gehobenen Geldbeutel zugeschnitten. Zahlreiche Shopping-Malls wie der Shanghai Plaza 66 in der Nánjīng Xīlù 1266, der Citic Square in der Nummer 1168 oder die Westgate Mall in der Nummer 1038 bieten teure Markenware in topmodernem Interieur. In Jíng'ān lohnt sich daher der Blick in die Seitengassen: Zwischen Wēihái Lù 威海路 und Yán'ān Zhōnglù 延安中路 beispielsweise finden sich eine Menge kleiner Boutiquen, genauso wie in der Shánxī Běilù 陕西北路.

▶ ›Jingdezhen Ceramics‹, Shánxī Běilù 204 陕西北路. Der Porzellanladen bietet klassische Porzellanwaren aus Jingdezhen in Jiangxi. Sie gelten als beste Porzellanwaren Chinas.

▶ ›Báiyùlán‹ 白玉兰, Shánxī Běilù 195–197 陕西北路. Lokale Designerware für Frauen, vor allem Seidenwaren und nicht allzu teuer.

▶ ›Zhaowei‹, Shánxī Běilù 189 陕西北路. Perlen und Korallenschmuck aus eigener Produktion.

Yilin Blindman Massage Garden (Yìlín Mángrén Ànmó Yuán 艺林盲人按摩园) Rónghuáng Dōngdào Gasse bei Nr. 119 璜东道, Bali Garden 4 巴花, Tel. 62 78 32 82, tägl. 10–1 Uhr.

Spaziergänge in Shanghai

Hongkou-Bezirk

Auf den meisten touristischen Stadtplänen ist Hóngkǒu 虹口区 nicht einmal komplett abgebildet. Vielleicht liegt es daran, daß dieses Viertel nie eine feine Adresse war und auch heute kaum dem Bild entspricht, das die Stadt gerne von sich selbst zeichnet. Enge Gassen, kartenspielende Alte im Mao-Anzug, zwitschernde Drosseln in Bambuskäfigen, kleine Straßenimbisse und gemütlich-chaotische Hinterhöfe, aber auch Industrieanlagen und graue Blocks prägen das Straßenbild. Wer in das Prä-Reform-Shanghai eintauchen will, ist hier richtig, denn das Viertel nördlich des Suzhou Rivers ist zu großen Teilen (noch) eines der ursprünglichsten der Stadt.

Von der Hénán Běilù 河南北路 im Westen bis zur Dàlián Lù 大连路 im Osten erstreckt sich Hóngkǒu über gut 23 Quadratkilometer, ein recht weitläufiger Bezirk also. Fast eine Million Menschen wohnt hier offiziell, wie viele wirklich in den engen Gassen traditioneller Shikumen-Häuser zu Hause sind, läßt sich schwer schätzen, bietet die alte und verschachtelte Bausubstanz doch viele Möglichkeiten halblegaler Unterkunft.

Allzu lange warten sollte man mit dem Besuch allerdings nicht, denn auch in Hóngkǒu sind langfristig ganze Straßenzüge für die ›Erneuerung‹ vorgesehen. Vor allem das gigantische North Bund Projekt, das mit 3,7 Quadratkilometern und einer Uferstrecke von 3,5 Kilometern den gesamten Süden Hóngkǒus umfaßt und dem Stadtteil ein völlig neues Erscheinungsbild verschaffen soll, wird in den nächsten Jahren für gewaltige Veränderungen sorgen.

Anbetracht der Größe wundert es nicht, daß Hóngkǒus historische Zentren durchaus eine Taxifahrt voneinander entfernt liegen. Zum einen ist da die Gegend um die innenstadtnahe Sìchuān Běilù 四川北路, die sich nach Norden Richtung Fußballstadion zieht, zum anderen der ehemalige ›Broadway‹, die heutige Dàmíng Lù 大名路 und Dōng Dàmíng Lù 东大名路, die zum ehemaligen Judenviertel im Osten Hóngkǒus führt. Keine zwei Minuten Fußweg entfernt liegt übrigens das ›Ocean Hotel‹, in dem fast alle deutschen Veranstalter ihre Gruppen unterbringen. Grund genug, die Stunde vor dem Frühstück oder nach dem Abendessen zu einem Spaziergang zu nutzen.

Geschichte

Einst lag Hóngkǒu weit vor den Toren der chinesischen Stadt. Dort wo der Suzhou River sich mit dem Huangpu vereinte, siedelten vor allem Bauern und Fischer. Mit der wachsenden Bedeutung Shanghais ließen sich hier aber auch verschiedene kleine Werften nieder. Erst Ende der 1840er Jahre geriet Hóngkǒu in den Sog der

Hongkou-Bezirk [347]

In Hongkou

Großstadt. Anders als die Konzessionsgebiete war Hóngkǒu zwar nicht offiziell zum ausländischen Siedlungsgebiet erklärt worden, de facto jedoch ließen sich hier immer mehr Amerikaner nieder. 1848 zog unter der Ägide des Bischofs William Boone die American Episcopal Mission nach Hóngkǒu, nur ein Jahr später folgte der erste amerikanische Konsul und ließ seine Residenz am nördlichen Ufer des Suzhou River errichten. 1862 wurde ein offizieller Vertrag zwischen Konsul Seward und den chinesischen Behörden aufgesetzt: Bis zur Chaofung Road (der heutigen Gāoyáng Lù 高阳路) wurde der Süden des Viertels zum ›American Settlement‹, das sich im folgenden Jahr mit dem britischen Gebiet zum ›International Settlement‹ vereinte.

Für die meisten Bewohner änderte sich dadurch nur wenig, vielleicht weil es schlichtweg eine recht arme Gegend blieb, deren niedrige Grundstückspreise vor allem kleine Manufakturen, Handwerksbetriebe, Lagerhäuser, Docks der diversen Handelsgesellschaften und natürlich finanzschwache Bewohner anzogen.

Bedeutende wirtschaftliche Veränderungen brachte der chinesisch-japanische Krieg beziehungsweise sein Ende im Jahre 1896: Der ›Frieden von Shimonoseki‹ gestattete den japanischen Siegern unter anderem, in allen chinesischen Vertragshäfen Handel zu treiben sowie Fabrikationsstätten zu errichten. Dank der ›Meistbegünstigungsklausel‹ stand dieses Recht ab sofort allen Kolonialmächten zu. Wie Pilze schossen in Hóngkǒu nun die Fabriken und Baumwollspinnereien aus dem Boden, von denen viele in japanischer Hand lagen. Von gerade einmal drei Japanern im Jahre 1870 vervielfachte sich deren Zahl auf über 10 000 in den 1920ern. Als ›Little Tokyo‹ wurde Hóngkǒu nun nicht nur zu einem der wichtigsten Industriegebiete der Stadt, sondern auch Rückzugsort vieler chinesischer Intellektueller.

Chinesische Polizei und Justiz konnten im International Settlement nur wenig ausrichten, und so schmiedeten in Hóngkǒu zahlreiche Schriftsteller und Künstler wie Lǔ Xùn 鲁迅 oder Qú Qiūbái 瞿秋白 Pläne für ein neues China. Selbst die kommunistische Propaganda nahm hier ihren Anfang, bot sich doch das industrielle Viertel mit seiner Arbeiterschaft dafür geradezu an.

Fluchtort Hongkou

Und noch eine wichtige soziale Veränderung ergab sich Anfang des 20. Jahrhunderts, denn erstmals wurde Hóngkǒu auch Wohnort für weniger wohlhabende Ausländer. Pogrome und die russische Revolution spülten eine ganze Welle meist jüdischer Flüchtlinge aus Rußland nach China, die sich bevorzugt in den billigeren Wohnlagen wie Hóngkǒu niederließen. Keine zwei Jahrzehnte später, zu Beginn der 1930er, wurde Hóngkǒu erneut zum sicheren Hafen für zahllose europäische, meist deutsche und österreichische Juden auf der verzweifelten Suche nach einem Zufluchtsort vor der Verfolgung. Viele Juden hatten die Gefahr des Nationalsozialismus unterschätzt, erst als in der Pogromnacht 1938 jüdische Geschäfte und Synagogen brannten, wurde ihnen klar, daß es höchste Zeit war, Deutschland zu verlassen. Das war nicht einfach, denn die ausländischen Botschaften gaben, wenn überhaupt, nur zögernd Visa heraus. Die Shanghaier Behörden hingegen stellten keine Anforderungen. Fast 25 000 europäische Juden machten sich also über Genua auf den Weg nach Fernost. Als 1939 Italien in den Krieg eintrat, wurde die ohnehin beschwerliche Reise nach Shanghai nahezu unmöglich. Einige hundert meist osteuropäische Juden retteten sich mit der Transsibirischen Eisenbahn nach China. Dann, mit dem deutschen Angriff auf die Sowjetunion 1941, schloß sich auch dieses Tor nach Asien.

Wer Shanghai rechtzeitig erreicht hatte, schien vor Verfolgung erst einmal sicher – doch nach der Ankunft ergab sich eine Reihe neuer Probleme. Gerade einmal 100 US-Dollar Reisegeld hatte man den deutschen Juden bei der Abreise zugestanden, genug um sich in Shanghai einige Wochen über Wasser zu halten, sicher aber zu wenig, um im Exil das Ende des Krieges abzuwarten. Nur wenige fanden eine Arbeitsstelle. Hinzu kam, daß die japanische Armee bereits 1937 nach heftigen Bombardierungen den Nordosten der Stadt besetzt hatte. Große Teile der chinesischen Bevölkerung waren in die International Settlements geflohen, so daß die Mieten im zerstörten und vor allem nun japanischen Hóngkŏu-Viertel schlagartig gesunken waren. Ausgerechnet hier, im Herrschaftsgebiet der Japaner, waren Unterkünfte für die jüdischen Flüchtlinge noch am ehesten bezahlbar. Antisemitismus war den japanischen Besatzern zwar fremd, doch es bestand durchaus die Gefahr, daß sie dem Drängen ihrer deutschen Verbündeten nach Ausweisung oder Vernichtung der Juden nachgeben würden.

In einer kleinen Seitengasse Hongkous

Hóngkǒu entwickelte sich dennoch zum Judenviertel Shanghais, und besaß bald eine rege Kulturszene. Jüdische Zeitungen, europäische Kaffeehäuser, Theater und Musikgruppen entstanden – allen Sprach- und Kulturbarrieren zum Trotz. Rund um die Chángyáng Lù 长阳 und die Huòshān Lù 霍山路 sind die Spuren auch heute noch sichtbar. Wer sich in die Seitengassen und Hinterhöfe wagt, findet hier und da sogar noch eine verblaßte deutsche Inschrift.

Den Bemühungen der alteingesessenen sephardischen Juden und den Hilfsleistungen des American Joint Committee war es zu verdanken, daß nahezu alle Emigranten das Shanghaier Exil überlebten. Das sephardische European Refugee Committee finanzierte allein durch Spenden zahlreiche Verpflegungsstationen, auf die ein Großteil der Flüchtlinge bis zum Ende des Krieges angewiesen waren, organisierte die Verteilung der Sammelunterkünfte – meist Gebäude der Sassoon- oder Hardoon-Familie –, errichtete eine Klinik und verhandelte mit der japanischen Generalkommandantur. Gerade die altruistischen Leistungen der jüdischen Oberschicht sind den chinesischen Bewohnern des Hóngkǒu Viertels bis heute in Erinnerung geblieben. Kein Wunder, denn die chinesische Oberschicht kümmerte sich in den für die einheimische Bevölkerung nicht minder bitteren Zeiten meist herzlich wenig um das Elend ihrer chinesischen Landsleute.

Gefangen im Ghetto

Erst im Dezember 1941, als die japanische Armee ganz Shanghai besetzte, wurde der Alltag der jüdischen Shanghaier jäh unterbrochen. Während viele der sephardischen Juden im folgenden Jahr als britische Staatsangehörige in den Internierungslagern vor der Stadt verschwanden, wurden die nunmehr staatenlosen Juden aus Europa 1943 in ein ausgewiesenes Areal in Hóngkǒu umgesiedelt, sofern sie nicht ohnehin schon dort wohnten. Auch wenn die japanischen Besatzer stets von einer ›Designated Area‹ sprachen, wurde das Viertel in ein streng bewachtes Ghetto verwandelt.

Es wurde eng in Hóngkǒu. Wer sich bis dahin durch eine Arbeitsstelle außerhalb Hóngkǒus hatte ernähren können, fand sich nun in überbelegten Sammelunterkünften und bald auch in der Schlange zur Suppenküche wieder. Krankheiten und später auch Bombardierungen in der Endphase des Krieges forderten zahlreiche Opfer.

Erst 1945 öffneten sich die Tore von Hóngkǒu wieder – die Juden von Shanghai waren frei, der Zweite Weltkrieg beendet. Doch noch immer tobte in China der Bürgerkrieg – Grund genug, sich schleunigst um ein Visum für die USA oder Israel zu bemühen. Erstaunlich viele Juden blieben trotzdem in Shanghai, immerhin 10000 harrten bis zur kommunistischen Machtübernahme 1949 aus. Dann setzte der nicht ganz freiwillige Exodus ein. Die chinesische Regierung war entschlossen, die ehemaligen Kolonialherren ein für allemal vor die Tür zu setzen, alle Ausländer wurden kurzerhand des Landes verwiesen.

Fluchtort Shanghai

Es war der 28. März 1939, ein angenehm warmer Tag. Als wir uns dem Kai näherten, empfing uns ein beißender Gestank nach Müll, vermischt mit den kräftigen Gerüchen der Garküchen. (...) Als meine Mutter und ich an Land gingen, zählten wir unser Bargeld. Zusammen besaßen wir noch etwa zwei Mark.

Unvorstellbar, aber in Shanghai erwartete uns nicht das übliche Spießrutenlaufen durch die Zoll- und Einwanderungsbehörden! Wir konnten es nicht fassen, daß uns niemand nach unseren Papieren fragte, als wir durch die Sperre gingen. Hunderttausende von europäischen Juden suchten verzweifelt ein Land, das bereit war, sie aufzunehmen, und hier konnten Juden einfach hereinspazieren! Die Vertreter eines Empfangskomitees, das von den in Shanghai lebenden Juden eilig zusammengetrommelt worden war, warteten auf uns. Obwohl die meisten nur wenig Gepäck hatten und die Formalitäten rasch erledigt waren, brauchten wir Hilfe, denn wir konnten uns mit niemandem verständigen. Weder meine Mutter noch ich sprachen mehr als ein paar Worte Englisch, yes, no, please, und thank you.

Den Anblick, der sich uns dann bot, werde ich nie vergessen. Zerlumpte Kulis halfen eleganten Herren und zögernden Damen mit Pelzmänteln und modischen Hüten die Rampe zu einem Lastwagen hinauf, in dem es stank, als hätte man darin Vieh transportiert. (...)

Man brachte uns zu einem großen Gebäude mit Blick auf einen Fluß, in dem man zwei Stockwerke in Notlager mit Pritschen umfunktioniert hatte. In jedem Stock befand sich eine Toilette. Die kleine Küche war bereits von denen, die vor uns gekommen waren, mit Beschlag belegt. (...) Das Gebäude gehörte Sir Victor Sassoon, einem der reichsten Juden der Welt. Er hatte den jüdischen Flüchtlingen mehrere Stockwerke zur Verfügung gestellt, und hier verlebten meine Mutter und ich die ersten zwei Wochen und versuchten uns an die neue Umgebung zu gewöhnen. (...) Jeder Neuankömmling erhielt eine Decke, ein Laken, einen Teller, eine Tasse und einen Blechlöffel. Wie seltsam, dachte ich. Heute morgen noch saßen wir an einem eleganten Tisch mit Silberbesteck im Frühstückssaal der ›Potsdam‹ und waren umringt von Stewards in Uniform, und jetzt müssen wir vor einer Armenküche anstehen. Nichts hätte die drastischen Veränderungen im Leben besser zum Ausdruck bringen können als der Anblick dieser vornehm gekleideten Herren und Damen, die mit ihrem Blechnapf in der behandschuhten Hand zum Essen anstanden. Was war zwischen Frühstück und Mittagessen bloß mit uns geschehen?

Aus: Ernest G. Heppner, Fluchtort Shanghai. Erinnerungen 1939–1948, Bonn 2002.

Spaziergang nach Norden

Viele Chinesen bummeln abends über die glamouröse Nánjīng Lù – und kaufen dann zu erheblich günstigeren Preisen in der nahe gelegenen Sìchuān Běilù ein. Über vier Kilometer reihen sich Kaufhäuser, Boutiquen und kleine Restaurants vom Ufer des Suzhou Creek bis zum Hóngkǒu Stadium. Hier werden die meisten Touristen wohl auch den Hóngkǒu-Spaziergang beginnen. Direkt am Flußufer gelegen, bildet das ›Central Post Office‹ den Anfangspunkt. Wer unterwegs schon ein wenig Ballast abwerfen möchte, wird hier auf alle Fälle vorbeischauen, denn hier befindet sich das Internationale Postamt (Guójì Yóujú 国际邮局). 1924 nach Plänen des Architekturbüro Stewardson & Spence errichtet, wurde das Gebäude seither durchgehend als Postamt genutzt. Hier ist seit 2006 auch das Shanghaier Postmuseum untergebracht.

Das Internationale Postamt

Vom Postamt ist es ein etwa einstündiger Spaziergang (kleine Einkäufe inklusive) bis zur nächsten großen Sehenswürdigkeit, der Duōlún Lù. Zeit für einen Blick in die kleinen Seitengassen sollte man allemal mitbringen. Von alten, fast verfallenen Holzbauten, traditionellen Shikumen-Steinhäusern und verstaubten Baulücken bis zu topmodernen Hochhausbauten zeigt sich das gesamte Spektrum Shanghaier Siedlungsgeschichte – und dies teils auf so engem Raum, daß auch an Architektur weniger interessierte Besucher ahnen: Hier hat die Stadtregierung noch Großes vor! In der Tat haben sich die Stadtväter für den südlichen Abschnitt die Nanjing Lu zum Vorbild genommen. Hochwertige Markengeschäfte und Einkaufszentren sollen hier in absehbarer Zeit eine Heimat finden. Für den mittleren und nördlichen Abschnitt ist ein kultureller Schwerpunkt geplant; neben Geschäften und Appartement-Anlagen werden Freizeiteinrichtungen für Zulauf sorgen. Bis zur Verwirklichung dieser Pläne jedoch bleibt die Sìchuān Běilù eine eher lokale Straße, in der Wohn- und Geschäftsraum noch eng beieinander liegen.

Besonders abends lohnt sich auch ein Abstecher in die parallel verlaufende Zhàpǔ Lù 乍浦路. Im Geflacker der überdimensionalen Leuchtreklamen reihen sich die

Fisch- und Meeresfrüchterestaurants aneinander. Diese als ›Food-Street‹ ausgewiesene Straße ist vor allem bei männlichen chinesischen Besuchern beliebt – sicher auch aufgrund der vielen Friseursalons. Haare schneiden lassen sollte man sich hier freilich nicht, denn die Angebote der leichtbekleideten Frauen zielen unter die Gürtellinie und sind nicht ohne Gesundheitsrisiken. Gut essen kann man in dieser Straße noch immer, wenn auch der Glamour in den letzten Jahren ein wenig vergangen ist.

Duolun Lu Cultural Street

Fast am Nordende der Sìchuān Běilù biegt links die Duōlún Lù Cultural Street (Duōlún Wénhuà Jiē 多轮路文化界) ab, was zugegebenermaßen ein wenig nach Disneyland klingt. Doch weit gefehlt: Hier soll den linken, künstlerischen Wurzeln der Republikzeit gehuldigt werden, auf die Hóngkǒu noch immer stolz ist. Die 1998 komplett renovierte Fußgängerzone im Norden der Sìchuān Běilù mag nicht immer originalgetreu den Zustand der 1930er widerspiegeln, doch die entspannte Atmosphäre macht die kleinen historischen Schnitzer allemal wett. Die bunte Mischung

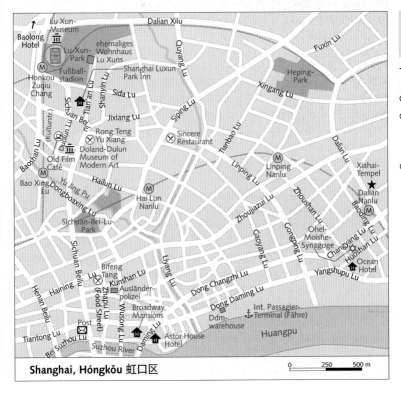

[354] Hongkou-Bezirk

In der Duolun Lu

aus alten Villen, Wohnhäusern, garniert mit einer Reihe von Bronze-Statuen (allesamt linke Schriftsteller der 1930er) und vielen Bäumen eignet sich ganz wunderbar für einen erholsamen Spaziergang. Dazwischen finden sich zahlreiche verstaubte Kramläden, deren Antiquitäten und Kommunisten-Andenken jeden Touristen zum Portemonnaie greifen lassen. Auch hier lohnt es sich übrigens, in die kleinen Seitengassen abzubiegen. Im Gegensatz zum sehr modernen Xintiandi-Renovierungsprojekt des Luwan-Bezirks wohnen in der Duōlún Lù noch immer ganz ›normale‹ Menschen, die dem touristischen Treiben amüsiert zuschauen, während die Ausländer wiederum einen neugierigen Blick in den Shanghaier Alltag werfen.

Gleich am südlichen Eingang der Duōlún Lù liegt linker Hand ein fünfstöckiger grauer Kasten mit der Nummer 27, das Duolun Museum of Modern Art (Shànghǎi Duōlún Xiàndài Měishùguǎn 上海多伦现代美术馆). Chinas erstes staatliches Museum für moderne chinesische Kunst wurde 2003 eröffnet und beherbergt seither eine beeindruckende Sammlung zeitgenössischer Kunstwerke.

Direkt am Rechtsknick der Straße in der Nummer 123 gelegen, lockt das ›Old Film Café‹ (Lǎo Diànyǐng Kāfēibā 老电影咖啡吧). 1920 wurde dieses Gebäude von einem taiwanesischen Geschäftsmann errichtet. Bei Kaffee und Kuchen kann man hier im ersten Stock gratis alte Filme aussuchen und natürlich auch anschauen.

Einige Schritte weiter an der Nummer 59 liegt die Hóngdétáng-Kirche 鸿德堂, ein typischer Ost-West-Mix der 1920er Jahre. Farblich gibt es keine Zweifel an den östlichen Einflüssen, die Backstein-Struktur freilich läßt auf einen westlichen Architekten schließen. Die protestantische Kirche wurde 1928 gebaut und 1994 renoviert.

Wegen des Erfolgs der Duōlún Lù, sollen in den nächsten Jahren unter dem Namen Duōlún Lù II Project Verlängerungen auf der Sìchuān Běilù und zur Háilún Xīlù 海伦西路 entstehen.

Auf den Spuren des Dichters Lu Xun

Eine gute Viertelstunde zu Fuß nach Norden liegt in einer kleinen Seitengasse der Shānyīn Lù 山阴路 (ehemals Scott Road) das ehemalige Wohnhaus Lu Xuns (Lǔ Xùn Gùjū 鲁迅故居). Von April 1933 bis zu seinem Tode am 19. Oktober 1936 lebte der Dichter in dieser Wohnung. Obwohl sie nicht im eigentlichen Territorium des International Settlements lag, stand die Scott Road unter dem Schutz des Shanghai Municipal Council und damit außerhalb des Zuständigkeitsbereichs der chinesischen Polizei. Für den Schriftsteller war dies ein äußerst wichtiger Umstand, denn seine Bücher waren bereits 1927 von der herrschenden Guomindang verboten worden. Von 1966 bis 1975, also über die gesamte Dauer der Kulturrevolution, blieb das Wohnhaus übrigens geschlossen. Wahrscheinlich sollten so die marodierenden Roten Garden ferngehalten werden.

Wenige Gehminuten weiter nordöstlich liegt der Lu-Xun-Park (Lǔ Xùn Gōngyuán 鲁迅公园). Nach seinem Tod wurde Lu Xun zwar im Shanghai Municipal Council's Foreigners Cemetery an der Hongqiao Lu begraben, 1956 aber in den Hóngkǒu-Park verlegt, der 1988 passend in Lu-Xun-Park umbenannt wurde. Die politisch höchste Ehrung der damaligen Volksrepublik wurde Lu Xun zuteil, als Mao Zedong die Kalligraphie auf dem Grabstein verfaßte. Gleich nebenan liegt auch das Lu-Xun-Museum (Lǔ Xùn Jìniàn Guǎn 记念馆). 1999 eröffnet, stellt es allerhand Memorabilia und Schriften Lu Xuns aus, die Halle selbst ist im typischen Baustil der Jiangnan-Wasserdörfer gehalten, zu denen auch Lu Xuns Heimatstadt Shaoxing gehört.

Übermäßig viel geschrieben hat Lu Xun 鲁迅 (1881–1936) nicht, trotzdem gehört er zu den ganz großen Schriftstellern dieses Jahrhunderts. Kritisch, satirisch und ironisch, zählt Lǔ Xùn zu Recht als der Begründer der modernen chinesischen Literatur. Als einer der ersten großen Autoren verfaßte er seine Werke in chinesischer Umgangssprache und machte damit auch dem gewöhnlichen Volk seine Schriften zugänglich. Bis dahin war das klassische Chinesisch die alleinige Schriftsprache, eine Sprache die jahrelanges, wenn nicht jahrzehntelanges Studium erforderte und damit eine Sprache der Oberschicht blieb. Mindestens genauso wichtig war sein Engagement in der Vierten-Mai-Bewegung von 1919, die als Beginn der kulturellen Moderne in China gilt. Mit messerscharfer Sprache räumte er mit den konfuzianischen Wertvorstellungen und dem devoten Nationalcharakter auf, den er bei seinen Landsleuten zu erkennen glaubte. Obwohl ihm durchaus viel Ruhm zuteil wurde – immerhin unterrichtete er als Professor an den Universitäten von Xiamen und Kanton – machte er sich nicht nur Freunde. Ab 1927 wurden seine Werke von der Guomindang verboten, er selbst zog sich kurze Zeit später in die ausländischen Konzessionen Shanghais zurück und agitierte von dort aus weiter. In Europa ist der große Schriftsteller erstaunlich unbekannt und nur wenig übersetzt. Lediglich der Schweizer Unionsverlag hat eine Werksausgabe herausgegeben. Das ist schade, denn seine Werke sind auch für Europäer überaus spannend zu lesen.

Das Duolun Museum of Modern Art

Vom Broadway zum ehemaligen Ghetto

Der Weg in den Osten Hóngkŏus beginnt für viele Touristen wahrscheinlich ebenfalls im Zentrum. Vom Bund aus lassen sich die ersten Sehenswürdigkeiten noch bequem erlaufen: Das 22 Stockwerke hohe Hotel ›Broadway Mansions‹ (Băiláohii Dàshà 百老汇大厦) in der Bĕi Sūzhōu Lù 20 被苏州路 zum Beispiel läßt sich vor allem abends kaum übersehen. Das höchst amerikanisch anmutende Art-déco-Gebäude wurde 1934 als hochklassiges Appartement-Hotel unter dem Namen Broadway Mansions erbaut, 1937 an die Japaner verkauft und diente ab 1945 dem Foreign Correspondents Club of China als Heimat. 2003 renoviert, bietet es heute wieder Vier-Sterne-Komfort mit viel alter Kolonialatmosphäre.

Fast gegenüber, ebenfalls an der Daming Lu, Ecke Huángpu Lu 黄浦路, liegt links das ›Astor House Hotel‹. 1846 eröffnet, wurde das älteste westliche Hotel der Stadt unter dem Namen Richard's Hotel schnell zur ersten Adresse. 1861 wurde es verkauft und in ›Astor House Hotel‹ umbenannt. Nachdem es 1910 im Renaissancestil komplett umgebaut wurde, blieb es in punkto Komfort bis zum Ende der Konzessionszeit immer an vorderster Stelle: Als erstes Hotel Chinas konnte sich das Astor mit Elektrizität und Telefon brüsten. Vor allem der arkadenähnliche, zwei Stockwerke hohe Speisesaal über die gesamte Länge des Hauses blieb lange einer der luxuriösesten Shanghais. 1959 schließlich wurde es in ›Pŭjiāng Hotel‹ (Pŭjiāng Fàndiàn 浦江饭店) umbenannt. Mit der wachsenden Hotelkonkurrenz nach der Öffnung Chinas in den 1980ern freilich konnte das ›Pujiang‹ nicht mehr mithalten, und so stieg es zum stilvollen Hotel für Rucksacktouristen ab. Interessanterweise war trotzdem im Erdgeschoß von 1990 bis 1997 die Börse untergebracht. Mit der kürzlich erfolgten Renovierung versucht es nun, an seine glorreichen Zeiten anzuknüpfen.

Vom Broadway Mansion führt der Weg über die Dàmíng Lù zur Dōngdàmíng Lù bis zum ehemaligen jüdischen Ghetto, eine Strecke, die sich sinnvollerweise gut per Taxi zurücklegen läßt, vorbei an den gigantischen Baulücken des North Bund Projects und den noch verbliebenen Lagerhäusern, von denen diverse als Künstleratelier genutzt werden. Allen voran natürlich der Ableger des Duolun-Museums, das Ddmwarehouse (Cāngkù 东大名仓库) in der Dōng Dàmíng Lù 713.

Tilanqiao – das ehemalige jüdische Ghetto

Dort wo die Dōng Dàmíng Lù zur Yángshùpŭ Lù 杨树浦路 wird, beginnt das ehemalige jüdische Ghetto. Tílánqiáo 提篮桥 nennt sich diese Ecke Hóngkŏus, die für tausende europäischer Juden zur Zuflucht wurde. Fast wäre auch Tílánqiáo den Modernisierungsplänen zum Opfer gefallen. Bis auf wenige Häuser sollte hier alles abgerissen werden, um dem weitläufigen North Bund Project Platz zu schaffen. Dank der kanadischen ›Living Bridge Corporation‹, einer Initiative der

Kanadier Ian Leventhal and Thomas Rado, werden aber etwa 50 Gebäude rund um die Dōng Dàmíng Lù 东大名路, Háimén Lù 海门路 und Zhōushān Lù 舟山路 nun restauriert.

Ganz ohne Abriß kommt aber auch dieses Projekt nicht aus: Eine der chinesischen Bedingungen bei der Vergabe 2005 war, daß ein Park geschaffen werden müsse. Nach Plänen des Architektur-Professors Ruan Yisan der von Tongji-Universität sollen Teile der Zhōushān Lù nun in eine Fußgängerzone verwandelt werden. Anders als viele chinesischen Restaurierungsprojekte soll Tilánqiáo aber weiterhin gemischt genutzt werden. Keine Trennung also zwischen Wohnen, Geschäftsleben und Amüsement. Neben der Ohel-Moshe-Synagoge wird ein Museum entstehen, sogar das Broadway Theater in der Huòshān Lù 65 samt Vienna Café im Dachgarten sollen wieder auferstehen. Zwischen der Synagoge und dem Xiàhái-Tempel schließlich wird ein Park die Häuserreihen auflockern.

Die Ohel-Moshe-Synagoge: einst Gotteshaus, heute Museum

Doch auch ohne Park ist diese Strecke heute ein interessanter historischer Ausflug: Die Ohel-Moshe-Synagoge (Móxī Huìtáng 摩西会堂) in der Chángyáng Lù 62 长阳路 wurde 1927 erbaut und stand bis 1949 unter der Leitung des Oberrabbiners von Shanghai, Meir Ashkenazi. Heute dient die kleine Synagoge als Museum und Bibliothek und führt auf zahlreichen Fotostrecken durch das Leben der Shanghaier Juden.

Einen zehnminütigen Fußmarsch entfernt liegt der Xiàhái-Tempel 下海庙 in der Kūnmíng Lù 73 昆明路. Kaum zu glauben, wie nah am Meer Hóngkǒu noch in der Qing-Dynastie lag! Hier, am mittlerweile verschwundenen Xiàháipǔ 下海浦 (wörtlich ›Herunter-zum-Meer-Kanal‹), einer Verlängerung des Suzhou Creek, baten Seeleute um eine sichere Heimkehr. Heute liegt der buddhistische Tempel mitten in der Stadt, beliebt ist er dennoch und vor allem erfrischend untouristisch.

›Ocean Hotel‹ (Yuǎnyáng Bīnguǎn 远洋宾馆), 4 Sterne, Dōng Dàmíng Lù 1171 东大名路, Tel. 65458888. Freundliches Hotel mit einmaligem Blick über die ganze Stadt aus dem Restaurant.

▶ ›Baolong Hotel‹ (Bǎolóng Bīnguǎn 宝隆宾馆), 4 Sterne, Yìxiān Lù 180 逸仙路, Tel. 65425425. Günstige und gute Alternative, allerdings etwas außerhalb des Zentrums, ca. 2 km nördlich des Lu-Xun-Parks.

▶ ›Home Inns – Shanghai Luxun Park Inn‹ (Rújiā Kuàijié Jiǔdiàn – Shànghǎi Lǔ Xùn Gōngyuándiàn 如家快捷酒店 – 上海鲁迅公园店), 2 Sterne, Sìchuān Běilù 2146 四川北路, Tel. 56961828. Die preiswerte Alternative südlich des Lu-Xun-Parks.

▶ ›Astor House Hotel‹ (Pǔjiāng Fàndiàn 浦江饭店), 1 Stern, Huángpu Lu 15 黄浦路, Tel. 63246388, www.pujianghotel.com. Backpacker-Hotel mit dem Flair des alten Shanghai.

 ›Old Film Café‹ (Lǎo Diànyǐng Kāfēibā 老电影咖啡吧), Duōlún Lù 123 多伦路, Tel. 56964376, Tel. 56964763, 10–1 Uhr. Kaffee und Kuchen und dazu Schwarz-Weiß-Filme nach Wahl.

▶ ›Afanti Gourmet City‹ (Āfántí Měishíchéng 阿凡提美食城), im ›Tianshan‹ Hotel (Tiānshān Bīnguǎn 天山宾馆), Qūyáng Lù 775 曲阳路, Tel. 65559604. Westchinesische Xinjiang-Küche.

▶ ›Bì Fēng Táng‹ 避风塘, Háiníng Lù 358 海宁路, nahe Wúsong Lù 吴淞路, Tel. 63935568. Dim Sum im McDonalds-Stil. Lecker und einfach zu bestellen.

▶ ›Yā Wáng‹ 鸭王, 6. Stock, Sìpīng Lù 2665 四平路, Tel. 65652696. Hóngkǒus Peking-Enten-Restaurant.

▶ ›Róng Téng Yú Xiāng‹ 荣腾鱼乡, Sìchuān Běilù 1967 四川北路, nahe Chángchūn Lù 长春路, Tel. 56669355. Sichuanküche.

▶ ›Sincere Restaurant‹ (Zhìzhēn Jiǔdiàn 致真酒家), Sìpīng Lù 208 四平路, nahe Línpīng Běilù 临平北路, Tel. 65211177. Shanghai-Küche.

▶ ›Revolving 28‹, im ›Ocean Hotel‹ (Yuǎnyáng Bīnguǎn 远洋宾馆). Dōng Dàming Lù 1171 东大名路, Tel. 65458888. Das Drehrestaurant im 28. Stock bietet gute und günstige chinesische Küche mit wunderbarem Blick über die ganze Stadt.

Ohel-Moshe-Synagoge (Móxī Huìtáng 摩西会堂), Chángyáng Lù 62 长阳路, Tel. 65415008, 9–16 Uhr, Eintritt 50 RMB.

▶ Doland – Duolun Museum of Modern Art (Shànghǎi duōlún xiàndài měishù guǎn 上海多伦现代美术馆), Duōlùn Lù 27 多伦路, Tel. 65875996, Di–So 10–18 Uhr, Eintritt 10 RMB, www.duolunart.com.

▶ Lu-Xun-Museum (Lǔ Xùn Jìniàn Guǎn 鲁迅记念馆), Lu-Xun-Park, Dongjiangwan Lu 146 冻僵弯路, Tel. 63061181, 9–17 Uhr, Eintritt 5 RMB.

▶ Ehemaliges Wohnhaus Lu Xuns (Lǔ Xùn Gùjū 鲁迅故居), Shānyīn Lù 132 山阴路, 9–16 Uhr, Eintritt 5 RMB.

▶ Ddmwarehouse (Dōngdàmíng Cāngkù 东大名仓库), Dōng Dàming Lù 713 东大名路, Tel. 35013212, Fax 35013340, www.ddmwarehouse.org.

Pudong – das neue Shanghai

Eines haben die bettelarmen Wanderarbeiter Shanghais mit den reichen europäischen Touristen gemeinsam: Sobald die Sonne am Horizont versinkt und die abendliche Beleuchtung aufflammt, stehen sie Seite an Seite und mit offenem Mund auf der Bund-Promenade und staunen. Freilich nicht in dieselbe Richtung, denn während sich die europäischen Betrachter vor den Kolonialbauten des westlichen Ufers in das Sündenbabel des vergangenen Jahrhunderts zurücksinnen, haben die meisten Chinesen den Blick fest nach Osten gerichtet. Auf der anderen Seite des Huangpu lockt die Skyline des futuristischen Stadtteils Pudong New District (Pǔdōng Xīnqù 浦东新区) mit aberwitzigen Wolkenkratzern, überdimensionalen Werbeflächen und dem unglaublich bunt beleuchteten ›Pearl of the Orient‹-Fernsehturm.

Die meisten Touristen blicken abends vom Bund auf Pudong – doch auch umgekehrt ist die Aussicht von Pudong auf den Bund höchst beeindruckend. Am günstigsten und schnellsten kommt man mit der U-Bahn-Linie 2 für 3 RMB ans andere Ufer. Erheblich langsamer, dafür aber sehr authentisch und günstiger ist die Fahrt mit der Fähre ab der Fährstation Pǔjiāng Lǜlǎn Mǎtou 蒲江旅览码头 gegenüber der Hausnummer 1 am Bund. Grandios kitschig und geradewegs abgefahren ist die Alternative des Bund Underground Sightseeing Tunnel (Wàitān Guānguāng Suìdào 外滩观光隧道). Der Eingang befindet sich gegenüber dem ›Peace Hotel‹, von hier führt ein bunt illuminierter Tunnel mit zahlreichen Lichteffekten auf die andere Seite, durch den in kleinen Kabinen je vier Passagiere geschleust werden. Für alle Freunde des Trash ein Erlebnis! Preis: Einfache Fahrt 30 RMB. Wer abends beide Ufer in voller Beleuchtung genießen möchte, ist mit einer ›Hafenrundfahrt‹ 浦江游览 gut beraten. Sie starten am Jinling Pier gegenüber der Jinling Dōnglù 金陵东路 einige Meter südlich des Fähren-Terminals. Die Tickets gibt es tagsüber am kleinen Kiosk am nördlichen Ende der Bundpromenade.

Geschichte

Pudong war noch Anfang der 1990er ein eintöniger landwirtschaftlicher Streifen, der dem imposanten Bund wenig gegenüberzusetzen hatte. Gemüse- und Obstbauern lebten hier, Fischer und natürlich alle die, die sich eine Unterkunft auf der ›richtigen‹ Seite des Huangpu nicht leisten konnten. Die erste Brücke nach Puxi, die Nanpu-Brücke, wurde erst 1991 gebaut. Bis dahin gelangten die Bewohner nur mit einer vergleichsweise umständlichen und langwierigen Fährenfahrt ins Zentrum. Wohnraum war in Pudong daher günstiger als im Stadtzentrum.

Pudong – das neue Shanghai [361]

Blick vom Bund nach Pudong

Spaziergänge in Shanghai

Pudong – das neue Shanghai

Die ersten Siedler – die Sippe der Familie Lu – hatten sich erst im 15. Jahrhundert in Pudong niedergelassen. Die folgenden Jahrhunderte blieb es ruhig um Lùjiāzuǐ 陆家嘴 (›Mündung der Familie Lu‹), obwohl es durchaus immer wieder Pläne gab, Pudong wirtschaftlich zu entwickeln. Selbst Sun Yat-sen, der ›Vater des modernen China‹, wies Pudong in seinem ›Nationalen Aufbauplan‹ eine Rolle als Handelsplatz zu – die weiteren politischen Wirren zu Beginn des 20. Jahrhunderts ließen dieses Vorhaben aber wieder in den Hintergrund treten.

Erst am 18. April 1990 gab der damalige Premierminister Li Peng die Absicht bekannt, Pudong zu erschließen und für ausländische Investitionen zu öffnen – eine wahre Revolution für Shanghai. Quasi über Nacht wurden in Pudong die Hochhäuser hochgezogen und eine Skyline geschaffen, die jedem Europäer den Kiefer nach unten klappen läßt und den grenzenlosen Optimismus der Chinesen widerspiegelt. Welche Weltstadt von den Ausmaßen Shanghais hatte schließlich fast frei verfügbare Landreserven derartigen Ausmaßes direkt vor der Haustür? So ergab sich endlich eine Gelegenheit, China an prominenter Stelle neu zu erfinden und die geheimen Zukunftsvisionen Stein werden zu lassen.

Gerade deshalb scheint es kein Zufall, daß das neue Shanghai genau gegenüber vom britisch-westlichen Bund liegt – wie eine Ermahnung, das koloniale Puxi nicht zu ernst zu nehmen. Es symbolisiert die Vergangenheit, während Pudong

Bauarbeiter bei der Mittagspause

Pudong – das neue Shanghai [363]

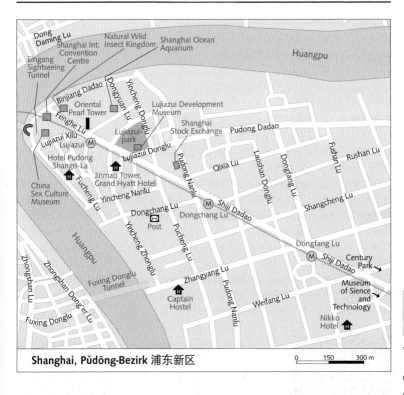

die Zukunft repräsentiert, die im übrigen auch einige Probleme verspricht. Der lockere Untergrund ist im Grunde genommen gar nicht fähig, die gigantischen Lasten zu tragen, so daß der Stadtteil an einigen Stellen mehrere Zentimeter pro Jahr sinkt. Das Problem ist nicht neu, wird aber mit jedem weiteren Wolkenkratzer ein wenig dringlicher. Selbst die Prestige-Strecke der Magnetschwebebahn Maglev beginnt sich mittlerweile zu senken. Wie die Stadt langfristig mit dieser Herausforderung umgehen soll, ist unklar. Derzeit wird jeden Sommer Wasser unter die Stadt gepumpt, um den Grundwasserspiegel zu halten und den Untergrund so zu stabilisieren.

Auch in sozialer Hinsicht hinkt Pudong noch hinter dem Rest der Stadt hinterher. Obwohl jeder Bewohner Shanghais mit Begeisterung und Ausdauer den Anblick der erleuchteten Skyline von Pudong genießen mag, dort wohnen wollen die meisten noch immer nicht. Oder sie können es nicht, denn daß im Vorzeigeviertel nicht gerade Sozialwohnungen entstehen, ist auch klar. Die repräsentativen Büros sind längst nicht alle vermietet, so daß Pudong nach Einbruch der Dunkelheit größtenteils verlassen und (sofern in China möglich) menschenleer daliegt. Eine bunte

Kneipen- oder Restaurantszene hat sich hier, von einigen illustren und hochpreisigen Ausnahmen abgesehen, genauso wenig entwickeln können wie eine atmosphärische Einkaufsstraße. Kaufen kann man hier sicher alles – aber eben nur in gläsernen und verchromten Konsumtempeln. Solange mehr Bauarbeiter als Angestellte in Pudong arbeiten, dürfte das auch so bleiben.

Bund Tourist Tunnel und Sex Culture Museum

Der Weg nach Pudong, will man ihn mit größtmöglichem Pomp begehen, führt unter dem Huangpu durch. Eine bessere Einstimmung als den Bund Tourist Tunnel (Wàitān Guānguāng Suìdào 外滩观光隧道) gibt es nicht. Auf etwas mehr als 650 Metern Länge gleiten kleine Gondeln durch bunte Projektionen, Lichtgeflacker, Dampf und Stroboskop-Exzesse unter dem Huangpu-Fluß durch ans andere Ufer: zehn Minuten Augen-Droge. Die Versuchung, noch einmal durch den Tunnel zu fahren, ist groß, denn man mag beim ersten Mal einfach nicht glauben, was den Sinnen serviert wird.

Und weil es gar so bunt ist, fällt schon fast gar nicht mehr auf, daß an beiden Eingängen dieser liebenswerten Abstrusität heftig für das private China Sex Culture Museum (Zhōnghuá Xìng Wénhuà Zhǎnlǎn 中华性文化展览) geworben wird. Neu ist die Sammlung in den Räumen am Luijiazui-Eingang nicht (wenn auch die erste ihrer Art in China), doch sie mußte sich lange verstecken. Erst war das Museum in einer kleinen Seitengasse der Nanjing Lu untergebracht, 2001 mußte es in die Wuding Lu umziehen, 2004 schließlich kapitulierte der Besitzer vor der Schikane der städtischen Behörden und zog ins nahegelegene Wasserstädtchen Tongli. Mittlerweile sieht die Stadtregierung das Thema mit weniger prüden Augen, zumal sich die Sammlung als Touristen-Magnet entpuppte, und so wurde 2006 wieder eine ›Zweigstelle‹ in Shanghai errichtet – diesmal allerdings an prominenter Stelle.

Oriental Pearl Tower

Wer aus dem Tourist Tunnel in Pudong wieder an die Oberfläche steigt, landet direkt zu Füßen der zumindest aus chinesischer Sicht wichtigsten Sehenswürdigkeit Pudongs. Weithin sichtbar und zum Wahrzeichen Shanghais geworden, ragt hier der Oriental Pearl Tower (Dōngfāng Míngzhū Tǎ 东方明珠塔) 468 Meter über die Pudong-Promenade (Bīnjiāng Dàdào 滨江大道) gen Himmel. Der größte Sendeturm Asiens stammt aus dem Jahr 1995 und hat auf 263 Metern sowie auf 350 Metern Höhe je eine überaus beliebte Aussichtsplattform. Die Bewertungen des Gebäudes in künstlerischer Hinsicht gehen im übrigen weit auseinander: Grandios finden ihn die einen, grauenvoll kitschig die anderen. Wie ein soeben gelandetes Raumschiff im Stil der 1970er strahlt er abends in allen Pastelltönen, zur Verzük-

Die Magnetschwebebahn Maglev verkehrt zwischen Pudong und dem Internationalen Flughafen

kung der meisten chinesischen Touristen. Wenn die Huangpu-Ausflugsboote auf Höhe des Oriental Pearl Towers ankommen und alle gleichzeitig an die Reling stürmen, um im unwirklich bunten Licht seiner Illuminationen möglichst viele Familienfotos zu schießen, dann fehlt nicht viel, um die Boote kippen zu lassen.

Museum für Stadtgeschichte

Neben Kitsch und Spaß hat der Oriental Pearl Tower aber auch Handfestes zu bieten. Unter dem Turm liegt das unbedingt sehenswerte Shanghai Municipal History Museum (Shànghǎi Shì Lìshǐ Bówùguǎn 上海市历史博物馆). Dank englischer Beschriftung und liebevoller Nachbauten des alten Shanghai ist das Museum ein würdiger Vertreter der neuen Generation chinesischer Museen und eines der besten der Stadt. Vor allem die Kolonialzeit wird erschöpfend in Szenen nachgestellt, die es leicht machen, ein Gefühl für die Lebensumstände dieser Zeit zu entwickeln.

Weitere Museen in Pudong

Wer sich für weitere Museen interessiert, kann in Pudong locker einige Tage verbringen, zahlreiche neue (und damit meist professionelle) Häuser locken den Besucher:

[366] Pudong – das neue Shanghai

Der Jinmao-Turm, Chinas höchstes Gebäude, ist buchstäblich auf Sand gebaut

Das Shanghai Ocean Aquarium (Shànghǎi Hǎiyáng Shuǐzú Guǎn 上海海洋水族馆) liegt ebenfalls direkt am Oriental Pearl Tower und ist vor allem bei Kindern beliebt, da sich die Meeresbewohner im 155 Meter langen Plexiglastunnel aus nächster Nähe betrachten lassen. Insgesamt sind hier mehr als 10000 Tiere zu sehen.

Auf der anderen Seite der Grünfläche lockt das Shanghai Natural Wild Insect Kingdom (Shànghái Dà Zirán Lièshēng Kūnchóng Guǎn 上海大自然烈生昆虫馆) – ebenfalls ein Hit für etwas ältere Kinder.

Pädagogisch besonders aufwendig und überzeugend ist das hochmoderne Shanghai Museum of Science and Technology (Shànghái Kēxuéguǎn 上海科学馆): Wissenschaft zum selber entdecken, mit vielen interaktiven Ausstellungen und absolut empfehlenswert.

Längst nicht so spektakulär, aber dennoch sehenswert ist der Lujiazui Development Showroom (Lùjiāzuǐ Fāzhǎn Chénlièguǎn 陆家嘴发展陈列馆), ein wenig weiter östlich am Eingang des des Parks Lujiazui Central Green (Lùjiāzuǐ Lüdi 陆家嘴绿地). Das Haus sticht geradezu aus der Menge, was nicht nur daran liegt, daß es bereits 1917 erbaut wurde. Dank der futuristischen Hintergrundkulisse wirkt es zudem gleich um einiges historischer. Die Ausstellung im Inneren gibt einen schönen Einblick in das Leben bessergestellter Chinesen zu Beginn des 20. Jahrhunderts. Seit 1997 wird hier zudem die Entwicklung Lujiazuis dokumentiert. Vor allem die Kollektion von Vorher/Nachher-Aufnahmen gibt einen guten Einblick in die unglaubliche Verwandlung des Stadtteils.

Jinmao Tower und World Financial Centre

Von hier aus sind es nur noch wenige Schritte zum Jinmao Tower (Jīnmào Dàshà 金茂大厦). 421 Meter hoch und damit derzeit das drittgrößte Gebäude der Welt, bietet es einen schwindelerregenden Ausblick über eine Stadt, die selbstverständ-

Pudong – das neue Shanghai

lich fast das gesamte Lichterspektakel mit top-modernen Leuchtdioden bestreitet (Glühbirnen dürfen seit 2006 nicht mehr verwendet werden). Der Turm leistet sich natürlich den schnellsten Aufzug der Welt, in den in einem klaustrophobischen Alptraum soviele freudig erregte Fahrgäste wie möglich auf einmal hineingepfercht werden, bevor er mit einer Geschwindigkeit von 9 m/sek gen Himmel jagt, wobei der Magen immer ein wenig langsamer zu reisen scheint.

Eine gehörige Portion Fengshui und Zahlenmagie gehört natürlich dazu, wenn ein so gewagtes Gebäude errichtet wird. Die glücksverheißende Hausnummer 88 sorgt für gutes Fengshui, zudem hat der Turm 88 Stockwerke – und die Aussichtsplattform liegt natürlich ganz oben. Ein Stockwerk darunter, in der Bar ›Cloud 9‹ des ›Grand Hyatt Hotels‹, gibt es zur Aussicht auch noch (schmerzhaft teure) Snacks und Kaffee. Der Blick nach oben aus dem Café des 56. Stocks ist sicher eines der berühmtesten Fotomotive Pudongs: 31 Stockwerke ist die Decke hoch, ein wahrhaft schwindelerregender Anblick. Von außen erinnert die Struktur des Jinmao an einen Bambus, und der biegt sich ja bekanntlich, ohne je zu knicken. Im 55. bis 88. Stock ist das ›Grand Hyatt Hotel‹ zuhause, die anderen Stockwerke sind als Bürofläche vermietet.

Gleich nebenan wächst aber schon die Konkurrenz in den Himmel. Der World Financial Centre (Shànghǎi Guójì Huánqiú Jīnróng 上海国际环球金融) soll nach

Auf der Aussichtsterasse des Jinmao-Turms

Bauende im Jahr 2008 eine Höhe von 492 Metern erreichen und damit sogar das Taipei 101 in Taiwan, den bisherigen Rekordhalter, in den Schatten stellen. Der Entwurf der New Yorker Architekten Kohn, Pedersen and Fox – länglich mit einer eckigen Aussparung oben – erinnert ein wenig an einen überdimensionalen Flaschenöffner für Kronkorken. Dabei handelt es sich allerdings nicht nur um eine Design-Spielerei, denn das Loch soll den Windwiderstand verringern. Ein offenes Aussichtsdeck am unteren Ende der Öffnung verspricht eine grandiose Aussicht.

Century Park und Börse

Bis zum Century Park (Shìjì Gōngyuán 世纪公园) gelangen die meisten Reisenden meist nicht mehr, schließlich liegt er ein gutes Stück östlich der Hauptsehenswürdigkeiten. Das 140 Hektar große Gelände ist jedoch mehr als nur ein gewöhnlicher Park mit Rasen und Bäumen und sicher einen Besuch wert. Wer die Ruhe sucht, findet hier großzügige Flächen, ein Vogelschutzgebiet und natürlich, wie es sich für einen chinesischen Park gehört, einen See mit künstlichem Kiesstrand, Bootsverleih und sogar einer Angelstation.

Zurück Richtung Puxi lässt sich ein kleiner Umweg vorbei an der Shànghǎi Stock Exchange (Shànghǎi Zhèngquàn Dàsha 上海证券大厦) in der Pǔdōng Nánlù 528 浦东南路 einbauen. Chinas größte Börse wurde 1992 eröffnet und war einige Zeit im ›Pujiang Hotel‹ untergebracht – eine wenig prestigeträchtige Adresse, so daß 2005 dieses Gebäude bezogen wurde. Seine charakteristische Form mit der großen Aussparung in der Mitte ist einer alten chinesischen Münze nachempfunden. Die Innenräume sind normalerweise für Touristen nicht zugänglich.

 ›Grand Hyatt Hotel‹ (Jīnmào jūnyuè dàjiǔdiàn 金茂君悦大酒店), 5 Sterne, Jinmao Tower, Shiji Dadao 88 世纪大道, Tel. 50 49 12 34, www.shanghai.grand.hyatt.com. Ab 2500 RMB. Absolut modernes Design, wie es sich für ein so modernes (und derzeit noch höchstes) Hotel gehört – und nicht gerade billig. Wer sich die Übernachtung nicht leisten kann oder will, sollte sich wenigstens einen Cocktail in der Bar ›Cloud 9‹ im 87. Stock gönnen oder einen Kaffee im 56. Stock. Auch der Pool im 57. Stock ist unbedingt sehenswert.

▶ ›Pudong Shangri-La‹ (Pǔdōng xiānggélǐlā dàjiǔdiàn 浦东香格里拉大酒店), 5 Sterne, Fucheng Lu 33 富城路, Tel. 68 82 88 88, www.shangri-la.com. Mitten in Lujiazui gelegen, dem Umfeld angemessener Luxus, ähnliche Preise wie das ›Grand Hyatt‹.

▶ ›Captain Hostel‹ (Chuánzhǎng qīngnián jiǔdiàn 船长青年酒店), Laoshā Dōnglù 527 崂山东

Pudong – das neue Shanghai [369]

路 (nahe Zhāngyáng Lù 张杨路), Tel. 58365966, Fax 58365956, www.captainhostel.com.cn. Wie der Name schon sagt: In maritimen Stil gehalten inklusive Bullaugen und Rettungsring, dafür aber günstig und sauber und eine der wenigen Backpacker-Unterkünfte in Pudong. Schlafsaal ab 60 RMB, Küche und Waschmaschinen vorhanden.

 ›Cháng'ān Dumplings‹ (Cháng'ān Jiǎozi Lóu 长安饺子楼), Pudong Dadao 1588/Minsheng Lu 浦东大道/民生路. Günstig und gut: Jiaozi-Teigtaschen in allen Variationen.

▶ ›Shanghai Uncle‹ (Hǎishàng Āshū 海上阿叔), Zhāngyáng Lù 500 张杨路, Tel. 58367977. Neue Shanghaier Küche, exquisit und daher nicht unbedingt billig.

China Sex Culture Museum (Zhōnghuá Xìng Wénhuà Zhǎnlǎn 中华性文化展览), Bund Tourist Tunnel, Lujiazui-Eingang, 8–22 Uhr, Eintritt 20 RMB. Einen Vorgeschmack auf die Exponate gibt es unter http://www2.hu-berlin.de/sexology/CSM/index.htm.

▶ Shanghai Municipal History Museum (Shànghǎi Shì Lìshǐ Bówùguǎn 上海市历史博物馆), Lùjiāzuǐ Lù 2 陆家嘴路, Tel. 58798888, 9–21 Uhr, Eintritt 35 RMB. Unter dem Oriental Pearl Tower.

▶ Shanghai Ocean Aquarium (Shànghǎi Hǎiyáng Shuǐzú Guǎn 上海海洋水族馆), Yínchéng Běilù 158 银城北路, Tel. 58779988, 9–18 Uhr, Juli/August 9–21 Uhr, Eintritt 110 RMB, www.aquarium.sh.cn.

▶ Shanghai Natural Wild Insect Kingdom (Shànghái Dà Zìrán Lièshēng Kūnchóng Guǎn 上海大自然烈生昆虫馆), Fēnghé Lù 1 丰和路, Tel. 58406950, Mo–Fr 9–17, Juli/August bis 21 Uhr, Eintritt 35 RMB.

▶ Shanghai Museum of Science and Technology (Shànghái Kēxuéguǎn 上海科学馆), Shìjì Dàdào 2000 世纪大道, Tel. 68622000, Di–So 9–17 Uhr, Eintritt 60 RMB, www.sstm.org.cn/howyi.

▶ Lujiazui Development Showroom (Lùjiāzuǐ Fāzhǎn Chénlièguǎn 陆家嘴发展陈列馆), Lùjiāzuǐ Donglu 15 陆家嘴东路, Tel. 58879964, 8–17 Uhr, Eintritt 5 RMB.

▶ Bund Tourist Tunnel (Wàitān Guānguāng Suìdào 外滩观光隧道), tägl. 8–22 Uhr, Eintritt 40 RMB hin und zurück, 30 RMB einfache Strecke.

▶ Oriental Pearl Tower (Dōngfāng Míngzhū Tǎ 东方明珠塔), Shìjì Dàdào 1 世纪大道, Tel. 58791888, 8–21 Uhr, Eintritt 50 RMB.

▶ Jinmao Tower (Jīnmào Dàshà 金茂大厦), Shiji Dadao 88 世纪大道, Tel. 50475101, 8–21 Uhr, Eintritt 50 RMB, www.jinmao88.com.

▶ Century Park (Shìjì Gōngyuán 世纪公园), Jinxiù Lù 1001 锦绣路, 7–18 Uhr, Eintritt 10 RMB, weiterer Eingang in der Huamù Lù 花木路.

Ausflüge ins Shanghaier Umland

Trotz Einkaufsfieber und kultureller Erbauung: Manchmal muß der Mensch einfach mal tief durchatmen – ohne dabei im Gedränge und Geschiebe der Nanjing Lu zu versinken oder eine Tonne Feinstaub aus den Autoabgasen einzuatmen. In dieser Hinsicht hat das Shanghaier Umland erstaunlich viel zu bieten. Vor allem die ›Wasserdörfer‹ (Shuǐxiāng 水乡) der Jiāngnán-Region 江南 (wörtlich: südlich des Flusses) süd- und südwestlich von Shanghai scheinen geradewegs für das chinesischen Poesiealbum entworfen worden zu sein: traditionelle chinesische Wohnhäuser, geschmückt mit roten Laternen entlang malerischer Kanäle, Bauersfrauen in traditioneller Kleidung samt dreieckigem Strohhut und viel subtropisch-grüne Umgebung.

Allzu viele Illusionen darf man sich über die Herkunft dieser idyllischen Szenerie allerdings nicht machen. Bei den Renovierungsarbeiten hatten die Stadtväter der Wasserdörfer durchaus touristisches Publikum vor Augen, und von den Einwohnern Zhouzhuangs oder Wuzhens dürften heute die wenigsten noch in der Landwirtschaft tätig sein. Zahlreiche kleine Verkaufsbuden, von Perlenhändlern bis Gewürzverkäufern, säumen immer den Weg des Besuchers, so daß sich zwangsläufig viel Kontakt

Alltägliches Transportmittel in den Wasserdörfern

mit den Einheimischen ergibt – beim Verkaufsgespräch. Bei aller Kritik – für die gestreßte Ausländerseele sind die Wasserdörfer allesamt Balsam. Und entfernt man sich ein, zwei Seitengassen vom touristischen Trubel, dann lockt in der Tat das Flair des alten China.

Die Wasserdörfer

Am einfachsten sind die Wasserdörfer per Touristenbus ab dem Shanghai Sightseeing Bus Centre zu erreichen. Der Busbahnhof wurde 1998 von den Shanghaier Tourismusbehörden geplant, um chinesischen wie auch ausländischen Touristen den Weg ins Umland zu erleichtern.

Reservierungen sind hier in der Regel nicht nötig, es sei denn, man kommt auf den fahrlässigen Gedanken, um den 1. Mai oder an Chinesisch-Neujahr auf Reisen zu gehen. Es empfiehlt sich, relativ früh am Tag, also allerspätestens gegen 9 Uhr einzutreffen, da die meisten Touren morgens zwischen 7.30 und 9.30 Uhr starten. Am Ticketschalter wird zumindest rudimentär Englisch gesprochen, und wer den Namen des gewünschten Ortes auf Englisch oder Chinesisch vorzeigt, erhält ohne große Nachfragen ein Hin- und Rückticket für denselben Tag. Preislich sind die Ausflüge ausnehmend günstig und schlagen jede organisierte Tour: Je nach Destination sind die Tickets für Tagesausflüge für 60 bis 200 RMB erhältlich.

 Der Shanghai Sightseeing Bus Center (Shànghái Lüyóu Jísàn Zhōngxīn 上海旅游集散中心) liegt am südlichen Rand des Shanghai Stadiums (Aufgang 5, Tor 12) an der Tiānyàoqiáo Lù 666 天钥桥路, U-Bahn-Linie 1, Shanghai Stadium, Tel. 56 96 32 48, 64 81 12 65, 64 81 13 29, www.chinassbc.com (bisher leider nur auf Chinesisch).

Zhujiajiao und Jinze

Nicht einmal eine Stunde Busfahrt von Shanghai entfernt taucht der Besucher in das China der Ming- und Qing-Zeit ein. Im Kreis Qīngpǔ 青浦, vor allem aber dessen Kleinstadt Zhūjiājiǎo 朱家角 wurden die alten Gassen und Tempel liebevoll restauriert und seit 2001 auch offiziell als touristische Attraktion ausgewiesen. Der kleine Ort am Dianshan-See kann auf mehr als 1700 Jahre Geschichte zurückblicken und ist eine echte Alternative für alle, deren Zeitplan keinen weiteren Ausflug in das Wasserland zuläßt.

Die wichtigste Sehenswürdigkeit ist sicher die Atmosphäre an sich: In den engen Gassen zwischen schiefen Holzhäusern kann man sich leicht mental ins Alte China versetzen. Insgesamt 36 Bogenbrücken führen über die diversen Kanäle, darunter auch die 72 Meter lange Fàngshēng Qiáo 放生桥 aus dem Jahr 1571, die als größte Bogenbrücke der Region gilt. Hier wurden traditionell gefangene Fische freigelassen, eine Praxis, die dem Buddhisten Meriten einbringt und auch heute noch diverse Fischhändler rechts und links der Brücke in Lohn und Brot hält. Des weiteren warten eine alte Post, eine traditionelle Apotheke, eine katholische Kirche aus dem Jahr 1860 und diverse kleine Tempel auf den Besucher. Die Běidàjiē 北大街 im Zentrum des Ortes ist die Haupteinkaufsstraße, auch wenn viele der Geschäfte sicher eher den Touristen als Einheimische im Blick haben.

Geradezu unbekannt, da touristisch nicht erschlossen, ist Jīnzé 金泽. Die kleine Stadt liegt einige Kilometer südwestlich von Zhūjiājiǎo und ist per Touristenbus nicht direkt zu erreichen. Wer sich die Atmosphäre des Wasserlands ohne Touristen-Nepp gönnen möchte, sollte ab Zhūjiājiǎo per Taxi anreisen. Wie auch die anderen Wasserdörfer ist das Stadtbild von kleinen Kanälen und engen Gäßchen geprägt, aber eben nicht unbedingt renoviert und daher gleich noch eine Portion authentischer. Sprachlich ist Jīnzé sicher die größte Herausforderung unter den Wasserdörfern. Mangels westlicher Kontakte darf man nicht unbedingt mit Englischkenntnissen rechnen, dafür aber mit viel freudiger Aufregung ob des ausländischen Besuchs.

 Ab Shanghai Sightseeing Bus Center (Shànghǎi Lǚyóu Jísàn Zhōngxīn 上海旅游集散中心) (U-Bahn-Linie 1, Shanghai Stadium) fährt von 7 bis 16.30 regelmäßig der Touristenbus Nr. 4, am Eingangstor von Zhūjiājiǎo kann man aussteigen.

 Dank der Nähe zu Shanghai ist es nicht zwingend nötig, über Nacht zu bleiben. Wer trotzdem die Atmosphäre Zhūjiājiǎos am Abend erleben möchte, kann im 3-Sterne-›Jingyuan Hotel‹ (Jǐngyuàn Bīnguǎn 景苑宾馆) gegenüber der Bushaltestelle unterkommen.

Zhouzhuang

Die kleine Stadt Zhōuzhuāng 周庄 zwischen Shanghai und Suzhou war eines der ersten Wasserdörfer, das für ausländische Besucher geöffnet wurde und seither an nationalen wie internationalen Touristen gut verdient. Es wäre schade, es ihr vorzuhalten, denn Zhōuzhuāng ist liebevoll restauriert und überaus sehenswert. Seit 1998 gehört der Ort, ganz zu Recht, sogar zum UNESCO-Weltkulturerbe. Einen Nachmittags kann man hier allemal verbringen. Die einstündige Bootstour durch

Ausflüge ins Shanghaier Umland [373]

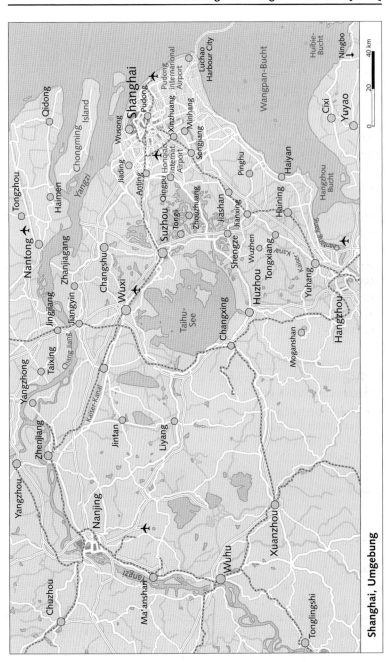

Shanghai, Umgebung

[374] Ausflüge ins Shanghaier Umland

Auch heute noch spielen die Kanäle von Zhouzhuang eine große Rolle für den Transport

die Kanäle ab der Taiping-Brücke (Tàipíng Qiáo 太平桥) gehört genauso dazu wie ein ausgiebiger Spaziergang durch die Stadt und eine Tasse Tee in einem der zahlreichen Restaurants an den Kanalufern. Dank der regen Touristenströme ist dieser Ausflug auch für weniger geübte Individualreisende gut zu bewältigen, ein bißchen Englisch spricht hier fast jeder Händler.

 Touristenbusse ab Shanghai Stadium (siehe oben) fahren zweimal morgens nach Zhǒuzhuāng, Fahrtzeit 1,5–2 Stunden.

 ›Zhēngù Táng‹ 贞固堂, Tel. 57 21 20 09, direkt in der Altstadt.

Jiading

Jiādìng 嘉定 vor den Toren Shanghais geht auf die Zhou-Dynastie (770–221 v. Chr.) zurück und beherbergt den größten Konfuzius-Tempel Südchinas. Er stammt aus dem Jahr 1219 und ist schon für sich gesehen ein guter Grund, das kleine Städtchen nordwestlich von Shanghai anzusteuern. Wenn danach noch Zeit bleibt bis zur Abfahrt des Busses, bietet sich ein Stadtspaziergang durch die Altstadt an. Die klassische Atmosphäre des Wasserlandes mit ihren Wasserwegen und Inselchen findet sich hier freilich nicht. Die Anreise ist dem Touristenbus Nr. 1 ab Shanghai Stadium möglich.

Tongli

Kaum zu glauben, daß Tónglǐ 同理, 25 Kilometer südlich von Suzhou, noch vor 20 Jahren nur per Boot zu erreichen war. Heute ist die Altstadt (nicht zu verwechseln mit dem modernen Tónglǐ nebenan) in mehr als 100 Filmen als Kulisse verewigt. Die Hauptattraktion des Ortes ist der Garten der Zurückgezogenheit und der Reflexion (Tuì'ēn Yuán 退恩园). Die Gartenanlage aus dem 19. Jahrhundert ist aber längst nicht der einzige Grund, nach Tónglǐ zu kommen. Die engen Gassen der autofreien Innenstadt führen an kleinen Kanälen entlang in die Altstadt, mit ihren einfachen Wohnhäusern und den renovierten Familienresidenzen, die zu kleinen Museen ausgebaut wurden. Schön, wenn die Zeit noch für eine Übernachtung in Tónglǐ reicht, denn am Abend läßt wenig auf eine Touristenstadt schließen.

Am Eingang zur Altstadt warten kleine Boote, die den Besucher für 180 RMB nach Zhǒuzhuāng (siehe oben) bringen.

 Touristenbusse ab Shanghai Stadium fahren täglich nach Tónglǐ, die Fahrtzeit beträgt 1,5–2 Stunden.

 ›Tonglihu Holiday Village‹ (Tónglǐhú Dùjiàcūn 同里湖度假村), 3 Sterne, am Tongli-See, Tel. 0512/6333 08 88.

Wuzhen

In vielerlei Hinsicht ist das 60 Kilometer südlich von Suzhou gelegene Wūzhèn 乌镇 mit Tónglǐ oder Zhǒuzhuāng zu vergleichen. Auch dieser Ort kann auf eine fast tausendjährige Geschichte zurückblicken, auch hier gibt es einen gut erhaltenen, renovierten Altstadtkern, durch den sich kleine Kanäle ziehen. In den letzten Jahren hat sich Wūzhèn zudem zum Museumsdorf entwickelt. Die Häuserzeilen an beiden Seiten des Östlichen Stadtkanals Dōngshìhé 东市河 beherbergen viele kleine Handwerksbetriebe, die dem Besucher unter anderem die Seidenfabrikation, Stickerei und Tee-Herstellung näher bringen. Auf dem zentralen Marktplatz zwischen der Huáng Jiē 黄街 und der Xīnhuá Jiē 新华街 liegt die ehemalige Residenz des Schriftstellers Mao Dun, einem der bekanntesten Literaten Chinas. Alles in allem ist Wūzhèn jedoch weniger überlaufen als Zhouzhuang.

[376] Ausflüge ins Shanghaier Umland

 Touristenbusse ab Shanghai Stadium (siehe oben) fahren täglich nach Wūzhèn, die Fahrzeit beträgt ca. 3 Stunden.

 Direkt in der Altstadt am östlichen Stadtkanal liegt das ›Wuzhen Youth Hostel‹ (Qīngnián Lüguǎn 青年旅馆), Tel. 05 73/8 71 76 78, das allerdings nur einfache Zimmer mit Gemeinschaftsdusche und -WC bietet.

▶ Wer ein wenig mehr Luxus sucht, ist im ›Midnight Grand Hotel‹ (Zǐyè Dàjiǔdiàn 子夜大酒店), Zǐyè Lù 3 子夜路, Tel. 05 73/8 72 80 88 richtig, das sich nach der Renovierung von einem einfachen Mittelklassehotel zu einem stilvollen Hotel mit lokalen Designelementen gemausert hat.

Suzhou

Ah, Sūzhōu! Schon der Name läßt viele Chinesen eine schwärmerische Pause einlegen: Keine Frage, Sūzhōu 苏州 erfreut sich landesweiter Beliebtheit und gilt als eine der schönsten Städte Chinas. Von den mehr als 100 klassischen Gartenanlagen der Stadt haben es immerhin sieben in die Liste des UNESCO-Weltkulturerbes geschafft. De facto ist Suzhou eine schöne Stadt, die sicher zu den touristischen Höhepunkten Chinas zählt. Darauf zu hoffen, die Moderne sei an ihr spurlos vorrübergerauscht, ist jedoch naiv. So nah an Shanghai gelegen, hat Suzhou nicht nur am Tourismus kräftig verdient, sondern ist auch Investitionsstandort vieler westlicher und singapurianischer Unternehmen. Da wundert es nicht, daß viele der einst so romantischen schiefen (und morschen) Häuschen an den Kanälen umfassend renoviert wurden – und man sieht es ihnen an. Aber dennoch ist die Stadt mit einer Million Einwohner (für chinesische Verhältnisse ein Klacks) eine Reise wert.

Geschichtlich entwickelte sich Sūzhōu bereits früh zu einer bedeutenden Stadt. Es diente einige Jahre als Hauptstadt des Staates Wu, einem der Königreiche der ›Streitenden Reiche‹ (403–221 v. Chr.) und wurde so bereits im 5. Jahrhundert vor Christus schriftlich erwähnt. Selbstverständlich wurden zu diesem Anlaß standesgemäße königliche Paläste und Gartenanlagen angelegt. Bemerkenswert ist, daß diese Tradition nach dem Ende der Hauptstadtzeit nicht verloren ging. Bereits in der Qin-Dynastie (220–206 v. Chr.) wurden die ersten privaten Gärten angelegt. Einen wahren Boom jedoch erlebte die kleine Stadt ab der Sui-Dynastie (589–618). Es war der Bau des Kaiserkanals, der die Position im (aus nördlicher Sicht gesehen) barbarischen Süden mit einem Schlag in eine Top-Lage verwandelte. Dank des regen Handels mit Seide, Tee und Reis wurde Suzhou zusehends reicher. Vor allem in der Ming- und Qing-Dynastie erfreute sich Suzhou wirtschaftlicher Prosperität – kein Wunder also, daß man hier durchaus auch in Kunst und Luxus investierte.

Besichtigung

Für eine umfassende Besichtigungstour zu Fuß ist Sūzhōu zu groß, denn die Sehenswürdigkeiten liegen über das gesamte Stadtgebiet verteilt. In der Shíquán Lù 石泉路 gegenüber dem Garten des Meisters der Netze (Wǎngshī Yuán 网师园) vermieten mehrere kleine Läden sowie das ›Suzhou Hotel‹ einfache chinesische Fahrräder. Auf einer etwa zehn Kilometer langen Runde durch den ursprünglichen Altstadtbereich zur Nordtempel-Pagode (Běisì Tǎ 北寺塔) und entlang der Rénmín Lù 人民路 zurück zum Garten des Meisters der Netze kann man die schönsten Gärten sowie eine Reihe anderer Sehenswürdigkeiten der Stadt im Rahmen eine kleinen Fahrradtour entdecken. Alternativ lassen sich natürlich auch Teilstrecken per Taxi zurücklegen.

Für die meisten Reisenden beginnt der Ausflug am Bahnhof im Norden der Stadt. Über die Rénmín Lù 人民路 geht es dann vom Bahnhof aus gen Süden zur Kreuzung mit der Xībēi Jiē 西北街. Hier bietet sich ein Besuch der Nordtempel-Pagode (Běisì Tǎ 北寺塔) an. Sie stammt aus dem 16. Jahrhundert. Wer den sportlichen Aufwand nicht scheut, erhält hier auf 76 m Höhe eine ersten Überblick über die Stadt.

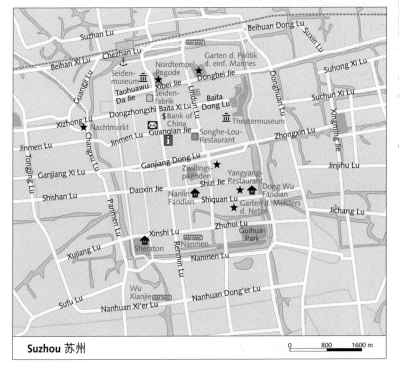

Suzhou 苏州

Ausflüge ins Shanghaier Umland

Der umgebende Tempel der Wohltätigkeit (Bào'ēn Sì 报恩寺) ist einer der ältesten der Stadt und wurde bereits im Jahr 222 gestiftet, wobei die heutigen Gebäude aber deutlich jüngeren Datums sind.

Garten der Politik des Einfachen Mannes

Mit dem Rücken zum Bahnhof nach links liegt die Dōngběi Jiē 东北街. Hier befindet sich einer der schönsten Gärten Suzhous, der Garten der Politik des Einfachen Mannes (Zhuōzhèng Yuán 拙政园). Mit mehr als 50 000 Quadratmetern ist der

Pavillon im Garten des Meisters der Netze

Garten einer der größten Suzhous und auch einer der berühmtesten Chinas. Das Gelände ist in drei Teile gegliedert und wurde 1522 bis 1566 vom Beamten Wang Xianchen in Auftrag gegeben, der hier seinen Altersruhesitz einrichtete. Genaugenommen besteht er aus mehreren Gärten: einem Eingangsteil im Stil europäischer Parkanlagen, in dem je nach Jahreszeit verschiedene Blumenaustellungen zu sehen sind, dem eigentlichen chinesischen Garten mit den Wohngebäuden sowie einem kleinen Bonsai-Garten im Westteil der Anlage.

Löwenwald-Garten

Nur wenige Minuten zu Fuß in Richtung Südwesten in der Yuánlín Lù 园林路 liegt der Löwenwald-Garten (Shīzi Lín 狮子林). Mitte des 14. Jahrhunderts vom buddhistischen Mönch Tianru auf den Überresten einer älteren Gartenanlage erbaut, wurden hier ganz besonders viele bizarre Felsen aus dem Taihu-See aufgestellt. Daher rührt auch der Name der Anlage: Sie sollen allesamt an Löwen erinnern. Insgesamt ist der Garten besonders typisch für den Stil der mongolischen Yuan-Dynastie (1279-1368).

Garten des Meisters der Netze

Ein ganzes Stück weiter südlich liegt der Garten des Meisters der Netze (Wǎngshī Yuán 网师园). Um ihn zu erreichen, folgt man der Líndùn Lù 临顿路 nach Süden. sie mündet in die Fènghuáng Jiē 凤凰街, die schließlich von der Shíquán Jiē 十全街 gekreuzt wird. Hier liegt der Garten in der kleinen Seitengasse Kuātāo Xiàng 夸涛巷. Der Garten des Meisters der Netze ist einer der kleinsten Gärten Suzhous, und unbestritten einer der schönsten. Gerade einmal 4000 Quadratmeter ist er groß und wirkt doch nie beengt. Bis heute gilt er als ein Meisterwerk der chinesischen Gartenbaukunst. Eine Kopie des westlichen Hofes steht seit 1981 im Metropolitan Museum of Art in New York.

Der Name des Gartens geht auf die ›Sage vom Pfirsichblütenquell‹ des Dichters Tao Yuanming (365-427) zurück. Ein armer Fischer entdeckt ein Traumland, in dem die Bewohner unbeschwert von täglichen Sorgen, politischen Intrigen und in Frieden leben. Shi Zhengzhi, der den Garten im 12. Jahrhundert bauen ließ, erhoffte sich nach einer enttäuschenden Karriere als Beamter, frustiert von Korruption und Intrigen, ein solches Refugium in dem Garten zu finden. Nach seinem Tod verfiel der Park und wurde im 1770 von einem kaiserlichen Beamten in der heutigen Form wiederhergestellt. Seit 1958 im Besitz der Stadt Suzhou, ist der Garten heute Teil des UNESCO-Weltkulturerbes.

Betritt man den Garten durch das Haupttor im Süden, so gelangt man zuerst in den Empfangsteil des Gartens. Eine ausnehmend hohe Geisterschwelle sollte wohl nicht nur böse Geister abhalten, sondern auch ungebetene Gäste. Die meisten Besucher schafften es nicht über die große Empfangshalle hinaus, in der der Hausherr Audienz hielt. Die Stühle der Gesprächspartner sind nebeneinander, nicht gegenüber aufgestellt, da es als unhöflich galt, sich während des Gespräches anzuschauen.

Hinter der Empfangshalle schließen sich die Wohngebäude an. Hält man sich links, so erreicht man den Gang des Entenschießens und blickt auf den zentralen Teich. Im gegenüberliegenden Pavillon des Aufgehenden Mondes und der frischen Brise erzeugt ein Spiegel den Eindruck von Weite. Etwas schräg aufgehängt, sieht man die eigene Spiegelung nicht und verfällt dadurch der Täuschung, der Garten ginge hinter dem Pavillon noch weiter. Entlang des Teiches saß der Hausherr einst mit ausgewählten Freunden, trank Wein und übte sich in der Kunst des Gespräches.

Der Pavillon des Waschens der Hutbänder wurde auch zu Musikaufführungen genutzt, ein Vergnügen, das Sie heute nachvollziehen können. Jeden Abend von März bis November finden im Garten zwischen 19.30 und 21 Uhr Musik- und Theateraufführungen statt. In fünf Hallen und Pavillons kommen Chinesische Oper, Theaterszenen, Balladen und Musikstücke zur Aufführung, jedes Stück dauert etwa zehn Minuten und wird alle 15 Minuten wiederholt. So kann man bei einem Rundgang die abendliche Atmosphäre des stilvoll beleuchteten Gartens genießen und je nach Belieben den Aufführungen beiwohnen.

Garten des Verweilens

Ebenfalls absolut sehenswert ist der Garten des Verweilens (Liú Yuán 留园) in der Liúyuán Lù 80 留园路. Auch er gilt als einer der bedeutendsten Gärten Chinas. Die mehr als 23 000 Quadratmeter große Anlage liegt allerdings am nordwestlichen Stadtrand und ist am besten per Taxi zu erreichen. Einst ließ ihn der Abt Xu Taishi im 1583 als zweigeteilten Garten anlegen. Er wurde jedoch immer wieder umgestaltet, geriet zeitweise sogar in Vergessenheit und wurde erst im 19. Jahrhundert wieder instand gesetzt. Der Gebäude-Anteil im Garten ist heute recht hoch, was ihn von den anderen Anlagen Suzhous unterscheidet. Eigentlich handelt es sich heute nur um den Ost-Teil, der westliche Teil liegt heute auf der anderen Straßenseite und wird vom Tempel des Verbots und der Disziplin benutzt. Wer den Besuch gleich mit einer kleinen Pause verbinden will, findet im Erdgeschoß der nordöstlichen Ecke des Gartens ein kleines Teehaus.

Seide aus Suzhou

Vielleicht steht dem Besucher nach all der Kultur der Sinn nach einer Einkaufstour. Auch in dieser Hinsicht kann Suzhou mit allerhand Gelegenheiten dienen. Vor

Ausflüge ins Shanghaier Umland [381]

Hier wird die Seide verarbeitet

allem Seidenwaren aus Suzhou sind landesweit berühmt. In den Seidenfabriken und Seiden-Outlets der Stadt biete sich die Möglichkeit, einen Blick auf die Produktion zu werfen und günstig ab Erzeuger einzukaufen, zum Beispiel in der Seidenfabrik (Sīchóuzhīpǐn Guójì Lüyóu Jiēdàibù 丝绸制品国际旅游接待部), Rénmín Lù 658 人民路, Tel. 67 27 58 75. Etwas mehr Erläuterungen, dafür aber ein kleineres Sortiment gibt es im Seidenmuseum (Sīchóu Bówùguǎn 丝绸博物馆) in der Rénmín Lù 661 人民路.

 Es gibt Direktverbindungen mit Shanghai (50 min). Der Hauptbahnhof liegt im Norden der Stadt an der Chēzhàn Lù 车站路.

 ›Sheraton Suzhou Hotel & Towers‹ (Wúgōng Xǐláidēng Dàjiǔdiàn 吴宫喜来登大酒店) 5 Sterne, Xīnshì Lù 388 新市路. Tel. 65 10 33 88, www.sheraton. com. Das mit Abstand beste Hotel in Suzhou im stilvollen, an die chinesische Gartenarchitektur angelehnten Design. Sehr zentral gelegen.
▶ ›Nánlín Fàndiàn‹ 南林饭店, 3 Sterne, Gǔnxiùfāng 20 滚绣坊, Tel. 65 19 46 41. Schönes Mittelklassehotel, architektonisch an den Gartenbaustil angelehnt, nahe dem Garten des Meisters der Netze.

Shanghai-Informationen von A bis Z

Ärztliche Versorgung
In Shanghai ist die medizinische und zahnmedizinische Versorgung vergleichsweise gut. Die folgenden Institutionen bieten Behandlungen auf westlichem Niveau. Die Rechnung wird vor Ort sofort beglichen und kann (sofern vorhanden) später bei der Auslandskrankenversicherung eingereicht werden.

■ Kliniken
▶ Internationale Abteilung Huadong Hospital
Huádōng Yīyuàn Guójì Zhěnsuǒ 华东医院国际诊所, 2. Stock, Yán'ān Xīlù 221 延安西路, Jìng'ān-Bezirk 静安区, Tel. 62 48 31 80, Ext. 3 01 06.
▶ Internationale Abteilung Huashan Hospital
Huāshān Yīyuàn Guójì Zhěnsuǒ 华山医院国际诊所, Chánglè Lù 1068 长乐路, Tel. 62 48 99 99, Ext. 25 00 (24-Stunden-Hotline).
▶ Shanghai East International Medical Center
Shànghǎi Dōngfāng Guójì Yīyuàn 上海东方国际医院, Pǔdōng Nánlù 551 浦东南路, Pǔdōng-Bezirk 蒲东区, Tel. 58 79 99 99.
▶ Shanghai United Family Hospital
Shànghá Hémùjiā Yīyuàn 上海和睦家医院, Xiānxiá Lù 1139 仙霞路, Chángníng-Bezirk 长宁区, Tel. 51 33 19 99, www.unitedfamilyhospitals.com.
▶ International Medical Care Centre of Shanghai
First People's Hospital 上海第一惹您医院医疗保康中心, Jiǔlóng Lù 九龙路 585, Tel. 63 24 38 52.

■ Zahnkliniken
▶ Cidi Dental Clinic
Xīdiǎn Chǐkē 西典齿科, Dr. Brian Watanabe, Bóhóng Dàshà 博鸿大厦, Jiangning Lu 495 江宁路, Zimmer 706–708, Tel. 51 15 45 75, www.cididental.com.
▶ Tokushinkai Dental Clinic
Dézhèn Chǐkē 德镇齿科, Dàgū Lù 386 大沽路 nahe Shímén Yīlù 石门一路, Jìng'ān-Bezirk 静安区, Tel. 63 40 02 70, www.tokushinkai.or.jp.
▶ Dr. Harriet Jin's Dental Surgery
Jīn Yīshēng Kǒuqiāng Zhěnsuǒ 金医生口腔诊所, Zimmer 1904, Huiyin Plaza, Huìyín Guǎngchǎng Nánlóu 汇银广场南楼, Huāshān Lù 2088 华山路, Tel. 64 48 08 82.

■ Traditionelle Chinesische Medizin (TCM)
▶ Body & Soul – the TCM Clinic
Shēnxīn Jiā Zhōngyīyuàn Ménzhěnbù 身心家中医门诊部, Anji Plaza Anjī Dàshà 安基大厦, Xīzàng Nánlù 760 西藏南路, Tel. 51 01 92 62.
▶ Tóng Rén Táng
同仁堂), Yán'ān Xīlù 1672 延安西路, Chángníng-Bezirk 长宁区, Tel. 62 94 98 37, www.tongrentang.com.

Apotheken
Wenn es sich nicht gerade um sehr seltene Arzneimittel handelt, sind

praktisch alle europäischen Medikamente auch in Shanghai erhältlich, wenn auch nicht immer unter demselben Namen. In der Regel sind zwar die Packungen auf Chinesisch beschriftet, auf dem Beipackzettel jedoch steht auch immer der englische Name. Besonders groß ist die Auswahl in der Apotheke Nr. 1 (Dìyī Yīyào Shāngdiàn 第一医药商店) in der Nánjīng Dōnglù 66 南京东路, die auf 5 Stockwerken quasi alles verkauft, was die westliche und die chinesische Medizin zu bieten haben. Englischkenntnisse sind in den Apotheken nicht zu erwarten, deshalb sollte man den Namen des Medikaments immer auf Papier vorzeigen können.

Anreise mit dem Flugzeug

Zahlreiche Fluggesellschaften bieten mittlerweile Direktflüge aus Europa nach Shanghai an. Neben den staatlichen Fluggesellschaften Air China und der China Eastern Airlines, deren Heimatflughafen Shanghai ist, sind auch Lufthansa, Air France, Alitalia und viele andere vertreten. Die durchschnittliche Flugzeit ab Frankfurt oder Wien beträgt 10,5 Stunden. Viele weitere Gesellschaften steuern ebenfalls Shanghai via Zwischenstop in Asien an.

■ **Fluggesellschaften**
▶ Air China
Zhōngguó Guójì Hángkōng 中国国

Fastfood muß nicht amerikanisch sein: hier gibt es chinesische Jiaozi-Teigtaschen

Die meisten Touristen kommen am Airport Pudong an

际航空, Huáshān Lù 600 华山路,
Tel. 62 52 69 40.
▶ Air France
Fǎguó Hángkōng 法国航空,
Zimmer 1301, Novel Plaza Yǒngxīn
Guǎngchǎn 永新广场, Nánjīng
Xīlù 128 南京西路, Tel. 63 50 92 68.
▶ Alitalia
Yìdàlì Hángkōng 意大利航空,
Zimmer 3607-08, The Center, Changle Lù 989 长乐路, Tel. 61 03 11 33.
▶ ANA
Quán Rì Kōng 全日空, Suite 208,
East Wing, Shanghai Center Shànghái
Shāngchéng Dōngfēng 上海商城
东峰, Nánjīng Xīlù 1376 南京西路,
Tel. 80 08 20 11 22.
▶ Austrian Airlines
Aodìlì Hángkōng 奥地利航空,
Zimmer 2904, Càifúshì Guǎngchǎng
菜福士广场, Xīzàng Zhōnglù 268
西藏中路, Tel. 63 40 34 11.
▶ China Eastern
Zhōngguó Dōngfāng Hángkōng
中国东方航空, Yán'ān Xīlù 200 延安
西路, Tel. 62 47 22 55.
▶ Dragon Air
Gǎng Lóng Hángkōng 港龙航空,
Unit 2101, Shanghai Square Office
Tower Shànghái Guǎngchǎng
Bàngōnglóu 上海广场办公楼, Huáihái
Zhōnglù 2101 淮海中路,
Tel. 63 75 63 75.
▶ JAL
Rì Háng 日航, Zimmer 435, Plaza 66
Hénglóng Guǎngchǎng 恒龙广
场, Nánjīng Xīlù 1266 南京西路,
Tel. 62 88 30 00.
▶ Lufthansa
Déguó Hànshā Hángkōng 德国汉莎

航空, Corporate Avenue Qǐyè Tiāndì 企业天地, Húbīn Lù 222 胡滨路, Tel. 53 52 49 99.
▶ Malasian Airlines
Mǎláixīyà Hángkōng 马来西亚航空, Suite 209, East Wing, Shanghai Center Shànghǎi Shāngchéng Dōngfēng 上海商城东峰, Nánjīng Xīlù 1376 南京西路, Tel. 62 79 86 29.
▶ Singapore Airlines
Xīnjiāpō Hángkōng 新加坡航空, Unit 606, Shanghai Kerry Centre Shànghǎi Jiālǐ Zhōngxīn 上海嘉里中心, Nánjīng Xīlù 1515 南京西路, Tel. 62 89 10 00.

■ **Flughäfen**

Aktuelle Informationen (auch in Englisch) über beide Flughäfen gibt es im Web unter www.shairport.com.
▶ Pudong International Airport
Fast alle internationalen Flüge kommen am Pudong International Airport (Pǔdōng Guójì Jīchǎng 蒲东国际机场) an, der erst 1999 eröffnet wurde und sich dementsprechend modern gibt. Der Flughafen verfügt über eine Info-Hotline unter Tel. 38 48 45 00.
Für den Transfer in die Stadt bieten sich verschiedene Möglichkeiten:
▶ Mit der Maglev
Die Magnetschwebebahn deutscher Herkunft legt die Strecke zur Longyang-Station (Lóngyánglùzhàn 龙阳路站, hier Wechsel zur U-Bahn) am Rande der Stadt mit bis zu 420 km/h in nur 8 Minuten zurück. Die einfache Strecke kostet 50 RMB, die Züge verkehren alle 20 Minuten von 7 bis 21 Uhr. Zeigt man das Flugticket vor, bekommt man 10 RMB Rabatt.
Die offizielle Webpage der Maglev: www.smtdc.com.
▶ Mit dem Taxi
Vom Flughafen Pudong bis zum Bund ist es ca. 1 Stunde Fahrzeit, die Kosten betragen um die 130 RMB.
▶ Mit dem Bus
Eine ganze Reihe von Buslinien verbinden den Flughafen Pudong mit der Stadt. Sie verkehren zwischen 7 und 23 Uhr.
▶ Hongqiao International Airport
Vor allem Inlandsflüge starten und landen am Hongqiao International Airport (Hóngqiáo Guójì Jīchǎng 红桥国际机场). Alle 20 bis 30 Minuten verbindet der Shuttle-Bus Airport No.1 Hongqiao mit dem Pudong International Airport. Die Fahrt dauert 1 Stunde und kostet 30 RMB. Der Transfer in die Stadt per Bus ist erheblich günstiger und kürzer, da Hongqiao nur etwa 12 km westlich des Zentrums liegt. Zahlreiche Busse verbinden den Flughafen bis in die Nachtstunden mit der Stadt. Eine Taxifahrt bis zum Bund dauert, je nach Verkehrslage, 45 bis 90 Minuten und kostet um die 70 RMB.

Anreise mit dem Zug

Reisende, die sich bereits in China befinden, erreichen Shanghai eventuell auch per Bahn. Das ist sicher nicht die schlechteste Variante. Der Direktzug ab Peking braucht, ohne Zwischenhalt, ca. 14 Stunden. Auf der

Strecke verkehrt auch ein Nachtzug.
Generell empfiehlt es sich, für die
Über-Nacht-Strecken eine Liege
im Softsleeper-Schlafwagen zu buchen.
Die weniger gepolsterten (und natürlich günstigeren) Hardsleeper-Liegewagen sind erheblich lauter und voller.
Der Bahnhof samt internationalem
Ticketschalter (englischsprachig)
befindet sich in der Tiānmù Xīlù 天目西路 im Zhábēi-Bezirk 闸北区. Er
ist bequem per U-Bahn-Linie 1
(Station Huǒchēzhàn 火车站) zu
erreichen.

Anreise mit dem Schiff
Etwas abenteuerlicher ist die Anreise
per Schiff aus Japan. Internationale Schiffe kommen am International
Passenger Terminal (Guójì Kèyùn
Mǎtou 国际客运码头) in der Yángshùpǔ Lù 100 杨树浦路 im Hóngkǒu-Bezirk 虹口区 an. Schiffe aus Xiamen
und Hongkong legen am Wusong
Passenger Terminal (Shànghǎi Gǎng
Wúsōng Kèyùn Zhōngxīn 上海港吴淞客运中心) am Zusammenfluß
von Huangpu und Yangzi nördlich von
Shanghai ab. Tickets ab Shanghai

In der U-Bahn

sind entweder direkt an den Anlegestellen oder über Reisebüros in der Stadt wie beispielsweise das CITS (siehe S. 389) erhältlich.
Wer von Shanghai aus eine Flußkreuzfahrt auf der gesamten schiffbaren Strecke des Yangzi unternehmen möchte, wendet sich an die Domestic Ships Wharf (Shíliùpǔ Kèyùnzhàn 十六铺客运站) in der Zhōngshān Dōng'èrlù 中山东二路 südlich des Bunds. Ab hier startet außerdem einmal täglich ein Boot zur Insel Pǔtuóshān 普陀山 (12 h Fahrtzeit).

Auto fahren

Die Idee, auf Shanghais Straßen selber zum Lenkrad greifen, verwerfen die meisten westlichen Ausländer nach der Ankunft recht schnell. Um auf den sechs-, acht oder gar zehnspurigen Ausfallstraßen zu überleben, braucht es die Fähigkeit, in vier Richtungen gleichzeitig zu sehen – ein Können, das auch den chinesischen Fahrern offensichtlich hin und wieder abgeht, so daß Unfälle keine Seltenheit sind. Der verwegene Fahrstil der Shanghaier tut sein übriges.

Behinderte

Rollstuhlfahrer und Blinde dürften Shanghai als schwieriges Reiseziel empfinden. Im Gegensatz zu den meisten Städten Chinas sind Reisen in Begleitung von Nichtbehinderten jedoch grundsätzlich machbar. Die großen Hotels zumindest sollten auf Anfrage behindertengerechte Zimmer haben, der Pudong-Flughafen und auch die U-Bahnen sind (theoretisch) rollstuhlgerecht angelegt. Auch die auf dem Lande unverhohlen zur Schau gestellte Neugier hält sich in Shanghai in Grenzen. Generell wurde bei modernen Gebäuden und neuen Straßen durchaus auch an Behinderte gedacht, in den älteren Siedlungen und ärmeren Vierteln jedoch dürften schon die hohen Bürgersteige, fehlende Rampen und generell der schlechte Zustand des Straßenbelags dem Rollstuhlfahrer einiges an Geduld abverlangen.
Weitere Infos gibt es auf der Website der Shanghai Disabled Persons Federation (Cánjīrén Liánhéhuì 残疾人联合会), Línyí Běilù 265 临沂北路, Tel. 58 73 32 12, Fax 38 89 00 02, www.shdisabled.gov.cn.

Fahrradfahren

Shanghai ist sicher keine Fahrradstadt. Im Gegensatz zu vielen anderen Städten Chinas ist hier oftmals nicht einmal eine Radspur vorhanden, und auf vielen Straßen der Innenstadt ist das Radfahren ohnehin verboten. Wer sich trotzdem auf zwei Rädern fortbewegen will, kann sich entweder am Captain's Hostel in der Fúzhōu Lù 37 福州路 eines mieten oder gleich ein Rad kaufen (weniger aufwendige Modelle aus China sind durchaus ab 40 Euro zu haben): Giant Bicycle Store, Jiànguó Xīlù 743 建国西路, Xújiāhuì 徐家汇, geöffnet 9–20 Uhr.

Geld

Alle größeren Hotels tauschen Bargeld

und Reiseschecks. In größeren Läden und in Einkaufszentren sowie in vielen Hotels und Restaurants ist es möglich, mit Kreditkarte zu bezahlen. An vielen Geldautomaten kann man mit der Euroscheckkarte (Maestro) Geld abheben. Der Umtauschkurs ist etwa 1:10, d.h. für einen Euro bekommt man 10 RMB.

Internet

▶ www.schanghai.com
Deutschsprachiges Shanghai-Portal.
▶ www.shtmetro.com
Die Website der Shanghaier Metro.
▶ www.shanghai.gov.cn
Die offizielle Seite der Shanghaier Regierung. Die englische Variante ist in der Kopfleiste versteckt.
▶ www.rickshaw.org
Zurück ins alte Shanghai.
▶ www.smartshanghai.com
Der hippe Nightlife-Guide für jüngere Besucher.

Klima

In den Subtropen und am Meer gelegen – das klingt nach mildem Wetter. Mitnichten: Im Sommer besticht die Metropole mit Temperaturen bis zu 40°C und hoher Luftfeuchtigkeit, im Winter kann es trotz Küstenlage bis zu –5°C kalt werden. Im Mai/Juni kann es aufgrund des Monsuns zu heftigen Regenfällen kommen. Die ideale Reisezeit ist im September/Oktober, und auch im März und April ist das Wetter noch mild. Wer im Sommer fahren muß, sollte sich von der Hitze nicht abhalten lassen: Taxis, Hotels, Geschäfte und Restaurants sind fast immer ausnehmend kühl klimatisiert – es empfiehlt sich also eine Jacke oder einen Pullover auch bei sommerlichen Temperaturen dabeizuhaben.

Konsulate

▶ Deutsches Generalkonsulat
Déguó Zǒnglǐng Shǐguǎn 德国总领事馆, New Century Plaza Xīnshídài Dàshà 新时代大厦, Wújiāng Lù 188 吴江路, Jìng'ān-Bezirk 静安区, Tel. 62 17 28 84.
▶ Österreichisches Konsulat
Aodìlì Zǒnglǐng Shǐguǎn 奥地利总领事馆, Qǐhuá Building 3A Qǐhuá Dàshà 启华大厦, Huáihái Zhōnglù 1375 淮海中路, Xúhuì-Bezirk 徐汇区, Tel. 64 74 02 78.
▶ Schweizer Generalkonsulat
Ruìshì Zǒnglǐng Shǐguǎn 瑞士总领事馆, F22, Gebäude A, Far East International Plaza Yuǎndōng Guójì Guǎngchǎng 远东国际广场 A 幢 22 楼, Xiānxiá Lù 319 仙霞路, Chángníng-Bezirk 长宁区 Tel. 62 70 05 19.

Notrufnummern

Feuerwehr: 119.
Internationale SOS-Nummer/24 h Alarm Center: 62 95 00 99.
Polizei: 110; englischsprachiger Service: 63 57 66 66.
Shanghai Ambulance Service: 120.

Post

Internationales Postamt (Guójì Yóujú 国际邮局), Sìchuān Běilù 276 四川北路 Ecke Tiāntóng Lù 天潼路, rund

Nicht gerade attraktiv, aber lecker: Straßensnacks

um die Uhr geöffnet (Hongkou-Bezirk). Verpackungsmaterial ist im Postamt erhältlich. Bevor das Päckchen ins Ausland zugeklebt wird, muß der Zoll vor Ort noch einen Blick hineinwerfen.

Reisebüros

▶ China Holiday Tours
Huángpí Běilù 227 黄皮北路,
Tel. 63 75 88 66, www.chinaholidaytours.com.
▶ China International Travel Service CITS
Zhōngguó Guójì Lüxíngshè 中国国际旅行社, Běijīng Xīlù 1277,
Tel. 63 21 72 00, www.cits.net.
▶ Shanghai Jetour Travel
Zhōngshān Běilù 3064 中山北路,
Tel. 62 22 77 79, www.jetour.com.

▶ Uniquely China
Zimmer 1109, Tower C 楼, Hengtong Lù 350-360 恒通路, Zhábĕi-Bezirk 闸北区, Tel. 63 80 90 06, www.uniquelychina.com.

Umwelt

Unter www.envir.online.sh.cn/eng läßt sich täglich die Luftqualität abfragen. Werte des Air Pollution Index unter 50 gelten als sehr gut.

Visumsverlängerungen

Visumsverlängerungen erledigt man bei der Ausländerpolizei (Gōng'ānjú Chūrùjìng Guǎnlǐchù 公安局出入境管理处), Wúsōng Lù 333 吴淞路, Tel. 63 57 66 66, Hóngkŏu-Bezirk 虹口区.

Sprachführer

Fremde Phonetik und verzwickte Tonhöhen – kein Wunder, daß der Versuch, sich auf Chinesisch zu unterhalten, hin und wieder trotz sprachlicher Anleitung nicht immer klappen will. Wenn Sie allzu ungläubiges Staunen ernten oder verhaltenes Gelächter, deuten Sie einfach auf die geschriebenen Sätze. Einen verbalen Versuch ist es aber allemal wert, denn die meisten Chinesen freuen sich über einen ehrlichen Ansatz, sich mit der Landessprache auseinanderzusetzen.
Im nachfolgenden Sprachteil wird die Pinyin-Umschrift verwendet, die auch in den meisten deutsch-chinesischen Wörterbüchern zu finden ist.

Umschrift

Pinyin	Aussprache
a	lang, wie in ›Krater‹
ai	wie in ›Mainz‹
an	wie in ›Kanne‹, nach i, u, y als ›än‹ wie in ›Länder‹
ang	wie in ›Klang‹
ao	wie in ›Traum‹
b	wie in ›Baum‹
c	wie in ›stets‹
ch	wie in ›deutsch‹
d	wie in ›Donner‹
e	wie das ›e‹ in ›Ende‹, jedoch breiter als ä nach i, u, y wie in ›hätte‹
ei	als ›äi‹ wie in ›Layout‹
en	sehr kurz, wie in ›leben‹
eng	sehr kurz, also wie eine Mischung aus e und ö + ng
er	wie im engl. Wort ›mirror‹
f	wie in ›Freund‹
g	wie in ›Regen‹
h	wie in ›wach‹
i	am Wortende wie in ›Bieber‹, in der Wortmitte flüchtiger wie in ›wirken‹, nach c, ch, r, s, sh, z, zh sehr kurz wie eine Mischung aus einem kurzen e und einem ö
j	wie ›dj‹, wie in ›Rundjahr‹
k	wie in ›kalt‹ (aspiriert)
l	wie in ›links‹
m	wie in ›Mann‹
n	wie in ›Name‹
o	wie in ›konnte‹
ong	wie in ›Wirkung‹
ou	wie im engl. Wort ›go‹
p	wie in ›Pilz‹ (aspiriert)
q	wie ›tj‹ in ›tja!‹ (aspiriert)
r	wie im engl. Wort ›right‹
s	stimmlos wie in ›Nuss‹
sh	stimmlos wie in ›Schirm‹
t	wie in ›Tier‹ (aspiriert)
u	wie in ›im Nu‹, nach y wie ›ü‹ in ›Hürde‹
w	wie im engl. Wort ›water‹
x	wie in ›Kichern‹
y	wie ›i‹ in ›Maya‹
z	›ds‹ wie der Fluß ›Hudson‹
zh	wie in ›Dschungel‹

Sprachführer

Begrüßungen und allgemeine Floskeln

Guten Tag, Hallo!
nǐ hǎo
你好

Guten Abend/Gute Nacht!
wǎn'ān
晚安

Guten Morgen!
zāo'ān
早安

Auf Wiedersehen
zàijiàn
再见

Hallo!
wèi !
喂

Bis morgen!
mīngtiān jiàn
明天见

Willkommen!
huānyíng huānyíng
欢迎欢迎

Bitte!
qǐng
请

Danke!
xièxiè
谢谢

Nichts zu danken.
bú yòng xiè
不用谢

Keine Ursache, macht nichts.
méi guānxī
没关系

Entschuldigung!
duìbùqǐ
对不起

Ja (so ist es).
shì
是

Nein, nicht.
bù
不

Richtig!
duì
对

Konversation

Woher kommen Sie?
nǐ shì cóng nǎli láide?
你是从哪里来的?

Wie heißen Sie?
nǐ jiào shénme míngzi?
你叫什么名字?

Erfreut Sie kennenzulernen.
gāoxīng rènshi nǐ
高兴认识你

Das ist meine Ehefrau (Ehemann).
zhè shì wǒde tàitài (zhàngfu)
这是我的太太（丈夫）

Herr Wang
Wang xiānshēng
王先生

Frau Wang
Wang nüshí
王女士

Fräulein (auch im Service)
xǐaojie
小姐

Ich heiße...
wǒ jiào ...
我叫 …

Ich komme aus ...
wǒ shì cóng ... lái de
我是从… 来的

Ich bin Deutsche/r (Österreicher, Schweizer).
wǒ shì déguórén (àodìlìrén, ruìshìrén)
我是德国人（奥地利人，瑞士人）

Wo ist...?
... zài nǎli
… 在那里？

Ich verstehe nicht.
wǒ tīng bù dǒng
我听不懂

Ich spreche kein Chinesisch.
wǒ bú huì jiǎng zhōngwén
我不会将中文

Sprechen Sie Englisch (Deutsch)?
nǐ huì bú huì jiǎng yīngwén (déwén)?
你会不会将英文（德文）?

Könnten Sie das bitte wiederholen?
qǐng nǐ zài shuō yī xià
请你再说一下

Ich habe mich verlaufen.
wǒ mílù le
我迷路了

Einen Moment bitte!
qǐng děng yī xia
请你等一下

Länder

China
zhōngguó
中国

Deutschland
déguó
德国

Österreich
aòdìlì
奥地利

Schweiz
ruìshì
瑞士

Luxemburg
lúsēnbào
卢森堡

Einkaufen

Wo bitte gibt es ein Kaufhaus?
zài nǎli yǒu yī gè bǎihuò shāngdiàn
在哪里有一个百货商店

Supermarkt
chāojí shìchǎng
超级市场

Kiosk
xiǎomǎibu
小卖部

Was kostet das?
zhèigè duō shǎo qián
这个多少钱

Ich möchte das da kaufen.
wǒ yào mǎi zhèigè
我要买这个

Kann ich das da mal sehen?
kěyǐ kàn yī xià zhèigè
可以看一下这个

Das ist zu teuer.
Zhèigè tài guì
这个太贵

Gehen Sie mit dem Preis ein wenig runter!
nǐ yào bu yào dì yī diàn
你要不要底一点

Ich möchte das nicht kaufen.
wǒ bú yào mǎi zhèigè
我不要买这个

Ich möchte mich nur umschauen.
wǒ zhǐ yào kàn yi kàn
我只要看一看

Wo gibt es...?
zài nǎli yǒu
在哪里有 …

etwas, ein wenig
yīdiàn
一点

etwas mehr
duō yī diàn
多一点

etwas weniger
shǎo yī diàn
少一点

zuviel
tài duō
太多

zu wenig
tài shǎo
太少

Kleidung
yīfu
衣服

Schuhe
xiézi
鞋子

Kosmetika
huàzhuāng
化妆

Lebensmittel
shíwù
食物

Papier
zhī
纸

Briefmarken
yóupiào
邮片

ausländische Zeitschriften
wàiwén zázhì
外文杂志

ausländische Bücher
wàiwén shū
外文书

Getränke
yǐnliào
饮料

Post/Bank/Telefon
Ich möchte diesen Brief nach Deutschland schicken.
wǒ yào fā zhèige xìn dào déguó
我要发这个信到德国

Ich möchte dieses Päckchen nach Deutschland schicken.
wǒ yào fā zhèige bāoguǒ dào déguó
我要发这个包裹到德国

Briefmarken
yóupiào
邮票

Luftpost
hángkōng
航空

Seeweg
háiyùn
海运

Landweg
lùyùn
陆运

Wo ist das internationale Postamt?
guójí yóujú zài nǎli?
国际邮局在那里?

Bank
yínháng
银行

Ich möchte Geld wechseln.
wǒ yào huàn qián
我要换钱

Telefon
diànhuà
电话

Fax
chuánzhēn
传真

Ich möchte telefonieren.
wǒ yào dǎ diànhuà
哦要打电话

Verkehr/im Taxi

Auto
qìchē
汽车

Taxi
chūzūqìchē
出租汽车

Fahrrad
zìxíngchē
自行车

Ich möchte ein Fahrrad mieten.
wǒ xiǎng zū yī liàng zìxíngchē
我想租一辆自行车

Bus
gōnggòng qìchē
公共汽车

Zug
huǒchē
火车

Bahnhof
huǒchēzhàn
火车站

Ich möchte ein Zugticket kaufen nach ...
wǒ yào mǎi yī zhang dào ... de huǒchēpiao
我要买一张到 … 的火车票

Softsleeper-Ticket
rǔanwò-piao
软卧票

Softseater-Ticket
ruǎnzuò piao
软座票

Hardsleeper-Ticket
yìngwò piao
硬卧票

Hardseater-Ticket
yìngzuò piao
硬座票

Flughafen
jīcháng
机场

Hafen
mǎtou
码头

Ich möchte hierhin (wenn Sie die Adresse zeigen).
wǒ yào qù zhèigè dìfang
我要去这个地方

Bitte benutzen Sie das Taxometer.
qǐng nǐ dǎ biǎo
请你打表

Ich möchte nach ...
wǒ yào qù ...
我要去…

Bitte halten Sie hier.
qǐng nǐ zài zhèli tíng
请你在这里停

Gesundheitliches

Ich fühle mich nicht wohl.
wǒ bù shūfu
我不舒服

Ich brauche einen Arzt.
wǒ xǔyào yīgè yīshěng
我需要一个医生

Apotheke
yàodiàn
药店

Krankenhaus
yīyuan
医院

Chinesische Medizin
zhōng yào
中药

Im Restaurant/Hotel

Restaurant
fàndiàn
饭店

Speisesaal
cāntīng
餐厅

Wo ist die Toilette?
cèsuǒ zài nǎli?
厕所在那里?

Männer
nán cèsuǒ
男厕所

Frauen
nü cèsuǒ
女厕所

Rindfleisch
niúròu
牛肉

Schweinefleisch
zhūròu
猪肉

Hühnerfleisch
jīròu
鸡肉

Fisch
yú
鱼

Meeresfrüchte
hǎixiān
海鲜

Gemüse
sùcài
素菜

Reis
báifàn
白饭

gebratener Reis
chǎofàn
炒饭

Nudeln
miàn
面条

gebratene Nudeln
chǎomiàn
炒面

Brot
miànbāo
面包

Salz
yán
盐

Zucker
táng
糖

zu scharf!
tài làde
太辣的

Obst
shuǐguǒ
水果

Bitte bringen Sie die Speisekarte.
qǐng nǐ gěi wǒ kàn yī xià càidān
请你给我看一下菜单

Haben Sie eine englische Speisekarte?
yǒu méi yǒu yīngwén càidān?
你有没有英文菜单?

Zahlen bitte!
jiézhàng
结账

Bitte bringen Sie eine Gabel.
qǐng nǐ lái yī gè chāzi
请你来一个叉子

Haben Sie Einweg-Stäbchen?
yǒu méi yǒu wèishēng kuàizi?
有没有卫生筷子?

Sehr lecker!
fēicháng hǎochī!
非常好吃!

Hotel
lǚguǎn, bīnguǎn
旅馆,宾馆

Schlüssel
yàoshi
钥匙

Bitte bringen Sie abgekochtes Wasser.
qǐng nǐ lái kāishuǐ
请你来开水

Bitte machen Sie das Zimmer sauber.
qǐng nǐ dǎcǎo yīxià fángjiān
请你打扫一下房间

Diese Gerichte finden Sie im ganzen Land auf (fast) jeder Speisekarte

Gebratenes Gemüse
chǎo sūcài
炒蔬菜

Gebratene Nudeln mit etwas Gemüse und Schwein
chǎo mian
炒面

Huhn mit Erdnüssen und Chili
gōngbǎo jīdīng
宫保鸡丁

süß-saures Schweinefleisch
gǔlǎoròu
古老肉

Fisch im Sud aus Sojasoße und Reiswein
hóngshāo yu
红烧鱼

Tofu in sehr scharfer Chilisoße
málà dòufu
麻辣豆腐

Tofu mit Hackfleischsoße
mápó dòufu
麻婆豆腐

Rindfleisch mit grünem Paprika
qīngjiāo niúròu
青椒牛肉

Knusprig fritiertes Hühnerfleisch
xiāngsū jī
香酥鸡

Gebratene Tomaten mit Ei
xīhóngshì chǎodàn
西红柿炒蛋

Kantonesischer Reis mit Erbsen, Ei und Schinken
guāngdōng chǎofàn
广东炒饭

›Die Ameisen krabbeln auf den Baum‹ Glasnudeln mit scharfer Hackfleischsoße
máyǐ shàng shù
蚂蚁上书

Zweimal gebratenes Schweinefleisch
huíguōròu
回锅肉

Feuertopf (Brühe-Fondue)
huǒguō
火锅

Die wichtigsten Getränke

Wasser
shuǐ
水

Mineralwasser
kuàngquán shuǐ
矿泉水

Kaffee
kāfēi
咖啡

Milchkaffee
niúnǎi kāfēi
牛奶咖啡

grüner Tee
lüchá
绿茶

schwarzer Tee
hóngchá
红茶

Coca-Cola
kěkǒu kělè
可口可乐

Pepsi-Cola
bǎishì kělè
百事可乐

Fanta
fēndá
芬达

Orangensaft
júzizhī
橘子汁

Bier
píjiǔ
啤酒

Rotwein
hóng pútáojiǔ
红葡萄酒

Weißwein
bái pútáojiǔ
白葡萄酒

Getreide-Schnaps (meist billig)
báijiǔ
白酒

Maotai Getreide-Schnaps (teure Variante)
máotáijiǔ
茅台酒

ein Glas
yī bēi
一杯

eine Flasche
yī píng
一瓶

noch ein Glas
zài lái yī bēi
再来一杯

Notfälle

Hilfe!
jiùmìng a!
救命啊！

Polizei
jǐngchá
警察

Botschaft
dàshǐguǎn
大使馆

Ich muß mit der deutschen Botschaft telefonieren
wǒ xuyào gěi déguó dàshǐguǎn dǎ diànhuà
我需要给德国大使馆打电话

Personalpronomen

ich
wǒ
我

du
nǐ
你

Sprachführer

er/sie/es
tā
他, 她, 它

wir
wǒ-men
我们

ihr
nǐ-men
你们

sie
tā-men
他们

Zahlen

1
yī
一

2
èr
二

3
sān
三

4
si
四

5
wǔ
五

6
liù
六

7
qī
七

8
bā
八

9
jiǔ
九

10
shí
十

15
shíwǔ
十五

20
èrshí
二十

21
èrshíyī
二十一

50
wǔshí
五十

100
yībǎi
一百

Sprachführer [401]

Die Handzeichen für Zahlen unterscheiden sich erheblich von den in der westlichen Welt üblichen, deswegen hier eine kleine Übersicht, damit Sie nicht plötzlich acht Gläser Bier auf dem Tisch stehen haben...

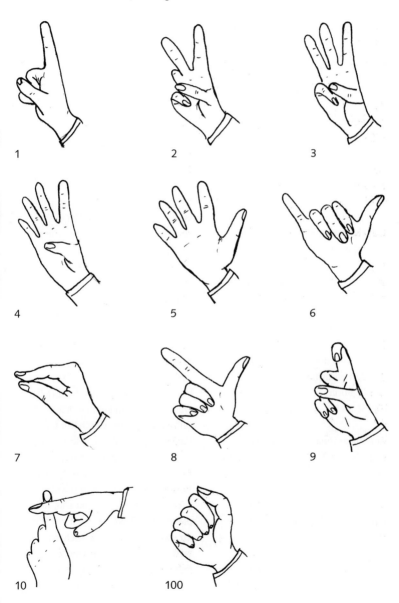

China-Reisetips von A bis Z

Antiquitäten

Generell dürfen Antiquitäten, die älter als 100 Jahre sind, nur ausgeführt werden, wenn sie den roten Stempel der Kulturbehörde tragen. Münzen aus der Zeit vor 1949 dürfen überhaupt nicht mehr ausgeführt werden. Wichtig ist, daß die entsprechende Ausfuhrgenehmigung bereits zum Zeitpunkt des Kaufs in Form des roten Stempels vorliegt. Nachträglich werden Ausfuhrgenehmigungen in der Regel nicht erteilt.

Botschaften und diplomatische Vertretungen

Botschaft der Volksrepublik China, Märkisches Ufer 54, 10179 Berlin, Tel. 0 30/2 75 88-0, Fax -2 21, www.china-botschaft.de.

Außenstelle der Botschaft der VR China, Kurfürstenallee 12, 53177 Bonn, Tel. 02 28/79 55 97 16, Fax 36 23 50.

Generalkonsulat der VR China, Elbchaussee 268, 220605 Hamburg, Tel. 0 40/82 69 75, Fax 82 27 60 22.

Generalkonsulat der VR China, Romanstr. 107, 80639 München, Tel. 0 89/17 30 16-12, Fax -19.

Botschaft der VR China in der Schweiz, Kalcheggweg 10, 3000 Bern, Tel. 0 31/3 52 73 33, Fax 3 51 45 73, www.china-embassy.ch

Botschaft der VR China in Österreich, Metternichgasse 4, 1030 Wien, Tel. 01/7 14 31 49, www.chinaembassy.at.

Deutsche Botschaft 德国大使馆, No. 71 Dongzhimenwai Dajie, Sānlǐtún 东直门外大街，三里屯, Beijing, China 北京, Tel. 00 86/10/65 32 21 61, Fax 00 86/10/65 32 53 36.

Elektrizität

Die Spannung beträgt, wie in Deutschland, 220 Volt. Je nach Region sind aber Adapter für zweifache bzw. dreifache Flachstecker erforderlich. Größere Hotels halten sie vorrätig.

Feiertage

Zahlreiche nationale und regionale Feiertage richten sich nach dem traditionellen Mondkalender und finden daher von Jahr zu Jahr an unterschiedlichen Terminen statt. Vor allem während des chinesischen Neujahrsfests im Februar/März sind praktisch alle Geschäfte und zahlreiche Restaurants geschlossen. Hinzu kommt der überdurchschnittliche Reiseverkehr, da man über Neujahr traditionell die Familie besucht. Wer zu diesem Zeitpunkt eine Reise plant, sollte Zugfahrkarten unbedingt im voraus reservieren! Auch am ersten Mai und in der Woche rund um den ersten Oktober wird es in den Bahnhöfen und Flughäfen eng, da

Mädchen in Shanghai

auch die Chinesen die Liebe zum Reisen entdeckt haben.
Feststehende nationale Feiertage sind: 1. Januar, 8. März (Internationaler Frauentag), 1. Mai (Tag der Arbeit), und 1./2. Oktober (Gründung der Volksrepublik China).

Fotografieren/Filme
Die üblichen Kleinbildfilme der großen Hersteller gibt es auch in China in allen großen Städten. 100 ISO und 200 ISO sind deshalb kein Problem. Ab 400 ISO aufwärts wird das Angebot mager, spezielle Filme sollten Sie deshalb immer mitbringen. Diafilme haben sich in China übrigens nie durchsetzen können und sind deshalb fast unbekannt.

Digitalfotografen hingegen finden in den Großstädten alle notwendigen Accessoires zu günstigen Preisen. Oft besteht in Photogeschäften und in manchen Touristencafés auch die Möglichkeit, digitale Bilder von Speicherkarten auf CD zu brennen. Die Durchleuchtungsgeräte an Flughäfen und Bahnhöfen (auch hier wird oft das Gepäck kontrolliert!) scheinen standardmäßig mit dem Aufkleber ›filmsafe‹ ausgestattet worden zu sein. Während auf den großen Flughäfen kein Grund zur Sorge besteht, ist dies auf kleineren Bahnhöfen jedoch mit großer Skepsis zu betrachten.

Geld und Devisen
Wer sich in Sachen Geld nicht gleich

China-Reisetips von A bis Z

Snacks in einem Shanghaier Kaufhaus

als Laie outen möchte, darf erst einmal Vokabeln lernen: Für jeden Geldschein sind mindestens zwei Bezeichnungen im Umlauf: Renminbi und Yuan. Offiziell wird mit dem Renminbi (RMB), dem ›Volksgeld‹ bezahlt. Ein Renminbi (auch Yuan oder Kuai) entspricht 10 Jiao (Mao) und 100 Fen.

So verworren die Bezeichnungen auch sind, Geldbeschaffung ist fast nie ein Problem. Kreditkarten sind mittlerweile in den Großstädten weit verbreitet, Reiseschecks werden in den staatlichen Banken gerne genommen, und an vielen Geldautomaten ist auch die Euroscheckkarte gut für Bares, sofern sie den Aufdruck ›Maestro‹ trägt. Nur wer sich weit von den Touristenzentren entfernt, sollte eine Notration chinesischer Währung dabei haben.

Seit Abschaffung der Devisenwährung ist Schwarztausch übrigens nicht mehr lohnenswert (und ohnehin illegal), auch wenn sich hier und da noch Vertreter des grauen Bankbusiness finden. Der Kurs ist meist schlechter als in der Bank, und ohne Quittung läßt sich der Renminbi bei Ausreise nicht zurücktauschen. Obwohl die chinesische Währung nicht frei konvertierbar ist, wurden die Einfuhreinschränkungen mittlerweile größtenteils aufgegeben. Bis zu 6000 Renminbi bzw. der Gegenwert

von 5000 RMB dürfen eingeführt werden, größere Summen müssen deklariert werden.
RMB in Euro umzurechnen ist einfach: 10 RMB sind etwa 1 Euro.

Gesundheit
Obligatorische Impfungen gibt es für Reisende aus Europa zwar nicht, aber die klassischen Tetanus-, Polio- und Diphterieimpfungen sollte der Reisende mitbringen. Auch eine Immunisierung gegen Hepatitis A und B kann ratsam sein, besonders wenn abgelegene Gebiete auf der Reiseroute stehen. Malaria ist zwar selten in China, für Reisen nach Süd-Yunnan, Guizhou und Guangxi lohnt es sich aber, beim Tropeninstitut nachzufragen.
Die häufigste Erkrankung bleibt der ordinäre Schnupfen, denn chinesische Ladeninhaber besitzen ein ausgeprägtes Faible für eiskalte Klimaanlagen. Wie auch sonst in Asien gehören Eis und ungeschältes Obst nicht auf den Speiseplan. Magen-Darm-Erkrankungen sind häufig und lassen sich nur durch gute Hygiene vermeiden: nur gekochte Speisen, unbenutzte oder gut gespülte Stäbchen und vor allem häufiges Händewaschen! Ob das Leitungswasser der Großstädte mittlerweile wirklich trinkbar ist, sollte man, sofern abenteuerlustig, erst gegen Ende der Reise ausprobieren.
Desweiteren gilt: Sonnenschutzmittel mitbringen! Generell gibt es dies zwar schon hier und da, doch Chinesen bewegen sich sowieso NIE in der prallen Sonne, wenn es sich vermeiden läßt. Nehmen Sie vor allem bei Reisen in den Süden mindestens Faktor 12 mit.

Informationen vor Reiseantritt
Fremdenverkehrsamt der VR China, Ilkenhansstr. 6, 60433 Frankfurt, Tel. 069/52 01 35, Fax 52 84 90, www.china-tourism.de.

Internet
Von unterwegs schnell mal die E-Mails aufrufen oder einen Gruß nach Hause zu senden, das ist mittlerweile kein Problem mehr. Praktisch alle Hotels ab drei Sterne aufwärts haben einen zugänglichen Internetanschluß, wenn nicht sogar Internet auf dem Zimmer. Sowohl in Peking als auch in Shanghai gibt es viele Internetcafés, die bis spät in die Nachtstunden geöffnet sind. Selbst auf dem Land gibt es erstaunlich günstige und schnelle Internetcafés. Um diese zu finden, muß man allerdings die chinesischen Zeichen für Internet kennen: Wǎngbā 网吧.

Kinder
Prinzipiell steht einem China-Urlaub mit Kindern erst einmal nichts im Wege, sofern man sich an die großen Städte mit guter gesundheitlicher Versorgung hält. Es schadet jedoch nicht, wenn der Nachwuchs bereits ein wenig Reiseerfahrung hat. Die meisten Chinesen sind ausnehmend kinderlieb und abgehärtet, wenn es

Kinder werden in China nicht als Störfaktor empfunden

um Geschrei oder Kleckereien geht, so daß quengelnde Kleinkinder, egal, ob spät abends im Restaurant oder im Museum, auf viel Verständnis treffen. Babys unter einem Jahr sind in China nicht ganz so gut aufgehoben, da ihr Immunsystem noch nicht auf die vielen neuen Krankheitserreger eingestellt ist. Egal welchen Alters, ganz besonders für Kinder gilt: Impfungen vor der Abfahrt beim fachkundigen Arzt klären lassen! Wer viel mit dem Taxi unterwegs sein möchte, sollte auf jeden Fall eine tragbare Sitzunterlage mitnehmen, da Kindersitze fast völlig unbekannt sind.

Kleidung

Ab Kleidergröße 42 und Schuhgröße 39 (Frauen) und 43 (Männer) aufwärts wird das Angebot der chinesischen Läden dünn – und hausbacken! Darunter jedoch finden Sie mehr als genug Möglichkeiten, eventuelle Lücken in der Garderobe aufzufüllen. Generell herrscht in China ein recht lockerer Kleider-Kodex, verschmutzte oder gar zerrissene Kleidung ist jedoch nicht akzeptabel, schon gar nicht in den Metropolen Peking und Shanghai. Und wer in China noch so etwas wie Bauern-Schick vermutet, der darf sich auf große Überraschungen gefaßt machen:

Im Shanghaier Nachtleben ist Haute-Couture angesagt, und auch in Peking sind die Tage des Mao-Anzugs schon lange vorbei.

Kriminalität

Noch immer ist die Kriminalitätsrate erheblich geringer als in Europa. Vor allem gegenüber Ausländern halten sich die lokalen Missetäter zurück, denn hier drohen besonders harte Strafen. Alles in allem tun Sie trotzdem gut daran, die auch in Europa angemessenen Vorsichtsregeln einzuhalten. Das heißt: Natürlich können Sie nachts im Dunkeln unterwegs sein, der Weg durch den Park ist aber genauso unangemessen wie in Berlin oder München. Frauen werden feststellen, daß sich die Blicke und Übergriffe in Grenzen halten. Dies liegt nicht nur an der Emanzipation der chinesischen Frauen, sondern auch daran, daß westliche Frauen aus chinesischer Sicht oft nicht sehr weiblich wirken.
Bei der Besichtigung touristischer Anlagen und beim Bad in der Menge sollten Sie sich vor Taschendieben in acht nehmen und Wertsachen im Hotelsafe verwahren lassen. Paß und Schecks gehören immer in den Bauchgurt. Unter dem T-Shirt versteht sich.

Lärm

China ist ein lautes Land. Auch in guten Hotels kann es passieren, daß sich nachts um drei noch Gäste angeregt auf dem Gang unterhalten.
Reisende mit leichtem Schlaf sollten Ohrstöpsel mitnehmen.

Landkarten

Stadtpläne und Landkarten in mittlerer Touristenqualität gibt es in China an jeder Ecke. Die englische Beschriftung läßt jedoch oft zu wünschen übrig. In den einschlägigen großen Buchläden sind jedoch gute Stadtpläne erhältlich.

Maße und Gewichte

In China wird wie in Europa in Metern und Kilogramm gemessen.
Daneben gibt es noch die traditionellen Einheiten Chi (0,33 Meter), Li (0,5 Kilometer) und Jin (ein Pfund). An den Straßenständen und Snackbuden kann es vorkommen, daß die traditionelle Maßeinheit ›liang‹ (ungefähr 50 Gramm) verwendet wird. Schuhgrößen und Kleidergrößen sind oft nach europäischem Vorbild angegeben.

Post

Die Postämter sind meist von 9 bis 18 Uhr geöffnet. Hier erhalten Sie die üblichen Briefmarken etc. Wer unterwegs Ballast abwerfen und einige Souvenirs nach Hause schicken möchte, muß sich dazu an das internationale Postamt wenden (Peking S. 223, Shanghai S. 388).

Fernsehen und Presse

Das allgemeine staatliche Fernsehen ist natürlich auf Hochchinesisch gehalten. Es gibt jedoch auch einen englischsprachigen Kanal (CCTV9). Für Fußball- und Sportenthusiasten bietet CCTV eine breite und detaillierte Berichterstattung, inklusive je eines Live-Spiels der Bundesliga jeden Samstag und Sonntag. In den internationalen Hotels empfangen Sie fast immer CNN und teils sogar Deutsche Welle TV. An der Rezeption erhalten Sie in der Regel die staatliche englischsprachige Tageszeitung ›China Daily‹.

Reiseveranstalter
China By Bike, Karlsgartenstraße 19, 12049 Berlin, Tel. 0 30/622 56 45, Fax 62 72 05 90, www.china-by-bike.de.

China Germany Special Tours GmbH, Leonrodstraße. 77, 80636 München, Tel. 0 89/12 70 91-0, Fax -199, www.china-reisen.de.

China Tours Hamburg GmbH, Rehkoppel 7, 22119 Hamburg, Tel. 0 40/81 97 38-0, Fax -88, www.china-tours.de.

DERTOUR GmbH & Co. KG, Emil-von-Behring-Straße 6, 60424 Frankfurt a. M., Tel. 0 69/95 88-00, Fax -10 10, www.dertour.de.

E/T/C Edutainment Travel Company GmbH, Neureutherstraße 27, 80799 München, Tel. 0 89/27 30 68-0, Fax -2, www.edutainment-travel.com.

East Asia Tours GmbH, Wichertstraße 16–17, 10439 Berlin, Tel. 0 30/4 46 68 90, Fax 4 45 95 17, www.eastasiatours.de.

GeBeCo, Holzkoppelweg 19a, 24118 Kiel, Tel. 04 31/54 46-0, Fax -111, www.gebeco.de.

GO EAST Reisen GmbH, Bahrenfelder Chaussee 53, 22761 Hamburg, Tel. 0 40/89 69 09-0, Fax 89 49 40, www.go-east.de.

Lernidee Reisen GmbH, Eisenacher Staße. 11, 10777 Berlin, Tel. 0 30/7 86 00 00, Fax 7 86 55 96, www.lernidee-reisen.de.

Marco Polo Reisen, Postfach 13 20, 61468 Kronberg, Tel. 0 61 73/7 09 70, Fax 76 35, www.marco-polo-reisen.com.

Reisedienst Wunderlich GmbH, Oldesloer Str. 17, 23795 Gladebrügge, Tel. 0 45 51/9 60 91-0, Fax -1, www.rdw-reisen.de.

Studiosus Reisen München, Riesstraße 25, 80992 München, Tel. 0 89/5 00 60-0, Fax -1 00, www.studiosus.de.

TSA-Travel Service Asia Reisen, Nelkenweg 5, 91093 Heßdorf-Niederlindach, Tel. 0 91 35/7 36 0 78-0, Fax -11, www.tsa-reisen.de.

Westphal Touristik, Am Brand 2, 90602 Pyrbaum, Tel. 0 91 80/28 81, Fax 26 84, www.euro-travel.de.

Die Großeltern sind für die Enkel zuständig, denn meist arbeiten beide Elternteile

Sonnenschutz

Sonnenbrillen mit UV-Schutz und Sonnencreme mit hohem Lichtschutzfaktor sind in China nicht immer erhältlich und sollten vorsichtshalber mitgebracht werden.

Telefonieren

Fast alle großen Hotels bieten Direktwahl ins Ausland an. Für Deutschland wählen Sie die Vorwahl 0049. In den Großstädten finden Sie mittlerweile auch Kartentelefone, die ebenfalls Auslandsgespräche zulassen.
▶ Für einen Aufenthalt, der länger als eine Woche dauert, lohnen sich die in der Regel umgerechnet 5 Euro Gebühr für die SIM-Karte eines chinesischen Mobilfunkanbieters, da auf diese Weise innerchinesische Gespräche und der Anruf nach Hause deutlich günstiger werden. Ein Anruf nach Deutschland mit einer chinesischen Prepaid-Karte kostet ca. 1 Euro die Minute, ein innerchinesischer Anruf 10 Cent die Minute. Erreichbar sind Sie mit dieser Karte ab Europa mit der entsprechenden Billigvorwahl ab 1,5 Cent die Minute. Eine chinesische Prepaid-Karte gibt es direkt am Flughafen und in allen Mobilfunk-Geschäften zu kaufen.
▶ Falls Sie Ihre deutsche SIM-Karte benutzen wollen: Erkundigen Sie sich unbedingt vor der Reise, ob Ihr Vertrag für das außereuropäische Ausland

Fast echt antik: traditionelle Lampions in der Dongtai-Lu in Shanghai

freigeschaltet ist und ob Ihr Anbieter einen Roaming-Vertrag mit der China Telecom oder China Unicom hat.
▶ Die Vorwahl von außerhalb Chinas nach Shanghai ist 0086/21 nach Peking 0086/10. Innerhalb des Landes entsprechend 021 bzw. 010.

Trinkgeld

Noch vor wenigen Jahren verbot die sozialistische Ehre jedes Trinkgeld. Diese Zeiten sind definitiv vorbei! Wie auch in Europa sind in hochklassigen Restaurants 10 bis 15 Prozent angemessen, das Trinkgeld wird jedoch nach dem Bezahlen diskret auf dem Tisch liegen gelassen. Es der Bedienung allzu gönnerhaft in die Hand zu drücken, würde für diese einen erheblichen Gesichtsverlust bedeuten. In einfachen Restaurants sind Trinkgelder weiterhin absolut unüblich, oft wird die Rechnungssumme sogar nach unten abgerundet. Lokale Guides und Fahrer von Reisegruppen werden meist mit zwei bis fünf US-Dollar pro Tag bedacht, normale Taxifahrer erwarten jedoch kein Trinkgeld. Der Hotelpage läßt bei einem Trinkgeld unter einem Dollar zuweilen schon einmal die Koffer fallen und die Mundwinkel hängen.

Unterkunft

Hotels auf internationalem Standard gibt es mittlerweile in rauhen Mengen, erstaunlich wenige davon jedoch im niedrigen Preissegment. Wenn der Geldbeutel wirklich schmal ist, dann sind die Studentenwohnheime für Ausländer eine gute Adresse, denn freie Zimmer werden auch tageweise vermietet. Viele der sauberen, aber einfachen Herbergen, die es natürlich auch gibt, sind für Ausländer schlicht nicht zugelassen. Es kann es durchaus sinnvoll sein, die Unterkunft bereits von Deutschland aus über einen Veranstalter oder ein Reisebüro zu reservieren: Entgegen landläufiger Meinung ist es nicht günstiger, ein Hotelzimmer ab 3 Sterne aufwärts vor Ort zu buchen.

Versicherungen

Eine Reisekrankenversicherung gehört immer dazu. Wichtig: Achten Sie auf die Rückholklausel! Alles andere ist eine Frage der persönlichen Vorlieben. In China verschwindet das Gepäck nicht öfter oder seltener als in anderen Ländern. Zumindest auf dem Flughafen. Sollte Ihnen das Gepäck unterwegs gestohlen werden, erwartet die Versicherung eine Strafanzeige bei der örtlichen Polizei, was garantiert mehr als einen halben Tag kostet.

Visum

Noch mindestens sechs Monate muß der Reisepaß gültig sein, damit die Botschaft der VR China oder eines der Konsulate das Visum erteilen. Der Antrag kann persönlich oder von einem Bevollmächtigtem (z.B. einem Visumservice) abgegeben werden. Aktuelle Visumbestimmungen und Antragsformulare gibt es unter www.china-botschaft.de oder www.china-tourism.de im Internet.

Zeit
Trotz der immensen Ost-West-Ausdehnung gilt im gesamten Land einheitlich MEZ plus sieben Stunden, die Sommerzeit wurde nach einigen verwirrenden Versuchen wieder verworfen. Wer von Peking nach Shanghai reist, bleibt daher garantiert immer in der selben Zeitzone.

Zoll
400 Zigaretten, 2 Flaschen Spirituosen sowie die Ausfuhr von Devisen in unbegrenzter Höhe sind zollfrei. Offiziell müssen Devisen und Wertsachen (z.B. Kameras) bei der Einreise deklariert werden und zusammen mit der Deklaration bei Ausreise wieder vorgelegt werden, eine Regelung, die jedoch nicht mehr forciert wird. Filmkameras ab 16 mm sind genehmigungspflichtig.

China im Internet

www.china-botschaft.de
Nicht nur für Visumsanträge gut: Im Internetangebot der chinesischen Botschaft gibt es aktuelle Nachrichten und Links.

www.chinesepod.com
Professionelle Chinesisch-Lektionen im MP3-Format aus Shanghai. Für alle Stufen vom totalen Anfänger bis zum studierten Sinologen.

www.sinophil.de
Geradezu erschöpfende Linksammlung zu allen Aspekten der chinesischen Kultur und Sprache.

Buddhafigur in einem Tempel

www.fit-for-travel.de
Gesundheits- und Impftips für Fernreisende.

www.zhongwen.com
Chinesische Wörterbücher und allerhand Hintergründe.

http://weather.yahoo.com
Weltweite Wettervorhersage.

www.auswaertiges-amt.de
Reisewarnungen und die Adressen der diplomatischen Vertretungen.

Literaturtips

Peking-Romane
Bedenkt man, daß jährlich ganze Bibliotheken über China geschrieben werden, wird die chinesische Hauptstadt seltsamerweise von der Literatur links liegengelassen. Einzig ein paar chinesische Romane spielen in Peking, ausländische Romanfiguren zieht es, wenn überhaupt nach Shanghai oder in die Provinzen.

Hong Ying: Der chinesische Sommer, Aufbau 2005. Nach den Ereignissen von 1989 irrt die junge Schriftstellerin Lin Ying durch Peking. Eindringlich, wenn auch manchmal ins Pathetische abrutschend.
Lao She: Rikscha Kuli, Insel 1987. Berühmtester Roman Lao Shes. Geschichte eines Rikscha-Kulis, der vergeblich versucht, gegen sein Schicksal anzukämpfen und an den gesellschaftlichen Verhältnissen scheitert.
Lao She: Vier Generationen unter einem Dach, Unionsverlag 1998. In Peking spielende Familiensaga, die erste Hälfte des 20. Jahrhundert umspannend.
Tilman Spengler: Der Maler von Peking, btv 2006. Ein jesuitischer Missionar versucht dem chinesischem Kaiser im 17. Jahrhundert die Zentralperspektive beizubringen.
Annie Wang: Peking Girls, Aufbau 2006. ›Sex and the City‹ in Peking, leider bei weitem nicht so unterhaltsam.
Wang Shuo: Oberchaoten, Diogenes 2001. Der wohl beste Roman der sogenannten ›Herumtreiberliteratur‹, kongenial übersetzt von Ulrich Kauz.

Geschichte und Geschichten aus Peking
Ce Shaozhen: Flaneur im alten Peking, dtv 1990. Der Autor erinnert sich an seine Jugend in Peking vor der Gründung der Volksrepublik 1949. Ein literarischer Blick auf das alte, längst verschwundene Peking.
Sterling Seagrave: Die Konkubine auf dem Drachenthron, Heyne 1996. Kenntnisreich setzt der durch sein Buch ›Soong Dynastie‹ weltberühmt gewordene Seagrave die Autobiographie der Kaiserwitwe Cixi in Szene. Eine kurzweilige Geschichtslektion.
Kai Strittmatter: Atmen einstellen, bitte! Pekinger Himmelsstürze, Picus 2001. Der Chinakorrespondent der Süddeutschen Zeitung beschreibt in seiner gewohnt ironischen Art den Pekinger Alltag. Lesenswert.

Shanghai-Bildbände
Erich Follath, Karl Johaentges, Marieanne Wolny-Follath: Mythos Shanghai, Heyne Verlag, 2005. Viele, viele schöne Bilder, dazu erläuternde Texte – ein dicker Schinken.

Marlo: earBook Shanghai City Between. Edel Classics Juli 2006. Impressionen des modernen Shanghai, inkl. 4 Musik-CDs alter und neuer Shanghaier Musik, leider ohne Texte.

Krimis und Romane, die in Shanghai spielen
Vicki Baum: Hotel Shanghai. Kiepenheuer & Witsch 2007. Bereits in den 1930ern das erste Mal erschienen: Im Peace Hotel kreuzen sich die unterschiedlichsten Lebenswege. Ein Klassiker.
Mao Dun: Shanghai im Zwielicht. Suhrkamp 1983. Der Gangster- und Familienroman spielt im Shanghai der 1930er.
Kazuo Ishiguro: Als wir Waisen waren. btb 2002. Kriegsaufarbeitung in literarischer Form.
Peter May: Tod in Shanghai. Goldmann 2003. Das chinesisch-amerikanische Ermittler-Team Li und Campbell diesmal unterwegs in Shanghai. Ein echter Thriller.
Nury Vittachi: Shanghai Dinner. Der Fengshui-Detektiv rettet die Welt. Unionsverlag 2007. Der durchgedrehte Fengshui-Detektiv rettet Shanghai. Quirlig, bunt und sehr chinesisch.
Qiu Xiaolong: Tod einer roten Heldin. Ein Fall für Oberinspektor Chen. dtv 2004.
Qiu Xiaolong: Die Frau mit dem roten Herzen. Ein Fall für Oberinspektor Chen. dtv 2005.
Qiu Xiaolong: Schwarz auf Rot. Oberinspektor Chens dritter Fall. Zsolnay 2006.
Inspektor Chen, der feingeistige Inspektor und seine Shanghaier Fälle. Spannend!

Dokumentation/Chinesische Lebenserinnerungen
Jin Xing: Shanghai Tango. Mein Leben als Soldat und Tänzerin. Blanvalet 2006. Einst Armeetänzer, heute gefeierte Ballerina. Trotz Geschlechtsumwandlung ist Jin Xing in China ein gefeierter Star geblieben.
Hu Yang: Menschen in Shanghai. Fackelträger-Verlag 2007. Ein aktueller Einblick in das Leben der Shanghaier, viele Fotos.

Jüdische Emigration nach Shanghai/Jüdische Erinnerungen
Ernest G. Heppner: Fluchtort Shanghai. Erinnerungen 1938–1945. Weidle Verlag 2002.
Vivian J. Kaplan: Von Wien nach Shanghai. dtv 2006. Die Flucht einer jüdischen Familie.
Franziska Tausig: Shanghai Passage. Emigration ins Ghetto. Milena Verlag 2007.

Glossar

Arhat (chin. Luohan 罗汉)
Ursprünglich ein Mensch, der die Erleuchtung und damit die Befreiung aus dem Wiedergeburtskreislauf Samsara aus eigener Kraft anstrebt. Im chinesischen Kontext bezeichnet der Begriff einen buddhistischen Heiligen, dem zumeist allerlei magische Kräfte zugesprochen werden.

Boddhisattva (chin. Pusa 菩萨)
Wörtlich: ›Erleuchtungswesen‹. Erleuchteter Mensch im Mahayana-Buddhismus, der aus Nächstenliebe auf den Eingang ins Nirwana verzichtet und auf die Erde zurückkehrt, um den Menschen zu helfen. Der in China am meisten verehrte Boddhisattva ist Avalokiteshvara (chin. Guanyin 观音).

Boxer
Kämpfer des ›Boxeraufstands‹ 1899–1901, der ursprünglich die Mandschu-Dynastie stürzen sollte, sich dann aber zunehmend gegen die ausländischen Mächte in China richtete. Der Name geht auf die Eigenbezeichnung ›Faustkämpfer‹ zurück.

Buddhismus (chin. Fojiao 佛教)
Auf den historischen Buddha Siddhartha Gautama (6. Jhd. v. Chr.) zurückgehende Weltreligion. Weltweit etwa 400 Millionen Anhänger. Hauptströmungen: Theravada, Mahayana, Zen (Chan)-Buddhismus, Lamaismus.

Daoismus (auch Taoismus, chin. Daojiao 道教)
Auf die philosophische Schule des historisch nicht verbürgten Laotze (chin. Laozi 老子, ›Alter Meister‹) zurückgehende chinesische Volksreligion. Neben Konfuzianismus und Buddhismus eine der ›Drei Lehren‹, die das chinesische Geistesleben maßgeblich prägen. In der philosophischen Spielart vor allen bei Intellektuellen, in der volksreligiösen Variante vor allem auf dem Land weit verbreitet.

Faktionen
Um bestimmte Führungspersönlichkeiten konzentrierte politische Seilschaften. Entspricht in etwa den ›Fraktionen‹ einer parlamentarischen Demokratie.

Fengshui
Wörtlich ›Wind und Wasser‹, chinesische Lehre von der Harmonie in der Natur sowie zwischen Natur und Bebauung. Der als Synonym benutzte Begriff Geomantik hat sich eingebürgert, bedeutet ursprünglich jedoch nur ›Weissagung aus der Erde‹.

Han-Chinesen
Selbstgewählte Bezeichnung der chinesischen Bevölkerungsmehrheit (92 Prozent der Gesamtbevölkerung) in der VR China, zurückgehend auf den Han-Fluß und den durch ihn beschriebenen Machtbereich der gleichnamigen Dynastie.

[416] Glossar

Mittagsschlaf in Peking

Hakka-Küche
In der Hakka-Küche verbinden sich kulinarische Einflüsse aus ganz China zu einer eigentümlichen, sehr bodenständigen Mischung.

halal
Der Begriff kommt aus dem Arabischen und heißt so viel wie ›erlaubt‹. Man bezeichnet damit Dinge und Taten, die islamischen Regeln entsprechen, z.B. Speisen.

Hutong (胡同)
Gassen der Pekinger Altstadt, flankiert von den typischen Hofhäusern (Siheyuan), die traditionelle Wohnform in Peking. Mittlerweile allerdings größtenteils abgerissen. Alle Wohngebäude sind um einen oder mehrere Innenhöfe gruppiert, die Anlage ist nach außen durch eine hohe Mauer abgetrennt.

Konfuzianismus (chin. Rujiao 儒教)
Auf Konfuzius (chin. Kongzi 孔子, ›Meister Kong‹, 551 v. Chr.–479 v. Chr.) zurückgehende Philosophie, die in der Vermischung mit Daoismus und Geisterglaube sowie dem Ahnenkult oft religiöse Züge annimmt. Die Fünf Beziehungen (Vater–Sohn, Herrscher–Volk, Mann–Frau, älterer Bruder–jüngerer Bruder, älterer Freund–jüngerer Freund) beherrschen seit Jahrhunderten maßgeblich

das chinesische Denken und die daraus abgeleitete Gesellschafts- und Herrschaftsstruktur.

KPCh
Abkürzung für ›Kommunistische Partei Chinas‹, 1921 in Shanghai gegründet, zur Zeit ca. 66 Millionen Mitglieder.

NVK
Abkürzung für ›Nationaler Volkskongreß‹, chinesisches Parlament mit Sitz in Beijing. Knapp 3000 Delegierte aus allen Provinzen, Autonomen Regionen und Regierungsunmittelbaren Städten, jährlich eine ca. zweiwöchige Sitzung Anfang März.

Shikumen (石库门)
Typische Wohnform für Shanghai, auch als ›Reihenhaus Fernost‹ bekannt. Entlang enger Gassen gehen fischgrätenartig weitere Gassen ab, von denen wiederum bis zu zweistöckige, schmale Wohnhäuser abzweigen.

Stupa
Monument und Symbol des Buddhismus. Sie besteht aus einem Sockel, der von einer halbkreisförmigen Kuppel mit Spitze gekrönt wird. Sie entstand ursprünglich als Grabhügel in Indien und entwickelte sich in China zur Pagode.

Sun Yat-sen (1866–1925)
Kantonesischer Name des ersten Präsidenten der Republik China (Mandarin: Sun Yixian). Republikgründer und Vater der chinesischen Revolution, der sowohl in der Volksrepublik als auch in Taiwan verehrt wird. In der VR China unter seinem Exilnamen Sun Zhongshan bekannt, unzählige Straßen und Plätze sind nach ihm benannt.

Über die Autoren

Der Peking-Autor Volker Häring, geb. 1969, studierte in Berlin und Beijing Sinologie, chinesische Sprache und Politologie. Er ist Mitbegründer des Reiseveranstalters ›China By Bike‹, organisiert Rad- und Trekkingtouren in Asien und schreibt Artikel für Reisemagazine und Wochenzeitungen. Mit seiner Band ›Alptraum der Roten Kammer‹ (www.china-rock.de) bringt er chinesische Rockklassiker auf deutsche Bühnen. Wenn er nicht gerade durch China radelt, lebt er in Berlin. Per E-Mail ist er unter reise@china-by-bike.de zu erreichen.

Die Shanghai-Autorin Françoise Hauser, geb. 1967, hat in Erlangen, Nanjing (VR China) und Tainan (Taiwan) Sinologie und Geographie studiert. Die Frankfurter Journalistin und Autorin hat zahlreiche Bücher über China und Asien geschrieben und veröffentlicht regelmäßig in diversen Reisemagazinen. Unter hauser@asientext.de ist sie per E-Mail zu erreichen.

Kartenregister

Chengde S. 208

Metroplan Peking S. 70/71
Metroplan Shanghai S. 246/247

Peking, Chaoyang-Bezirk S. 186
Peking, Chongwen-Bezirk S. 161
Peking, Dongcheng-Bezirk S. 116
Peking, Haidian-Bezirk S. 169
Peking, Kaiserliche Zentralachse S. 87
Peking, Nanluogu Xiang S. 75
Peking, Olympiasportstätten S. 113
Peking, Sanlitun S. 67
Peking, Shichahai S. 73
Peking, Übersicht s. vordere Umschlagklappe
Peking, Umgebung S. 195
Peking, Verbotene Stadt (Palastmuseum) S. 100
Peking, Wudaokou S. 76
Peking, Xicheng-Bezirk S. 133
Peking, Xuanwu-Bezirk S. 152

Shanghai, Altstadt S. 295
Shanghai, Hongkou S. 353
Shanghai, Huangpu S. 275
Shanghai, Jing'an S. 337
Shanghai, Luwan S. 306
Shanghai, Pudong S. 363
Shanghai, Übersicht s. hintere Umschlagklappe
Shanghai, Umgebung S. 373
Shanghai, Xintiandi S. 316
Shanghai, Xuhiu S. 327
Shanghai, Yu-Garten S. 301
Suzhou S. 376

Personen- und Sachregister

Anreise (Peking) 216
Anreise (Shanghai) 383
Antiquitäten 402
Arhat 415
Ärztliche Versorgung (Peking) 215
Ärztliche Versorgung (Shanghai) 382

Balfour, George 234
Balladenerzähler 132
Bell, Adam Schall von 324
Boddhisattva 415
Botschaften 221, 402
Boxer 415
Boxeraufstand 28, 237
British Settlement 234
Buddhismus 44, 415

Chiang Kai-shek 240
chinesisch-japanischer Krieg 30, 347
Cixi 27, 171
Cui Jian 43, 192

Dachreiter 104
Daoismus 44, 415
Deng Xiaoping 41, 244
Devisen 403
Dissidenten 43
Dschingis Khan 21
Dschurdschen 21

East India Company 233
Einkaufen (Peking) 61
Einkaufen (Shanghai) 259
Elektrizität 402

Faktionen 415
Feiertage 402

Personen- und Sachregister [419]

Feng Lijun 192
Fengshui 415
Fernsehen 407
Fotografieren/Filme 403

Geld 222, 387, 403
Gesundheit 405
Guangxu 27
Guomindang 29, 240

Hakka-Küche 416
halal 416
Han-Chinesen 27, 415
Han-Dynastie 20
Herumtreiberliteratur 32
Hong Xiuquan 235
Hotels (Peking) 79
Hotels (Shanghai) 269
Hui 153
Hu Jintao 39
Hutong 416

Informationen 405
Internet 405, 412

japanische Besatzung 241
Jiang Zemin 39, 249
Jin-Dynastie 21, 232

Kaiserliche Küche 58
Kangxi 25
Karaoke 78
Kinder 405
Kitai 21
Kleidung 406
Kommunistische Partei Chinas 40, 239
Konfuzianismus 44, 416
Konzessionen 26
KPCh 416

Kriminalität 407
Kublai Khan 22, 145
Kulturrevolution 32, 243

Landkarten 407
Lärm 407
Liao-Dynastie 21
Lilong-Siedlungen 237, 338
Li Peng 249, 362
Literatur 413
Liu Shaoqi 244
Lu Xun 355

Mandschu 25
Mao Dun 125
Mao Zedong 30, 240, 244
Maße und Gewichte 407
Melua, Katie 38
Ming-Dynastie 22
Mongolen 21
Nachtleben (Peking) 66
Nachtleben (Shanghai) 264
Nationaler Volkskongreß 40
Nurhaci 25

Öffentlicher Nahverkehr (Peking) 47
Öffentlicher Nahverkehr (Shanghai) 252
Öffnungspolitik 249
Opiumkrieg 26, 232

Peking-Mensch 18
Pekinger Küche 55
Politbüro 41
Post 407
Presse 407
Puyi 28

Qianlong 25
Qin-Dynastie 20

Qing-Dynastie 25
Qinshi Huangdi 19, 194

Reform- und Öffnungspolitik 43
Reiseveranstalter 408
Reisezeit 16
Religion 250
Restaurants (Peking) 57
Ritenstreit 325
Rote Garden 32, 244
Ruggieri, Michele 324

San-Xia-Staudammprojekt 41
Shanghaier Delikatessen 255
Shikumen 416
Shikumen-Häuser 338
Siheyuan-Architektur 125
Song-Dynastie 21
Song Qingling 136
Sonnenschutz 409
Stupa 416
Sui-Dynastie 20
Sun Yat-sen 28, 238, 417

Taiping-Aufstand 26, 235
Tang-Dynastie 20
Telefonieren 409
Tongzhi 27
Trinkgeld 411

Uiguren 153
Unterkunft 411

Versicherungen 411
Vierte-Mai-Bewegung 29
Visum 411
Volksbefreiungsarmee 41
Volkspartei (Guomindang) 29
Volksrepublik China 31
Wang Shuo 43, 193

Wellness 266
Wetter 15

Xianfang 27
Xicheng-Bezirk 133

Yongle 22
Yongzheng 25
Yuan-Dynastie 22

Zeit 412
Zentrale Militärkommission 41
Zentralkomitee 41
Zhang Yimou 43, 97, 193
Zhou-Dynastie 18
Zhu Rongji 249
Zoll 412

Ortsregister Peking

Ackerbaualtar 157
Alter Sommerpalast 178, 184
Altes Observatorium 129, 131
Architekturmuseum 159

Badaling 197
Banchang Hutong 123
Beihai-Park 144
Beijing Hotel 117
Botanischer Garten 182, 184

Chang'an Jie 115
Chaoyang-Bezirk 185
Chengde 207
Chinesische Mauer 24, 194
Chinesisches Nationalmuseum 94, 97
Chongwen-Bezirk 160

Dashanzi 77, 188

Ortsregister Peking [421]

Dazhalan 155
Denkmal für die Helden des Volkes 93
Di'anmen Dajie 110
Dong'an-Men-Nachtmarkt 121
Dong'an Men Dajie 119
Dongcheng-Bezirk 115
Dongjiao-Markt 64
Dongwuyuan-Großmarkt 64

Foreign Language Bookstore 121

Glockenturm 111
Große Halle des Volkes 94, 98
Guangdelou-Theater 157, 159
Guanghua-Tempel 136, 151

Haidian 76
Haidian-Bezirk 168
Hailong Shopping Mall 184
Himmelstempel 24, 160, 167
Hongqiao-Markt 64, 167
Houhai 134
Huanghua 199
Hutongs 24

Jingguang Center 185
Jinshanling 198

Kaiserliche Akademie 125, 131
Kaiserliche Zentralachse 86
Kohlehügel 109
Konfuziustempel 125
Kulturpalast der Werktätigen 97, 98

Lamatempel 25, 126, 131
Lao-She-Museum 121, 131
Liulichang 154
Lotus Lane 144
Lu-Xun-Museum 147, 151

Mao-Mausoleum 92
Marco-Polo-Brücke 206
Messehalle 148
Ming-Gräber 24, 202
Ming-Stadtmauer-Park 164, 167
Minoritätenpark 188
Mittagstor 98
Musikmuseum 163
Mutianyu 197

Nanluogu Xiang 75, 122
Neun-Drachen-Mauer 106
Niujie 153
Niujie-Moschee 153, 159

Olympiagelände 112
Olympisches Grün 86
Ostberg-Tempel 187

Panjiayuan-Antiquitätenmarkt 65, 191
Park der Duftenden Berge 184
Park der kaiserlichen Stadtmauer 122
Park des Erdaltars 129, 131
Pekingoper 159
Platz des Himmlischen Friedens 91

Qianhai 134, 144
Qianmen 86
Qianmen Dajie 88
Qing-Gräber 204

Red Gate Galery 167
Residenz des Literaten Mao Dun 124, 131
Residenz des Prinzen Gong 142, 151
Residenz von Song Qingling 136, 151

Sanlitun 67
Seidenmarkt 65, 191
Shichahai 73

Shidu 207
Silberbarren-Brücke 135
Simatai 198
SOHO-Areal 187
Sommerpalast 25, 171, 184
Stadtbaumuseum 89
Sun-Yat-sen-Park 98
Suzhou-Straße 177

Tempel der Azurblauen Wolke 181, 184
Tempel der Großen Glocke 182, 184
Tempel der Weißen Pagode 22, 146, 151
Tempel der Weißen Wolke 149, 151
Tempel des Östlichen Gipfels 22
Tempel des Schlafenden Buddhas 181, 184
Tianning-Tempel 158, 159
Tongrentang-Apotheke 157
Tor des Himmlischen Friedens 95, 98
Trommelturm 111

Underground City 166, 167

Verbotene Stadt 24, 98
Vordertor (Qianmen) 89

Wangfujing 117
Wangfujing-Kathedrale 119
Wangfujing Bookstore 118, 121
Wanping-Festung 206
Westberge 180
Wudaokou 76

Xuanwu-Bezirk 152

Yongding Men 86

Zentrales Theaterinstitut 123

Zhongshan-Park 96
Zoologischer Garten 148, 151

Ortsregister Shanghai

Altstadt (Nanshi) 295

Blumen- und Tiermarkt 263
Börse 368
Botanischer Garten 331, 333
Broadway Mansions 357
Bugaoli (Cité Bourgogne) 310
Bund (Zhongshan Dongyilu) 266, 274
Bund-Geschichtsmuseum 277, 293
Bund-Museum 277, 293

Century Park 368, 369
Changle Lu 339
Chenxiang-Pavillon 297, 303
China Sex Culture Museum 369

Dajing-Turm 298, 303
Ddmwarehouse 359
Dongjiadu-Kathedrale 300, 303
Dongjiadu-Stoffmarkt 262, 300
Dongtai-Lu-Antiquitätenmarkt 263, 313
Duolun Lu Cultural Street 353
Duolun Museum of Modern Art 354, 359

Ehemalige Residenz Sun Yat-sens 309, 315
Ehemalige Residenz Zhou Enlais 310, 315

Fuxing-Park 266
Fuyou-Antiquitätenmarkt 296
Fuyou-Moschee 298, 303

Ortsregister Shanghai [423]

Fuzhou Lu 261, 292

Golden Triangle 339
Great World 291, 294
Gründungsstätte der Kommunistischen Partei Chinas 322
Guangqi-Park 328, 333
Gubei-Blumenmarkt 263
Guilin-Park 332, 333

Hengshan Hotel 327
Hengshan Lu 265
Hongkou-Bezirk 346
Huaihai Zhonglu 261, 312
Huangpu-Bezirk 274

Jadebuddha-Tempel 342, 345
Jiading 374
Jiangsu-Ebene 227
Jing'an-Bezirk 334
Jing'an-Tempel 335, 345
Jinmao Tower 366, 369
Jinze 371
Jüdisches Ghetto 357
Julu Lu 339

Kangfuli 342
Kleine Pfirsichgarten-Moschee 298, 303
Konfuzius-Tempel 299, 303

Lishui Lu 296
Longhua-Tempel 329, 333
Longhua Tourist City 330
Lu-Xun-Haus 355, 359
Lu-Xun-Museum 355, 359
Lujiazui Development Showroom 366, 369
Luwan-Bezirk 304

Maoming Nanlu 265, 311
Moganshan Lu 343
Moller-Villa 312
Moore Church 291, 294
Morris-Anwesen (Rujiin Hotel) 311, 315
Museum für asiatische Musikinstrumente 333
Museum für Handwerkskunst 326, 333
Museum für Öffentliche Sicherheit 313, 315
Museum für Stadtentwicklung (Urban Planning Center) 289
Museum für Stadtgeschichte (Shanghai Municipal History Museum) 365, 369
Museum of Contemporary Art Shanghai (MOCA) 291, 294

Nanjing Donglu 260, 288
Naturkundemuseum 293

Ohel-Moshe-Synagoge 358, 359
Ohel-Rachel-Synagoge 340
Oriental Pearl Tower 364, 369

Paramount-Tanzpalast 337
Park Hotel 291
Peace Hotel 277, 279
Pudong 360

Shanghai-Kunstmuseum (Shanghai Art Museum) 290, 294
Shanghai-Museum 290, 294
Shanghai Book City 294
Shanghaier Kinderpalast 336
Shanghaier Musikkonservatorium 326
Shanghai Exhibition Center 339
Shanghai Grand Theatre 290

Shanghai Museum of Science and Technology 366, 369
Shanghai Natural Wild Insect Kingdom 369
Shanghai Ocean Aquarium 366, 369
Shanghai Old Street 262, 296
Shikumen-Museum 323
Shikumen des Jing'an-Anwesens 341
Sìchuan Beilu 262
Sinan Lu 308
St.-Ignatius-Kathedrale 333
St.-Teresa-Kirche 342
Suzhou 376

Taikang Lu 310
Taixing Lu 342
Tempel der Weißen Wolke 298, 303
Tempel des Stadtgottes 297
Tilanqiao 357
Tongli 375
Tongren Lu 339

Urban Planning Centre 293

Volkspark 289
Volksplatz (Renmin Dadao) 289

Wasserdörfer 371
World Financial Centre 366
Wujiang Lu Food Street 341
Wuzhen 375

Xiahai-Tempel 358
Xintiandi 266, 316
Xuhui 324
Xujiahui-Observatorium 328, 333
Xujiahui Circle 328

Yandang Lu 307
Yangzi 227

Yu-Garten 300, 303
Yu-Yuan-Basar 296

Zhouzhuang 372
Zhujiajiao 371

Bildnachweis
Volker Häring: 9, 14, 16, 17, 20, 23, 24, 25, 27, 31, 33, 34, 35, 36o., 37, 38, 39, 41, 42, 44, 49, 50, 52, 54, 56, 57, 58, 61, 62, 65, 66, 69, 72u., 78, 81, 82, 83, 88, 91, 95, 99, 101, 102, 104, 106, 107, 109, 111, 114, 118, 120, 124, 128, 134, 137, 138, 139, 140, 142, 145, 146, 153, 155, 156, 163, 165, 168, 170, 171, 173, 174, 175, 176, 178, 187, 189, 198, 200, 203, 212, 213, 216, 219, 220, 221, 222, 226, 231, 233, 236, 248, 210u., 209, 248, 251, 268, 283, 317, 320, 325, 347, 349, 352, 361, 367, 378, 381.
Doris Hauser: 401.
Françoise Hauser: 209, 229, 230, 234, 241, 242, 243, 212, 210o., 211, 252, 253, 254, 257, 258, 260, 261, 262, 263, 264, 265, 269, 271, 278, 285, 281, 282, 284, 287, 288, 290, 291, 297, 299, 305, 308, 311, 318, 319, 322, 331, 335, 336, 338, 340, 343, 354, 356, 358, 362, 366, 370, 374, 383, 384, 386, 389, 404, 404, 406, 409, 410.
Christof Gebhardt: 196.
Zornica Kirkova: 36u., 68, 72o., 74, 127.
Claudia Quaukies: 143, 148, 238, 245, 276, 302, 365.

Mit AIR CHINA ins Reich der Mitte !

Milan. Munich. Frankfurt am Main.
Rome. Paris.
Helsinki. London.
Madrid. Moscow.
Vienna. Stockholm.
Chita. Copenhagen.
Berlin. Sao Paulo.
Oslo. Manchester.
Athens. Brussels.
Dublin. Zurich.
Budapest.
Petersburg.
Amsterdam. Bucharest. Istanbul.

Erleben Sie die neue Welt der Air China in First- und Business-Klasse. Bereits im Jahr 2006 haben wir die First und Business auf Flügen China-Deutschland komplett erneuert. Seit diesem Jahr ist die Umstellung auf vielen Flügen zwischen Europa und China verfügbar. Geniessen Sie den neuen Komfort und Luxus an Bord unserer Flugzeuge. Ihre Air China

UIFN: +800 86 100 999

Carrying China, Spannng China

...so weit der Osten reich

China - Land der Gegensätze.

Alte Kaiserstädte wie Peking oder moderne, aufstrebende Metropolen wie Shanghai - China ist ein außergewöhnliches und interessantes Reiseziel. Neben Jahrtausender alter Kultur mit weltbekannten Kulturgütern wie der Großen Mauer, der Verbotenen Stadt oder der Terrakotta-Armee, bietet das Reich der Mitte eine vielfältige Natur mit großen Flüssen, Bergen und traumhaften Stränden.

Als Spezialist für den Osten bieten wir mit Flussreisen auf dem Yangtze, Shopping in Hongkong oder Baden auf Hainan ein umfangreiches Reiseprogramm.

Highlights unseres Angebotes sind die Fahrt mit der modernen Tibet-Bahn nach Lhasa, Reisen nach Shangri-La oder die Flusskreuzfahrten auf dem Yangtze.

Entdecken Sie mit OLYMPIA-REISEN das Reich der Mitte und Asien. Wir bieten Ihnen Reiseerlebnisse ...so weit der Osten reicht.

OLYMPIA-REISEN GmbH

| Siegburger Straße 49 | +49-(0)228-400030 fon | info@olympia-reisen.com |
| D-53229 Bonn | +49-(0)228-466932 fax | www.olympia-reisen.com |

| Büros: | Berlin | Wien | Moskau | Nowosibirsk | Almaty | Peking |

GO East Reisen GmbH
Ihr Osteuropa- und Asien-Spezialist

- Peking, Shanghai, Xian, Guillin, Lijiang, Hongkong
- Städte- und Rundreisen
- Individual- und Gruppenreisen
- Visumservice, Bahnreisen

Russland • Ukraine • Baltikum
China • Seidenstraße • Transsib
Kaukasus • Zentralasien • Indien

Bahrenfelder Chaussee 53   22761 Hamburg
Tel.: 040/ 8969090   E-mail: info@go-east.de
WWW.GO-EAST.DE

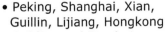

Tibet
das Dach der Welt

Travel Service Asia

Katalog anfordern: info@tsa-reisen.de
Informationen & Programme: www.tsa-reisen.de

* Auf der höchsten Eisenbahnstrecke (5072 m) nach Lhasa
* Die Klöster Tibets in Lhasa - Gyantse - Shigatse
* Überlandtour auf der Karawanenstraße mit beeindruckenden Pässen und faszinierenden Gletschern - Besuch des Everst Base Camps und des Yamdrok Sees.
* Von Yunnan nach Tibet - Landschaft und Natur
* Spektakuläre Überlandtour: Von Tibet nach Nepal
* Touren mit privatem Jeep, Fahrer und Reiseleiter
* fachkundige Beratung aufgrund eigener Erfahrung
* Reiseplanung nach Ihren Wünschen
* Individuelle Vor- und Nachprogramme:
    China - Seidenstrasse - Taklamakanwüste
    Turkmenistan - Usbekistan - Kirgistan - Kasachstan
    Transsibirische Eisenbahn

TSA-Travel Service Asia Reisen e.K.
Inh. Hans-Michael Linnekuhl
Nelkenweg 5, 91093 Heßdorf-Niederlindach
Tel. 09135 - 736078-0, Fax: 09135 - 736078-11
info@tsa-reisen.de www.tsa-reisen.de

Rad- und Trekkingtouren im Reich der Mitte!

Unsere Fahrrad- und Trekkingtouren bieten die einzigartige Möglichkeit, China und seine Bevölkerung hautnah zu erleben.

Wir radeln unter anderem durch die faszinierende Karstlandschaft bei Guilin, fahren von Peking zur Großen Mauer und entdecken das Vielvölkergemisch der Provinz Yunnan.

Erkunden Sie auf unseren Trekkingtouren entlegene Abschnitte der Chinesischen Mauer oder die oberen Schluchten des Yangzi.

CHINA BY BIKE
Karlsgartenstr. 19, 12049 Berlin
Tel: 030-6225645, Fax: 030-62720590
Mail: info@china-by-bike.de
Internet: www.china-by-bike.de

Ventus Reisen GmbH

Spezialist für Gruppen- und Individualreisen nach China

Gerne oranisieren wir Ihre Reise nach China, ganz individuell nach Ihren Wünschen. Fragen Sie uns.

www.ventus.com
office@ventus.com
Fon 030-398 49 641, 030-391 00 332/-333
Fax 030-399 55 87, Krefelder Str. 8, D 10555 Berlin

MAGISCHES
Magisches Asien

in Asien! ist das Magazin für alle, die die Magie Asiens kennenlernen wollen. Wir berichten alle zwei Monate über die schönsten Regionen der Asien-Pazifik-Region. Aber nicht nur das. **in Asien!** hilft auch, bares Geld zu sparen: durch die **in-Asien!**-Flugpreisliste mit Ticketschnäppchen für die wichtigsten asiatischen Destinationen.

Ja, senden Sie mir die nächsten zwei Ausgaben von **in Asien!** im Testabo für nur 9,80 EU (15 SFR) frei Haus. Wenn ich nach Erhalt der 2. Ausgabe abonnieren will, brauche ich nichts zu tun. Das Abo verlängert sich automatisch um ein Jahr (6 Ausgaben für 26,50 EU/51,90 SFR). Wenn ich **in Asien!** nicht weiter beziehen möchte, genügt eine formlose Mitteilung an den Verlag. Das Testabo ist dann ohne weitere Verpflichtung beendet.

Name, Vorname

Straße, Nr.	PLZ, Ort

Ich bezahle per
Bankeinzug ○   Überweisung ○

Konto-Nr.	BLZ	Geldinstitut

**Dreikönigsstr. 57
60594 Frankfurt
abo@inasien.de**

Datum, Unterschrift

Widerrrufsrecht:
Die Bestellung kann ich innerhalb von 2 Wochen (rechtzeitige Absendung genügt) beim Asia Vision Verlag, Dreikönigsstr. 57, 60594 Frankfurt, widerrufen.

Trescher Verlag

Der Spezialist für den Osten

Albanien · Armenien · Baikalsee · Bosnien-Herzegowina · Breslau
Bulgarien · China · Dnepr · Donau · Estland · Georgien · Istrien
Kamtschatka · Kasachstan · Kiev · Kirgistan · Königsberg · Kosovo
Krakau · Krim · Kroatien · Lausitz · Lemberg · Lettland · Litauen
Makedonien · Masuren Montenegro · Moskau · Neumark · Nil
Nordkorea · Ostsee · Waldkarpaten · Riesengebirge · Rumänien
Schwarzmeerküste · Serbien · Slowakei · Slowenien · St. Petersburg
Tibet · Transsib · Tschechien · Turkmenistan · Ukraine · Ungarn
Usbekistan · Usedom · Weißrußland · Wolga · Yangzi · Zagreb

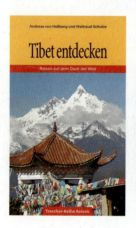

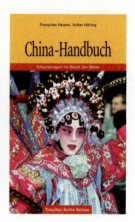

Trescher Verlag im Internet unter www.trescherverlag.de
mit ausführlichen Infos über alle unsere Bücher und Onlineshop

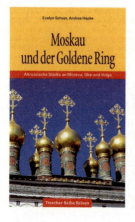

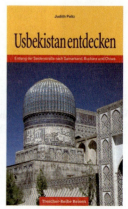